U0817244

21世纪普通高等学校（高职高专）法学精品教材

婚姻家庭法

Marriage and Family Law

主　编　李华明

暨南大学出版社
JINAN UNIVERSITY PRESS
中国·广州

图书在版编目（CIP）数据

婚姻家庭法/李华明主编．—广州：暨南大学出版社，2008. 9（2013. 8 重印）
（21 世纪普通高等学校（高职高专）法学精品教材）
ISBN 978 - 7 - 81135 - 000 - 5

Ⅰ. 婚…　Ⅱ. 李…　Ⅲ. 婚姻法—中国—高等学校：技术学校—教材
Ⅳ. D923. 9

中国版本图书馆 CIP 数据核字(2008)第 120392 号

出版发行：暨南大学出版社

地　址：中国广州暨南大学
电　话：总编室（8620）85221601
　　　　营销部（8620）85225284　85228291　85228292（邮购）
传　真：（8620）85221583（办公室）　85223774（营销部）
邮　编：510630
网　址：http：//www. jnupress. com　http：//press. jnu. edu. cn

排　版：广州市天河星辰文化发展部照排中心
印　刷：佛山市浩文彩色印刷有限公司

开　本：787mm×960mm　1/16
印　张：19. 25
字　数：367 千
版　次：2008 年 9 月第 1 版
印　次：2013 年 8 月第 5 次
印　数：12001—15000 册

定　价：36. 00 元

（暨大版图书如有印装质量问题，请与出版社总编室联系调换）

21世纪普通高等学校（高职高专）法学精品教材

编 委 会

主　　任 王　河

副 主 任 梁玉霞　徐松林　彭真军

编委会成员 王　河　龙著华　刘广三　宋　健　徐松林　杜钢建
石丽明　韦华腾　侯国云　梁玉霞　杨　明　彭真军
张术麟　易继明　栗克元　韩明德　倪晓平　王承继
朱逐斌　张文彪　谭　玲　李华明

婚姻家庭法编委会

主　　任　李华明

副 主 任　吴午东　丁文生　范泽民

编委会成员　（以姓氏笔画为序）

丁文生　王　琳　李华明　吴午东　范泽民

总 序

胡锦涛总书记在中国共产党第十七次全国代表大会上的报告中指出："最广泛地动员和组织人民依法管理国家事务和社会事务，管理经济和文化事业；坚持依法治国基本方略，树立社会主义法治理念，实现国家各项工作法治化，保障公民合法权益；坚持社会主义政治制度的特点和优势，推进社会主义民主政治制度化、规范化、程序化，为党和国家长治久安提供政治和法律制度保障。"依法治国是社会主义民主政治的基本要求，要全面落实依法治国的基本方略，建设社会主义法治国家，必备的法律知识应当成为人们尤其是普通高等学校学生知识结构的重要组成部分；熟悉和掌握法律法规，对于弘扬法治精神，形成自觉学法、守法、用法的社会氛围具有重大意义。

当前，党和国家致力于完善中国特色社会主义法律体系，建设公正、高效、权威的社会主义司法制度。在这样的背景下，对培养法律高级专门人才的高等学校法学教育提出了更新、更高的期望和要求。我国法学专业的教材建设处在一个高速发展的过程中，这为普通高等学校法学教育的具体实施提供了一定程度的保障。但从严格意义上来说，制约普通高等学校法学教育发展的教材问题依然存在，主要表现为法学教材理论与实际结合的程度不够，尤其表现在高职高专法学教材中。

为了适应法学教育发展的新形势，积极探索和总结高等法学教育教学改革的方法和经验，针对当前绝大多数法学教材理论脱离实际的倾向，暨南大学出版社组织了全国几十所大学共同编写了"21 世纪普通高等学校法学精品教材"。这套教材分为本科和高职高专两个系列，内容涵盖了法学的全部学科，系统性强；囊括了最新立法成果、相关领域的理论研究成果和前沿热点问题，贴近时代发展，做到了理论性与实用性的较好结合。这两套系列教材堪称系统工程，其规模之大、覆盖面之广，在法学教材建设中首屈一指；在知识系统的完整性、理论观点的稳妥性、引用资料和法规的准确性以及文字表达的规范性和可读性等方面都达到了较高的水平。

教材是教学之本，好的教材对提高教学质量、提升科研水平有着重要的作用。组织编写和出版一套高质量的教材，殊非易事，由全国相关院校的专家学者认真编写的这套系列教材必将对全国法学高等教育起到积极的推动作用。衷心希望更多的高校学者和教师为建设适应新世纪法学教学和实践需要的教材继续贡献力量。是为序。

中华人民共和国司法部原部长 邹瑜

2008年3月3日

前言

婚姻是家庭的基础，家庭是社会的细胞，婚姻、家庭是人类社会最古老、最普遍的社会现象。作为调整婚姻家庭关系的婚姻家庭法，涉及千家万户的切身利益，也关乎整个社会的和谐和稳定。加强对婚姻家庭法的研究，不仅是时代发展的要求，也是新时期社会主义婚姻家庭关系发展变化的需要。

婚姻家庭法学是以婚姻家庭法律规范和婚姻家庭法律现象为研究对象的一门基础法学学科。婚姻家庭法的调整对象，既包括法定亲属之间的人身关系，又包括法定亲属之间的财产关系。婚姻家庭方面的人身关系存在于具有特定亲属身份的自然人之间，这种关系本身并不具有任何经济内容。从具体内容来看，由婚姻家庭法调整的事项主要包括婚姻的成立和解除、夫妻的权利和义务、亲子和其他近亲属关系、收养、监护、扶养等。婚姻家庭方面的财产关系具有一定的经济内容，涉及有关主体的物质利益。但是，这种财产关系不能脱离婚姻家庭方面的人身关系而独立存在，它是依附、从属于亲属之间的人身关系的。这种从属性具体表现为发生上的从属性、内容上的从属性和终止时的从属性。

学习中，要注意以下两点：

第一，就调整的方法而言，婚姻家庭法主要是通过规定婚姻家庭法律关系借以发生、变更和终止的法律事实，规定婚姻家庭法律关系的内容即有关主体之间的权利和义务，来实现其调整作用的。

婚姻家庭法的基础是伦理观和价值观的统一。家庭伦理是维系中国传统家庭千年历史的基石，可以说，家庭伦理精神决定着家庭伦理规范的内容。我国传统的家庭财产制度和等级观念追求以家庭为本位，即一切以家庭利益为重，个人必须无条件地服从家庭利益。而西方传统个体私有制及人与人之间的契约关系形成的西方家庭伦理精神是以个人为本位的，一切以个人利益为中心。两相比较，中国传统的家庭本位伦理精神的产生符合社会发展的规定性，有一定的合理性。它符合我国生产力发展的实际，促进了农业社会的发展，有效地保证了家庭及社会的稳定有序。但是它过于强调家庭成员的责任和义务，否定了个人自由，压抑了个体的创造性。婚姻家庭的两大属性内涵决定了个人与社会皆不可偏废。因此，确立现代社会的家庭伦理精神，要求我们超越中国传统的家庭本位价值观和西方的个人本位价值观，在扬弃的基础上，将自由和责任统一起来，建立一种个人和家庭双重价值取向的家庭伦理精神。价值观是人们行动的内在驱动力，家庭伦理与中国传统哲学思想的价值观的理性结合，是“修身、齐家、治国、平天下”的重要途径。

第二，婚姻家庭法彰显法律价值。法律蕴涵着多种价值，如正义、公平、效率、秩序等。法律秩序关注社会群体或组织的行为规则，可以说，符合国家要求和公众价值理念的规则就是正义的、公平的，也是有效率的。婚姻家庭法对弱者权益的保护既体现了人与人之间的真正平等，也反映了公权力对私权的干预，同时，这也是实现社会公正的要求。

理解了这两点，我们学习婚姻家庭法这门课程，就会轻松许多。

编　者

2008年4月

目　录

第一章　婚姻家庭与婚姻家庭制度

【导学】

本章介绍婚姻家庭和婚姻家庭制度，要求学生了解婚姻家庭的概念、基本特征、功能、婚姻家庭制度和历史类型，掌握推动婚姻家庭历史类型演变的动力。学好本章有助于进一步学习和掌握婚姻家庭法律制度，了解婚姻家庭法律关系。本章重点：婚姻家庭的概念、特征、属性、功能以及婚姻家庭的历史类型。本章难点：推动婚姻家庭历史类型变迁的社会动力。

一、婚姻家庭的一般原理

（一）婚姻家庭的概念和特征

婚姻家庭是社会关系的特定形式，是人类社会最广泛、最普遍、最基本的社会关系，每个人既是社会的成员，又是婚姻家庭关系的主体。历史唯物主义认为，婚姻家庭并非自始存在，也不是永恒不变的。婚姻家庭是人类社会发展到一定历史阶段的产物，是与一定社会的生产方式和生活关系相适应的两性和血缘关系。婚姻家庭在本质上属于社会关系。

婚姻的一般概念可以表述如下：婚姻是为当时社会制度所确认的男女两性互为配偶的结合。对现代意义的婚姻可以作如下理解。

第一，婚姻是男女两性的结合。男女两性的结合是婚姻成立的前提条件，是对婚姻关系自然属性方面的要求，即同性结合不成为婚姻。男女两性的生理差别及人类固有的性本能，是婚姻产生和存在的自然基础，也是婚姻固有的自然属性。近年来，同性恋在西方许多国家成为普遍现象，甚至某些国家以立法的形式准许同性恋结婚。但是，我们认为“同性婚”是不符合婚姻的本意和宗旨的。婚姻制度出于维护两性关系社会秩序的客观需要，需要坚持以男女两性为结婚自然基础的原则。《中华人民共和国婚姻法》（以下简称《婚姻法》）第5条明确规定："结婚必须男女双方完全自愿……"这明确了婚姻在性别上的条件。

第二，婚姻是男女双方合法的结合。两性结合是人与动物的共同自然属性，在人类社会关系层面，婚姻关系需要得到当时社会婚姻规范的确认，只有为当时社会制度所确认的男女两性结合才是法律所规范的婚姻。现实生活中存在的包办买卖婚姻、换亲、事实婚姻、通奸、姘居等均与婚姻有本质上的差别。

第三，婚姻须为有配偶身份的结合。男女结婚的目的是为了确立夫妻关系，是为了组成家庭共同生活，也是为了更好地履行夫妻之间、父母子女之间以及其他家庭成员之间的义务，并享受相应的权利。

婚姻是家庭的基础。家庭是以婚姻、血缘（包括自然血缘和拟制血缘）为基础的亲属团体，在该团体内的成员共同生活，互享法定权利，互负法定义务。对家庭关系可以作以下理解：①家庭是一个亲属团体，同一家庭的成员是以婚姻、血缘关系联结在一起的。团体是指人与人的组合，家庭是人与人组合的特殊形式，是具有亲属身份的人的结合。②家庭是组织生产、消费的经济共同体，社会经济结构不同，其功能也不同。从家庭产生至今，其一直作为组织教育和消费的基本单位来承担社会职责。

（二）婚姻家庭的自然属性和社会属性

婚姻家庭关系是一种特殊的社会关系，它的存在是以两性结合和血缘关系为必要条件的，这是婚姻家庭赖以形成的自然基础。但婚姻家庭关系作为一种特定的社会关系，决定于社会的生产关系，并受到社会上层建筑各个因素的影响。

1. 婚姻家庭的自然属性

婚姻家庭的自然属性是婚姻家庭关系存在的基础，婚姻家庭的自然属性是指婚姻家庭赖以形成的自然条件及其包含的自然规律。自然属性具体是指男女两性在生物上和生理上的特点，例如，基于人类固有的性的本能和生育繁衍功能而形成的血缘关系，成为婚姻家庭关系产生的自然基础；基于人类自然属性而形成的自然选择规律对婚姻家庭的发展起着非常重要的作用。人们从长期的生活实践中总结出来的婚姻禁例，为形成体质上、智力上更加健全的人种，推动社会发展和进步奠定了基础。即使在个体婚姻和个体家庭形成以后，婚姻家庭的自然属性也是不容忽视的，任何时代、任何国家的婚姻家庭法，都必须考虑自然规律的要求。例如，以人的身心发育程度来确定法定婚龄；以一定范围的血亲关系，特定的疾病、生理缺陷作为法定婚姻成立的障碍；以出生作为血亲关系发生的法律事实，等等。自然属性是立法者在制定婚姻家庭规范时必须首先考虑的问题，是婚姻家庭立法的出发点。

2. 婚姻家庭的社会属性

自然属性是婚姻家庭的基础，婚姻家庭关系是在某些自然条件的基础上形成的社会关系。但婚姻家庭本质上是社会的产物，它的本质是一种特定的社会关系。正如马克思所说，人的本质并不是单个人所固有的抽象物，实际上，它是一切社会关系的总和。这一论断揭示了婚姻家庭的本质。社会性是人类的根本属性，因此也是婚姻家庭的根本属性。作为社会关系组成部分的婚姻家庭，依存于一定的社会结构，又具有一定的社会内容，它与社会诸关系具有多方面的内在联系。

婚姻家庭关系既有一定的物质社会关系，又包含着思想社会关系；既决定于经济基础，又受上层建筑、意识形态因素的影响。婚姻家庭的起源、性质、特点及其发展变化等，都是由社会物质生活条件和社会制度所影响决定的。

（三）婚姻家庭的社会职能

婚姻家庭的社会职能是指婚姻家庭作为社会系统的组成部分所承担的功能。婚姻家庭自产生之日始，就担负着一定的、其他社会组织无法替代的社会职能。一般来说，婚姻家庭不仅起着调节、维护两性关系的作用，而且是社会中人口再生产的单位、重要的经济单位和教育单位。不同社会中婚姻家庭所起的职能具体内容不尽相同，反映了一定社会发展阶段中生产方式和生活方式的要求。

1. 实现人口再生产的职能

人种延续是社会延续的基础。一定数量的人口和人口再生产，是社会存在和可持续发展的必然要素。人种的延续是通过生育制度来完成的，人口再生产是社会生存和发展的必要条件。以两性结合和血缘联系为自然条件的婚姻家庭，作为人口再生产的单位是其自然属性的具体表现。生育下一代并不是单纯自然的生理事件，历史上的每一种生产方式，都有其特定的人口规律。社会制度不同，婚姻家庭在实现人口再生产的职能时也呈现出相应的特点。我国将计划生育作为基本国策之一，这是与我国人口现状和人口规律相适应的，通过实行计划生育，实现人口与社会、经济的协调与可持续发展。

2. 组织经济生活的职能

家庭的经济职能反映了一定社会中生产力和生产关系的性质和要求，以婚姻为基础的个体家庭自其产生之时便在社会经济生活中起着重要的作用。从历史上来看，传统的农业社会经济生产主要是由家庭来完成的，表现为“男耕女织”的家庭经济模式；在现代社会中，经济生产主要是在工厂、公司等经济单位完成，家庭生产功能明显弱化，但生活消费的一大部分还是由家庭来组织完成的，房屋、汽车等诸多消费都是以家庭为单位进行消费的。

在社会保障体系尚不完善的情况下，家庭作为消费单位，是社会分配和个人消费的中介，它在养老育幼、扶养家庭等方面起到重要的作用。

3. 教育职能

家庭是社会中的一个教育单位，家庭教育是社会教育的重要组成部分。社会学认为，家庭是人的“首属群体”。家庭成员之间特有的血缘、感情、经济和共同生活的联系，使其在家庭成员之间起到了其他社会组织所不能取代的作用。在教育事业不发达的古代社会，家庭教育是主要的教育手段。近现代社会以来，幼儿园、各级学校和其他各类教育机构有了很大的发展，但家庭教育在全部社会教育中仍然具有特殊的地位和作用。家庭对其家庭成员的人格形成、性格塑造、文化传承、知识传授都有着重大影响。在社会主义制度下，应当将家庭教育、学校教育和其他社会教育有效地结合起来，更好地发挥家庭在建设社会主义精神文明中的巨大作用。

二、婚姻家庭制度及其历史类型

（一）婚姻家庭制度与经济基础、上层建筑

1. 婚姻家庭制度与经济基础

婚姻家庭制度是一定社会中经济基础对婚姻家庭的要求在上层建筑领域的集中体现，并以行为规范的形式对婚姻家庭的形态予以确认和保护。在原始社会中，有关两性和血缘关系社会形式的社会规范主要是由婚姻习惯和道德规范构成的，并由社会成员自觉遵守。婚姻家庭制度是社会制度的组成部分，属于上层建筑的范畴，它在阶级社会所体现的是统治阶级的意志和利益，主要由法律来规范，并由道德、宗教、风俗习惯等来补充。

按照历史唯物主义的观点，任何社会制度都是一定的经济基础和上层建筑的统一。经济基础起到了主要的、决定性的作用。经济基础的性质，决定了包括婚姻家庭制度在内的全部上层建筑的性质。从总体上说，有什么样的经济基础，就有什么样的婚姻家庭制度包括婚姻家庭法律制度。经济基础的变革，必然引起婚姻家庭制度的变革。有什么样的社会生产关系，就会有什么样的婚姻家庭制度。随着生产力的发展，人类从原始社会之初的杂乱性交发展至一夫一妻制，一夫一妻制的具体情况又受到相应社会生产关系的制约。

群婚制和对偶婚制自原始公有制的经济基础中产生，并由其决定；剥削阶级社会中的一夫一妻制的婚姻家庭制度自生产资料私有制的经济基础中产生，并由其决定。奴隶制的、封建制的和资本主义的婚姻家庭制度，以私有制为基础而有其共性，又因各社会中私有制的形式不同而各具特色。在社会主义公有制的经济基础上，形成了新的、更高类型的一夫一妻制的婚姻家庭制度。人类历史上各种婚姻家庭制度依次更替，无一不是经济基础发生变革的必然结果，生产力的发展导致家庭制度的根本变革。

婚姻家庭制度与经济基础存在着作用与反作用的关系，婚姻家庭制度能够通过自身特有的方式，能动地反作用于经济基础，进而影响生产力的发展。评判婚姻家庭制度的优劣并不是简单对制度本身进行评判，而是应该结合当时的社会条件全面分析，以婚姻家庭制度是否适合并能促进当时的生产力发展作为评判标准。

2. 婚姻家庭制度与上层建筑

婚姻家庭制度不仅决定于经济基础，同时也受到上层建筑各个方面的影响。不同社会对婚姻家庭的要求，或是直接表现出来，或是通过相关的上层建筑间接地表现出来。构成婚姻家庭的各种规范和具体制度，是寓于上层建筑相关部门之中的。作为意识形态而存在的婚姻家庭观，是一定社会中婚姻家庭制度的精神支柱，其影响不可低估。上层建筑，包括政治、法律、道德、宗教、文学艺术等，都通过不同的途径作用于婚姻家庭制度。考察婚姻家庭制度，既要肯定经济基础对婚姻家庭制度的决定作用，又要全面考虑上层建筑包括意识形态对婚姻家庭制度的制约和影响。

政治最集中地反映了经济基础的性质和要求，它对婚姻家庭制度的制约和影响非常强烈。无论是中国古代的宗法统治和奴隶制、封建制的婚姻家庭制度，还是资产阶级所号称的“自由、平等、民主”和资本主义婚姻家庭制度，都反映出当时的政治制度和婚姻家庭制度的一致性，婚姻家庭制度受政治制度的影响并服务于政治体制。

法律是由国家制定或认可，并以国家的强制力保证其实施的行为规范，任何国家均以法律为调整婚姻家庭关系的重要手段。婚姻家庭法律制度是婚姻家庭制度中最重要、最核心的部分。通过婚姻家庭法律制度调整婚姻家庭关系，形成相对稳定、系统、明确、具体的法律关系。婚姻家庭关系一经法律调整，主体之间便产生法定的权利和义务。法律在调整婚姻家庭关系之中起着其他上层建筑不可替代的作用。

道德是以善恶评价为标准，依靠社会舆论、传统习俗和人的内心信念的力量来调整人们之间相互关系的行为规范的总和。道德不是依靠国家的强制力，而是依靠人们的信念、传统、教育以及社会舆论等力量，去评判是非善恶，对其分别加以支持或谴责，从而影响人们的意志，调整人与人之间的关系。道德不仅具有社会性，而且具有阶级性。在一定社会中占统治地位的道德即统治阶级的道德，同婚姻家庭立法是一致的，两者是相辅相成、相互补充的。在任何时代、任何国家，婚姻家庭立法中许多未规定的问题，都是由道德加以调整的。

宗教对婚姻家庭制度的作用，是通过人们的信仰来实现的。人们信仰某种宗教，并遵循教义的指引，从而形成了相应的宗教婚姻家庭观念。在许多政教合一的国家里，宗教经典同时起着法典的作用，如印度教的《摩奴法典》、伊斯兰教的《古兰经》等。在当代一些国家中，宗教对婚姻家庭制度仍有不同程度的干预。

风俗习惯对婚姻家庭制度的影响也是十分明显的。风俗习惯一般是在历史上长期形成的，同人们的生产和生活环境有密切的联系，往往带有民族的、地区性的和传统文化的特点。

一方面，上层建筑、意识形态对婚姻家庭制度的制约和影响是多方面的，它们的作用、途径和表现方式，也是各不相同的；另一方面，婚姻家庭制度对其他上层建筑也会产生一定的影响，作为同一经济基础的上层建筑本来就是相互联系的。

（二）婚姻家庭制度的历史类型

婚姻家庭制度作为社会制度的组成部分，总是在社会历史阶段以某种具体的历史形态存在。任何婚姻家庭制度都不是抽象的，同质的经济基础类型决定相应的社会制度的历史类型和婚姻家庭制度的历史类型，我们可以以经济基础的类型来作为划分婚姻家庭制度历史类型的基本依据。

如果在广义上理解婚姻家庭的概念，群婚制的出现标志着婚姻家庭制度的产生，一般将婚姻家庭制度分为群婚制、对偶婚制和一夫一妻制三种历史类型。恩格斯在《家庭、私有制和国家的起源》一书中指出："群婚制是与蒙昧时代相适应的，对偶婚制是与野蛮时代相适应的，以通奸和卖淫为补充的一夫一妻制是与文明时代相适应的。"以通奸和卖淫为补充的一夫一妻制，是针对私有制社会而言的。以下对婚姻家庭制度的三种具体的形态进行分述。

1. 群婚制

群婚制是原始社会中一定范围内的一群男子与一群女子互为夫妻的婚姻形式。原始社会初期社会生产力水平相当低下，原始人类出于生存的需要，只能结成一定的群体，通过共同劳动、共同生活来获取生活资料，形成了原始公有制的生产关系。在原始社会，同一群体的成员在两性方面没有任何限制，一个群体便是一个婚姻集团。

随着原始社会的不断发展，婚姻关系才从最初毫无限制的两性关系发展出各种群婚制的两性和血缘关系。摩尔根在《古代社会》中提出了婚姻家庭的演进过程：群婚制的低级形式是血缘群婚制（“血缘家庭”），高级形式是普那路亚群婚制，或称亚血缘群婚制。血缘群婚是同辈分男女之间的集团婚，即同辈分的男女可以互为婚姻，发生两性关系。血缘群婚已经排除了直系血亲之间的两性关系。在父母与子女、祖父母与孙子女、外祖父母与外孙子女之间存在着严格的婚姻禁例。按照这种制度，两性关系是依世代来划分的，在群体内部形成了若干同行辈的婚姻集团。同胞兄弟姐妹、从兄弟姐妹、再从兄弟姐妹和血缘更远一些的兄弟姐妹，都可以互为夫妻。血缘群婚制是人类婚姻史上的第一个禁忌，与杂乱性交关系相比，具有进步的历史意义。

亚血缘群婚制仍然是一种同行辈的集团婚，但是已从两性关系中排除了姊妹和兄弟。最初排除了同胞的兄弟姊妹，后来又排除了血缘关系较远的兄弟姊妹，即后世所说的从兄弟姊妹或堂兄弟姊妹，同辈旁系血亲的婚姻禁例越来越严格。这是群婚制发展的第二个阶段，也是群婚制的高级形式。亚血缘群婚制的确立在人类婚姻史上有着重要的意义。

2. 对偶婚制

对偶婚制是指一男一女在一段时间内保持相对稳定偶居关系的婚姻形式。一个男子在许多妻子当中有一个主妻，一个女子在许多丈夫当中有一个主夫，主妻与主夫之间保持相对稳定的关系，但同时并不排除与其他异性发生关系。在人类两性和血缘关系的演进过程中，对偶婚是从群婚制到一夫一妻制的过渡。

成对配偶在一定时期相对稳定地同居，在群婚制下或更早的时代便可能出现，但在当时以群体为单位的经济条件下不可能成为一种通行的生活制度。随着两性和血缘关系社会形式的发展变化，群婚制下的各种婚姻禁例越来越多，越来越严格，一男一女对偶同居的现象逐渐被习惯、道德固定下来，直至用对偶婚制取代了群婚制。

对偶婚姻具有相对稳定的性质，但双方的结合并不十分牢固，其中一方或双方均可以自行结束这种婚姻关系。在母系氏族制和族外婚制下，这种对偶婚姻仍以女子为中心，女方定居于本氏族，其夫则来自外族。女方是母方氏族的成员而不是父方氏族的成员，被人们称为对偶家庭的两性和血缘关系的社会形式仍然不是严格意义上的家庭，在氏族共有经济中，它不能成为一个脱离氏族而独立的经济单位。

对偶婚制从血缘构成上为父系氏族和个体家庭的出现准备了条件。过去在群婚制下只能判明谁是子女的生母，在对偶婚制下，子女的生父一般来说也是相对明确的。从一定意义上来说，对偶婚是一夫一妻制和个体婚姻的萌芽。特别需要指出的是，原始社会末期的生产力有了较大的提高，氏族内部的私有经济已经产生并且不断积累，这就为一夫一妻个体家庭的形成提供了条件。

3. 私有制社会中的一夫一妻制

一夫一妻制又称为个体婚制，是指一男一女结为夫妻的婚姻制度。一夫一妻制相对于群婚制来说，是婚姻关系的变更，除了在群婚制不同具体形态中一直在起推动作用的那些因素以外，需要更加强烈的社会动力。这里所说的社会动力，就是原始社会末期产生和发展起来的私有财产。一夫一妻制的形成是私有制确立推动的结果。一夫一妻制的最终确立，既非仅是自然选择的结果，又非男女性爱的结果，而是私有制的产物。

一夫一妻制从最初萌芽到最后形成经历了一个很长的过程。原始社会末期，由于生产力的进一步提高而出现了两次社会分工，即农业和畜牧业，其结果是使个体劳动的作用在生产中的作用加强。最初，农业和畜牧业提供的剩余产品无疑是归属于氏族的，后来，按照当时的社会分工，男子逐渐成为新的财富的掌管者。随着阶级分化的出现，一部分男子又成为新的生产工具即奴隶的管理人，这就使那些富有的、有权势的男子有了越来越多的财产。

氏族社会中私有经济因素的扩大，分工的加剧，使丈夫在家庭中占据更重要的位置，导致母系氏族为父系氏族所替代。于是，子女由母方氏族的成员变为父方氏族的成员，确立了子女按父方计算世系和承袭父方遗产的制度；在父系氏族内部，逐渐形成了以男子为中心，以一定的私有财产为其经济基础的一夫一妻制婚姻家庭。男女两性社会地位的变化，从原始的、朴素的平等关系到男尊女卑，也是在这一过程中，在私有制产生和发展的社会条件下完成的。

一夫一妻制的婚姻家庭在性质上根本不同于过去的两性和血缘关系的社会形式。恩格斯说："它是建立在丈夫的统治之上的，其明显的目的就是生育确凿无疑地出自一定父亲的子女；而确定出生自一定的父亲之所以重要，是因为子女将来要以亲生的继承人的资格继承他们父亲的财产。"又说："一夫一妻制是不以自然条件为基础，而以经济条件为基础，即以私有制对原始的自然长成的公有制的胜利为基础的第一个家庭形式。"这就是私有制社会中一夫一妻制的本质。

4. 社会主义制度下的一夫一妻制

社会主义婚姻家庭制度的建立，是人类婚姻家庭制度史上的重大变革。从私有制到公有制的所有制变革颠覆了资本主义婚姻制度的基础，在社会主义制度下，新的经济基础和上层建筑为更高类型的婚姻家庭制度奠定了基础。

社会主义婚姻家庭制度是真正的一夫一妻制的婚姻家庭制度，它具有婚姻自由，男女平等，一夫一妻，保护妇女、儿童和老人合法权益等基本特征。由于社会主义社会正处于长期发展的过程中，新的婚姻家庭制度还不完善，婚姻自由、家庭关系尚存在进一步改进的方面，但随着社会主义建设的全面开展，社会主义的婚姻家庭制度将更加完善。

人类社会的一夫一妻制经历了奴隶社会、封建社会、资本主义社会和社会主义社会四个历史阶段。不同社会一夫一妻制的性质和特征都反映了该社会经济基础和上层建筑的要求。

【思考与练习】

名词解释

婚姻　家庭　群婚制　对偶婚制　一夫一妻制

选择题

1. 婚姻家庭是社会发展到一定阶段的产物，是同一定社会中生产方式和生活方式相适应的人类两性结合和血缘关系的（　）。

A. 人身关系　　B. 伦理关系

C. 财产关系　　D. 社会形式

2. 亚血缘群婚制时期的两性关系是（　）。

A. 直系血亲间的集团婚　　B. 同行辈的集团婚

C. 同行辈的集团婚中排除了兄弟姐妹　　D. 一男一女的结合但并不牢固

问答题

1. 为什么说社会属性是婚姻家庭的本质属性？
2. 婚姻家庭的社会功能主要有哪些？
3. 怎样理解决定和影响婚姻家庭制度的因素？
4. 婚姻家庭制度有哪些历史类型？

第二章 婚姻家庭法概述

【导学】

本章主要学习婚姻家庭法的概念、调整对象和法律特征，了解婚姻家庭法在我国现行法律体系中的地位。本章重点：婚姻家庭法的调整对象、婚姻家庭法的特点、婚姻家庭法的基本原则。本章难点：婚姻家庭法的基本原则。

一、婚姻家庭法基本理论

（一）婚姻家庭法的概念和调整对象

1. 婚姻家庭法的概念

婚姻家庭法是指调整婚姻家庭关系的发生和终止，以及由此所产生的特定范围的亲属之间的权利义务关系的法律规范的总和。这一概念是就实质意义上的婚姻家庭法而言的，婚姻家庭法就是通过规定婚姻家庭关系借以发生和终止的法律事实，通过规定有关主体的权利义务，发挥其调整作用的，这是婚姻家庭法特有的调整方法。

正确理解婚姻家庭法概念的内涵，需要把握以下几点：

第一，婚姻家庭法是一种法律规范。

第二，我国婚姻家庭法是广义的婚姻法。

第三，婚姻家庭法是实质意义上的婚姻家庭法律。

第四，在法律特性上，婚姻家庭法属于部门法、实体法和国内法。

2. 婚姻家庭法的调整对象

（1）婚姻家庭法的调整对象。我国婚姻家庭法的调整对象可概括为婚姻关系和家庭关系。

从调整对象的范围来看，婚姻家庭法既调整婚姻关系，又调整家庭关系；既包括婚姻家庭关系发生、变更和终止的动态运行全过程，又包括由该动态运行所形成的主体之间的权利和义务。如婚姻关系因结婚而成立，又因一方死亡或离婚而终止，所以，关于结婚的条件和程序，关于夫妻之间的权利和义务，关于离婚的原则、程序、条件以及离婚后有关子女抚养、财产分割和生活帮助等，都属于婚姻家庭法的调整范围。家庭关系基于结婚、出生、法律拟制等原因而发生，又因离婚、家庭成员死亡、拟制血亲关系解除等原因而消灭。因此，关于确认家庭成员之间的亲属身份、规定家庭成员之间的权利义务及其产生、变更和终止等方面的内容，均属于家庭关系的范畴，也属于婚姻家庭法的调整范围。

(2) 婚姻家庭法调整对象的性质。婚姻家庭法调整对象的性质，既有婚姻家庭方面的人身关系，又有婚姻家庭方面的财产关系，其中，身份关系居于主导地位，财产关系以身份关系的建立为前提条件。因此，婚姻家庭法在性质上是身份法而非财产法，它所调整的对象是基于婚姻家庭而产生的身份关系以及与此相联系的财产关系。

婚姻家庭中的人身关系存在于具有特定亲属身份的主体之间，本身并不直接体现经济内容，如配偶身份、亲子身份、祖孙身份、拟制血亲身份以及人格独立权、人身自由权、姓名权、夫妻家事代理权等。

婚姻家庭中的财产关系是以人身关系为前提的，它直接体现一定的经济内容或者以一定财产为媒介所形成的社会关系，在法律意义上即为财产性质的权利义务关系。这种财产关系的特点是不能独立脱离亲属身份关系而独立存在的，它依附、从属于亲属身份关系，随着相应的身份关系的发生、终止而产生、终结，其内容也反映了相应的身份关系的要求。

3. 婚姻家庭法的特点

(1) 适用范围的广泛性。婚姻家庭关系自产生之时起便是人类社会中最广泛、最普遍的社会关系。每个家庭成员，不论性别、年龄，都不可避免地与婚姻家庭相联系，每个人既是婚姻家庭的产物，也是婚姻家庭的主体，享受并承担婚姻家庭法规定的权利与义务。婚姻家庭法的适用，涉及男女老少，涉及家家户户的切身利益和社会公共利益，所以，任何人都不得不参与到婚姻家庭法律关系中来，婚姻家庭法是适用于全体公民的普通法。

(2) 内容的伦理性。在任何社会中，法律都是与该社会中占主导地位的道德相互影响、互为作用的。从本质上讲，婚姻家庭关系既是重要的法律关系，又是重要的伦理关系，一定意义上堪称道德化的法律或法律化的道德。在我国，法律和社会主义道德原本一致，这在婚姻家庭法领域表现得尤为明显。我国婚姻家庭法所规定的原则，既是法律的规定，也是道德的要求。

(3) 鲜明的强制性。强制性规范是相对于任意性规范而言的。为了保护公民的婚姻家庭权益和社会公共利益，婚姻家庭法中的规定大多是强制性规定，在婚姻家庭法的规范中，以命令性规范和禁止性规范居多。当然，婚姻家庭法中也有部分任意性规范，而且这些任意性规范在现代社会生活中有逐步扩大的趋势，如关于夫妻财产的约定，离婚时关于子女的抚养和财产分割协议，离婚后对未成年子女探望权的约定，夫妻姓名权、住所决定权等。

(二) 婚姻家庭法的法律渊源

法律渊源一词在不同的场合有着不同的含义，一般将其界定为法律规范的表现形式。婚姻家庭法的法律渊源就是婚姻家庭法借以表现和存在的形式。根据我国现行的法律规范的体系、层次和立法模式，婚姻家庭法的渊源有以下几种：

1. 宪法

宪法在我国法律体系中居于统率地位，其效力高于其他任何法律。宪法中一般都有涉及其他法律的原则性内容，所以，宪法是一切法律部门共有的法律渊源和立法基础，婚姻家庭法亦不例外。一切调整婚姻家庭关系的规范性文件，均不得与宪法的原则性条款内容相冲突。

2. 法律

作为一种法律渊源，法律专指由全国人民代表大会及其常务委员会制定的规范性文件。有关婚姻家庭法的此类渊源包括三个层次：一是构成独立法律部门的基本法，如民法、刑法、诉讼法、行政法等。二是尚无法律部门归属的法律。此类规范具有法律的地位和效力，但却无法进行具体统一的归类，如《中华人民共和国妇女权益保障法》（以下简称《妇女权益保障法》）、《中华人民共和国未成年人保护法》（以下简称《未成年人保护法》）、《中华人民共和国老年人权益保障法》（以下简称《老年人权益保障法》）等，它们也是婚姻家庭法的渊源。三是直接规定婚姻家庭关系的专门性法律，如《婚姻法》和《中华人民共和国收养法》（以下简称《收养法》），这两部法律是婚姻家庭法律体系中较系统、较集中的渊源。其中《婚姻法》确立了婚姻家庭关系的基本准则，《收养法》则是专门调整收养关系的具体规范；前者是婚姻家庭基本法，后者是婚姻家庭法的重要组成部分。

3. 行政法规和规章

行政法规是国家最高行政机关即国务院制定的规范性文件，国务院所属各部门可在各自的权限范围内制定行政规章。行政法规和行政规章中的有关规范，比法律更为具体，可操作性更强，在调整婚姻家庭关系、保护公民婚姻权益等方面对法律作了重要的补充，如《婚姻登记条例》、《中国公民收养子女登记办法》中的规定，便是这方面的明显例证。

4. 地方性法规和民族自治地方的有关规定

地方性法规、规章中也有若干婚姻家庭法规范，其内容涉及婚姻，收养，计划生育，保护妇女、儿童和老人的合法权益，禁止家庭暴力等诸多方面。这些结合当地实际情况所作的适用于本地区的规定，是保证全国性的婚姻家庭立法得以贯彻执行的必要措施。民族自治地方制定的有关执行《婚姻法》、《收养法》的变通规定等，也应作为婚姻家庭法的渊源。

5. 最高人民法院司法解释

最高人民法院发布的有关适用婚姻家庭法的司法解释，是人民法院审理婚姻家庭案件的经验总结，这些司法解释具有很强的可操作性，是我国婚姻家庭法的渊源之一。

6. 我国缔结和参加的国际条约

依照《中华人民共和国民法通则》（以下简称《民法通则》）第八章“涉外民事关系的法律适用”规定的原则，处理涉外婚姻家庭关系可以依照我国缔结或者参加的国际条约办理，但我国声明保留的条款除外。在某些情形下，处理涉外婚姻家庭关系还适用国际惯例。

除上述诸渊源外，党和国家的婚姻家庭政策以及为法律认可的、符合社会主义婚姻家庭道德的习惯，也是我国婚姻家庭法的渊源。

由上可见，我国婚姻家庭法的渊源是由一个开放的复合体系组成。在适用婚姻家庭法的相关规范性文件时，应注意不同规范的法律位阶及其效力。

二、婚姻家庭法的历史发展

婚姻家庭法历史悠久，源远流长。在重视身份关系的古代，调整婚姻家庭关系的法律在法律体系中占有十分重要的地位。从世界范围来看，婚姻家庭法大致经历了三个发展阶段，即诸法合体时期的古代婚姻家庭法、近现代的资产阶级国家的婚姻家庭法和社会主义国家的婚姻家庭法。至于婚姻家庭法的内容、形式和编制方法，不同的国家是有差异的。

（一）诸法合体时期的古代婚姻家庭法

在整个古代，中外各国在立法上均采取民刑不分、诸法合一的形式。有关调整婚姻家庭关系的法律，散见在混杂的统一法典之中。例如中国奴隶社会、封建社会各朝律令中的户律、婚律。其中唐朝《户婚律》在古代婚姻家庭立法中具有代表性，起着承上启下的作用，不仅是以后中国历代婚姻家庭立法的蓝本，而且对我国邻近国家也有相当大的影响。外国古代如巴比伦王国的《汉穆拉比法典》，古罗马的《十二铜表法》和后来的《查士丁尼国法大全》，古《希伯来法》和《日耳曼法》以及欧洲中世纪的教会法都带有诸法合体的特色。

1. 中国古代有关婚姻家庭的礼与律

中国古代调整婚姻家庭关系的规范，开始规定于礼，后被吸收于律中。总的说来，以礼为主，以律为辅，婚姻家庭法规范详于礼而略于律，是中国古代婚姻家庭法的一大特色。

(1) 奴隶制时代的婚礼、家礼。中国先秦时代的婚姻家庭法规范，主要是以礼为其表现形式的。婚礼和家礼在维护宗法制度的礼制中占有很重要的地位。当时的亲属组织和政治组织均以宗法为本位。宗法制度就其本质而言，是原始社会末期的父系氏族制度在阶级社会中的转化形态。掌握了国家权力的奴隶主阶级，是利用氏族的血缘纽带来实现其统治的。

当时的婚礼和家礼，在《礼记》、《仪礼》、《周礼》等古籍中留下了比较系统的记载。奴隶主阶级的婚姻家庭关系主要由维护宗法等级制度的"礼"加以调整。至于广大奴隶的婚姻家庭状况，不会记载于典籍中。他们在这方面的命运十分悲惨。

《礼记·昏义》中指出："夫礼，始于冠，本于昏，重于丧祭，尊于朝聘，和于射乡。"其中，冠、婚、丧、祭诸礼都是奴隶主阶级的成员在婚姻家庭方面必须遵守的行为规则。

中国古代的宗法伦理观念视婚礼为诸礼之本。《中庸》中也有"君子之道，造端乎夫妇"之说，婚姻被认为是人伦之始。有关婚姻的礼制以聘娶婚为结婚方式，以"六礼"为嫁娶程序。名目众多、内容繁杂的家礼，确认着君臣贵贱有分、父子尊卑有别、兄弟长幼有序等、夫妻主从有别的宗法等级关系。当时的家庭是父系、父权、父治的家庭，夫、父、家长往往由一人担当；当时的婚礼、家礼对后世有很大的影响。例如，聘娶婚及其嫁娶程序"六礼"，婚姻离异方面的"七出"和"三不去"，以及纳妾、立嫡、宗祧继承、亲属的丧服制度等，都是起始于奴隶制时代，后又为封建时代的礼与律所继承的。

(2) 封建时代的户婚律。与婚姻家庭有关的成文法始于战国时代，《法经》和《秦简》中的某些记载可资佐证。《法经》以奸淫罪入于"杂律"，《秦简》中有"家罪"之名。自汉朝开始，各朝将调整婚姻家庭关系的法律，与户籍、土地、税收等项目合编在《户律》或《户婚律》中。

《唐律·户婚》集中国封建时代前期户婚立法之大成。在婚姻方面，法律以聘娶婚的方式公然维护包办婚姻，对主婚权、禁婚条件、嫁娶程序、违律嫁娶、七出、和离、义绝等都作了具体规定。在家庭方面，法律不遗余力地维护封建的伦理纲常，祖父母、父母在而子孙别籍异财、卑幼私辄用财以及立嫡违法等，均须依照律科予以刑罚。户婚以外的其他篇中，也有不少维护封建主义婚姻家庭制度的规定。《名例》篇中将不孝、恶逆列入十恶。《斗讼篇》中在亲属相犯的刑事责任上，根据不同的身份关系作了加刑和减刑的规定。

宋代有关户婚的律条载于《宋刑统》，辽、金、元各代的法典中均有关于户婚事项的规定。明律的《户律》中，有《婚姻》等七门。清律基本上承袭明律，户婚方面的律条也不例外。封建时代的婚姻家庭法规范，除以"律"命名者外，还有其他一些法律形式，如"户令"和后世与律并用的"例"等，在调整婚姻家庭方面也起着重要作用。

综观封建的礼制和法制，其婚姻家庭制度具有下列特征：父母、尊长对子女、卑幼婚事的包办强迫；维护封建统治阶级一夫一妻多妾制；男尊女卑、夫权统治；家长专制，漠视子女的利益；实行以"出妻"为主要方式的男子专权离婚制度。

2. 外国古代婚姻家庭法简介

在世界各国的古代法中，婚姻家庭关系最初主要是由习惯法加以调整的，后来才逐渐采取成文法的形式。早期婚姻家庭方面的成文法，主要是习惯法的汇集。古巴比伦王国的《汉穆拉比法典》具有代表性。在宗教势力特别强大、实行政教合一的国家中，宗教经典同时又是法典，其中有许多有关婚姻家庭的信条、戒律和各种具体的行为规范。由于各国的社会历史条件不同，婚姻家庭法也是各具特色，下面仅以罗马亲属法和欧洲中世纪的习惯法、寺院法为例。

(1) 古代罗马的亲属法。古罗马是高度发达的奴隶制国家，也是同时代婚姻家庭法制最为完备的国家。罗马家庭是宗法家长制的家庭。在《十二铜表法》出现之前，习惯法仍然是最主要的规范形式。早期的市民法则更多含有习惯法因素，此后的最高裁判官发挥了向万民法过渡的作用。而万民法则更多地反映了"自然理性"，由《查士丁尼法典》、《法学阶梯》、《学说汇纂》和《新律》组成的《国法大全》，成为"商品生产者社会的第一个世界性法律"。"私法"是罗马法的核心，婚姻家庭是私法的组成部分。

关于家父权即家长权的规定，最初载于公元前5世纪制定的《十二铜表法》。关于婚姻的成立，罗马亲属法中设有婚约制度。订婚须出于父命，婚约具有一定的法律效力。男女在订婚后两年内不结婚的，婚约即行废止。婚姻有两种：一是市民法婚姻，即依市民法的规定而成立的婚姻，称正式婚或有夫权婚姻；二是万民法婚姻，即依万民法的规定而成立的婚姻，亦称略式婚或无夫权婚姻，这种婚姻在符合法定条件时依当事人的合意即可成立。

市民法婚姻的结婚方式分为三种，即共食婚、买卖婚和时效婚。共食婚须举行隆重的宗教仪式；买卖婚须由男子在计量者之前，以要式契约的方式买受女子为妻；时效婚则以一定事实的存在（男女双方以夫妻关系同居生活）和一定期间的经过（1 年）相结合为成立要件。至于万民法婚姻，法律规定在符合法定要件时，依当事人的合意而成婚。罗马亲属法还对法定婚龄、禁婚亲和其他婚姻障碍等，作了各种具体的规定。

关于家庭关系，家父权和夫权在罗马亲属法中占有很重要的地位。按照早期法律的规定，家父权十分强大，家父有司祭祀的权力，有支配家庭财产的权力以及有在家中司职审判的权力等。到了后期，家父权有所削弱。夫权是基于市民法婚姻而取得的。

关于婚姻的终止，罗马亲属法以配偶死亡、自由权或市民权的丧失和离婚为终止原因。离婚有三种方式：一是出于家父的意思而离婚，这种离婚方式至罗马帝国时代后期已被废除；二是出于夫妻双方的意思而离婚，即协议离婚；三是出于夫妻一方的意思而离婚，即片意离婚。

罗马亲属法在古代的婚姻家庭立法史上具有很重要的地位，对后世有很大影响，其中有不少规定经过改造后为近代的资产阶级国家婚姻家庭法所继受。

(2) 欧洲中世纪的婚姻家庭法。欧洲早期封建制国家的婚姻家庭法，多为习惯法的汇集，法兰克王国的《撒利克法》和《里普里安法》具有代表性。在婚姻家庭方面肯定“依照惯例办理”的原则，其中买卖婚已成为婚姻成立的主要方式；父权和夫权十分强大，男子只有成婚后自立门户，方可脱离父权的支配；离婚须出于习惯法上的理由，具有浓厚的男子专权主义的色彩；重视血亲团体在婚姻家庭生活中的作用。随着欧洲各国封建势力的加强，习惯法在内容上也有变化，日耳曼法和罗马法相互影响，寺院法和王室制定的成文法的适用，使许多国家的法律有了一定的变化。到了中世纪后期，习惯法仍是婚姻家庭法的重要渊源。

在欧洲各国封建化的进程中，寺院法和王室制定的成文法，逐渐取代了习惯法。寺院法亦称教会法，其中包括许多婚姻家庭法规范。寺院法中的婚姻家庭法规范具有凌驾于世俗立法之上的权威。

寺院法中有关婚姻家庭的规定，以《新约全书》、《使徒教律》、《使徒约章》、宗教大会的决议和教皇颁发的教令集为其主要渊源。《旧约全书》中的一些伦理原则也是寺院法的渊源，但以《新约全书》解释为依据。

寺院法视结婚为圣典之一，因此，为婚姻的成立规定了严格的实质要件和形式要件，列举了许多婚姻障碍，如欠缺结婚合意、不能人道、重婚、有禁止结婚的亲属关系、未受基督教的洗礼等。在形式条件方面，要求当事人举行一定的宗教仪式。

关于婚姻的解除，寺院法奉行禁止离婚主义。无效婚姻和别居制的规定，是作为禁止离婚的救济手段而采用的。除婚姻事项外，寺院法中的有关规定还涉及亲子、收养、监护、继承等诸多方面。婚姻家庭法的宗教化，是欧洲中世纪法律的显著特色之一。

在整个中世纪，罗马亲属法因其符合社会发展的需要，对欧洲各国的婚姻家庭制度仍有重要的影响，这种影响是从未间断的。罗马法复兴运动兴起后，罗马亲属法的原理、原则和许多具体规定得到了广泛的研究和应用，在一定程度上促进了婚姻家庭法的近代化和资产阶级国家婚姻家庭法制的确立。

（二）近现代资产阶级国家婚姻家庭法

随着资本主义法制的确立，法律体系中逐渐形成了若干各有其调整对象的法律部门。婚姻家庭法是私法即民法的重要组成部分。在立法体制上，大陆法系国家采取法典主义，将以婚姻家庭法为基本内容的亲属法编入民法典。在编制方法上又有法国式的编制法和德国式的编制法的区别。英美法系国家则采取单行法主义，没有统一编制的民法典，婚姻家庭法是由若干相关的单行法组成的。

1. 大陆法系国家民法典中的婚姻家庭法

在大陆法系国家的婚姻家庭法中，法国民法典中的亲属制度和德国民法典中的亲属编具有代表性。

1804 年《法国民法典》中的婚姻家庭法规范体系以法律的形式宣告了资本主义婚姻家庭制度对封建主义婚姻家庭制度的胜利。婚姻家庭法（亲属法）在其中未设专编。该法典依照罗马法的体例，在第一编中将私权的享有、人的法律能力等同亲属、婚姻、家庭等事项规定在一起。有关婚姻家庭的具体规定集中于第一编的第五至十章，内容包括结婚、离婚、父母子女、收养、亲权和监护等。第三编第五章（夫妻财产契约和夫妻间的权利）和其他编章中也有若干涉及婚姻家庭事项的规定。

该法典从总体上否定了以家族为本位的封建主义婚姻家庭制度，代之以个人为本位的资本主义婚姻家庭制度。在结婚问题上，有未经当事人合意不得成立婚姻的规定，从而在法律上确立了共诺婚制，同时还规定了婚姻成立的其他法定要件。如要求结婚当事人在身份吏前公开举行结婚仪式，按照法定的程序制作婚姻证书。在夫妻关系问题上，妻对夫的人身依附关系已大为削弱。该法典规定了夫妻互负忠实、扶助、救援等义务，双方可依法订立夫妻财产契约。在离婚问题上，该法典规定了离婚的法定理由。除裁判离婚外，还规定了须受法律严格限制的协议离婚制。在亲子关系上，对父母子女的权利义务作了各种具体规定。但是，有关亲权的规定仍然是以父母为本位，实际上主要是由父亲行使的。

1804年的《法国民法典》，总的说来是以公民权利平等、契约自由等资产阶级的法律原则为其立法依据的。在贯彻这些原则时，婚姻家庭法方面的规定远不如财产法方面的规定。许多条款中，封建时代的痕迹随处可见。如规定子女未达到一定年龄时，未经父母同意不得结婚；父母意见不一致时，有父的同意即可；即使当事人已达到法定年龄，也应通过法定方式求得父母等尊亲属的同意。又如关于夫妻法律地位的规定，关于离婚的法定理由的规定，男女双方也是不平等的。在认领、继承等问题上歧视非婚生子女的规定，更是明显的不平等。

1896年通过、1900年施行的《德国民法典》亲属编，是从自由资本主义时代向帝国主义时代过渡的产物。以亲属法为名的婚姻家庭法在法典中独立成编。该编各章对民事婚姻、亲属、监护等制度，都作了系统的、明细的规定。同《法国民法典》中的亲属法相比，它在结婚、离婚、已婚妇女和子女的法律地位等方面有所完善和进步，但其中也有一些规定仍受封建传统的影响。在婚姻家庭领域规定法定夫妻财产制为管理共同制，将住所决定权赋予丈夫等，说明它在一定程度上受着中世纪家长制度的影响。这个亲属编可谓集资本主义婚姻家庭法律制度之大成，体系结构十分严谨、周密，立法技术也更为成熟。

《法国民法典》颁行至今已有200多年，《德国民法典》颁行至今也有100多年。两部民法典中的亲属法规范均作过多次修改，其中许多条款已被废止、修正或增补以适应现代社会发展的趋势。以德国为例，如1957年的《男女平权法》、1969年的《非婚生子女地位法》、1977年的《离婚改革法》，都是德国婚姻家庭立法发展史上的重大事件。

2. 英美法系国家的婚姻家庭单行法

英国的婚姻家庭法有其自身的历史传统，它虽然也受罗马法的影响，但不如欧洲大陆国家那样明显。自中世纪以来一个很长的时期内，普通法和衡平法在调整婚姻家庭关系方面起着重要的作用。后来才更多地采用了成文法的形式，颁行了若干处理婚姻家庭事项的单行法。总的说来，在婚姻家庭法近现代化的过程中，英国早期的立法改革是比较缓慢的，直到第二次世界大战后才有明显改变。

20世纪初以来，特别是第二次世界大战后，英国在婚姻家庭制度上采取了许多新的立法措施，英国婚姻家庭法对英联邦各国和美国等都有很大的影响。

在美国，合法婚姻的成立有三种方式：一是依各州法律而成立的民事婚；二是依习惯法而成立的习惯婚，有近一半的州承认习惯婚姻；三是依宗教仪式而成立的宗教婚。即使在不承认习惯婚的一些州，某些形式要件方面的瑕疵并不影响婚姻本身的效力。美国的婚姻家庭立法是以州为本位的，法定婚龄高低不一，婚姻障碍也不尽相同。但是，在一州认为是合法的婚姻，其他州也认为其合法。至于婚姻的效力，各州一般均规定夫妻有同居、扶养等义务。夫妻财产制有不同的形式，许多州采取分别财产制，有些州则对特定财产采用共同财产制。关于婚姻的解除，各州法律均采用诉讼离婚的方式，不承认诉讼外的协议离婚。

美国早期的离婚法在离婚的法定理由上有比较浓厚的有责主义色彩。现在所有的州都准许以婚姻破裂为依据的无过错离婚，在具体规定上则是宽严有别的。在当代美国，正式婚姻（指依照美国各州法律规定的结婚条件和程序而缔结的婚姻）仍然是美国社会的主流婚姻，并且受到法律的切实保护。非正式婚姻主要包括两种主要类型，即实质上的普通法婚姻和同居婚姻，以及程序上的推定婚姻和不容反悔的婚姻。普通法婚姻是指未举行法定的结婚仪式，但经双方当事人合意并以同居的事实而成立的婚姻。目前，仍有13个州以及哥伦比亚特区承认普通法婚姻。推定婚姻最初是来自法国和西班牙民法的“推定配偶”理论，在美国部分州及美国《统一结婚离婚法》均立法承认推定婚姻。

2001年7月1日佛蒙特州的《家庭伴侣法》正式生效，使该州成为美国第一个承认同性结合的州。紧接其后，2001年加利福尼亚州通过了《家庭伴侣登记法》，并于2002年1月1日生效。2003年加州通过了第二部伙伴关系法，即《非婚伴侣权利和责任法》，并于2005年1月正式生效。这些法律的通过，冲击了美国人对传统婚姻家庭的观念。但是，大多数州仍然坚持认为婚姻只能是男女两性的结合，并制定了《捍卫婚姻法》等类似法律。①

（三）社会主义国家婚姻家庭法

社会主义国家的婚姻家庭法产生于20世纪之初，它是随着俄国十月革命的胜利而问世的。自此以后出现了资产阶级国家婚姻家庭法和社会主义国家婚姻家庭法同时并存的局面。在第二次世界大战以前，苏维埃婚姻家庭法是唯一的社会主义国家婚姻家庭法。

① 陈苇. 外国婚姻家庭法比较研究. 北京：群众出版社，2006. 140

1. 苏维埃婚姻家庭法

1917年12月颁行的《关于民事婚姻、子女和实施户籍登记的法令》以及不久以后颁行的《关于离婚的法令》，在婚姻家庭制度废旧立新的过程中起了重要的作用。1918年颁行了《俄罗斯联邦户籍登记、婚姻、家庭和监护法典》。1926年颁行的《俄罗斯联邦婚姻、家庭和监护法典》，为新的婚姻家庭制度的确立奠定了初步的法律基础。

在前苏联的法律体系中，婚姻家庭法是独立于民法之外的一个法律部门。婚姻家庭立法是以加盟共和国为本位的，各加盟共和国的婚姻家庭和监护法典是婚姻家庭法的基本渊源。适用于全联盟的有关法律，则是各加盟共和国婚姻家庭法的立法依据。此外，前苏联最高法院和司法部颁行的规范性文件，也对适用婚姻家庭法的问题作了许多具体规定。

二战后的1968年，最高苏维埃颁行了《苏联和各加盟共和国婚姻家庭立法纲要》。1969年俄罗斯联邦依据上述纲要颁行了新的婚姻家庭法典，乌克兰等其他加盟共和国的婚姻家庭法典也作了相应的修改。1979年最高苏维埃主席团又发布了修改上述纲要的命令，各加盟共和国都采取了相应的立法措施。前苏联解体后，俄罗斯联邦于1995年制定了新的家庭法典。该法典自1996年3月1日起施行，原来有关婚姻家庭的法令不再适用。

2. 其他社会主义国家的婚姻家庭法

二战后，各社会主义国家相继颁行了调整婚姻家庭关系的法律，名称和编制方法各具特色。1949年《保加利亚人民共和国人与家庭法》是将作为民事权利主体的人的法律能力和有关婚姻家庭的事项，置于同一法典中加以规定的。南斯拉夫联邦于1947年通过了四部以婚姻家庭为调整对象的法律，即《婚姻基本法》、《亲子关系基本法》、《收养基本法》和《监护基本法》，适用于全联邦。后又按联邦宪法的规定，将婚姻家庭的立法权交由各共和国（自治省）行使。

罗马尼亚于1954年、捷克斯洛伐克于1963年、德意志民主共和国于1965年、保加利亚于1973年、古巴于1975年、阿尔巴尼亚共和国于1982年，都颁行了新的婚姻家庭法（名称不尽相同，也有仅称为家庭法的）。越南于1959年制定了婚姻法，后在1986年、2000年又作了修改。

（四）近代中国婚姻家庭法

1. 半殖民地半封建社会的婚姻家庭制度和立法概况

（1）清末和北洋军阀政府统治时期的婚姻家庭立法。中国近代的婚姻家庭立法始于清朝末年。在半殖民地半封建社会的旧中国，晚清王朝、北洋军阀政府和国民党政府都进行了有关婚姻家庭的立法活动。当时的统治者有的企图用稍加改良的法律使旧的婚姻家庭制度得以延续，有的则在形式上一味仿效资产阶级国家的婚姻家庭立法，但实际上并没有对旧的婚姻家庭制度实行根本的变革。

1910年颁行的《大清现行刑律》，其中也包括婚姻家庭方面的内容，它仍然是一部诸法合体的法律，许多规定具有浓厚的封建性。1911年制定的《大清民律草案》，是中国民法（包括婚姻家庭法）近代化的最初尝试，该草案中包括亲属一编。这部草案大体上是以德、日等国民法典为蓝本的，但仍保留了某些封建性的内容，在亲属和继承两编中表现得尤为明显。由于清朝的覆灭，包括亲属编在内的民律并未实施。

北洋军阀政府统治时期，对婚姻家庭关系的调整仍然适用《大清现行刑律》中的有关规定，被称为现行律的民事有效部分。这个时期的大理院，还通过了一些具有封建性的解释和判例，以补法律之不足。另一方面又于1915年制定了《民律亲属编草案》。1926年制定的《民律草案》有亲属一编，以专章规定宗祧继承，封建色彩十分浓厚，也未能实施。

(2) 国民党政府民法的亲属编。国民党政府成立之初，当时的法制局于1928年起草的《亲属法草案》为后来的民法亲属编作了立法上的准备。作为民法组成部分的亲属编，是于1930年12月26日公布，自1931年5月5日起施行的。全编分为7章，即通则、婚姻、父母子女、监护、扶养、家和亲属会议，计171条。这个亲属编的颁行，在形式上实现了中国的婚姻家庭法从古代向近代的转变，在婚姻家庭立法史上自有其一定的历史地位。但是，它的许多规定是对资产阶级国家婚姻家庭法的模仿和袭用，是脱离中国当时的实际情况的，并不是婚姻家庭制度改革的法律成果。同时，其中的某些规定仍然保留着一定的旧封建色彩。

2. 解放前革命根据地的婚姻家庭立法

解放前革命根据地的婚姻家庭立法是以废除封建主义婚姻家庭制度，建立新民主主义婚姻家庭制度为其历史使命的。在“五四”运动前后，以李大钊等为代表的革命先驱，在传播马克思主义的同时，提出了解放妇女、改革婚姻家庭制度等主张，为中国婚姻家庭制度的改革奠定了思想理论基础。第一次国内革命战争时期，毛泽东同志在《湖南农民运动考察报告》中对废除封建主义婚姻家庭制度进行了深刻的分析。在第二次国内革命战争时期，建立了农村革命根据地，开始了婚姻家庭制度的改革。

(1) 中华苏维埃共和国婚姻条例和婚姻法。1930年3月颁行的《闽西婚姻法》、1931年7月作出的《鄂豫皖工农兵第二次代表大会婚姻问题决议案》

等，是革命根据地为改革婚姻家庭制度而采取的最初的立法措施。1931 年 12 月 1 日颁行了《中华苏维埃共和国婚姻条例》，后又作了修改，于 1934 年 4 月 8 日颁行了《中华苏维埃共和国婚姻法》。这两部法律从原则规定到具体规定都贯穿着鲜明的反封建精神，明确地宣布：实行婚姻自由，废除封建的包办强迫婚姻；禁止童养媳；实行一夫一妻，禁止一夫多妻。

诞生于革命法制初创时期的《婚姻条例》和《婚姻法》，在内容上是有其局限性的，某些规定还不够全面、成熟，实施的时间也不长，但为我国新的婚姻家庭制度的确立奠定了初步的法律基础。

(2) 抗日战争、解放战争时期地区性的婚姻条例。革命根据地中颁行了许多地区性的婚姻条例，如 1939 年的《陕甘宁边区婚姻条例》、1941 年的《晋西北婚姻暂行条例》、1942 年的《晋冀鲁豫边区婚姻暂行条例》、1943 年的《晋察冀边区婚姻条例》、1945 年的《山东省婚姻暂行条例》、1946 年的新的《陕甘宁边区婚姻条例》、1949 年的《修正山东省婚姻暂行条例》等。

抗日战争、解放战争时期各地区的婚姻条例，在基本原则上是与苏区时代的婚姻立法完全一致的，有些规定则更为具体详明，有力地推动了当时的婚姻家庭制度改革。旧的封建主义婚姻家庭制度开始崩溃瓦解，新的民主主义的婚姻家庭制度正在初步形成。同时，为中华人民共和国成立后的婚姻家庭制度改革和立法积累了宝贵的历史经验。

(五) 中华人民共和国的婚姻家庭立法

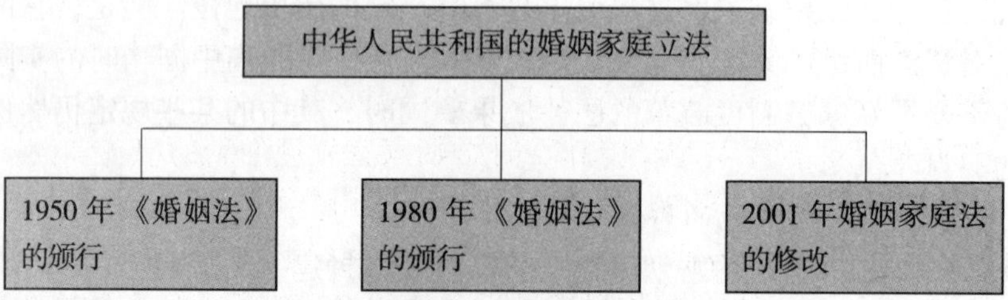

图 2-1　中华人民共和国的婚姻家庭立法

1. 1950 年《婚姻法》的颁行和贯彻

1950 年《婚姻法》是建国后第一部具有基本法性质的法律，以《政治协商会议共同纲领》的有关规定为其立法依据。它既是我国民主革命时期婚姻家庭制度改革的历史经验在法律上的总结，又是适应建国后调整婚姻家庭关系的实际需要而制定的。这部《婚姻法》分为八章，分别为总则、结婚、夫妻间的权利和义务、父母子女间的关系、离婚、离婚后子女的抚养和教育、离婚后的财产和生活、附则，共27条；内容以婚姻关系的法律调整为主，对家庭关系的规定比较简略；名曰“婚姻法”，实际上是一部不够完整的婚姻家庭法。

1950年《婚姻法》在第1条中作出了废除包办强迫、男尊女卑、漠视子女利益的封建主义婚姻制度，实行男女婚姻自由、一夫一妻、男女权利平等、保护妇女和子女利益的新民主主义婚姻制度等规定。上述规定，既阐明了该法的立法宗旨，又确定了该法的基本原则。重婚、纳妾、童养媳、干涉寡妇婚姻自由和借婚姻关系问题索取财物等，都是旧婚姻家庭制度的产物，《婚姻法》在总则中一并予以禁止。

1950年《婚姻法》采用了实行新民主主义婚姻制度的提法，将法律的锋芒指向婚姻家庭领域的封建制度和封建习俗，符合建国初期的实际情况。但绝不能认为1950年《婚姻法》的历史使命仅以反封建为限。废除封建主义婚姻家庭制度，只是为建立社会主义婚姻家庭制度扫清障碍。经过民主主义性质的改革，建立和发展社会主义婚姻家庭制度，才是其所要达到的目的。

1950年《婚姻法》颁行后，广大人民、广大妇女的婚姻家庭权利得到了法律的有效保障，婚姻家庭领域的反封建斗争空前高涨。经过1953年的贯彻婚姻法运动，取得了婚姻家庭制度上反封建斗争的决定性胜利。中共中央和政务院分别于1952年11月26日和1953年2月1日发出了关于贯彻执行婚姻法的重要指示，并规定1953年3月为全国贯彻婚姻法运动月。1953年2月18日，中共中央又发出了《关于贯彻婚姻法运动月工作的补充指示》。

2. 1980年《婚姻法》的颁行

1980年《婚姻法》体现了巩固和发展社会主义婚姻家庭制度的需要，是保障公民婚姻家庭权益、促进社会文明进步的需要。它加强了对婚姻家庭关系的法律调整，对婚姻家庭领域的拨乱反正起了重要作用。它是在1950年《婚姻法》的基础上，根据实践经验和当时婚姻家庭领域的新的情况和问题制定的。它是我国婚姻家庭立法的发展，表现在以下几个主要方面：一是对基本原则的补充。在重申原《婚姻法》各项原则的同时，增加了保护老人合法权益和实行计划生育的原则规定。二是对结婚条件的修改。新法中适当提高了法定婚龄，界定了旁系血亲禁止结婚的范围。三是扩大了家庭关系的法律调整，规定了祖孙间、兄弟姐妹间的权利义务。在夫妻财产、扶养、抚养、赡养、收养和继父母、继子女关系等问题上，新法的规定比原法更为具体明确。四是对离婚条款的增补。其内容涉及离婚的法律程序和法定理由，以及离婚后子女的抚育、财产和生活等诸多方面。此外，还增加了有关制裁和执行的条款，增加了有关婚姻家庭案件执行的规定。

从20世纪80年代到90年代，我国婚姻家庭制度建设有了很大的进展。

1991年通过、1992年施行的《收养法》、《民法通则》、《未成年人保护法》、《妇女权益保障法》、《老年人权益保障法》等法律中均有许多婚姻家庭方面的规定。最高人民法院对婚姻家庭法的适用作了大量的司法解释。

3. 21世纪初婚姻家庭法的修改

2001年4月28日第9届全国人大常委会第21次会议通过《关于修改〈中华人民共和国婚姻法〉的决定》。修改的重点主要有：

(1) 总则中增加了保障婚姻法各项原则实施的禁止性条款。通过有关禁止有配偶者与他人同居、禁止家庭暴力的规定，强化了对婚姻家庭主体人身权利的保护。在新增的第4条中规定了婚姻双方和家庭成员的共同责任，从而集中地体现了我国婚姻家庭法的立法宗旨。

(2) 在结婚制度中增设了关于无效婚姻和可撤销婚姻的规定。其内容包括婚姻无效和撤销的原因，撤销请求权人和请求权行使的时间以及婚姻无效和撤销的法律后果等，从而为防治违法婚姻制定了必要的法律对策。

(3) 在家庭关系中弥补了原有的法定夫妻财产制的不足。界定了夫妻双方共有财产和一方所有财产的范围，同时还规范了夫妻财产约定，包括约定的内容、形式和效力。对有关亲子、祖孙、兄弟姐妹权利义务等规定也作了适当的修改。

(4) 在离婚制度方面的修改。对准予离婚的法定理由增设了若干例示性的规定，从而增强了法律在司法实践中的可操作性，有利于保障离婚自由，防止轻率离婚。在离婚后子女的抚养教育和财产处理等问题上，增设了探望权和经济补偿、离婚损害赔偿等规定。

(5) 专章规定救助措施和法律责任。对婚姻家庭领域的受害人，规定了各种必要的救助措施；对婚姻家庭领域的行政违法行为、民事违法行为和刑事犯罪行为规定了相应的法律责任。从而加强了公民婚姻家庭权益的保障机制。

在此之后，针对《婚姻法》的修改和现实社会的发展变化，对《妇女权益保障法》、《未成年人保护法》、《婚姻登记管理条例》等法律、法规进行了修改。最高人民法院为了贯彻《婚姻法》先后颁行了《最高人民法院关于适用中华人民共和国婚姻法若干问题的解释（一）》（以下简称《适用婚姻法解释（一）》）、《最高人民法院关于适用中华人民共和国婚姻法若干问题的解释（二）》（以下简称《适用婚姻法解释（二）》）。

今后，应在现行的婚姻法基础上，对亲属制度的通则性规定、夫妻人身权、亲权、监护制度扶养、无效婚姻、同居关系、事实婚姻、离婚救济制度等方面进行进一步完善。

三、我国婚姻家庭法的基本原则

婚姻法基本原则及其禁止性规定

- 婚姻自由
  - 结婚自由
    - 结婚
    - 再婚
    - 复婚
    - 禁止性规定：
      - 禁止包办、买卖婚姻和其他干涉婚姻自由的行为。禁止借婚姻索取财物。
      - 暴力干涉婚姻自由罪：处二年以下有期徒刑或者拘役。（见《刑法》257 条）致使被害人死亡的，处二年以上七年以下有期徒刑。
      - 禁止重婚。禁止有配偶者与他人同居。
      - 重婚罪：处二年以下有期徒刑或者拘役。（见《刑法》258 条）
      - 破坏军婚罪：处三年以下有期徒刑或者拘役。（见《刑法》259 条）
      - 禁止家庭暴力。禁止家庭成员间的虐待和遗弃。
      - 虐待罪：情节恶劣的，处二年以下有期徒刑、拘役或者管制（告诉才处理）。致使被害人重伤、死亡的，处二年以上七年以下有期徒刑。（见《刑法》260 条）
      - 遗弃罪：情节恶劣的，处五年以下有期徒刑、拘役或者管制。（见《刑法》261 条）
  - 离婚自由
    - 协议离婚
    - 诉讼离婚
- 男女平等
  - 婚姻权利平等
  - 夫妻家庭关系地位平等
  - 家庭成员间关系平等
- 一夫一妻　《宪法》第 49 条第 1 款
- 保护妇女、儿童和老人的合法权益　《宪法》第 49 条第 1、3、4 款；《妇女权益保障法》第 2 条；《未成年人保护法》第 3、4、5、6 条；《老年人权益保障法》第 3、4 条
- 实行计划生育　《宪法》第 49 条第 2 款；《婚姻法》第 16 条

图 2–2　婚姻法基本原则及其禁止性规定①

（一）婚姻自由

1. 婚姻自由的概念和内容

婚姻自由亦称婚姻自主，是指婚姻关系的当事人均有权依照法律的规定，自主自愿地决定本人的婚姻问题，不受任何来自外力的强迫或干涉。

婚姻自由既是宪法赋予公民的一项基本权利，又是婚姻法的一项重要原则。《中华人民共和国宪法》（以下简称《宪法》）规定禁止破坏婚姻自由。《民法通则》第 103 条也规定了公民享有婚姻自主权。

婚姻自由既包括结婚自由，也包括离婚自由。

结婚自由的含义有两个方面。首先，结婚必须是男女双方完全自愿，不许任何一方对他方加以强迫或任何第三者加以干涉。这是从保障婚姻自由不受侵犯出发，对当事人和其他不特定人所作的规定。其次，结婚必须符合法律规定的条件和程序。这是从保护当事人利益和社会利益出发，对合法婚姻的成立条

① 韦华腾，宋儒亮，刘鹤挺. 婚姻法通. 广州：新世纪出版社，2003. 3

件所提出的要求。

离婚自由即男女双方结婚（从结婚登记开始）后，由于各种原因，不能继续维持夫妻关系，双方自愿离婚的，准予离婚。一方坚决要求离婚，经调解无效，夫妻感情确已破裂，准予离婚；夫妻感情尚未破裂，有和好可能的，不准离婚。通过调解做好当事人和亲属的工作，促使和好。离婚自由也有两方面：第一，夫妻双方感情确已破裂时，当事人有要求解除婚姻关系的权利；第二，离婚必须经过法定程序才能实现。

2. 婚姻自由的法律特征

(1) 婚姻自由是在法律强制性规范基础之上的当事人意思自治。其他的民事、商事活动注重诚信，只要民事、商事主体的意思完全一致，民事法律行为即可设立、变更和终止。而婚姻自由所体现的当事人意思自治，则必须建立在法律的强制性规范基础之上，如当事人必须有缔结婚姻的合意、当事人缔结婚姻的合意没有任何外来的干涉和强迫、当事人必须亲自到婚姻登记机关进行结婚登记等。

(2) 婚姻自由原则反映了以爱情为基础的社会主义婚姻观。我国古代的婚姻观是家庭主义的婚姻观，即认为婚姻的性质是“合二姓之好，上以事宗庙，而下以继后世”（《礼义·昏义》）。“二姓之好”与“上以事宗庙，而下以继后世”所反映的是对于家庭利益的维护。而社会主义的婚姻观则是以爱情为基础的个体主义的婚姻观，结婚的决定权由成婚当事人掌握，婚姻是否存续的关键也在于他们之间的感情，而不是出于家庭利益的考虑。

（二）一夫一妻

1. 一夫一妻制的概念和法律特征

(1) 一夫一妻制的概念。一夫一妻制是指一男一女结为夫妻的婚姻制度，又称个体婚姻。一夫一妻制包括以下含义：第一，任何人都不得同时有两个或两个以上的配偶。第二，已婚者在其配偶死亡或离婚前不得再行结婚，未婚男女不得同时与两个或两个以上的人结婚。第三，一切公开、半公开、隐蔽的一夫多妻、一妻多夫的行为都是非法的，都要受到法律制裁。

(2) 一夫一妻制的特征。第一，婚姻是一男一女的结合。同性恋者在我国不能结婚。不过，我国现阶段对同性恋者也越来越宽容。第二，已婚者不得再结婚，也就是说在婚姻关系存续期间，夫妻任何一方均不得再与第三人结婚。第三，婚姻关系之外的任何两性关系都是不合法的，夫妻应当相互忠实。

一夫一妻制是人类社会在婚姻家庭领域从愚昧走向文明的产物，是人类探索文明的、符合伦理的婚姻家庭的结晶，是迄今为止人类社会最文明的婚姻家庭制度。坚持这一原则，是社会主义婚姻家庭制度的需要，也是婚姻家庭本质的必然要求。

2. 实行一夫一妻制的社会意义

(1) 实行一夫一妻制是婚姻本质的要求。在我国社会主义社会，提倡建立以爱情为基础的婚姻，必须要求实行名实相符的一夫一妻制，只有实行一夫一妻制，才能保护夫妻感情的专一，使夫妻真诚相爱，同心协力抚育子女，承担对家庭和社会的责任。一夫一妻制符合婚姻这一伦理实体的本质要求，如果实行一夫多妻制或一妻多夫制，必然会使夫妻互相忌妒，不利于社会主义婚姻家庭的稳定。

(2) 一夫一妻是人类现行共同的道德价值理念。社会主义制度下的婚姻关系是男女两性基于爱情的结合，爱情的专一性和排他性，必然要求一夫一妻的结合。新型的婚姻制度要求任何人不论其地位高低、财产多少，都不得同时有两个以上的配偶；已婚者在配偶死亡（宣告死亡）或离婚之前，不得再行结婚；一切公开或隐蔽的一夫多妻或一妻多夫的两性关系不仅违背道德，同时也是违法的。

(3) 一夫一妻才能保证每个成年公民都有机会建立婚姻家庭生活。我国法律赋予成年男女公民缔结婚姻、组建家庭的权利和义务。受男尊女卑传统思想的影响，我国一些落后地区已出现针对女婴的溺婴、弃婴和其他残害婴儿的现象，这直接影响到男女比例的平衡，最新的人口普查数据已反映了这一现象，必须对此予以高度重视。实行一夫一妻制有利于维护人口比例的自然平衡，同时可以确保每个成年公民都有机会建立属于自己的婚姻家庭。

(4) 一夫一妻制是保护妇女、儿童合法权益的重要保证，是实现婚姻家庭生活平等的前提。在封建社会的家庭中，实行男尊女卑、夫权统治，一夫多妻制是其必然要求。在社会主义制度下，只有实行一夫一妻制，才能进一步提高妇女的家庭地位，保护妇女和子女的合法权益，实现男女平等。

（三）男女平等

1. 男女平等的概念

广义上的男女平等是指男女两性在政治、经济、文化、社会生活和婚姻家庭等方面享有平等的权利，承担平等的义务。《婚姻法》规定的男女平等是指男女两性在婚姻、家庭等方面权利义务的平等，这一原则具有十分广泛的内容，它既表现为权利上的平等，又表现为义务上的平等。

2. 男女平等的内容

(1) 在婚姻关系方面，夫妻在家庭中地位平等。《婚姻法》所规定的结婚和离婚条件对双方当事人都是同等的，男女之间的权利、义务是平等的。双方都拥有独立的姓名权、人身自由权和平等的财产权，也平等地承担计划生育的义务和抚养教育子女的义务。

(2) 在父母子女关系方面，《婚姻法》关于父母子女间权利义务的规定对不同性别的家庭成员平等适用。

(3) 在其他家庭成员方面，兄弟姐妹处于平等的家庭地位，享有平等的权利，承担平等的义务。

(四) 保护妇女、儿童和老人的合法权益

1. 保护妇女的合法权益

婚姻家庭法中所称的保护妇女合法权益，主要是指从婚姻家庭角度，在男女平等原则的基础上，对妇女的某些婚姻家庭权益加以特殊的确认和保护，体现了党和国家对妇女有别于男子的特殊关心和照顾。

《婚姻法》除了规定婚姻自由、男女平等、一夫一妻等原则外，还专门规定了若干对妇女特别保护的条款，如规定对妇女在离婚请求权、子女抚养权、离婚财产分割权等方面给予特殊保护。以离婚为例，这种保护具体体现在：

(1) 在离婚诉讼权利方面，《婚姻法》明确规定，女方在怀孕期间、分娩后 1 年内或中止妊娠后 6 个月内，男方不得提出离婚。法律设定在一定条件下对男方离婚诉权予以限制，其实是对妇女、儿童身心健康进行特殊保护。基于这一立法目的，女方自己提出离婚或人民法院认为确有必要受理男方离婚请求的，不在此限。

(2) 在离婚财产分割方面，《婚姻法》第 39 条第 1 款规定：“离婚时，夫妻的共同财产由双方协议处理；协议不成时，由人民法院根据财产的具体情况，照顾子女和女方权益的原则判决。”这是由于女方的经济条件一般不如男方，这一原则有利于保障女方离婚后的生活。

(3) 离婚时，如果一方的生活确有困难，另一方应给予适当的经济帮助。经济帮助权制度的设立，有利于加强对女方的保护。

总之，保护妇女合法权益原则与男女平等原则的精神是一致的，男女平等是基础，保护妇女合法权益是补充，二者互相配合，相辅相成。

2. 保护儿童的合法权益

保护儿童的合法权益是指保护 18 周岁以下的未成年人的一切合法权益。《宪法》明确规定：“国家培养青年、少年、儿童在品德、智力、体质等方面全面发展。”“婚姻、家庭、母亲和儿童受国家的保护。”《婚姻法》贯彻执行《宪法》的有关规定，主要从儿童的受抚养权、受教育权、人身权、财产

权等方面对儿童给予特殊保护。

《婚姻法》对儿童合法权益的保护主要表现在以下方面：

(1) 子女享有生命权和健康权。儿童的生命权和健康权受法律保护，法律规定禁止溺婴、弃婴和其他残害婴儿的行为。由于受封建的传宗接代思想的影响及对计划生育的重大意义认识不足，遗弃和溺死婴儿的现象仍有发生。根据我国法律的规定，对弃婴或残害儿童的行为，触犯刑事法律的，应按《中华人民共和国刑法》（以下简称《刑法》）的有关规定处罚。

(2) 子女享有受教育权。受教育权是每一个公民的基本权利，未成年子女正处于身心发展的关键时期，享有受教育权，接受正规教育是未成年子女应有的权利，因此，父母应当主动承担这一义务。

(3) 子女享有平等权。根据《婚姻法》、《中华人民共和国继承法》（以下简称《继承法》）的规定，婚生子女、非婚生子女、养子女和有抚养关系的继子女的法律地位是平等的。鉴于现实生活中非婚生子女、养子女和继子女的合法权益容易受到非法侵害的事实，我国法律强调对这三类子女任何人均不得加以虐待和歧视。

(4) 未成年人在一定条件下享有受其他近亲属抚养的权利。《婚姻法》第 28 条规定，有负担能力的祖父母、外祖父母，对于父母已经死亡或父母无力抚养的未成年的孙子女、外孙子女有抚养的义务。该法第 29 条规定，有负担能力的兄、姐，对于父母已经死亡或父母无力抚养的未成年的弟、妹有抚养的义务。

(5) 子女享有继承权。《婚姻法》规定，父母和子女有相互继承遗产的权利：父母有权继承子女的遗产，子女也有权继承父母的遗产。《继承法》规定兄弟姐妹之间在一定条件下亦发生继承法律关系，孙子女、外孙子女等在其父母先于祖父母、外祖父母死亡的，有权代其父母继承祖父母、外祖父母等直系长辈亲属的遗产。

3. 保护老人的合法权益

尊重、赡养和爱护老人是中华民族的传统美德，保护老人的合法权益是全社会共同的责任，也是社会主义家庭的重要任务和职责。

我国法律对老人合法权益的保护体现在以下方面：

(1) 子女对父母有赡养的义务。如果子女不履行义务，父母有要求子女给付赡养费的权利。另外，在一定条件下，孙子女或外孙子女有赡养祖父母或外祖父母的义务。

(2) 禁止遗弃和虐待老人。《婚姻法》第 3 条规定：“禁止家庭暴力。禁止家庭成员间的遗弃和虐待。”在家庭成员中，绝大多数老人患有疾病且没有劳动能力，常常成为受遗弃、受虐待的对象，因此必须禁止遗弃和虐待老人。

(3) 父母对子女的遗产享有继承权。《继承法》规定，父母子女之间相互有继承权。该法第 10 条明确地将父母子女作为第一顺序法定继承人。

(五) 计划生育

计划生育是指按照社会可持续发展的要求，对人们的生育行为进行计划调节。它包括两个方面的含义：一是节制生育，降低人口的发展速度，使人口与经济、社会、资源、环境协调发展；二是优生优育，通过优生优育，提高人口素质。我国推行的计划生育政策，是以降低人口增长速度、提高人口素质为目标的，其内容包括：提倡晚婚、晚育、少生、优生；提倡一对夫妇只生育一个孩子；严格控制第二胎；禁止超计划生育二胎和多胎；少数民族地区可适当放宽。

为了贯彻执行计划生育政策，现行《婚姻法》在有关家庭关系的规定中特别指出，夫妻双方都有实行计划生育的义务。计划生育是每对夫妻、每个家庭对社会所应承担的责任，所有育龄夫妇必须严格遵守法律的规定，对于是否生育、何时生育等早作安排，自觉主动地执行计划生育政策。

四、保障原则实施的禁止性规定

《婚姻法》在规定基本原则的同时，也对违背基本原则的行为作出了禁止性的规定。《婚姻法》第 3 条规定，禁止包办、买卖婚姻和其他干涉婚姻自由的行为，禁止借婚姻索取财物，禁止重婚，禁止有配偶者与他人同居，禁止家庭暴力，禁止家庭成员间的虐待和遗弃。这些规定对保障婚姻家庭法的顺利实施，维护社会主义和谐婚姻家庭关系起到了重要作用。具体如图 2–3 所示：

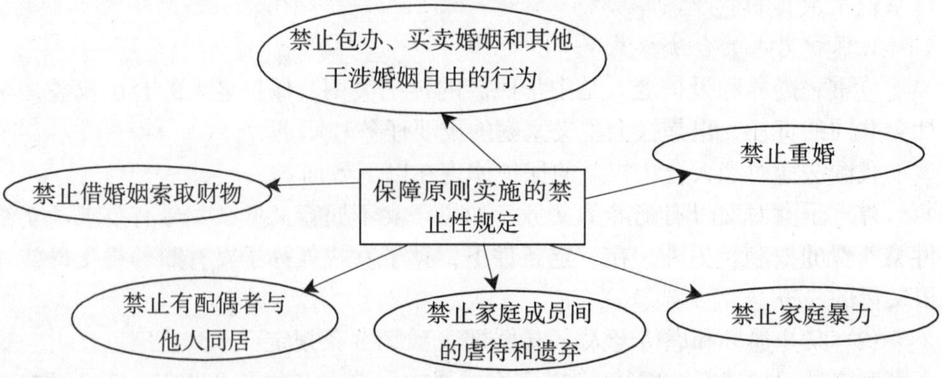

图 2–3 保障原则实施的禁止性规定

(1) 禁止包办、买卖婚姻和其他干涉婚姻自由的行为。包办婚姻是指婚姻关系当事人之外的人（主要是父母）违背婚姻自由原则，无视婚姻当事人的意志，强迫当事人缔结的婚姻。在旧中国，父母之命、媒妁之言是婚姻成立的必备要件。

买卖婚姻是指第三者（包括父母）以索取大量财物为目的，包办强迫他人的婚姻。在旧中国，“凡婚嫁无不以财币为事，争多竞少”，聘娶实质上就是买卖婚。在现实生活中，把妇女当作商品买卖的婚姻仍然存在。包办婚姻与买卖婚姻既有联系，又有区别。两者的共同之处都表现为婚姻以外的第三人违背婚姻当事人的意愿强迫当事人缔结婚姻。两者的区别在于第三人是否借此索取大量财物。买卖婚姻以索取大量财物为目的，而包办婚姻无此特征。由此可见，包办婚姻不一定是买卖婚姻，而买卖婚姻都是包办强迫的。

其他干涉婚姻自由的行为是指包办、买卖婚姻以外的违反婚姻自由原则的行为。其表现形式很多，例如，父母干涉子女婚姻、子女干涉丧偶或离异父母再婚、干涉离婚自由、干涉复婚自由、干涉男到女家落户，等等。在实际生活中，子女干涉丧偶、离异的老人再婚的情况有所增加。为保障老人的婚姻自由，《婚姻法》第30条规定：“子女应当尊重父母的婚姻权利，不得干涉父母再婚以及婚后的生活。子女对父母的赡养义务，不因父母的婚姻关系变化而终止。”

对于包办、买卖婚姻和其他干涉婚姻自由的第三者，应区分情况，严肃处理。对干涉婚姻自由尚未使用暴力者，应进行严肃的批评教育或由有关部门给予必要的行政处分；对暴力干涉婚姻自由，情节严重，构成犯罪的，应根据《刑法》有关规定予以刑事处罚；对于买卖婚姻中第三者索取的财物应予以追缴没收或者责令退赔；对包办、买卖婚姻引起的离婚纠纷，如当事人共同生活时间不长，或虽共同生活时间较长，但确实未建立夫妻感情的，应准予离婚。

(2) 禁止借婚姻索取财物。借婚姻索取财物是指婚姻关系当事人基本同意结婚，但其中一方以此为条件向对方索要一定财物的行为。借婚姻索取财物的特征主要有：

第一，索取财物的主体一般是婚姻当事人一方，这有别于借婚姻索取财物与买卖婚姻。

第二，在婚姻决定权上，男女双方对结婚基本上是自主自愿的，缔结婚姻是双方结婚合意的真实表示，这是借婚姻索取财物与买卖婚姻的又一区别。

第三，双方的结婚合意有感情基础，但对于索要财物的一方来讲，这种合意更多的是建立在贪图金钱物质享受的基础之上。

第四，在表现形式上，多以女方向男方索要一定的财物为主，男方向女方索要财物的少见。

在处理借婚姻索取财物纠纷时，有时会涉及按照一定风俗给予对方彩礼的问题，对此应以有关的法律规定为准。《适用婚姻法解释（二）》明确规定："当事人请求返还按照习俗给付的彩礼的，如果查明属于以下情形，人民法院应当予以支持：（一）双方未办理结婚登记手续的；（二）双方办理结婚登记手续但确未共同生活的；（三）婚前给付并导致给付人生活困难的。适用前款第（二）、（三）项的规定，应当以双方离婚为条件。"

借婚姻索取财物是《婚姻法》明确禁止的违法行为，这种行为实际上也不利于夫妻感情的培养和婚后夫妻家庭生活的稳定与和谐，因此应予以禁止。在处理借婚姻索取财物时，要注意它与买卖婚姻、正当赠与以及借婚姻之名骗取财物的区别。

买卖婚姻：第三人以索取大量财物为目的，包办强迫当事人结婚的行为。

正当赠与：一方当事人主动、自愿、无偿地将自己合法财物的所有权转移给他人的行为。

借婚姻之名骗取财物：当事人一方或第三人不以缔结婚姻为目的，纯粹以非法获取对方财物为目的的欺骗行为。如果这类行为符合诈骗罪构成犯罪的，应当依照《刑法》的有关规定以诈骗罪论处。

(3) 禁止重婚。重婚是指有配偶或明知他人有配偶而与他人结婚的行为，我国法律规定，重婚还包括以夫妻名义同居生活的行为。

按照一夫一妻原则的要求，任何人不得同时有两个或两个以上的配偶；有配偶者在婚姻关系终止（即配偶死亡或离婚）之前，不得再行结婚；明知他人有配偶而与其结婚或以夫妻名义同居生活的也构成重婚。

重婚可分为法律重婚和事实重婚两种形式。法律重婚是指有配偶者在现存婚姻关系尚未解除的情况下又与他人登记，领取结婚证书的情形。事实重婚是指有配偶者或明知他人有配偶且与他方以夫妻名义共同生活的状态。在这种情况下，只要双方公开以夫妻名义共同生活，即使没有办理结婚登记手续，仍构成重婚。

重婚是对一夫一妻制的严重破坏。在不同的社会制度下，法律对重婚的认定和处理是有所区别的。中国古代法律虽然禁止多妻，但并不禁止纳妾。《唐律·户婚》规定："诸有妻更娶妻者，徒一年……"《唐律疏议》中并有如下的解释："一夫一妻，不刊之制，有妻更娶，本不成妻。"但纳妾则不在此限。在旧中国，纳妾被默认为合法。解放后，我国实行严格的一夫一妻制度，坚决取缔重婚纳妾行为。但在现实生活中，重婚现象在一些地区死灰复燃，且呈上升的态势。一些人道德沦丧，利用金钱权势，无视法律，玩弄女性，追求腐化的生活方式，公开重婚纳妾，对此应坚决取缔。

我国法律规定了重婚的法律后果。重婚不具有婚姻的法律效力；重婚是婚姻无效的首要原因；重婚是认定夫妻感情确已破裂和人民法院准予离婚的情形之一；在双方离婚时，重婚构成无过错方要求损害赔偿的法定理由。重婚触犯刑律构成犯罪的，应依照《刑法》的有关规定予以制裁。

(4) 禁止有配偶者与他人同居。有配偶者与他人同居是指有配偶者与婚外异性，不以夫妻名义，持续、稳定地共同居住。

修订前的 1980 年《婚姻法》仅有禁止重婚的规定，而禁止有配偶者与他人同居则是新《婚姻法》增设的。这一禁止性规定是针对目前存在的一些有配偶者与婚外异性同居的行为而制定的，该规定从立法上加强了对一夫一妻制的保护力度，同时也为防止并杜绝有配偶者与他人同居提供了法律依据。

有配偶者与他人同居与事实重婚既有相同点，也有不同点。其相同点为：二者的主体都是成年人，且一方或双方有配偶，二者的当事人之间有共同的住所，有稳定的同居生活事实；不同点是前者不以夫妻名义同居，周围的人也不认为他们是夫妻关系，而后者则公开以夫妻名义同居，周围的人也认为他们是夫妻关系。有配偶者与他人同居和重婚都是违法行为，均构成对我国一夫一妻制的侵害，但由于违法情节与后果不同，二者在性质上存在罪与非罪的区别。有配偶者与他人同居不构成犯罪，但须承担民事责任。而构成重婚罪的，除了要承担民事责任外，还应承担刑事责任。

有配偶者与他人同居，违背了夫妻间的忠实义务，破坏了一夫一妻制，因此法律明文禁止。《婚姻法》第 32 条规定，有配偶者与他人同居，调解无效的，应准予离婚。该法第 46 条同时规定，有配偶者与他人同居，导致离婚的，无过错方有权请求赔偿。

对于未按《婚姻法》的规定办理结婚登记而以夫妻名义共同生活的男女，起诉到人民法院要求离婚的，如发生在 1994 年 2 月 1 日民政部《婚姻登记管理条例》公布实施以后，且男女双方均符合《婚姻法》所规定的结婚实质要件的，根据《适用婚姻法解释（一）》第 5 条的规定，人民法院应当告知其在案件受理前补办结婚登记；未补办结婚登记的，按解除同居关系处理。

(5) 禁止家庭暴力。家庭暴力是指发生于家庭成员之间的暴力行为。禁止家庭暴力是 2001 年《婚姻法》新增加的内容。作为一种全球性的社会现象，家庭暴力引起了世界的关注，家庭暴力的概念也为世界各国所采用。根据 2001 年 12 月 24 日《适用婚姻法解释（一）》的规定，家庭暴力是指行为人以殴打、捆绑、残害、强行限制人身自由或者其他手段，给其家庭成员的身体、精神等方面造成一定伤害后果的行为。

家庭暴力的特点。从主体来看，家庭暴力的施暴者和受害者之间具有特定的亲属关系。从行为的环境来看，因其发生于家庭内部而具有一定的隐蔽性。从对象来看，施暴者一般都是在家庭中处于强势地位的成员，而受害者则是在家庭中处于弱势地位的成员，在实际生活中多为妇女、儿童和老人。从家庭暴力侵害的客体来看，侵犯的客体主要是受害人的人身权，如生命健康权、人生自由权、婚姻自主权以及性权利等。从家庭暴力的表现形式来看，多以作为的方式，主要表现为人身方面的强暴行为，如以殴打、捆绑、残害或者其他手段实施的行为。至于家庭暴力是否包括"心理上的暴力"，学者们见仁见智，各持一说。从时间来看，家庭暴力在时间上有突发性，这是家庭暴力与虐待行为的重要区别。如果加害人对受害人经常性、持续性地实施暴力，则应属于虐待行为。从后果来看，家庭暴力的后果具有不确定性，因加害人实施家庭暴力的目的、手段、动机不同而使家庭暴力产生的法律后果也有很大的差异。

根据我国法律的规定，实施家庭暴力者应当承担相应的法律责任。

第一，民事救济。《婚姻法》确定了将实施家庭暴力作为认定夫妻感情确已破裂，准予离婚的法定情形之一，受害方可因他方实施家庭暴力要求离婚。对因实施家庭暴力而导致离婚的，受害人有权要求实施者给予物质损害赔偿与精神损害赔偿。

第二，行政处罚。受害人有权要求公安机关对正在实施的家庭暴力予以制止并对施暴者予以行政处罚。公安机关在接到报案后，应当及时到达现场，予以制止并根据受害人的请求及具体情况，依照治安管理处罚法的有关规定予以处罚。

第三，刑事责任。对实施家庭暴力构成犯罪的，应当依照《刑法》的规定给予刑事制裁。因实施家庭暴力构成故意（或过失）杀人罪、故意伤害罪、侮辱罪、诽谤罪及虐待罪等犯罪的，施暴者应承担相应的刑事责任。

(6) 禁止家庭成员间的虐待和遗弃。虐待是指以作为或不作为的形式，对家庭成员歧视、折磨、摧残，使其在精神上、肉体上遭受损害的违法行为，常见的虐待行为有打骂、恐吓、冻饿、患病不予治疗、限制人身自由等。

遗弃是指家庭成员中负有赡养、扶养和抚养义务的一方，不履行其应尽义务的违法行为。如父母不抚养未成年子女、成年子女不赡养无劳动能力或生活困难的父母、配偶不履行扶养对方的义务等。遗弃最主要的表现方式就是不作为。

根据《适用婚姻法解释（一）》的规定，持续性、经常性的家庭暴力，构成虐待。

对虐待、遗弃行为的法律救济：

第一，社会救助。根据现实生活中发生的家庭暴力、虐待、遗弃等违法行为，《婚姻法》第43条规定，实施家庭暴力或虐待家庭成员，受害人有权提出请求，居民委员会、村民委员会以及所在单位应当予以劝阻、调解。对正在实施的家庭暴力，受害人有权提出请求，居民委员会、村民委员会应当予以劝阻，公安机关应当予以制止。

第二，民事救济。《婚姻法》将虐待、遗弃作为认定夫妻感情确已破裂，准予离婚的法定情形之一，受害方可因他方实施的虐待、遗弃行为要求离婚。对因实施虐待、遗弃行为而导致离婚的，受害人有权要求加害人给予损害赔偿。

第三，行政处罚。虐待、遗弃行为的受害人有权要求公安机关对正在实施的虐待、遗弃行为予以制止并对加害人予以行政处罚。

第四，刑事责任。对遗弃、虐待家庭成员情节严重构成犯罪的，应按刑法的有关规定追究其刑事责任。《刑法》第 260 条规定："虐待家庭成员，情节恶劣的，处 2 年以下有期徒刑、拘役或者管制。犯前款罪，引起被害人重伤、死亡的，处 2 年以上 7 年以下有期徒刑。"该法第 261 条规定："对于年老、年幼、患病或者其他没有独立生活能力的人，负有扶养义务而拒绝扶养，情节恶劣的，处 5 年以下有期徒刑、拘役或者管制。"

【案例分析】

案情

小丽是陈某的养女，在 22 岁时准备与其结识半年的男朋友结婚。陈某以小丽岁数小、与男朋友认识时间太短等为由，不同意两人结婚，并禁止他们来往。从此，陈某只要发现小丽与男朋友来往，就对她拳脚相加，而且不允许她周末外出。小丽忍无可忍，向当地法院提起诉讼。

请问：对该案应当如何处理？

（根据 2006 年国家司法考试试卷一第 55 题改编）

解析

根据《婚姻法》的规定，适婚男女均有权依照法律的规定，自主自愿地决定本人的婚姻问题，不受任何来自外部力量的强迫或干涉。本案小丽已届谈婚论嫁年龄，但其养父找借口不同意她与男朋友结婚，并以暴力阻止她与男友的交往，其养父陈某的行为属于干涉婚姻自由，是对小丽婚姻权利的侵害，因此，人民法院应依法受理，并依《婚姻法》的有关规定予以判决。

【思考与练习】

名词解释

婚姻自由　一夫一妻　包办婚姻　家庭暴力　借婚姻索取财物　遗弃

填空题

1. 一方当事人主动、自愿、无偿地将自己合法财物的所有权转移给他人的行为属于 ________。

2. 在婚姻决定权上，男女双方对结婚基本上是自主自愿的，这是借婚姻索取财物区别于 ________ 的标准之一。

3. 对于双方未办理结婚登记手续的，如果当事人请求返还按照习俗给付的彩礼的，人民法院在查证属实的基础上应当 ________。（予以支持）

问答题

1. 婚姻家庭法的特点是什么？

2. 怎样理解婚姻家庭法的调整对象？

3. 《婚姻法》确定了哪些基本原则？你是怎样理解的？

4. 如何理解婚姻自由？

5. 如何认定和处理重婚问题？重婚和有配偶者与他人同居有何区别？

6. 《婚姻法》第3条第2款增设了禁止家庭暴力的规定，试分析其积极意义。

案例分析题

李丹（女）经人介绍与黄田土（男）见面相亲，回来后李丹向父母表示“相不中”。但李丹之母见黄田土家条件好，就答应了这门亲事，并向男方索取了电视机、VCD、衣料等财物，给女儿订了婚。之后，双方家长一直催二人去领结婚证。李丹不愿去领而其母一直威逼，李丹无奈，只得与黄田土去领了结婚证。随后，李丹之母又向男方索取近万元财物，作为嫁女的报酬。领了结婚证后，李丹仍不同意举行婚礼，也不同意与黄田土同居。双方家长轮流做李丹的工作，李丹被逼无奈，几次欲寻短见，后经人启发，向法院起诉，要求与黄田土离婚。

问：

(1) 李丹之母的行为属于买卖婚姻还是借婚姻索取财物？为什么？

(2) 李丹与黄田土的婚姻是否应予以维持？

第三章　亲属制度

【导学】

本章介绍亲属制度的基础知识，要求学生了解亲属的概念、种类、范围，掌握亲系的划分、亲等的计算、亲属关系的发生和消灭。本章重点：亲属的概念、亲系、辈分、亲等。本章难点：罗马法亲等计算法、寺院法亲等计算法与中国“代”的计算三种计算法的原理与彼此之间的区别。

一、亲属的概念及其分类

（一）一般意义上亲属的概念

根据《现代汉语词典》的解释，亲属指跟自己有血统关系或者婚姻关系的人。《说文解字》中解释“亲”为“至也”，解释“属”为“连也”，即较近之亲为“亲”，较远之亲为“属”。在现代法学中，亲属是通过婚姻、血缘和收养而联系在一起的人的总称，是一种最基本、最普遍的社会关系。婚姻是亲属之源，血亲为亲属之流，姻亲则是以婚姻为中介而发生的与配偶亲属的联系。因亲属共同生活组合而成的家族或家庭，构成所有社会最为基础的社会组织。

亲属所及的范围本身是极其广泛的，但亲属法只规定一定范围内的亲属相互之间特定的权利和义务。有法律意义的亲属范围由大变小，从中国古代传统社会上至高祖、下至玄孙上下九代人之间，发展到我国现代具有权利义务关系的亲属范围是配偶、父母、子女、兄弟姐妹、祖父母和外祖父母、孙子女和外孙子女，即三代以内的直系血亲和两代以内的旁系血亲。

亲属制度远可溯源于群居的原始人类，在原始氏族社会即有亲属存在。当时的原始群体基于族群共同生活的需要，为了方便有血缘关系的人之间彼此的称呼和分辨，创设并形成了一套约定俗成的称谓，进而通过一定的禁忌、习惯等社会规范赋予这种称谓形式以相应的实体性内容。伴随着社会生产力的发展，私有财产的出现，氏族被家族这一亲属共同生活体所取代，家族成为国家和社会的组成单位。一方面，家族具有政治的特性，即对内维持亲属团体内的和平秩序，对外共同防御外敌侵犯；另一方面，家族具有经济意义，即共同生活体内的亲属在此集团内共同从事生产与消费，彼此相互合作。

作为重要的社会组成单位，家族与亲属需要通过习惯、宗教、法律等社会规范予以确认。规定一定范围内的亲属具有法律效力的权利和义务，使亲属成为一种严谨有序的社会制度或法律制度，因此，亲属的称谓就不仅仅是一种称呼或生活关系，而是对彼此之间具体的权利与义务的确认。

（二）法律意义上亲属的概念和特征

1. 亲属的概念

亲属一词有两层含义，一是社会学意义上的亲属。它泛指由婚姻、血缘和收养所连接的所有具有血缘同源性、姻缘相关性的人与人之间的关系，这是一种网络化的生物遗传结构和婚姻社会结构，范围非常宽泛。二是法律意义上的亲属，即得到法律确认、受到法律调整、具有一定法律效力的亲属。婚姻家庭法上的亲属仅指法律意义上的亲属。法律意义上的亲属是指经法律确认和调整的，因婚姻、血缘和法律拟制而产生的一种人与人之间的社会关系，这种社会关系的主体之间产生具有法律约束力的权利与义务。

法律意义上的亲属具有以下特征：首先，亲属有固定的身份和称谓，除法律另行规定外，不得任意解除或变更。称谓是身份的标志，身份表明被称谓人在特定社会关系中特定的资格和地位。无论是基于婚姻、血缘，还是基于收养等法律事实而产生的亲属身份，这一身份固定不变。亲属身份又分为两种，其一是永久性身份，一般是指因血缘而自然形成的亲属身份和称谓，如父母、子女、兄弟、姐妹；这种血缘身份关系是无法变更的；其二是指因结婚、收养等法律行为而产生的亲属身份和称谓，如夫妻、养父母、养子女等，只能因离婚或解除收养而终止亲属关系，当事人之间不得任意解除。

2. 亲属关系的特点

(1) 亲属关系只能基于血缘、婚姻或法律拟制而产生。法律上的亲属必然有赖以产生的法律事实。具体来说，构成亲属产生的法律事实有三类：一是缔结婚姻的法律行为；二是自然人出生的血缘事实；三是对收养等法律行为或身份事实的法律拟制。这些法律事实具有两个方面的特性，其一是要依法定的程序来建立；其二是事实状态的存在，只有在获得法律的认可并成为一种“法律存在”后，才具有法律价值，才能受到法律的保护并成为其他法律关系（如继承权的取得，扶养关系等）产生的根据。由于这些法律事实关系到亲属身份的取得或丧失，所以在婚姻家庭法上总是规定了法律要式性，即须通过登记或依司法程序确认，才能得到法律的认可。

(2) 亲属具有相应的法律效力。这主要表现为亲属间身份上和财产上的权利和义务，这是法律意义的亲属与社会学意义的亲属最为明显的区别所在。如上所述，从原始氏族到封建家族，从家族到家庭，均反映了亲属共同生活体组织形式变迁的轨迹。在当代社会，家庭已是唯一的实体性的亲属团体，它担当着重要的社会职能，因而有必要对此亲属共同生活体予以法律上的保障，即赋予法律上的效力，以维持共同的生活秩序。其他亲属间虽然也有许多联系，这种联系表现在感情、伦理、礼仪、习俗、经济等许多方面，但是，这种联系大多是松散的或比较松散的，没有而且不需要固定的组织形式，因而法律只承认其为观念上的存在，并不赋予一定的法律效力。所以，法律规定范围以外的亲属间没有权利义务关系，如叔伯与侄子女等，但法律并不排斥他们之间自觉地履行道义上的责任。

（三）亲属的分类

亲属关系纵横交错，可以从不同的角度加以分类。按亲属间的联系中介，可将亲属分为男系亲与女系亲、父系亲与母系亲、直系亲与旁系亲；按亲属关系的亲疏远近，可将亲属分为近亲属和一般亲属；按亲属的辈分，可将亲属分为长辈亲、晚辈亲与同辈亲；按亲属关系发生的原因，可将亲属分为配偶、血亲和姻亲。在不同的历史时期，按照不同的标准，亲属被划分的种类不同。

1. 我国古代礼制和律例对亲属的分类

我国传统社会为宗法制度，古代亲属制度以宗法为本，特点是重男轻女、扬父系抑母系，表现在亲属分类上，将亲属分为宗亲和外姻两类。父系为宗亲，母系和妻系均为外姻。我国古代礼制和法律对亲属的分类如下：

(1) 内亲与外亲。内亲系指以父亲为血缘纽带划定的、出自同一祖先的男系血族，亦称为宗族、宗亲、本亲、本族等。它由两部分组成：

第一，出自同一祖先的男系血亲，这是最重要的宗亲，又称为“正宗”、“本宗”。

第二，出自同一祖先的男系血亲的配偶，即所谓“来归之妇”——嫁入本宗的妇女，这部分亲属虽然来自外姓，但已脱离其奉宗，加入了丈夫的宗族。本宗所生的未出嫁的女性，即“在室女”，如未出嫁的女儿、姑、姐妹、侄女、堂姐妹等。这些亲属一旦出嫁，就加入了夫家的宗族。出嫁女子离婚后回娘家，叫“大归”，大归之女又恢复其宗亲的地位。

外亲乃指母族、女系血族、妻族，亦称为外族、外姻。妻族，依唐律、宋刑统，亦包含于外亲之内，而明清律中，则从外亲分立，独立成立妻亲。母族系以母亲血缘为纽带联系的亲属，如外祖父母、舅、姨、姨表兄弟姊妹等。女系血族系指本宗的出嫁女及其夫族，如已出嫁的姑、姐妹、女儿以及姑丈、姑表兄弟姐妹、外甥、女婿、外孙子女等。夫对妻之本族则称为妻族、妻亲，如妻的父母、妻的兄弟姐妹及其子女等。

这一分类的主要标准，在于男系血亲（内亲）与女系血亲（外亲）的区别。礼制（尤其服制）及律重视内亲而轻视外亲。宗亲的范围最广，关系也最重要，法律上的权利义务也规定得最多。宗亲设有宗族组织，决定宗族大事，解决宗族纷争，奖惩宗族成员，成为封建制度最重要的社会组织形式。而外亲、妻亲则是亲属中的次要部分，相互间基本无权利与义务。

(2) 父族与母族（父党与母党）。父族系以父系血缘为纽带联系的亲属，即父系亲；母族乃以母系血缘为纽带联系的亲属，即母系亲。这一分类以血统为其区别标准，父族即内亲，母族为外亲的一种。

(3) 九族与五服。九族与五服是古代常用来衡量亲属范围与亲属远近的方式。关于“九族”，古代说法不一。按照明清法律，九族是指父系血亲的九代以内的亲属。从纵向说是指以已身为一代，往上数四代，包括父母、祖父母、曾祖父母、高祖父母；往下数四代，包括子、孙、曾孙、玄孙，以及他们的妻子，这就是九代直系宗亲。从横向说，自高祖父母以下的旁系亲属也包括在九族内，如叔伯、兄弟、堂兄弟、再从兄弟、三从兄弟、侄、堂侄以及他们的妻子，等等。可见，九族包含了九代之内的直系和旁系宗亲。九族之内的宗亲往往也是“五服”之内的宗亲。

具体九族可以用图 3–1 来表示：

高祖父母

曾祖姑 曾祖父母 曾祖叔伯父母

堂祖姑 祖姑 祖父母 祖叔伯父母 堂祖叔伯父母

再堂姑 堂姑 姑 父母 叔伯父母 堂叔伯父母 再堂叔伯父母

三堂姊妹 再堂姊妹 堂姊妹 姊妹 己身 兄弟及妻 堂兄弟及妻 再堂兄弟及妻 三堂兄弟及妻

再堂侄女 堂侄女 侄女、女 子、媳 侄、媳 堂侄堂侄媳 再堂侄再堂侄媳

堂孙侄女 侄孙女 孙女 孙、媳 侄孙侄孙媳 堂侄孙堂侄孙媳

曾侄孙女 曾孙 曾孙媳 曾侄孙曾侄孙媳

玄孙玄孙媳

图 3–1 九族

五服的本意是“五等丧服”。在中国古代社会，一定范围内的亲属给死者服丧，由于和死者的亲疏远近不同，身穿的丧服和服丧期限也就不同。丧服的标志表示了服丧者与死者的关系，丧服成了一种计算亲属关系等级（也就是“亲等”）的办法，一种确定亲属等级的单位。丧服就是五等丧服，亦即五个亲等（斩衰、齐衰、大功、小功、缌麻）。具体见表 3–1：

表 3–1　五服

亲等	含义	适用对象和守孝时间
斩衰	斩完整的说法是“斩衰裳”，衰就是上衣，裳就是下衣，意即用最粗的麻布制作丧服。	适用一亲等的亲属，如父母。孝期为三年，实际是二十七个月。
齐衰	从丧服的角度说，就是丧服要稍作加工，要缉边。	适用第二亲等的亲属，如兄弟。孝期为两年，实期为十八个月。
大功	用熟麻布制成，质料比齐衰用料稍细。	适用第三亲等的亲属，如伯叔父母、堂兄弟。孝期为一年，实期为九个月。
小功	用较细的熟麻布制成。	适用第四亲等的亲属，如从祖父母、堂伯叔父母等。孝期为半年，实期为五个月。
缌麻	用较细的麻布制成，做工比较讲究。	适用较远的亲属，孝期为三个月。

2. 现代婚姻家庭法对亲属的分类

现代婚姻家庭法根据亲属关系产生的原因不同，将亲属分为配偶、血亲和姻亲三种。

(1) 配偶。配偶即夫妻。男女因结婚而互为配偶。配偶在亲属关系中居于重要的核心地位，它是血亲和姻亲产生的源泉和基础。没有夫妻就不可能有父母子女及其他血亲关系，也不可能有因婚姻关系而产生的姻亲关系。我国自古就将配偶作为亲属，而且是最亲近的亲属之一，因而我国婚姻法自应以配偶为亲属。

(2) 血亲。血亲指有血缘联系的亲属。法律上的血亲根据血缘来源的不同分为自然血亲和拟制血亲。自然血亲指出自同一祖先，因出生而自然形成的具有真实血缘联系的亲属。如父母与子女、兄弟姐妹、祖孙、伯叔与侄子女、舅姨与外甥子女等，不分父系、母系，无论是婚生或非婚生，也无论是全血缘（同父同母）或半血缘（同父异母、同母异父），都属自然血亲的范围。

拟制血亲是指本无该种血亲应具有的血缘关系，而由法律确认其与该种自然血亲具有同等权利义务的亲属。由于此种血亲不是自然形成的，而是法律设定的，故又称“准血亲”或“法定血亲”。一般拟制血亲分为两类：其一是养父母与养子女以及养子女与养父母的其他近亲属；其二是在事实上形成了扶养教育关系的继父母与继子女。

(3) 姻亲。姻亲是指配偶一方与另一方的血亲之间因婚姻而发生的亲属关系。现代法以男女平等为原则，故夫与妻的血亲之间、妻与夫的血亲之间均同为姻亲。根据姻亲间联系的环节，可以将姻亲分为血亲的配偶、配偶的血亲、配偶的血亲的配偶及血亲的配偶的血亲。血亲的配偶，即己身血亲的配偶，如儿媳、女婿、继父母、姐妹夫、姑父、舅母、姨父、伯母等。配偶的血亲，即己身配偶的血亲，如公婆、岳父母、继子女、夫的兄弟姐妹、妻的兄弟姐妹。血亲的配偶与配偶的血亲，实际上为同一种类的姻亲关系，因观察角度不同，称呼不同而已。例如，婆媳关系，由媳观之，为配偶的血亲；由婆观之，则是血亲的配偶。配偶的血亲的配偶是指己身与己身配偶的血亲的配偶之间的关系，如妯娌、连襟等。血亲的配偶的血亲是指己身与己身血亲的配偶的血亲之间的关系，如继兄弟姐妹。

二、亲系、辈分和亲等

亲系是指亲属间的血缘联系，或称亲属的系统，也是亲属间的联络系统。亲属以婚姻、血缘为基础，构成纵横交错、互相交织的亲属网络。除配偶外，一切亲属都有一定的亲系可循。在历史上，亲系有父系亲与母系亲、男系亲与女系亲之分。由父方血统联络的亲属为父系亲，由母方血统联络的亲属为母系亲，这是以父方或以母方为血统之联络而作的区分。男系亲指仅以男子为血统联络的亲属，女系亲指仅以女子为血统联络的亲属，二者系以男或女为血统联络而分。但父系亲与男系亲、母系亲与女系亲的范围并不完全一致。例如，姑、姐妹为父系亲，但不是男系亲；舅为母系亲，但不是女系亲。我国礼教及旧律，重男而轻女，故有宗亲、外亲之分，即以兼有父系亲与男系亲身份者为宗亲，否则为外亲。近现代法采取男女平等原则，不再区别男系亲与女系亲，唯父系亲与母系亲仍产生一定的影响。

现行《婚姻法》所规定的亲系只有直系与旁系之分。血亲分为直系血亲与旁系血亲；姻亲亦分为直系姻亲与旁系姻亲。直系血亲与直系姻亲统称为直系亲，旁系血亲与旁系姻亲统称为旁系亲。

(一) 直系血亲与旁系血亲

1. 直系血亲

直系血亲是指生育自己或自己所生育的上下各代血亲。上溯至父母、祖父母、曾祖父母等，下至子女、孙子女、曾孙子女等，皆为直系血亲。直系血亲之间具有直接的从出（生育）关系，它具有以下三个特征：

(1) 宏观纵向性，即隶属的辈分不同。凡有生育关系的人各属于不同辈分，如父母和子女之间，祖父母、外祖父母与孙子女、外孙子女之间等。

(2) 微观直接性，即各辈分之间关系呈直线型。凡有生育关系的各相接连的辈分之间表现为直接的生育关系，如子女系父母所生、父亲系祖父母所生、母亲系外祖父母所生等。

(3) 总体系统性，即凡属于直系血亲的上下各代亲属按从出关系组成了一个互相衔接、密切联系的有机整体。直系血亲除自然直系血亲外，还包括法律拟制的直系血亲，如养父母与养子女、养祖父母与养孙子女、有扶养关系的继父母与继子女都是直系血亲。

2. 旁系血亲

旁系血亲是指具有间接血缘联系的亲属，即直系血亲以外的，与己身同出一源的亲属，包括辈分不同或辈分相同的旁系血亲。如同源于父母的兄弟姐妹，同源于祖父母的伯、叔、姑与侄子女之间，堂（表）兄弟姐妹之间皆为旁系血亲。同父母所生者为全血缘亲属，同父异母或同母异父所生者为半血缘亲属。

（二）直系姻亲与旁系姻亲

姻亲以配偶为媒介，其相对人是他方配偶的血亲，故也分直系与旁系。直系姻亲是指夫妻一方的直系血亲为另一方的直系姻亲，如公婆与儿媳、岳父母与女婿、继父母与继子女。旁系姻亲是指夫妻一方的旁系血亲为另一方的旁系姻亲，如妻或夫的叔、姑、姐妹、兄弟等皆为旁系姻亲。

（三）亲等

亲等是衡量亲属间亲疏远近的指数与尺度，亲等越多则亲属关系越远。国外立法对亲等的计算有两种方法，即罗马法计算法和寺院法计算法。它们以血缘联系为依据，以世代的多少来计算亲等，故亲等的计算是以血亲为基准，而准用于姻亲，即姻亲以血亲的亲等为其亲等。配偶则自为配偶，不计亲等。我国婚姻法则采用独特的“代数”计算法来确定禁婚范围。同为衡量亲疏远近的尺度，中国人通常所说的“代”、“辈”、“服”与亲等的含义不同。这种差异既在于亲等的计算方法不同，又在于使用的衡量单位不同。

1. 罗马法的亲等计算法

此种计算法创自罗马。由于其亲等数可直观地反映出亲属关系的亲疏远近，所以罗马法为欧洲大陆法系国家相继采用，而且成为目前世界上绝大多数国家所采用的亲等计算法。

(1) 血亲亲等的计算法。血亲有直系与旁系之分，故其计算方法分为直系血亲和旁系血亲两种。

①直系血亲亲等的计算。其方法是从已身出发上数或下数（不算已身），以一世（代）为一亲等，世代数之和，即直系血亲的亲等数。例如，从已身往上数，自已与父母为一亲等，与祖父母为二亲等；往下数，自已与子女为一亲等，与孙子女为二亲等，其他以此类推。

②旁系血亲亲等的计算。其方法是从已身往上数到同源的直系尊亲属，再由同源的直系尊亲属往下数到所要计算亲等的亲属，合计其代数以定亲等。具体而言，首先找出同源直系血亲，即已身与对方的共同长辈直系血亲，再按直系血亲亲等的计算方法从已身往上数至同源直系血亲，记下世代数；再从同源直系血亲往下数至要计算的旁系血亲，记下世代数；最后将两边的世代数相加所得之和，就是旁系血亲的亲等数。例如要计算已身与伯、叔的亲等数，首先找出已身与伯、叔的同源直系血亲，即已身的祖父母，然后从已身往上数至祖父母是二世代，再从祖父母往下数至伯、叔是一世代，最后将两边世代数相加为三，因此，已身与伯、叔是三亲等的旁系血亲。

(2) 姻亲亲等的计算。姻亲以配偶为媒介，其亲等的计算方法与血亲相同，因此，以“姻亲从血亲”为原则。即姻亲的亲等数是以赖以发生姻亲的一方与其血亲亲等数为依据。如儿媳与公婆的亲等，因丈夫与其父母是一亲等的直系血亲，因此，儿媳与公婆是一亲等的直系姻亲；伯、叔与侄子女是三亲等的旁系血亲；侄子女与伯母、婶母是三亲等的旁系姻亲。

2. 寺院法的亲等计算法

此种计算法源于欧洲中世纪的教会法，由于宗教影响和立法传统等原因，至今仍为少数国家所采用。其计算方法亦分为直系血亲和旁系血亲两个方面。直系血亲亲等的计算与罗马法直系血亲亲等的计算法完全相同，即从已身往上或往下数（不算已身），一个世代为一亲等。

旁系血亲亲等的计算与罗马法旁系血亲亲等的计算有所不同，其计算方法是：从已身往上数（不算已身）至同源直系血亲，记下世代数，再从同源直系血亲往下数至要计算亲等的旁系血亲，记下世代数。如果两边的世代数相同，则取一边的世代数为旁系血亲的亲等数；如果两边的世代数不同，则取数大的一边世代数为旁系血亲的亲等数。如已身与兄弟姐妹的同源直系血亲是父母，从已身往上数至父母是一世代，再从父母往下数至兄弟姐妹也是一世代，两边世代数相同，取一边世代数为亲等数，则兄弟姐妹间按寺院法的计算法是一亲等的旁系血亲。又如计算己身与伯、叔的亲等数，先从己身往上数到同源直系血亲祖父母为二世代，再从祖父母数至伯、叔为一世代，取大的一边世代数为亲等数，故己身与伯、叔按寺院法的计算法是二亲等的旁系血亲。

姻亲的亲等计算与罗马法相似，也是以赖以发生姻亲的一方与其血亲的亲等数为依据。由上所述，罗马法与寺院法两者计算直系血亲亲等数的方法完全相同，但两者计算旁系血亲亲等数的方法不同。主要不同点在于，对己身上数至同源直系血亲的世代数，与从同源直系血亲数至要计算亲等的旁系血亲的世代数，罗马法计算法以两边世代数相加之和作为旁系血亲的亲等数，而寺院法计算法则只取一边的世代数作为旁系血亲的亲等数。由于两者对两边世代数的取舍不同，导致对旁系血亲的亲等计算结果也大不相同。如按罗马法旁系血亲计算法，己身与伯、叔，己身与堂兄弟姐妹，分别为三亲等、四亲等的旁系血亲；而按寺院法旁系血亲计算法，则均为二亲等的旁系血亲。显然，罗马法的计算方法，依血缘关系的远近定亲等的多寡，合于情理；而寺院法计算亲等，不尽依亲疏之比例，往往不分尊卑划为同一亲等，于理不合。由于罗马法计算法能够科学地反映旁系血亲间血缘关系的亲疏远近，故现代绝大多数国家采用罗马法亲等计算法。

3. 我国《婚姻法》中“代”的计算

我国《婚姻法》是以“代”为单位来表明亲属关系的亲疏远近的。如1950年《婚姻法》规定：“其他五代内的旁系血亲间禁止结婚的问题，从习惯。”1980年《婚姻法》规定：“禁止三代以内的旁系血亲结婚。”这里所说的“代”，就是我国法律规定的计算亲属关系亲疏远近的单位。

代即指世辈，以一辈为一代。计算亲属的代数可从直系血亲和旁系血亲两个方面进行。

(1) 直系血亲的计算。从己身开始，己身为一代，往上或往下数。如从己身往上数父母为二代，祖父母、外父母为三代，曾祖父母、外曾祖父母为四代，高祖父母、外高祖父母为五代；往下数，子女为二代，孙子女、外孙子女为三代，曾孙子女、外曾孙子女为四代，玄孙子女、外玄孙子女为五代。

(2) 旁系血亲的计算。首先找出同源直系血亲，按直系血亲的计算法，从己身往上数至同源直系血亲，记下世代数；再从同源直系血亲往下数至要计算的旁系血亲，记下世代数。如果两边的世代数相同，则用一边的世代数定代数。如果两边的世代数不同，则取世代数大的一边定代数。例如，计算兄弟姐妹的代数，首先找出同源直系血亲，即父母，己身为一世代，往上数至父母为二世代；再从父母为一世代，往下数至兄弟姐妹是二世代。因此，兄弟姐妹之间是二代旁系血亲。再如要计算己身与侄子女（兄弟的子女）的代数，找出同源直系血亲，即已身的父母（对侄子女来说为其祖父母），已身为一世代，往上数至父母为二世代，再从父母往下数至侄子女为三世代。因此，已身与侄子女为三代旁系血亲。

由此可以看出，我国现行《婚姻法》所采用的代数计算法类似于寺院法亲等计算法，两者唯一的区别在于，我国的代数计算法将已身算一代，而寺院法则排除了已身的世代。如果将两者加以换算，只要将寺院法亲等数加一，即为我国代数法的世代数。由于这两者的计算结果都不够清晰明了，所以难以准确地反映亲属关系的亲疏远近。相对而言，罗马法亲等计算法能更准确地反映亲属关系的亲疏远近。

三、亲属关系的法律效力

（一）亲属关系的变动

亲属关系时时处于变化之中。从生死的自然规律到结婚、离婚、收养的成立和解除等行为都会引起亲属关系的变动。研究亲属关系不仅需要对其静态关系进行描述，同时也应当作动态的考察。

1. 配偶关系的发生、终止和效力

配偶关系因男女结婚而发生。根据《婚姻法》的规定，结婚应当办理结婚登记，以取得结婚证的时间作为配偶关系发生的时间。

配偶关系终止的原因有两种：一是因配偶一方死亡（包括自然死亡和宣告死亡）而终止；二是因夫妻离婚而终止。即配偶关系终止的时间为：①配偶一方自然死亡的时间；②人民法院宣告死亡判决书生效的时间；③登记离婚取得离婚证的时间；④人民法院准予离婚的调解书或判决书生效的时间。

离婚导致双方身份与权利义务关系全部消灭，姻亲关系随离婚同时消灭。但配偶一方死亡导致姻亲关系的变化，却存在着争议。配偶一方死亡，双方权利义务关系终止，但姻亲关系是否随之消灭？在实际生活中，配偶一方死亡之后，他方一般仍保持着与死亡一方亲属的继续往来，特别是仍然在原家庭内生活的，姻亲关系理当存在。

2. 亲属关系的发生与终止

（1）自然血亲关系的发生与终止。自然血亲以出生为发生的唯一依据，出生的事实产生了父母子女以及兄弟姐妹等血亲关系。无论是婚生子女还是非婚生子女，都是以出生这一法律事件为血亲发生的根据的。尽管非婚生子女与生父之间的关系有时须经生父认领或法律确认，但是认领或确认都必须以出生为客观根据。非婚生子女与生父间的权利义务关系，也要追溯到其出生之时起。

自然血亲因死亡而终止。这里的“死亡”，既包括自然死亡，也包括宣告死亡。自然血亲除一方死亡外，不因任何人为条件而终止。如父母子女关系，既不因父母离婚而终止，也不因双方协议、一方声明或法院判决而解除。即使子女被他人收养，与父母和父母方的自然血亲的血缘关系仍然存在，仅终止双方的父母子女权利义务，因出生而形成的父母子女身份和称谓、法律上的禁婚效力仍然存在。

(2) 拟制血亲关系的发生和终止。拟制血亲是法律设定的血亲，依法拟制的亲属身份关系依法成立，这是拟制血亲关系发生的原因。由于拟制血亲的种类不同，其发生和终止的原因也不同。

关于养父母与养子女关系的发生和终止。养父母与养子女这种拟制血亲，是因收养成立而发生的。收养关系一经成立，收养人与被收养人之间即发生父母子女关系，同时，被收养人与收养人的其他近亲属也发生拟制血亲关系。按照《收养法》的规定，准予收养登记，取得收养证的时间，便是收养关系发生的时间。养父母与养子女的拟制血亲关系除因一方死亡而终止外，还可因收养解除而终止。即收养解除后，收养人及其近亲属与被收养人的拟制血亲关系终止。

关于有抚养关系的继父母子女关系的发生和终止。这种拟制血亲关系的发生有二：一是以继子女的生母或生父与继父或继母结婚为前提，二是继子女与继父母之间必须形成抚养教育关系的事实。这两个条件必须同时具备，才能发生拟制血亲关系。

有抚养关系的继父母与继子女间的拟制血亲关系的终止，除可因继父母子女当事人一方死亡而终止外，也可基于双方当事人自愿而解除协议，或由一方当事人诉请法院依法调解或判决解除。如果生父（母）与继母（父）离婚，继子女未成年由生父母带走而与继父母终止抚养的，则该子女与继父母的拟制血亲关系终止；但如继子女已被继父母抚养成年，则其与继父母的拟制血亲关系仍然存在，不因生父（母）与继母（父）离婚而终止。

3. 姻亲关系的发生与终止

姻亲因婚姻成立而发生。婚姻成立是姻亲关系产生的基础，以婚姻为中介，配偶一方才与另一方的血亲之间发生姻亲关系，即婚姻成立的时间为姻亲关系发生的时间。对于在婚姻成立时尚未发生，以后新发生的姻亲关系来说，除该婚姻成立外，还需要有其他的原因。如婚姻成立以后，一方与另一方新出生的弟弟之间的姻亲关系是以该弟弟的出生作为发生的原因。

姻亲关系是否因离婚而消灭，各国立法有消灭主义和不消灭主义两种。姻亲关系是否因配偶一方死亡而终止，对此各国立法差异很大。《婚姻法》未规定姻亲关系，因而亦未规定姻亲关系终止的原因。对于姻亲关系是否因离婚而消灭，通常认为，基于我国民间的传统习惯，姻亲关系应因离婚而消灭。对于配偶一方死亡后，姻亲当事人双方是否仍保持姻亲关系，《继承法》规定，只要丧偶的儿媳对公婆、丧偶的女婿对岳父母尽了主要的赡养义务，不论其再婚与否，均可作为公婆、岳父母的第一顺序法定继承人，且不影响其子女的代位继承。根据其立法精神，姻亲关系不因配偶一方死亡而终止，也不因生存配偶一方再婚而终止。

4. 亲属关系的重复

亲属关系的重复又称亲属关系的并存，指有亲属关系的双方存在着两种或两种以上不同的亲属关系，其产生主要因婚姻或法律拟制而形成。如 1950 年《婚姻法》不禁止中表婚，表兄妹结婚后可同时存在配偶和旁系血亲关系。又如叔侄间收养关系成立，可同时存在养父母子女和旁系血亲关系。

对这种并存的亲属关系应如何对待？传统的亲属法理论认为，在亲属关系并存时，采取“一关系不为另一关系吸收或排斥”的原则，即并存的亲属关系各自独立存在，各保留有其固有的效力。如一亲属关系消灭，不影响另一亲属关系的存在。

当亲属关系重复时，宜适用“从近从重”原则。即对于同时并存的亲属关系适用亲属关系近者、权利义务重者的法律规定，发生该种亲属的效力；同时停止亲属关系远者、权利义务轻者的亲属效力。

（二）亲属关系的法律效力

亲属关系一经法律调整，便会在具有亲属身份的主体之间产生法律效果，此即为亲属效力或称法律效力。《婚姻法》虽未概括规定亲属的范围，但《婚姻法》及其他法律分别限定其范围而使一定的亲属间发生特定法律上的效力。在不同的法律部门中，各自确定的亲属效力有所不同。

1. 亲属在婚姻家庭法上的效力

(1) 扶养义务。《婚姻法》规定，夫妻之间、父母子女间互负扶养义务；在一定条件下，祖孙之间、兄弟姐妹间也互负扶养义务。如果负有扶养义务的一方不履行扶养义务时，享有扶养权利的另一方有权要求扶养，并可向人民法院起诉。

(2) 继承权。《婚姻法》和《继承法》规定，配偶、父母子女、兄弟姐妹、祖父母、外祖父母、孙子女、外孙子女等为法定继承人，当这些亲属一方死亡后，对无遗嘱或遗嘱未处分的遗产，除依法丧失继承权者外，享有法定继承权。

(3) 共同财产权。《婚姻法》第17条规定，夫妻在婚姻关系存续期间，一方或双方所得的财产，除另有约定者外，归夫妻双方共同所有。对于共同所有的财产，夫妻双方有平等的处理权。

(4) 约定财产权。《婚姻法》第18条规定，夫妻可以约定婚姻关系存续期间所得的财产以及婚前财产归各自所有、共同所有或部分各自所有、部分共同所有。夫妻对婚姻关系存续期间所得的财产以及婚前财产的约定，对双方具有约束力。

(5) 禁婚效力。基于遗传学、优生学原理和伦理道德要求，禁止一定范围内的近亲属结婚。《婚姻法》第7条规定，禁止直系血亲和三代以内的旁系血亲结婚。

(6) 宣告婚姻无效或撤销婚姻请求权。当事人的近亲属有权依据《婚姻法》规定向人民法院就已办理结婚登记的婚姻申请宣告婚姻无效；因受胁迫而请求撤销婚姻的，只能是受胁迫一方的婚姻关系当事人本人。

2. 亲属在民法上的效力

民法规定的亲属效力主要有以下四个方面：

(1) 亲属可以作特定法律主体的监护人或法定代理人，享有监护权、代理权。《民法通则》规定，无民事行为能力人或限制民事行为能力人，由其父母、配偶、成年子女、祖父母、外祖父母、成年的兄弟姐妹以及关系密切的其他近亲属，担任监护人。无民事行为能力人、限制民事行为能力人的监护人是他的法定代理人。监护人的职责是依法行使监护权，保护被监护人的人身、财产及其他合法权益。被监护人的人身、财产及其他民事权益受到侵害时，监护人有权要求加害人停止侵害、赔礼道歉、赔偿损失、恢复原状，并可以被监护人的名义向人民法院起诉、应诉。当被监护人对国家、集体和他人的人身或财产造成损害时，监护人应承担民事责任。

(2) 亲属可以向法院申请宣告精神病人为无完全民事行为能力人或限制民事行为能力人。《民法通则》规定，精神病人的配偶、父母、成年子女、兄弟姐妹等近亲属，可以向人民法院申请宣告其为无民事行为能力人或限制民事行为能力人。当被宣告为无民事行为能力或限制民事行为能力的精神病人，经治愈而具有民事行为能力时，本人或其近亲属可以向人民法院申请撤销其无民事行为能力或限制民事行为能力的宣告判决。

(3) 对失踪人申请宣告失踪或宣告死亡。近亲属对下落不明达到法律规定期限的，可以向人民法院申请宣告失踪、宣告死亡。失踪人的财产由其配偶、父母、成年子女或者关系密切的其他亲属、朋友代管。当失踪人生还或有生存的消息时，本人或近亲属可以向人民法院申请撤销失踪宣告或死亡宣告判决。

(4) 根据一定的亲属关系，确定法定继承人的范围和顺序。《继承法》规定，配偶、子女、父母为第一顺序法定继承人；兄弟姐妹、祖父母、外祖父母为第二顺序法定继承人。被继承人的子女先于被继承人死亡的，由被继承人的子女的晚辈直系血亲代位继承。丧偶儿媳对公、婆，丧偶女婿对岳父、岳母尽了主要赡养义务的，作为第一顺序继承人。

3. 亲属在刑法上的效力

《刑法》涉及亲属效力的规定主要有以下两个方面：

(1) 某些犯罪的构成，必须以有一定的亲属关系为条件。《刑法》规定的虐待罪、遗弃罪、暴力干涉婚姻自由罪，加害人与被害人之间必须具有亲属关系才能成立。如果没有亲属关系，则构成其他罪。

(2) 告诉、和解效力。《刑法》规定，近亲属之间的虐待、遗弃或暴力干涉婚姻自由行为，虽情节严重已构成犯罪，除被害人重伤或死亡外，只有被害人或其近亲属告诉的，人民法院才予受理，即“不告不理”。而且即使告诉，在人民法院判决前，如被害人与加害人自行和解或原告人撤诉的，人民法院不予追究被告人的刑事责任。

4. 亲属在诉讼法上的效力

亲属在我国诉讼法中的效力，包括在《中华人民共和国刑事诉讼法》（以下简称《刑事诉讼法》）、《中华人民共和国民事诉讼法》（以下简称《民事诉讼法》）、《中华人民共和国行政诉讼法》（以下简称《行政诉讼法》）中所规定的亲属的效力，主要有以下三个方面：

(1) 回避效力。在刑事诉讼、民事诉讼和行政诉讼中，审判人员、检察人员、侦查人员、书记员、鉴定人和勘验人员如果是本案的当事人或是当事人的近亲属，或者与本案有直接利害关系，则应自行回避。如不回避，诉讼当事人可以申请他们回避。如对申请回避有异议，应由审判委员会、检察委员会、院长或审判长以裁定方式决定是否回避。

(2) 亲属在诉讼过程中享有辩护权和代理权。刑事案件被告人的监护人等近亲属可以担任被告的辩护人，可以代其上诉或申诉。没有诉讼行为能力的民事案件的当事人，由其取得法定代理人身份的亲属代为进行民事诉讼活动，法律效力直接作用于被代理人。对第一审人民法院作出的判决、裁定，当事人的近亲属经当事人同意可以提出上诉；对已经发生法律效力的判决、裁定不服的，可以提出申诉。

(3) 申请执行效力。民事案件、刑事附带民事案件、行政案件的判决或裁定及调解协议中涉及财产内容的，义务人到期不履行义务，近亲属为法定监护人的可以以被监护人的名义申请强制执行。但在强制执行时，应当保留被执行人及其供养亲属的生活费用及必要的财产。

5. 亲属在劳动法上的效力

根据《中华人民共和国劳动法》（以下简称《劳动法》）的有关规定，亲属的效力主要有：第一，劳动者死亡后，其遗属依法享受遗属津贴。死者生前供养的直系血亲可享受一次性抚恤费或定期、不定期的生活困难补助费。第二，与配偶分居两地在国家机关、人民团体和全民所有制企事业单位工作满1年的固定职工、与父母分居两地的职工享有探亲权，探亲期间享有一系列的福利待遇。

6. 亲属在国籍法上的效力

《中华人民共和国国籍法》（以下简称《国籍法》）规定的亲属的效力，主要有：

(1) 一定的亲属关系是取得中国国籍的前提条件。父母双方或一方是中国公民，本人出生在中国或外国，即具有中国国籍。但父母双方或一方是中国公民，本人在外国出生，且出生时就具有外国国籍的，则不具有中国国籍。父母无国籍或国籍不明，定居在中国的，本人出生在中国，就具有中国国籍。与中国人有一定亲属关系的外国人、无国籍人，或是中国人的近亲属的外国人、无国籍人，可以申请加入中国国籍。

(2) 一定的亲属关系可作为申请退出中国国籍的前提条件。与外国人有一定近亲属关系的中国人，可以申请退出中国国籍。此外，在其他许多法律、法规中均有涉及亲属关系的规定，此不赘述。

【思考与练习】

名词解释

亲属　亲系　配偶　姻亲　拟制血亲

选择题

1. 中国封建社会亲属制度以（　）为本位。

A. 个人　　B. 宗族

C. 近亲属　　D. 国家

2. 岳父母与女婿、公婆与儿媳之间属（　）。

A. 直系血亲　　B. 旁系血亲

C. 直系姻亲　　D. 旁系姻亲

3. 在下列亲属中，（　）是自己的血亲。

A. 配偶　B. 妻妹

C. 姑父　D. 侄子

4. 妯娌作为一种姻亲，她们属于（　）

A. 血亲的配偶　B. 配偶的血亲

C. 血亲的配偶的血亲　D. 配偶的血亲的配偶

5. 下列各组亲属称谓中，全部属于姻亲的有（　）

A. 伯母、姨父、妹夫、女婿　B. 外甥媳、外祖父、表嫂、舅父

C. 岳父母、儿媳、嫂、弟媳　D. 公婆、舅母、姑父、表姐夫

问答题

1. 简述亲属的法律特征。

2. 什么是亲系？如何区别直系血亲与旁系血亲？

3. 简述罗马法亲等计算法，并试举例说明。

4. 比较罗马法亲等计算法与寺院法亲等计算法之异同。

5. 配偶关系的发生与终止原因有哪些？

6. 亲属在婚姻家庭法上主要有哪些法律效力？

第四章　结婚制度

【导学】

结婚是构建婚姻关系的前提，结婚是婚姻成立的必经程序。结婚的实质要件和形式要件缺一不可。本章重点：结婚要件、可撤销婚姻和无效婚姻。本章难点：可撤销婚姻被撤销、无效婚姻被确定后财产的分割。

一、结婚制度概述

（一）结婚制度概述

结婚又称婚姻的成立或婚姻的设立，是指男女双方依照法律规定的条件和程序确立夫妻关系的一种民事法律行为。结婚是婚姻关系借以发生的法律事实。结婚有广义和狭义之分，广义的结婚包括婚姻的成立和订立婚约两个方面；狭义的结婚指婚姻关系的确立。近现代各国立法中多将婚姻的成立作狭义的规定，订婚已不是必经程序了。

结婚一般具有以下几个特征：

⑴ 结婚行为的主体是异性男女，同性结合不构成婚姻，人类的本能和自身的繁衍是婚姻的自然属性，婚姻是以两性的结合为前提的。

⑵ 结婚是一种身份法律行为。身份法律行为是指以设立、变更、消灭亲属身份为目的的法律行为，它必须依照法律规定的条件和程序才能成立。男女双方因结婚而确立了夫妻身份，并互相承担法定的权利义务。未经法定程序，双方不得任意解除已确立的夫妻关系。

⑶ 结婚行为必须具有法律规定的有效要件。

（二）婚姻成立的条件

根据婚姻法学的一般理论，结合中外婚姻立法的具体规定，婚姻成立可以根据不同的标准划分为：

1. 结婚的实质要件和形式要件

婚姻成立的实质要件是指婚姻当事人以及双方之间的关系，必须符合法律规定的结婚条件，包括结婚必须具备的条件，并没有法律规定的禁止性条件。

根据婚姻是否具备法律规定的形式，可以分为事实婚和形式婚。所谓形式婚是指结婚必须履行一定的程序，符合一定的方式。事实婚是指当事人双方只要有共同生活的意愿和以夫妻名义共同生活的事实，婚姻即成立，法律认可其法律效力。在 1994 年《婚姻登记条例》生效前，我国一度承认事实婚姻。1994 年 2 月 1 日以后，未办理婚姻登记的事实婚姻不具有婚姻的法律效力，其出发点是提供婚姻公示，这有利于对婚姻关系的保护和对婚姻秩序的维护。目前大部分国家采用形式婚。

2. 必备条件和禁止性条件

婚姻的实质要件一般分为必备条件和禁止性条件。必备条件也称为积极条件，是结婚当事人必须具备的条件，否则不能结婚，如当事人必须达到法律规定的结婚年龄。禁止性条件也称消极条件或婚姻障碍，是结婚不得具有的客观情况，如直系血亲和三代内的旁系血亲不得结婚，婚姻当事人患有医学上认为不宜结婚的疾病不得结婚。

3. 公益条件和私益条件

根据婚姻成立条件所涉及利益的不同，可分为公益条件和私益条件。凡是结婚条件涉及社会公共利益的，被认定为共益条件；凡仅涉及当事人个人利益的，被认定为是私益条件。一般情况下，违反公益条件的婚姻，被认定为无效婚姻；违反私益条件的婚姻，被认定为可撤销婚姻。在我国婚姻立法中没有直接以此进行划分。

（三）婚姻制度的历史沿革

结婚制度是婚姻家庭制度的重要组成部分，同时受制于当时的社会制度。无论从形式上还是实质内容上都有很大的差异。最早的婚姻是群婚制，并没有形成稳定的个体婚。

掠夺婚也称抢婚，是男子用暴力掠夺女子为妻的结婚方式。进入个体婚时代后，掠夺婚在一些民族中作为一种仪式沿袭下来。

有偿婚是指男方以向女方家庭支付一定对价为条件而缔结的婚姻。具体包括：

(1) 买卖婚。它是指男方以向女方家庭支付一定数量的财物作为结婚条件而缔结的婚姻。

(2) 劳役婚。它是以男方为女方服一定劳役作为结婚条件而缔结的婚姻。

(3) 拍卖婚。古代希腊流行这种形式，它是女方家长以拍卖的方式将成年女子出嫁的方式。

(4) 互易婚。它是指双方父母以女儿或男子以姊妹交换为结婚条件而缔结的婚姻。

(5) 赠与婚。它是指尊长将受自己支配的女子作为礼物送与他人为妻。

无偿婚是指男方不需要向女方家庭支付对价而缔结的婚姻，包括赠与婚、收继婚和强制婚。收继婚主要是指女子在丈夫死后有义务在家族内部转房而缔结的婚姻。强制婚姻是指官府将罪人之妻女配给他人为妻而缔结的婚姻。

中国古代实行聘娶婚，西周始创“六礼”，即纳采、问名、纳吉、纳征、请期、亲迎，为聘娶婚规定了完备的结婚程序，尽管经历了几千年，但基本内容没有变化。

欧洲中世纪结婚应举行仪式，婚礼由神职人员主持并得到祝福，婚姻始成立并生效。

共诺婚是根据男女双方的合意而成立的婚姻。共诺婚强调婚姻的合意，新中国成立后我国实行的是共诺婚。

（四）结婚的法定条件

结婚行为是创设夫妻身份的民事法律行为，它不仅要符合民事法律行为的一般有效要件，还必须符合《婚姻法》中的结婚条件。《婚姻法》第5、6、7条规定了结婚的实质条件，包括必备条件和禁止条件。

1. 结婚的必备条件主要包括两个方面

(1) 结婚必须是男女双方当事人完全自愿的。《婚姻法》第5条规定：“结婚必须男女双方完全自愿，不许任何一方对他方加以强迫或任何第三者加以干涉。”这是对婚姻自由原则的具体表述。

当事人的完全自愿可作如下理解：首先，结婚当事人应当具有婚姻行为能力，能够自主表示婚姻的意愿，即具备结婚能力。我国没有直接规定结婚行为能力。随着法律对事实婚姻的否定，法定年龄就可以作为确定婚姻行为能力的标准。其次，关于结婚的意思表示必须采用法定的方式，才具有法律效力。再次，当事人结婚的意思表示必须是真实的。因为某些主观、客观原因，婚姻合意中的意思表示不真实主要有以下几种情况：

第一，结婚的意思是虚假的，有可能是双方都无结婚的意思，通常是假结婚；也有情况是当事人一方作出结婚的意思表示是假的，但对方结婚的意思表示是真实的，法理上叫心意保留的结婚。

第二，当事人关于结婚的意思表示不自由，如因胁迫、欺诈而作出的同意结婚的意思表示。

第三，当事人关于结婚的意思表示错误。《婚姻法》只将胁迫婚姻归入可撤销婚姻，其余的未作出规定。

对结婚合意的要求是由婚姻的本质属性决定的。婚姻是男女两性以永续共同生活为目的的结合，这种结合在法律上将产生身份和财产上的效力，当事人承担由此而产生的权利义务。

(2) 结婚当事人须达法定婚龄。法定婚龄是法律规定允许结婚的最低年龄界限，即在此年龄之上才能结婚，在此年龄之下的不得结婚。一般仅仅规定了最低婚龄而没有最高年龄的限制。《婚姻法》第6条规定："结婚年龄，男不得早于22周岁，女不得早于20周岁。晚婚晚育应予以鼓励。"

这一法律规定无非也就是从两个方面着手的。一方面是生理因素，即人的生理心理发育状况，当然这些会受自然环境、气候等条件的影响。另一方面也会受社会条件的制约，即一定的社会生产方式以及与之相适应的其他社会条件，包括政治、经济、文化、人口状况，其中最重要的是社会生产力发展水平和人口增长状况。我国古代结婚普遍较早，在当时的小农经济条件下，为了增加人丁税、劳役，及时弥补战争的兵力消耗，各个朝代普遍规定了较低的婚龄。唐朝规定男15岁，女13岁；自宋朝以来到清朝规定男16岁，女14岁。甚至有些朝代通过立法强制早婚，及至民国法律才规定，男未满18岁女未满16岁者不得结婚。

1950年《婚姻法》规定了结婚年龄为男20岁，女18岁。1980年《婚姻法》规定结婚年龄为男22周岁，女20周岁。

一般而言，未达到法定年龄而结婚会产生相应的法律后果，根据《婚姻法》的规定，未达到法定婚龄而结婚的，婚姻无效。当事人弄虚作假、骗取结婚证的行为，情节严重的，应当承担相应的法律责任。

2. 结婚的禁止性条件

结婚的禁止性条件是指法律不允许结婚的情况。根据《婚姻法》的规定，结婚的禁止条件如下：

(1) 禁止一定范围内的血亲结婚。禁止一定范围内的亲属结婚，源于原始社会的性禁忌。人类在漫长的进化过程中和自然规律的作用下，逐步排除了纵向的直系亲属间的两性行为，以及横向的旁系血亲兄弟姐妹间的通婚。在文明社会，禁止一定范围内的亲属结婚是各国立法的通例。其立法理由主要有两方面：①基于优生学的要求。人类长期的生活实践和现代医学证明，血缘过近的亲属结婚会把男女双方生理上和精神上的疾病遗传给后代，严重影响民族的素质和健康。②根据伦理观念的要求，认为近亲结婚有违人伦道德。

对于直系亲属禁止结婚是各国立法都有的规定，但对于旁系血亲的禁婚范围，由于文化传统和风俗习惯的差异，各国限制的范围有时会有所不同。我国《婚姻法》按照世代计算方法，规定凡是出自同一祖父母、外祖父母的血亲，除直系亲属外，都是三代以内的旁系血亲，禁止通婚。三代以内的旁系血亲包括：①兄弟姐妹，含同父同母的全血缘的兄弟姐妹和同父异母的半血缘的兄弟姐妹。②伯、叔、姑与侄、侄女，舅、姨与甥、甥女。③堂兄弟姐妹、表兄弟姐妹。

对于拟制血亲间的结婚问题，《婚姻法》规定，养父母和养子女、继父或继母和受其抚养教育的继子女之间的权利义务，适用《婚姻法》对父母子女关系的有关规定。无论这种拟制直系血亲关系是否解除，从立法精神和伦理来看都是属于禁止的范围。但是对于拟制旁系血亲间的通婚，只要没有血缘上的禁止，在解除拟制关系后法律应当允许结婚。

《婚姻法》没有禁止姻亲结婚的规定，直系姻亲虽然没有直系血亲的法律地位，但由于直系姻亲通婚有悖于伦理，一直都是人类的禁忌。一般做法是做思想工作，如确实要结婚的，劝其离开当地。对于旁系姻亲法律没有作出限制，应准予结婚。

(2) 患有医学上认为不应当结婚的疾病不宜结婚。法律禁止患有特定疾病的人结婚，这取决于婚姻关系的自然属性。其目的是防止疾病传染和遗传，保护婚姻当事人的利益和社会利益。《婚姻法》第6条、第7条列举了禁止结婚和不应当结婚的疾病。主要包括以下几类：

第一，严重遗传性疾病。它是指由于遗传因素先天形成，患者全部或部分丧失自主生活能力，后代再现风险高，医学上认为不宜生育的遗传性疾病。

第二，指定传染病。指《中华人民共和国传染病防治法》（以下简称《传染病防治法》）中规定的艾滋病、淋病、梅毒、麻风病以及医学上认为影响结婚和生育的其他疾病。

第三，有关精神病。指精神分裂症、狂躁抑郁型精神病以及其他重症精神病。

对于婚前检查，1994年2月1日施行的《婚姻登记管理条例》第9条曾规定："在实行婚前健康检查的地方，申请结婚登记的当事人，必须到指定的医疗保健机构进行婚前健康检查，向婚姻登记管理机关提交婚前健康检查证明。"强制婚前检查可以防止患有结婚疾病的当事人结婚，对保障当事人的健康和提高出生人口素质、降低出生缺陷、预防先天性疾病都起到了重要作用，但在一些地方也存在将强制婚检作为创收途径的不良现象。2003年《婚姻登记条例》不再将婚前检查列入结婚登记的必经程序，强制检查被自愿检查代替。

需要指出的是，有生理缺陷不能发生性行为的，不属于禁止结婚的范围，因为这种行为不具有社会危害性，故无禁止的必要。

国外还有其他禁止性条件，包括禁止相奸者结婚，禁止监护人与被监护人结婚，对妇女待婚期有一定的时间限制，未成年人结婚须得到法定代理人的同意，对养亲间结婚作了限制等。

二、我国现行的结婚程序

《婚姻法》第8条规定："要求结婚的男女双方必须亲自到婚姻登记机关进行结婚登记。符合本法规定的，予以登记，发给结婚证。取得结婚证，即确立夫妻关系，未办理结婚登记的，应当补办登记。"

（一）结婚登记的机关

《婚姻登记条例》第2条规定："内地居民办理婚姻登记的机关是县级人民政府民政部门，省、自治区、直辖市人民政府可以按照便民原则确定农村居民办理婚姻登记的具体机关。"第4条还规定："内地居民结婚，男女双方应当共同到一方当事人常住户口所在地的婚姻登记机关办理结婚登记。"2003年通过的《婚姻登记工作暂行规范》，规定了婚姻登记管辖按照行政区域划分。县、不设区的市、市辖区人民政府民政部门办理双方或者一方常住户口在本行政区域内的内地居民之间的婚姻登记。省级人民政府可以根据实际情况，规定乡（镇）人民政府办理双方或一方常住户口在本乡（镇）的内地居民之间的婚姻登记。

（二）结婚登记的程序

结婚登记分为申请、审查、登记三个环节。

1. 申请

申请是指当事人双方向婚姻登记机关提出婚姻登记的请求。申请必须由双方亲自到户口所在地的婚姻机关提出，不能采用委托方式或以书面意见代替本人亲自到场。申请时，申请人应当持下列证件和证明：

(1) 本人户口本、身份证。

(2) 本人无配偶及与对方当事人没有直系血亲和三代旁系血亲关系的签字声明。

对于港、澳、台居民和外国人办理结婚登记的，见本书有关章节的规定。

2. 审查

婚姻登记机关依法对当事人的结婚申请进行审核与查证。因当事人不符合结婚条件不予以登记的，应当向当事人说明理由。婚姻登记审查主要是形式审查。

《婚姻登记条例》第 6 条规定，办理结婚登记的当事人有下列情形之一的，婚姻登记机关不予以登记：

(1) 未到法定结婚年龄的。

(2) 非双方自愿的。

(3) 一方或双方已有配偶的。

(4) 属于直系亲属或者三代以内的旁系血亲的。

(5) 患有医学上认为不应当结婚的疾病的。

3. 登记

婚姻登记机关依法对当事人出具的证件、证明材料进行审查并询问相关情况。对符合结婚条件的婚姻当事人应当即时予以登记，发给结婚证。对离过婚的，应当注销离婚证。颁发结婚证，应当在当事人双方均在场时进行。复婚适用结婚登记的一般程序。

当事人遗失、毁损婚姻证件，可以向原办理该婚姻登记的机关或者一方长住户口所在地的婚姻登记机关申请补领。

(三) 婚姻登记的效力

《婚姻法》第 8 条规定，取得结婚证即意味着夫妻关系的确立。这一规定确立了结婚证是办理结婚登记的证明性文件，而办理结婚登记是取得婚姻身份的唯一手段。此外《婚姻法》第 9 条还规定："登记结婚后，根据男女双方的约定，女方可以成为男方家庭的成员，男方可以成为女方家庭的成员。"

(四) 事实婚姻和姘居

在婚姻法学中，事实婚姻是法律婚姻的对称，一般是指当事人未履行法定登记程序但以夫妻身份同居生活的一种"准婚姻状态"。它应具备以下特征：①当事人必须是无配偶的男女；②当事人以夫妻名义同居生活，对外以夫妻相待，具有创设夫妻关系的目的性和公开性；③当事人未办理结婚登记。事实婚姻必须具备上述特征。所谓姘居，是指有配偶的男女一方或双方再与第三者同居生活。

两者的主要区别是：

(1) 从参与的主体来看，事实婚姻的男女双方都无配偶；姘居的男女至少有一方有配偶。

(2) 从同居的目的来看，事实婚姻的男女双方以共同生活为目的，彼此以夫妻相待；姘居的男女是由于不良动机如追求感官刺激，一般并无长远共同生活的目的。

事实婚姻在多数国家都存在。如罗马的时效婚、日本的内缘婚、英美的普通法婚姻都属于事实婚姻。各国对事实婚姻的态度也是不同的，包括承认主义、相对承认主义、不承认主义三种。承认主义承认事实婚姻的效力，此种做法源于普通法婚姻，只要求具备法定实质要件，即当事人有结婚能力、以结婚为目的、同居事实以及夫妻身份的公开化，而没有形式上的限制。相对承认主义，即除了具备一定的事实婚姻的条件外，还需要具备一定条件，才可以转化为合法婚姻。如罗马法规定同居满一年的，就转变为合法婚姻了。不承认主义不承认事实婚姻的效力，认为除了具备实质要件外，婚姻需要具备形式要件才有法律效力。

我国司法实践中对事实婚姻的态度也是有条件地承认，即认定符合一定条件的同居关系的属于事实婚姻，具有婚姻效力。但是未办理结婚登记而以夫妻名义共同生活的男女，起诉到人民法院要求离婚的，应当区别对待：

(1) 1994 年 2 月 1 日民政部《婚姻登记条例》公布实施前，男女双方已经符合结婚实质要件的，按事实婚姻处理。

(2) 1994 年 2 月 1 日民政部《婚姻登记管理条例》公布实施以后，男女双方符合结婚实质要件的，人民法院应当告知其在案件受理前补办登记；未补办结婚登记的，按解除同居关系对待。

认定为同居关系的，当事人之间不形成夫妻关系。同居期间因共同生活而形成的财产关系，按照共同共有关系处理。同居期间一方死亡的，另一方不一定具有继承权；符合条件的可适当分得遗产。同居期间的财产分别所有，但共同生活或共同生产的财产应当按照共同共有关系来处理。同居期间所生子女属于非婚生子女，但法律地位与婚生子女相同，双方均有抚养的权利和义务。

三、婚姻的无效和撤销

(一) 婚姻的无效和撤销概述

婚姻的无效和撤销是规定违法婚姻的法律后果、调整因违法婚姻所形成的各种社会关系的一种法律制度，它是婚姻制度的重要组成部分。2001 年的《婚姻法》修正案增设了婚姻无效制度，具体规定了无效婚姻和可撤销婚姻的原因、确认程序和法律后果。

(二) 无效婚姻

无效婚姻是指因不具备法定结婚要件的男女结合，在法律上不发生婚姻效力的制度。无效婚姻自始无效，这种婚姻关系是不受法律保护的。同居期间所得财产应协商解决，协商不成的，由人民法院根据照顾无过错方的原则判决，对重婚财产的处理不得侵犯合法当事人的财产利益，所生子女按照婚生子女处理。

(三) 无效婚姻的内容

《婚姻法》第 10 条规定有下列情形之一的，婚姻无效：

(1) 重婚的。

(2) 有禁止结婚的亲属关系。

(3) 婚前患有医学上认为不能结婚的疾病，结婚后尚未治愈的。

(4) 未达到法定婚龄的。如申请时上述无效的情形已经消失，则不得申请婚姻无效。

我国采用婚姻无效宣告制度，具体包括：

(1) 有权依法宣告婚姻无效的，应为婚姻当事人和利害关系人。利害关系人包括：①以重婚为由申请宣告婚姻无效的，为当事人的近亲属和基层组织。②以未到法定婚龄为由申请宣告无效的，为未到法定婚龄者的近亲属。③以婚前患有医学上认为不应当结婚的疾病，婚后尚未治愈的，与患者共同生活的近亲属有申请权。利害关系人作为申请人的，婚姻当事人均为被申请人。夫妻一方死亡的，生存一方为被申请人。夫妻均死亡的，不列被申请人。

(2) 有权宣告婚姻无效的机关只能是人民法院。2003 年的《婚姻登记条例》取消了婚姻登记机关以行政程序来宣告婚姻无效，因此婚姻登记机关不再享有宣告婚姻无效的职权。

(3) 法律有关婚姻无效的规定是强行性规定，只能依据客观事实依法予以认定，并不取决于案件当事人的主观意愿。所以，有关婚姻效力的案件不适用调解。原告申请撤诉的，法院应不予准许。

(4) 人民法院受理离婚案件后，经审查确属无效婚姻的，应当将婚姻无效的情形告知当事人，并依法作出宣告婚姻无效的判决。

(5) 宣告婚姻无效案件所涉及的子女和财产问题，不同于婚姻效力问题，审理中可以调解结案也可以判决结案，并不适用一审终审的规定。对涉及财产和子女的抚养，当事人不服的可以上诉。

(四) 可撤销婚姻

可撤销婚姻是指违反结婚的某些法定条件，使婚姻处于不确定状态，可以依法撤销的法律制度。

1. 可撤销婚姻的法定原因

《婚姻法》第 11 条规定："因胁迫结婚的，受胁迫一方可以向婚姻登记机关或人民法院请求撤销该婚姻。"据此，可撤销婚姻的法定理由是"受胁迫而结婚"。如果行为人按照法律规定行使了撤销权，则该婚姻就会无效。《适用婚姻法解释（一)》第 10 条第 1 款规定："婚姻法第十一条所称的胁迫是指行为人以给另一方当事人或者其近亲属的生命、身体健康、名誉、财产等方面造成损害为要挟，迫使另一方当事人违背真实意愿结婚的情况。"要挟应包括胁迫行为、故意、相对人因胁迫而结婚等三个要件。

2. 受害人行使撤销权

首先，能够行使撤销权的人是受胁迫一方的婚姻关系当事人本人，权利人应向人民法院提出撤销婚姻的民事诉讼。

根据《婚姻登记条例》第 9 条的规定，因胁迫结婚的，受胁迫的当事人依婚姻法第 11 条的规定向婚姻登记机关请求撤销其婚姻的，应当出具下列证明材料：

(1) 本人的身份证、结婚证。

(2) 能够证明受胁迫结婚的证明材料。婚姻登记机关应审查认为受胁迫结婚的情况属实且不涉及子女抚养、财产及债务问题的，应当撤销该婚姻，宣告结婚证作废。

3. 撤销权的行使期限

根据《婚姻法》第 11 条的规定："因胁迫结婚的，受胁迫的一方可以向婚姻登记机关或人民法院请求撤销，受胁迫的一方撤销婚姻的请求，应当自婚姻登记之日起一年内提出。被非法限制人身自由的当事人请求撤销婚姻的，应自恢复人身自由之日起一年内提出。"

（五）婚姻无效或被撤销后的法律后果

1. 对当事人的后果

经宣告无效或被撤销的婚姻均自始无效。当事人并非配偶，一方与另一方的血亲及其配偶间不发生姻亲关系，在监护、代理、收养等问题上，不适用因配偶关系产生的法律关系。当然也不存在适用遗产继承的法律问题。

对于财产的处理，根据《适用婚姻法解释（一）》第15条的规定："被宣告无效或被撤销的婚姻，当事人同居期间所得财产，按共同共有处理，但有证据证明为一方所有的除外。"人民法院处理此问题时，应依法照顾无过错方。

因重婚导致婚姻无效的，在处理财产问题时应注意保护合法婚姻当事人的利益，最高人民法院有关司法解释规定，人民法院在审理重婚导致无效案件时，涉及财产处理的，应当准许合法婚姻当事人作为独立请求权的第三人参加诉讼。这就从程序上对合法婚姻当事人的财产权益提供了有效保障。

2. 子女关系的处理

由于无效婚姻和可撤销婚姻是自始无效的，因此，在无效婚姻或可撤销婚姻中出生的子女，应是非婚生子女。但是无效婚姻和可撤销的婚姻对子女产生的法律后果几乎是等同于离婚的后果。

四、婚约

（一）婚约的概念

婚约即婚姻预先约定，是指男女双方以将来结婚为目的所作的事先约定。我国古代婚约源于"六礼"，婚约是从纳征中演变而来的。纳征是订婚之始，订婚是结婚的必经程序，由掌主婚权的双方父母家长代为订立。以后各朝代的立法都有具体规定，凡男女订婚之初，或残疾、老幼、庶出、过继、弃养者，务必两家明白通知，各从所愿，不愿即止。婚约订立后，法律一般不允许反悔，更不允许再行订婚或成婚。

《婚姻法》没有规定婚约制度。但是，在现实生活中订婚作为婚姻习俗的组成部分一直普遍存在。根据有关司法解释，人民法院在处理因解除婚约或终止恋爱而引起的财物纠纷时，一般应遵循以下原则：

（1）对于借订立婚约而进行买卖婚姻的财物，收受财物的一方为非法所得，交出财物的一方，其财物实质是进行非法活动的手段，应予以没收。

（2）对于以恋爱、订婚为名，行诈骗之实的，原则上应将财物退回。

(3) 对于借婚姻索取钱财的，给付钱财一方并非出于内心自愿，而且给付的数额较大，给付之后又造成生活困难的，根据有关司法解释，离婚时，如结婚时间不长的，或者因索取财物造成对方生活困难的，可酌情返还。

(4) 对恋爱或订婚期间一方主动赠与对方的财物，在婚约解除或恋爱关系终止时，应视具体情况分别处理。如一般的财物，按照赠与关系处理，一般不予以返还；如以结婚为目的而为的价值比较大的赠与，可认定为附条件解除的赠与，在不能缔结婚姻的情况下，应允许赠与方主张返还。

对于彩礼，《适用婚姻法解释（二）》第10条规定："当事人请求返还按照习俗给付彩礼的，如果查明属于以下情形的，人民法院应当支持：(1) 双方未办理结婚登记的；(2) 双方办理结婚登记手续但确未共同生活的；(3) 婚前给付并导致给付人生活困难的。"从中可以看出，支付彩礼后没有结婚又没有约定的，应退还彩礼，但是已经结婚的，除非因支付而导致生活困难，否则不能要求返还。

（二）对于解除婚约后可能引起的损害问题

对于解除婚约后可能引起的损害问题，我国现行立法没有作出规定，对于因解除婚约而导致的损害赔偿没有具体规定，司法实务中也不予支持。

五、关于特殊群体结婚问题的探讨

（一）在校大学生结婚问题的探讨

2003年6月，华中师范大学23岁的四年级男生陈某与武汉一家公司24岁的职员张某在酒店举办了婚宴，很多同学前去祝贺，这是武汉市第一例大学生公开举行婚礼。据陈某称，他们是高中同学，两人恋爱将近6年。2003年经双方父母同意，回老家领取了结婚证，由于双方的户口一直未迁至学校，他们也未将此情况告知学校，因此学校对此事毫不知情。在深圳开始限制大学生校园接吻的时候，武汉却出现了这场大学生婚礼，引起了人们的格外关注。《教育部关于高等学校在校学生结婚规定的通知》规定，高等学校在校学生，一般应是未婚者，如果有的学生要求在学习期间结婚，则应先办理退学手续。但在30岁结婚的和已经结婚的，可继续留校学习。2001年教育部表示，大学生可否结婚应由高校自己决定。多数高校认为条件不成熟，只有武汉大学明确表示可以。武汉大学的意见是大学生已到适婚的年龄，只要不违背法律、法规，他们提出结婚要求，学校不必横加干涉。但同时认为大学生处于学习的大好时机，理应倡导晚婚晚孕。

到底是否应该允许在校大学生结婚呢？从目前来看主要有两方面的意见。一方面的意见是反对大学生结婚，理由是：①心理、生理都不成熟；②缺乏经济来源，婚姻更多的是社会责任；③影响学业和个人前途。另一方面的意见是大学生有结婚的自由但不提倡。首先，大学生的年龄已经到了法定婚龄，生理和心理均已比较成熟，已是有自我意识和自主能力的社会主体，结婚是他们步入社会的重要步骤，也是他们的权利，晚婚晚育是政策但不是强制性的规定，不应当过分压制大学生的心理和生理的双重要求。其次，关于大学生结婚后没有经济来源的问题，则认为结婚后不一定要同居，而且结婚后的开支也不一定很大，况且大学生有很多勤工俭学的机会，经济来源应该不是主要问题。现在大学也并不完全提倡单纯学习理论知识，经常会有实习和订单培养的机会，所以也不完全说大学生仅仅是消费者而已。最后，不必担心会影响学业。现在人们普遍宽容婚前同居，结婚将促使大学生更多地考虑到将来，考虑未来的生活安排，考虑双方的前途，所以婚姻在某种意义上说，将成为他们发奋读书的动力。

当然，大学生结婚也不能推广和提倡。毕竟大学阶段是人生的一个重要阶段，知识需要积累，意志需要磨炼。同时，结婚也会带来很多社会问题，如结婚后的住所、子女的抚养等，但无论如何，需要明确的是结婚自由是法定的。

（二）企业员工的结婚问题

有些企业规定本企业员工之间不得结婚，否则要解除合同。

这关系到公民的基本权利——婚姻权的问题。有的学者认为，只要双方当初签订合同时，员工承诺不与企业的其他员工结婚，如果违反约定，企业就可以解除合同。还有学者认为，双方的约定不能违反国家法律的规定，而国家的法律是提倡婚姻自由的，所以企业不得滥用权力作出对公民基本权利的限制。特别是现在人力资本相对过剩，而企业经常会以其优势地位对员工的恋爱、生育作出限制，因此法律对滥用权力侵犯公民基本权利的行为，应该作出限制。

（三）正在监狱服刑的人员和正在接受劳动教养的人员申请结婚问题的探讨

正在服刑的犯人和劳动教养人员，由于他们的人身自由受到了限制，他们要求结婚的申请就会遇到法律上的问题。《婚姻法》和《婚姻登记条例》对此没有明确的规定，但相关的规定有：

（1）1982 年公安部颁布的《监狱、劳改队管教工作细则》（试行）第 85 条规定：“犯人关押或保外就医、监外执行期间，不得结婚。”

(2) 根据《刑法》第72条和第82条，宣告缓刑、假释的犯罪分子，依照1963年8月31日最高人民法院、最高人民检察院、公安部《关于徒刑缓刑、假释、监外执行等罪犯的恋爱与结婚问题的联合批复》第2条的规定："在缓刑或假释期间，他们的恋爱和结婚问题，只要符合婚姻规定的条件，是可以允许的，不必经过公安机关或人民法院审查批准。"

(3) 关于正在接受劳动教养的人员在劳动教养期间的婚姻问题，1962年3月13日公安部《关于解决部分劳教人员婚姻问题的请示报告的批复》规定："对于劳教前确有婚约关系，但现在双方要求结婚，或已经离婚的双方又要求复婚，都应当允许向政府登记结婚或复婚，对未婚的或已正式离婚的男女劳教人员，相互间在改造中建立了感情，并且双方要求结婚的，可根据情况劝导他们在解除劳教后结婚。对于男女劳教人员要求与原配偶离婚的，应当进行教育，尽量不要离婚，经教育无效的可由其向法院提出申诉。"

(四) 其他特殊人群结婚的问题

目前除了全日制普通高等学校学生、民航空勤人员和国家队运动员之外，对结婚人员未作限制。

在民航系统，凡从事飞行的空勤人员（包括飞行、领航、通讯、机务、乘务等），其结婚年龄男不得早于26周岁，女不得早于24周岁。另外国家体委《优秀运动队工作条例》规定，运动员在国家队期间不允许结婚，特殊情况应经组织批准。

【案例分析】

案情

2003年4月20日，张某在一次联谊会上与王某相识，随后确立了恋爱关系，并商定于2003年10月10日举行婚礼。2003年10月1日，双方到当地婚姻登记机关申请结婚登记。婚姻登记机关经过审查，认为双方符合结婚条件，予以登记。登记完毕，因故不能立即发放结婚证，婚姻登记机关工作人员便告知当事人于2003年10月8日领取结婚证。婚礼如期进行，当晚李某突发心脏病死亡。2003年10月23日张某领取了结婚证，因是否享有遗属待遇和房屋使用权的问题与单位发生纠纷，诉至法院。问：张某有没有继承权？

解析

结婚登记是婚姻成立的形式要件，是婚姻成立的法定程序，它是婚姻取得法律认可的方式，取得结婚证夫妻关系才确立。

【思考与练习】

名词解释

无效婚姻　可撤销婚姻　结婚　婚约　事实婚姻

问答题

1. 简述结婚行为的法律特征。
2. 我国法律对结婚的实质要件是如何规定的？
3. 婚姻无效和被撤销的原因是什么？
4. 简述我国婚姻无效和被撤销的法律后果。
5. 谈谈高校学生的结婚问题。

案例分析题

赵某和万某于1998年10月确定了恋爱关系并开始同居生活。2001年7月赵某提出解除同居关系，遭到万某拒绝并威胁如果赵某不与其结婚，则将毁其容貌，赵某只好于2001年12月1日与万某登记结婚。2002年4月20日，万某的父亲去世，万某继承了10万元人民币。2002年10月赵某请求法院撤销与万某的婚姻关系，同时请求分割财产。

问：能否撤销婚姻？10万元如何分割？

第五章 夫妻法律制度

【导学】

以爱情为基础、以共同生活为目的的男女两性的结合即是法律意义上的婚姻。这种依法缔结的婚姻具有当然的法律效力。婚姻效力在婚姻家庭法上集中表现为两个方面：一是配偶身份关系即夫妻人身关系，二是夫妻财产关系。本章主要介绍夫妻关系的本质和特征、夫妻人身关系和夫妻财产关系。正确掌握夫妻财产关系既是本章学习的重点，也是本章学习的难点。

一、夫妻法律制度概述

（一）婚姻效力

婚姻效力是指基于婚姻关系的成立而产生的法律后果，婚姻效力随着婚姻关系的确立而产生，随着婚姻关系的终止而消灭。

《婚姻法》并没有使用婚姻效力这一概念，但在大陆法系国家的民法理论和民事立法中，经常使用“婚姻效力”一词。婚姻效力有广义和狭义之分。广义的婚姻效力是指婚姻的成立在婚姻家庭法及其他相关法律（《民法通则》、《刑法》、《劳动法》、《民事诉讼法》、《刑事诉讼法》、《国籍法》等）中产生的法律后果，例如民法中监护人资格的取得、申请宣告失踪或申请宣告死亡资格的产生、继承人资格的取得等。狭义的婚姻效力一般指因婚姻成立而在《婚姻法》中产生的法律后果，这其中又有不及于第三人的效力和及于第三人的效力之分。前者也称婚姻的直接效力，限于对婚姻当事人本人产生的效力；后者也称婚姻的间接效力，指对婚姻当事人以外的其他人产生的后果，如姻亲关系的产生、非婚生子女的准正等。一般情况下婚姻效力仅指婚姻的直接效力。

在大陆法系中，有关婚姻效力的立法有两种：一种是以法国民法典为代表，将“夫妻相互的权利和义务”规定于“人法”编中，又将有关夫妻财产方面的内容主要规定于“物法”编中；另一种以德国民法典为代表，在亲属编中分节规定“婚姻的普遍效力”和“夫妻财产制度”。

我国婚姻立法将婚姻的直接效力表述为“夫妻间的权利义务”。一般认为婚姻的直接效力可分为两方面：一方面，婚姻在身份法上的效力，也可称为夫妻人身关系；另一方面，婚姻在财产法上的效力，也可称为夫妻财产关系。夫妻人身关系是指与配偶身份密不可分且不具有直接经济内容的权利义务关系，如姓名权、人身自由权、日常家事代理权等。夫妻财产关系是指夫妻之间具有经济内容的权利义务关系，如夫妻财产制、配偶继承权等。

《婚姻法》有关婚姻效力的规定，主要集中在第13条到第20条，以及第3条、第4条、第9条、第24条的规定，其内容有夫妻人身关系和财产关系两个方面。夫妻人身关系包括姓名权，参加生产、工作、学习和社会活动的自由，计划生育义务等。夫妻财产关系包括夫妻扶养义务、夫妻继承权和夫妻财产制等。2001年12月24日通过的《适用婚姻法解释（一）》第17条实际上承认了夫妻日常家事代理权，2001年12月29日颁布的《中华人民共和国人口与计划生育法》（以下简称《人口与计划生育法》）第17条规定夫妻有生育权等，这些都对《婚姻法》的相关规定进行了完善。

（二）夫妻关系的性质和内容

夫妻是男女双方以永久共同生活为目的的依法结合的伴侣。男女因结婚而成为夫妻，双方具有特定的身份关系，并且以永久共同生活为目的，这表明了夫妻关系的本质属性。

夫妻关系不仅是重要的伦理关系，而且是重要的法律关系。夫妻关系的本质特征是：

(1) 夫妻必须是男女两性的合法结合。男女双方符合法律所规定的结婚条件，并履行了法定的结婚手续，才能结合为夫妻。男女两性间任何形式的非法结合（如重婚、非法同居）都不是夫妻关系。

(2) 夫妻必须具有永久共同生活的目的。男女双方不以永久共同生活为目的的结合，也不是夫妻关系。

(3) 夫妻是共同生活的伴侣，必须共同承担生育和抚养子女、赡养和扶助老人等责任。

（三）夫妻法律制度的历史演变

通过立法明确夫妻之间的权利义务关系是历代各国婚姻家庭法关于夫妻法律制度的重要内容。夫妻之间的权利义务不仅反映了夫妻在家庭中的地位，同时也在一定程度上反映着男女两性的社会地位。夫妻关系归根结底取决于生产力的发展水平、社会的文明程度和一定的社会制度。夫妻关系在不同时期、不同国家表现出不同的特点，但总体上看，夫妻关系的立法经历了从“夫妻一体主义”到“夫妻别体主义”的演变过程。

1. 夫妻一体主义时期

夫妻一体主义亦称夫妻同体主义，它是指男女结婚后合为一体，夫妻的人格相互吸收，即妻的人格为夫所吸收或夫的人格为妻所吸收。从表面上看，夫妻的地位是平等的。实际上，只是妻的人格被夫所吸收，妻处于夫权的支配之下。女子在婚后没有独立的姓名权和财产权，妻子变成了丈夫的附属物，必须完全听从丈夫的支配和限制，丈夫是夫妻对外的唯一代表。只有在极少数情况下，男子入赘才丧失独立人格，其人格为妻所吸收。夫妻一体主义主要为古代和中世纪的亲属法所采用。在西方，古罗马法和欧洲中世纪的教会法关于夫妻关系的立法被认为是夫妻一体主义的代表。基督教《圣经》记载：“开辟之初，神造男女，是故人离父母而合于妻，凡此二人，应为一体。”罗马法中有夫权的婚姻，妻从丈夫的姓氏，且在家中处于丈夫的女儿的地位。在东方，古代印度和古代中国同样是夫妻一体主义的代表。据《摩奴法典》记载，婆罗门曾宣布过一句格言：“丈夫与妻子只形成一人。”我国奴隶社会、封建社会时期，实行严格的夫妻一体主义，对此，我国古籍也有诸多记载。如《白虎通·嫁娶》记载：“夫妇，一体也。”“妇者，服也。服于家事，服人者也。”“夫者，妻之天也。”[①]“夫为妻纲。”[②]可见，法律也公开确认夫妻之间的这种尊卑、主从关系。我国封建社会的法律也对夫妻之间的人身关系、财产关系、婚姻关系等作了不平等的规定，如在人身关系方面，妻的地位低于夫。《唐律疏议》认为：“其妻虽非卑幼，义与期亲卑幼同。”在财产关系方面，“子妇无私货，无私器，不敢私假，不敢私与”[③]。妻对家庭财产只有使用权而无处分权和继承权，如“私假”、“私与”，则谓之“盗”而成为丈夫出妻的七大理由之一。在婚姻关系上，丈夫有纳妾和休妻的特权，妻子提出离婚则要受到诸多限制，“从一而终”属于应当恪守的妇道。在刑事责任上，夫妻之间发生的相

① 《仪礼·丧服》。

② 《白虎通·三纲六纪》。

③ 《大戴礼记·本命》。

互人身伤害案件也是同罪不同刑。

2. 夫妻别体主义时期

夫妻别体主义亦称夫妻分立主义、夫妻异体主义，指夫妻在婚后仍然保持各自独立的人格，彼此不发生人格吸收，但相互之间形成一定的权利义务关系，表现为男女在法律上的平等。随着资本主义的发展演变，社会生活从经济、文化、教育、科技到参政议政方式、妇女就业等方面都在发生着变化，个人主义和女权运动随之兴起，传统的夫妻一体主义立法思想已完全无法适应时代的发展和家庭生活的需要，同时受近代资产阶级所倡导的“婚姻契约论”[①]思想的影响，近现代各国立法相继采用以个人为本位的立法思想。以英国为例，1882 年的《已婚妇女财产法》肯定了夫妻分别财产制，规定已婚妇女可以独立享有一系列的财产权利；1907 年的法律同时规定，妻子无须丈夫同意即可转让个人财产。[②]日本于 1947 年将民法典中的“妻随夫姓”改为“使用夫姓或妻姓，根据结婚时双方所定”。法国、德国、日本等相继废除了“妻以夫之住所为住所”的规定，改为“家庭住所由夫妻共同选定”。这种变化无疑是历史上的重大进步，但不能彻底改变资本主义制度下夫妻关系不平等的本质，它们仅仅是以形式上的平等掩盖了事实上的不平等。

夫妻别体主义要求夫妻关系不再是过去那种尊卑、主从的关系，而是地位平等、人格独立的关系。我国现行的婚姻立法坚持夫妻别体主义。新中国成立后颁布的《婚姻法》都将男女平等规定为基本原则，2001 年修订后的《婚姻法》第 13 条规定，“夫妻在家庭中地位平等”是男女平等原则在夫妻关系中的体现，也是《婚姻法》对夫妻关系的原则性规定。根据这一规定，夫妻在人身关系和财产关系两个方面的权利和义务都是平等的，法律不允许夫妻任何一方只享受权利而不尽义务，或者只尽义务而不享有权利。根据《婚姻法》的立法精神，夫妻在家庭中的地位平等，既是确定夫妻间权利和义务的原则，也是处理夫妻间权利和义务纠纷的基本依据。实现夫妻在家庭中的地位平等，有利于消除夫权统治和家长专制等封建残余的影响，有利于建立社会主义新型夫妻关系。但是，由于我国还处于社会主义初级阶段，各地经济、文化的发展存在不平衡，在一些地方尤其是较偏僻、较落后的地区，男尊女卑的封建思想和夫权观念仍残留在一些人的头脑中，这影响着平等、和谐的夫妻关系。夫妻不平等现象至今仍在许多地方不同程度地存在，这种现象的存在有多方面的原因，一方面是由于我国现有生产力发展水平和社会就业面的限制，使女性在社

① 婚姻契约论认为，婚姻是一男一女自愿缔结的以永久共同生活为内容的契约。

② 杨大文. 亲属法. 北京：法律出版社，2003. 108

会和家庭中的经济地位处于劣势；另一方面则是长期以来受男尊女卑、夫权思想的影响，“男主外、女主内”的婚姻模式仍占有一定地位。因此，夫妻关系从形式平等向事实平等转变还要经历相当长的一段时间。

二、夫妻人身法律关系

（一）夫妻人身关系概述

夫妻人身关系是指基于夫妻身份而在特定的夫妻之间产生的、没有直接财产内容的夫妻人格、身份方面的权利和义务关系。

夫妻人身关系具有以下特征：

(1) 发生在合法夫妻之间。夫妻人身关系以当事人之间婚姻关系有效成立为前提，婚姻不成立或无效婚姻的当事人之间均不享有夫妻人身关系。夫妻人身关系因婚姻关系的终止而消灭。

(2) 夫妻人身关系对夫妻双方而言既是权利又是义务。一方的权利就是对方的义务，反之亦然。夫妻双方的权利和义务是平等的。

(3) 夫妻人身关系由法律直接规定，当事人不能通过约定予以变更或消灭。

从本质上看，夫妻人身关系是因婚姻身份而使夫妻双方在人身方面受到一定的限制或享有一定的权利，其目的是维系婚姻共同体。

（二）我国现行的夫妻人身关系

我国现行婚姻家庭立法所确定的夫妻人身关系，包括夫妻姓名权、夫妻人身自由权、夫妻婚姻住所决定权、夫妻计划生育义务、夫妻继承权、夫妻扶养权等方面的内容。

1. 夫妻姓名权

姓名权是公民依法享有的决定、使用、改变自己姓名，并排除他人侵害的权利。[①] 姓名权是人格权的重要组成部分，同时也是夫妻在家庭中有无独立人格和地位的一种标志。《婚姻法》第 14 条规定：“夫妻双方都有各用自己姓名的权利。”由于婚姻双方的法律地位平等，没有尊卑、主从之别，各有自己独立的人格，因此，夫妻双方不会因婚姻关系而被迫改变自己的姓氏，婚后夫妻双方都有各自使用自己姓名的权利。

在古代社会，父系家长制下的妻从夫姓是各国的通例。在外国法中，从古

---

① 彭万林. 民法学. 北京：中国政法大学出版社，1999. 204

代、中世纪至资本主义社会初期，对已婚妇女的姓名权都作歧视性的规定。近现代以来，随着男女平等主义的发展，夫妻的姓名权也发生了重要的变化。当代各国关于夫妻姓名权的立法类型大致有：①坚持妻从夫姓的原则。②实行从一约定，无约定时从夫姓的原则。③允许双方作任意约定。从许多国家的法律来看，已对夫妻双方的姓名权作出平等性的规定。④夫妻婚后保持自己原来各自姓氏原则。

我国古代婚姻立法采夫妻一体主义，在夫妻姓氏上坚持妻以夫姓冠己姓的原则，其主要原因在于妻子婚后归属于夫的宗室，受夫权支配，故从夫姓。此外，妻冠夫姓还出于祭祀上的原因。"中国古代素重血缘，亦重祭祀。同宗则同姓，姓在表示个人对于宗之所属关系上，具有重要之意义。"[①]妻与夫同姓才能共同祭祀夫之祖先，也才能在死后接受子孙之祭祀。[②]妻冠夫姓原则在我国古代一直被沿用，已成为古代社会两性地位不平等的标志。

新中国成立以后制订的两部《婚姻法》基于男女平等原则，明确规定了夫妻双方有各自使用自己姓名的权利。2001 年修订的《婚姻法》重申了这一规定。同时《民法通则》第 99 条第 1 款也规定："公民享有姓名权，有权决定、使用和依照规定改变自己的姓名，禁止他人干涉、盗用、假冒。"上述规定表明夫妻双方不再因婚姻关系而发生姓氏方面的变化，夫妻任何一方都不因配偶身份而享有改变他方姓氏的权利。当然，如夫妻一方自愿改变姓氏，法律也不禁止。在我国的现实生活中，夫妻平等姓名权得到充分保障，妻冠夫姓的习俗在大陆地区已不再存在。

确立夫妻有各自使用自己姓名的权利具有重要的意义：

(1) 体现了男女平等原则。古代法律和传统的男婚女嫁观念是导致妇女个人姓名权被忽视的两大枷锁，而在男到女家落户情况下，也涉及男方姓名权的问题，我国法律对夫妻姓名权的规定有利于破除旧的习俗。

(2) 体现了姓名权上的灵活性原则。"夫妻双方都有各用自己姓名的权利"并不妨碍夫妻就姓名问题另作约定，只要夫妻双方协商一致，无论是夫妻别姓（各自使用自己的姓名）、夫妻同姓（妻随夫姓或夫随妻姓）或相互冠姓，都是法律所允许的。

(3) 有利于子女姓氏的确定。《婚姻法》第 22 条规定："子女可以随父姓，可以随母姓。"这是法律对未成年人姓名权的规定。在我国古代奴隶社会

---

① ［日］滋贺秀三. 中国家庭法原理. 转引自林秀雄. 婚姻家庭法之研究. 北京：中国政法大学出版社，2001. 267

② 林秀雄. 婚姻家庭法之研究. 北京：中国政法大学出版社，2001. 267

和封建社会，子女从来都是随父姓，这是宗法制度对姓氏的要求。第 22 条的规定意在未成年人的姓氏应当由父母双方共同协商确定，这有利于改变子女只能从父姓的旧传统，有利于破除以男系为中心的宗法制度残余的影响。修订后的《婚姻法》删除原《婚姻法》中的“也”字，使这一法律精神体现得更充分、更彻底。

2. 夫妻人身自由权

人身自由权是公民的基本权利，是人们正常生产、劳动、学习和从事各种社会活动的先决条件。夫妻人身自由权是指夫妻所享有的参加社会活动，进行社会交往，从事社会职业的权利。

《婚姻法》第 15 条规定：“夫妻双方都有参加生产、工作、学习和社会活动的自由，一方不得对他方加以限制和干涉。”该规定涉及已婚者以独立身份，按照本人意愿选择社会职业的自由权利，对于夫妻双方都适用。

根据《婚姻法》第 15 条的规定，夫妻人身自由权包括以下三方面的内容：

(1) 夫妻双方都有参加生产、工作的权利。这里所指的“参加生产、工作”泛指从事一切正当的社会生产经营活动和其他社会工作。只要能够取得劳动报酬或者收入的一切社会劳动以及无报酬的社会性工作都应当纳入生产、工作的范围。《妇女权益保障法》在保护妇女劳动权益方面作了详尽的规定，如平等录用，男女同工同酬，妇女在孕期、产期、哺乳期受特殊保护等。

(2) 夫妻双方都有参加学习的权利。这里所称的“学习”指的应当是广义的求知过程，它既包括接受正规的学历教育，也包括职业培训和其他技能性知识的学习，还包括其他各种有利于身心健康的知识的累积过程。《宪法》规定，受教育权是公民所享有的基本权利。只有接受教育，学习各种文化知识，全民族文化素质才会提高。在“女子无才便是德”等传统观念的影响下，赋予妇女平等地参加学习的权利有重要的现实意义。在知识经济时代，只有不断地学习知识、更新观念，才能真正提高自身的素质，增强就业、创业和守业能力。也只有这样，才能真正推进社会的文明进程。

(3) 夫妻双方都有参加社会活动的权利。这里所称的“参加社会活动”是指参政、议政以及参加科技、文学、艺术、体育和其他文化活动。《婚姻法》的这一规定旨在保护妇女的合法权益。旧社会妇女是被排除在社会生活之外的，管理国家和社会是男人的事情，女子的活动范围局限于“闺房”和“厨房”；新中国成立以后，妇女全面参与国家和社会的事务管理，在政治、经济、教育、科技、文化、体育、卫生等社会生活的各个方面都扮演着“半边天”的重要角色。

在封建社会里，“三从四德”、“三纲五常”是所有女性思想和行动的伦理准则，已婚妇女始终处于丈夫的意志和权力的支配之下，没有参加社会活动的权利。自古以来家庭分工实行的“男主外，女主内”等传统观念，不仅侵害了妇女的人身自由权，也阻碍了生产的发展和社会的进步。

资本主义国家早期的家庭立法对已婚妇女的行为能力进行多方限制，妻子没有独立选择职业和参加社会活动的自由权利。如法国民法典规定，妻子经营商业须经丈夫同意。二战后，妇女的社会地位发生了明显变化，妻子在法律上有了一定的人身自由权。但是，由于私有制社会的弊端以及不同文化背景的影响，已婚妇女选择职业的权利，仍然受到多方面的限制。

为了全面保护广大妇女的人身权利，我国法律加大了这方面的立法力度。《宪法》、《婚姻法》、《妇女权益保障法》等明确规定了妇女参加社会活动的自由和权利，禁止丈夫横加干涉和限制。《婚姻法》第 15 条的规定也主要是针对妇女的。人身自由权是获得其他权利的基础和保障，妇女只有积极参加学习、公共劳动和社会活动，不断提高自身素质，才能使妇女的社会地位和家庭地位真正得到提高。

3. 夫妻婚姻住所决定权

所谓婚姻住所决定权是指选择、决定夫妻婚后的婚姻住所或家庭住所的权利。关于夫妻婚后婚姻住所或家庭住所的选择权和决定权的规定，古今中外立法各有不同。在奴隶社会和封建社会，夫妻关系是男尊女卑，因而婚姻住所普遍实行“妻从夫居”的方式。到了资本主义社会，资本主义国家早期立法仍将婚姻住所的选择权和决定权授予男方行使，当代资本主义国家的婚姻家庭立法关于住所决定权的设定大体上有三种类型：

（1）采用夫妻协商决定住所的原则。

（2）强调丈夫有提供住所的义务，而妻子享有在该住所居住的权利。

（3）继续维护夫权，略有所变更，如瑞士民法典第 160 条规定：“夫决定婚姻住所并以适当方式扶养妻及子女。”

《婚姻法》第 9 条规定：“登记结婚后，根据男女双方约定，女方可以成为男方家庭的成员，男方可以成为女方家庭的成员。”这一规定表明，我国法律对婚姻住所选择权和决定权的设定原则是夫妻平等协商，夫妻双方有平等的选择权和决定权。其立法精神主要是提倡男方成为女方的家庭成员，这是对我国传统的“妇从夫居”婚姻居住方式的一项重要改革。

男到女家落户的婚姻与旧式的入赘婚有本质区别。

所谓入赘婚，又称赘婿婚，指婿入妻家所成的婚姻。首先，两者的性质和目的不同。入赘婚是在以男系为中心的宗法制度下，女方家庭招赘婿以达到传宗接代的目的。而男到女家落户的婚姻，是建立在社会主义男女平等原则的基础上，其目的主要是为树立新型的婚姻家庭观和生育观，解决有女无儿户的实际困难，促进计划生育。其次，两者产生的条件和法律地位也不同。入赘婚往往是男子被迫的行为，即所谓家贫子壮则出赘，夫妻法律地位也不平等，赘夫往往受到社会和女家的歧视。而男到女家落户的婚姻，是男女双方协商自愿选择婚姻住所的结果，夫妻法律地位平等，男方在社会上和女家不受歧视。

4. 夫妻计划生育义务

计划生育是我国的一项基本国策，也是社会主义家庭职能的一项重要内容。我国法律规定，公民有生育的权利，也有依法实行计划生育的义务，夫妻双方在实行计划生育中负有共同的责任。《婚姻法》第16条规定："夫妻双方都有实行计划生育的义务。"《婚姻法》的这一规定，看似强调这一义务的承担者为男女双方，但其立法目的主要在于改变将生育义务仅视为女性承担的传统观点，强调男性在计划生育问题上也负有同等的责任。

认真贯彻计划生育基本国策，正确履行计划生育法定义务，对社会发展、国家建设以及提高人民的物质、文化生活水平都有重要的现实意义。

(1) 计划生育是夫妻的法定义务。国家用法律形式将计划生育确定为夫妻双方的法定义务，它具有一定的强制性。育龄夫妇应当按照国家有关计划生育的政策和法规生育子女，不得计划外生育。夫妻一旦违背有关计划生育的规定，须承担相应的法律责任。

(2) 计划生育是夫妻双方的义务，而不是单方的义务，把计划生育仅看作是女方的义务是错误的。夫妻一定要共同协商，互相配合，采取有效的措施，自觉地履行这一义务。

(3) 实行计划生育，必须破除重男轻女和只有男子才能传宗接代的传统观念。对虐待、摧残不生育或只生女孩的妇女的行为应追究其法律责任。

5. 夫妻继承权

使自己所拥有的身份、财产在死后归属于与自己有一定亲属关系的人承继，是私有制产生以来人们的普遍愿望，也是人类社会所共有的现象。民法意义上的继承专指财产的承继，即将死者生前所有的、个人的合法财产及其他财产权益按照法定程序转给有权取得该项财产和权益的人所有的一种制度。继承权是自然人根据法律的规定或者被继承人生前合法有效的遗嘱的指定，取得被继承人遗产的权利。《婚姻法》第24条第1款规定："夫妻有相互继承遗产的权利。"作为专门调整继承关系的法律规范，《继承法》第10条将配偶明确规定为第一顺序法定继承人。配偶与被继承人之间有着最密切的共同生活关系和相互扶养关系，因此，将婚姻关系作为继承发生的原因和根据之一是各国法律的通例，并且，各国继承法几乎都将配偶列为最重要的法定继承人之一。

正确理解夫妻继承权需要注意以下几点：

(1) 合法的夫妻关系是产生配偶继承权的前提。夫妻以组成家庭为目的，承担着共同生活、相互扶养和养老育幼的义务，没有合法有效的夫妻身份就不能以配偶名义取得继承权。

(2) 夫妻继承权平等。继承权男女平等是《继承法》明确规定的原则，配偶作为第一顺序法定继承人享有继承权，除《继承法》第7条规定的丧失继承权的四种情况之外，任何人均不得以任何借口非法剥夺配偶的法定继承权。

(3) 夫妻继承权不受婚龄的影响。不管结婚时间长短，也不论生存一方是否再婚，生存一方有权以配偶身份平等分割夫妻共同财产，并以第一顺序法定继承人名义继承死亡配偶的个人遗产，任何人不得干涉和阻挠。

6. 夫妻扶养权

夫妻之间的扶养权利和义务是配偶身份权的重要内容。作为共同生活的伴侣，夫妻双方在经济生活和情感生活方面应当互相帮助、体贴和扶持。特别是在一方年老、病残、丧失劳动能力或者没有稳定的经济来源时，有扶养能力的一方应当主动承担扶助和供养义务。夫妻扶养权是指夫妻之间在生活上所享有的相互供养和扶助的权利。《婚姻法》第20条规定："夫妻有互相扶养的义务。一方不履行扶养义务时，需要扶养的一方，有要求对方付给扶养费的权利。"

夫妻扶养权有如下特点：

(1) 夫妻之间的扶养权利和义务是由夫妻身份关系所导致的必然结果。夫妻一方向对方所负的扶养义务，也是接受者所享有的权利。确立夫妻扶养权制度的目的在于保障夫妻间正常的生活所需，这是婚姻关系的必然要求。

(2) 夫妻之间的扶养义务，其内容包括夫妻之间相互为对方提供经济上的供养、精神上的安慰和生活上的扶助。这是家庭共同体得以维系和存续的基本保障。

(3) 夫妻之间接受扶养的权利和履行扶养的义务是以夫妻合法身份关系的存在为前提条件的，这种扶养权利和义务始于婚姻缔结之日，止于夫妻离婚或一方死亡之时。在夫妻离婚后，原夫妻双方就不再负担互相扶养的义务了。如果离婚时一方生活确实有困难，另一方应当给予适当的经济帮助。

(4) 夫妻之间的扶养义务属于强行性义务，夫妻之间不得以约定形式改变这种法定义务。夫妻互相扶养是夫妻间法定的义务，无论夫妻就财产问题作出何种约定，都不能免除夫妻之间这一法定义务。当夫妻一方缺乏生活来源，无独立生活能力或因患病、年老等原因需要扶养，另一方不履行扶养义务时，需要扶养的一方有权要求对方承担扶养责任。如果夫妻双方因扶养问题发生纠纷，可以向有关部门提请调解，如调解无效，应当及时依法判决，强制义务人履行义务。

在现代社会，当事人享有婚姻自主权，因婚姻而产生的夫妻间的权利义务应当由法律明确予以规定。但修正后的《婚姻法》对配偶身份权的规定十分简略，没有明确基于婚姻关系的夫妻之间所应当享有的权利和应当履行的义务。作为调整亲属身份关系的法律，《婚姻法》应当更多地关注、规范配偶身份权。

结合国外立法和我国婚姻家庭法的立法趋势，我们认为，夫妻人身关系还应包含以下内容：

(1) 同居的权利和义务。同居是男女双方婚后应当履行的义务，亦是双方均享有的权利。夫妻共同生活的内容，主要包括物质生活、精神生活和性生活等方面。婚姻乃两性结合，同居是夫妻共同生活不可缺少的内容，是婚姻关系得以维系的基本条件，法律规定夫妻之间有同居的权利和义务，将人的生物本能需求合理、合法地置于婚姻制度的保护之下。男女一旦决定结为夫妻，便意味着承诺与对方同居生活。国外立法关于停止同居的原因分为两种情形：

第一，因正常理由暂时中止同居。如一方因工作、学习、商务活动、住院、被限制人身自由等原因而较长时间离开居所，一方因生理原因对同居义务部分或全部不履行等。

第二，因离婚诉讼等法定事由而停止同居。《婚姻法》并未完全回避夫妻同居义务。《婚姻法》第 32 条规定，“因感情不和分居满二年的”，如感情确已破裂，调解无效，人民法院应准予离婚，在一定程度上反映了立法对同居义务的关注。

(2) 夫妻之间的忠实义务。忠实义务也称为贞操义务，一般指夫妻婚后所负的保持性行为专一的义务。两性关系限于合法婚姻之内，此乃个体婚姻的本质要求，也是一夫一妻制度与其他婚姻形态的重要区别。在一夫一妻制下，婚姻的稳定和家庭的和睦，在很大程度上取决于配偶双方是否相互忠实。忠实义务在不同的历史时期有不同的要求。在我国封建社会，贞操义务主要是针对妻子而言的。资本主义国家的早期立法也是片面强调妻子的贞操义务，夫妻违反贞操义务的后果并不完全相同。如 1804 年《拿破仑法典》第 229 条、230 条规定，夫得以妻与他人通奸为由诉请离婚，而妻只能以夫与他人通奸并在婚姻住所姘居为由诉请离婚。日本旧民法也有类似规定。直到第二次世界大战后，各国在修订民法典或婚姻家庭法时，才渐渐删除原有的不平等规定，改忠实为夫妻双方应当共同遵守的义务。《法国民法典》规定，一方违反贞操义务时，他方可请求离婚或别居，还可根据侵权行为请求损害赔偿，请求对相奸的第三人处以罚金。我国香港地区的法律规定，夫妻互负贞操义务，如果一方违反该义务，则构成离婚法定理由，另一方可请求离婚之诉和请求别居，并可向第三人提出赔偿要求。根据最高人民法院的司法解释，一方违反夫妻忠实义务，是夫妻离婚的法定情形之一。例如一方与他人通奸、非法同居，经教育仍无悔改表现，无过错一方请求离婚，视为夫妻感情破裂；一方重婚，另一方提出离婚，也视为夫妻感情破裂。[①]由此可见，当事人一方有通奸等不忠行为，构成他方诉请离婚的法定理由，违反夫妻忠实义务的当事人一方应当承担法律后果。

(3) 夫妻日常家事代理权。夫妻日常家事代理权是指夫妻一方因家庭日常生活需要而享有的代另一方为一定法律行为的代理权限，被代理的他方对该行为的后果承担连带责任。在婚姻生活中，需要处理的家庭日常事务很多，通常认为日常家事包括为夫妻共同生活通常必要的一切事项，一家之食物、用具、衣着等之购买，保健、（正当）娱乐、医疗，子女。与其他民事代理行为相比，夫妻家事代理权有其特殊性，这种特殊性表现在：①夫妻家事代理权的产生是基于夫妻间的人身关系，除夫妻双方有特别约定或法律有特别规定外，无须经任何一方委托授予。②夫妻家事代理权的产生以合法有效的婚姻关系为前提，这种代理权随婚姻关系的成立而产生，随夫妻关系的消灭而终止。③夫妻日常家事代理权可以通过约定来影响代理的效力。第三人知道该约定的，对第三人产生效力，第三人不知道该约定的，夫妻双方承担连带责任。④夫妻家事代理权的范围有限制。这种代理权所指向的范围仅限于夫妻间因家庭日常生活需要而产生的代理，其他的代理行为适用《民法通则》有关代理的规定。

《婚姻法》尚未明确规定夫妻家事代理权，但2001年12月27日起施行的《适用婚姻法解释（一)》实际上承认了夫妻日常家事代理权。该解释规定，夫或妻在处理夫妻共同财产上的权利是平等的。因日常生活需要而处理夫妻共同财产的，任何一方均有权决定。夫或妻非因日常生活需要对夫妻共同财产作重要处理决定，夫妻双方应当平等协商，取得一致意见。他人有理由相信其为夫妻双方共同意思表示的，另一方不得以不同意或不知道为由对抗善意第三人。

① 参见最高人民法院《关于人民法院审理离婚案件如何认定夫妻感情确已破裂的若干具体意见》（1989年11月）第8条、第9条。

三、夫妻财产法律关系

（一）夫妻财产关系概述

夫妻财产制又称婚姻财产制。从广义角度理解，它是规定夫妻婚前财产和婚后财产的归属、管理、使用、收益、处分以及债务的清偿、婚姻解除时对财产的清算等方面的法律制度。从狭义角度理解，它是指在婚姻关系存续期间有关夫妻财产所有权的法律制度。《婚姻法》中规定的夫妻财产制是狭义的。

夫妻财产制度是婚姻家庭制度的重要组成部分，其性质和特点取决于一定的社会生产关系，某一国采用何种夫妻财产制，受自身的立法体系、文化传统、风俗习惯和思想文化的影响。因此，不同国家、不同时期的婚姻财产制度存在着一定的区别，夫妻财产制也表现为不同的形式。

（二）我国现行夫妻财产制

新中国成立后，《婚姻法》立法对夫妻财产制度的设计日臻完善。1950年的是一般共有制，1980年的坚持共有制对婚前、婚后财产加以区分，2001年修正的《婚姻法》对夫妻财产制度作了较大修改。修改后的夫妻财产制度仍采用约定财产制与法定财产制并存、约定效力高于法定效力的立法模式，仍坚持以婚后所得共同制为法定夫妻财产制度的主要架构，列举了法定夫妻共有财产的具体范围，增设了夫妻个人财产制，并对约定财产制度从内容到形式进行了完善。

在现阶段，我国实行法定财产制与约定财产制相结合的夫妻财产制度。《婚姻法》具体规定了夫妻共同财产制、夫妻个人财产制和约定财产制三种形式。

1. 法定财产制度

（1）夫妻共有财产。《婚姻法》第17条规定："夫妻在婚姻关系存续期间所得的下列财产，归夫妻共同所有：（一）工资、奖金；（二）生产、经营的收益；（三）知识产权的收益；（四）继承或赠与所得的财产，但本法第十八条第三项规定的除外；（五）其他应当归共同所有的财产。夫妻对共同所有的财产，有平等的处理权。"可见，我国的夫妻法定财产制实行的是婚后所得共同制。夫妻双方对共同所有的财产，平等地享有占有、使用、收益和处分的权利。有关我国夫妻财产的相应规定如图5-1所示：

- 我国夫妻财产
  - 法定财产
    - 夫妻共同财产
      - 所有权主体：合法婚姻关系的夫妻双方（见本法第 5、6、7、8 条）
      - 取得时间：婚姻关系存续期间（登记领取结婚证之日起至婚姻关系消灭之日止）
      - 财产来源：夫妻双方或一方所得
      - 财产范围（见本法第 17 条规定）
        - 工资、奖金
        - 生产、经营的收益
        - 知识产权的收益
        - 继承或赠与所得的财产
        - 其他应当归共同所有的财产
      - 法律效力：夫妻双方有平等的处理权（见本法第 17 条第 2 款、《妇女权益保障法》第 43 条规定）
    - 夫妻一方财产
      - 所有权主体：合法婚姻关系的夫妻一方
      - 财产范围（见本法第 18 条规定）
        - 婚前财产
        - 因身体受到伤害获得的医疗费、残疾人生活补助费等费用
        - 遗嘱或赠与合同中确定只归夫或妻一方的财产
        - 一方专用的生活用品
        - 其他应当归一方的财产
      - 法律效力：由夫妻一方支配处理
  - 约定财产
    - 约定主体：合法婚姻关系的夫妻双方
    - 约定时间
      - 婚前
      - 婚姻关系存续期间
    - 约定目标
      - 婚姻关系存续期间所得财产
        - 夫妻共同所得财产
        - 夫或妻一方所得财产
      - 婚前财产
    - 约定内容
      - 所有权归属（见本法第 19 条第 1 款规定）
        - 各自所有
        - 共同所有
        - 部分各自所有
        - 部分共同所有
      - 管理
      - 使用
      - 收益
      - 处分
      - 家庭生活费用负担
      - 债务的清偿责任
      - 婚姻关系终止时财产的清算和分割
    - 约定条件
      - 夫妻需具备完全民事行为能力（见《民法通则》第 11 条规定）
      - 平等自愿
      - 相互协商
      - 内容合法
      - 不规避法律
    - 约定形式：书面形式（见本法第 19 条规定）
    - 约定效力：对夫妻双方具有约束力（见本法第 19 条第 2 款规定）
    - 约定对第三人的效力
      - 条件
        - 财产范围是夫妻婚姻关系存续期间
        - 所得财产
        - 约定内容归各自所有
        - 夫或妻一方所欠债务
        - 需在欠债务前约定
        - 第三人知道该约定
        - 以夫或妻一方财产清偿

图 5–1　我国夫妻财产[①]

① 韦华腾，宋儒亮，刘鹤挺. 婚姻法通. 广州：新世纪出版社，2003. 28

夫妻共同财产是指夫妻在婚姻关系存续期间一方所得或双方共同所得均为夫妻双方共同共有的财产。它包含以下四个方面的含义：

第一，夫妻共同财产所有权的主体只能是具有婚姻关系的夫妻双方。夫妻任何一方不能单独成为夫妻共同财产的所有权人，没有合法婚姻关系的男女双方也不能成为夫妻共同财产的所有权人。

第二，夫妻共同财产所有权的取得时间为婚姻关系存续期间。即从男女双方亲自到婚姻登记机关登记结婚之日起，到夫妻离婚或配偶一方死亡时止。需要注意的是，夫妻分居或离婚判决尚未生效期间，仍为婚姻关系存续期间，而恋爱或订婚期间则不属于婚姻关系存续期间。

第三，夫妻共同财产的来源，包括夫妻双方或一方所得的财产，但双方另有约定或法律另有规定属于个人特有的财产除外。

第四，夫妻对共同财产共有的形式是"共同共有"而不是按份共有。夫妻对共有财产不分份额大小平等地享有所有权，而无须考虑各方对共同财产积累所作的贡献大小，夫妻双方的收入差异毫不影响对共同财产的支配权和处分权。

《婚姻法》第 17 条第 1 款规定的夫妻共同财产的范围有：

第一，工资、奖金。这里的工资、奖金是指一切为国家机关、企事业单位、社会团体和他人从事劳务而获取的收入。对工资、奖金应作广义上的理解，既包括各类固定工资性收入，也包括不定期的其他奖励和实物，还包括其他一些临时性的劳务收入。以前述各类收入购置的物品，无论是动产还是不动产，都应属于夫妻共有财产。司法实践中，对因荣誉而获得的奖金的性质存在争议。主要有两种观点：一种观点认为，因荣誉而获得的奖金与特定的身份相关，具有专属性，应归于一方所有；一种观点认为，奖金本身是财产，取得财产的途径即使与人身相关，也不影响其性质，属于夫妻共有的范围。笔者认为，这类奖金应认定为夫妻共同财产。

第二，生产、经营的收益。这里所指的"生产、经营的收益"，既包括农民夫妇以承包经营户的名义从事的农副生产、劳动的收入，也包括夫妻一方或双方在工商业、服务业、信息业等行业从事生产、经营活动的收入，以及他们依据《中华人民共和国独资企业法》（以下简称《独资企业法》）、《中华人民共和国公司法》（以下简称《公司法》）等法律、法规从事生产经营活动所获得的货币或实物。目前，伴随市场经济的发展，各类财产性收益不断增多，丈夫或妻子投资股票、债券甚至兴办公司、企业，他们成为大量资本的拥有者，经营收益丰厚。这些经营收益都属于夫妻共同财产。

第三，知识产权的收益。知识产权是指人们依法就其智力创作成果享有的专有权利。知识产权既包括财产权，也包括人身权，其中的人身权具有很强的人身属性，它是创作者基于智力成果依法享有的以人身利益为内容的权利。即使是婚后夫妻一方取得的知识产权，也只归该方所有。例如，作者的配偶无权在著作中署名，也不能决定作品是否发表。知识产权的收益是指因知识产权中的财产权而带来的实际利益。如作品在出版、上演、播映后取得的报酬，或允许他人使用而获得的报酬；专利权人转让专利权或许可他人使用其专利所取得的报酬；个体工商户或个人合伙的商标所有人转让商标权或许可他人使用其注册商标所取得的收益等。

第四，继承或赠与所得的财产。

第五，其他应当归共同所有的财产。除上述所列财产外，其他应当属于夫妻共同所有的财产归夫妻共同所有。《适用婚姻法解释（二）》第 11 条规定："婚姻关系存续期间，下列财产属于婚姻法第 17 条规定的其他应当归共同所有的财产：（一）一方以个人财产投资取得的收益；（二）男女双方实际取得或者应当取得的住房补贴、住房公积金；（三）男女双方实际取得或者应当取得的养老保险金、破产安置补偿费。"

此外，下列财产也应当归夫妻共同所有：①由一方婚前承租、婚后用共同财产购买的房屋，房屋权属证书登记在一方名下的，也应当认定为夫妻共同财产。②个人财产孳息扣除有关税费以后所剩余的财产，如扣除利息税后的利息，一方所有的母畜生产的幼畜等。③对个人财产加以改良后所增加的价值部分，如夫妻双方在婚姻关系存续期间对一方婚前个人房屋进行修缮、装修、重建，该房屋的所有权仍属夫或妻一方，但因修缮、装修、重建而使该房屋增值的，该增值部分可作为夫妻共同财产。④夫妻共同所有的动产的添附等。⑤男女双方实际取得或者应当取得的退休金、失业保险金。

同时还需注意：如果双方依法办理了结婚登记等手续，不管当事人是否同居生活，其后所取得的财产一般均认定为夫妻共同财产。

根据 2003 年 12 月 25 日最高人民法院司法解释，当事人结婚后，父母为双方购置房屋出资的，该出资应当认定为对夫妻双方的赠与，但父母明确表示赠与一方的除外。

（2）夫妻个人财产。此处的夫妻个人财产即法定夫妻个人财产，它是指专属于配偶一方所有并排斥夫妻共有的财产。夫妻个人财产是与夫妻共同财产相对应的，是对法定夫妻共同财产的限制。确立夫妻个人财产制的立法宗旨是保护公民在婚姻家庭生活中的合法权益。《民法通则》第 75 条规定："公民的个人财产，包括公民的合法收入、房屋、储蓄、生活用品、文物、图书资料、林木、牲畜和法律允许公民所有的生产资料以及其他合法财产。公民的合法财产受法律保护，禁止任何组织或者个人侵占、哄抢、破坏或者非法查封、扣押、冻结、没收。”

根据这一法律规定，《婚姻法》确立夫妻个人财产制，是对公民个人在婚姻家庭中合法权益的承认和维护。

《婚姻法》第18条规定：“有下列情形之一的，为夫妻一方的财产：（一）一方的婚前财产；（二）一方因身体受到伤害获得的医疗费、残疾人生活补助费等费用；（三）遗嘱或赠与合同中确定只归夫或妻一方的财产；（四）一方专用的生活用品；（五）其他应当归一方的财产。”因此，夫妻个人财产包括：

第一，一方的婚前财产。男女双方的婚前财产，不论是动产还是不动产，也不论是其婚前通过劳动所得的财产，还是通过继承、受赠和其他合法途径所获得的财产，在婚后均属于原所有权人所有。一方婚前拥有的财产，不因婚姻关系成立而发生改变，也不因婚姻关系存续的时间而转化，这是新修正的《婚姻法》对夫妻财产制度所确立的一项重要原则。

最高人民法院曾于1993年11月《关于人民法院审理离婚案件处理财产分割问题的若干具体意见》（以下简称《离婚案件财产分割意见》）第6条规定：“一方婚前个人所有的财产，婚后由双方共同使用、经营、管理的，房屋和其他价值较大的生产资料经过8年，贵重的生活资料经过4年，可视为夫妻共同财产。”而《适用婚姻法解释（一)》中则明确规定，《婚姻法》第18条规定夫妻一方所有的财产，不因婚姻关系的延续而转化为夫妻共同财产，但当事人另有约定的除外。《婚姻法》的这一规定使现行的夫妻财产制度更加完善。

第二，一方因身体受到伤害获得的医疗费、残疾人生活补助费等费用。为了保护公民个人的身体健康权，我国法律赋予受害人民事赔偿请求权。《民法通则》第119条规定：“侵害公民身体造成伤害的，应当赔偿医疗费、因误工减少的收入、残废者生活补助费等费用；造成死亡的，并应当支付丧葬费、死者生前扶养的人必要的生活费等费用。”由于这类费用是公民因个人身体健康权受到不法侵害所依法应当获得的补偿，因而理所当然地归受到伤害的公民个人所有。同理，在婚姻关系存续期间，夫妻一方的身体健康受到伤害的，依法所获得的医疗费、残疾人生活补助费等费用，同样只能归受到伤害的配偶一方所有。《适用婚姻法解释（二)》第13条明确规定，军人的伤亡保险金、伤残补助金、医药生活补助费属于个人财产。

第三，遗嘱或赠与合同中确定只归夫或妻一方的财产。《继承法》第16条规定：“公民可以依照本法规定立遗嘱处分个人财产，并可以指定遗嘱执行人。公民可以立遗嘱将个人财产指定由法定继承人的一人或者数人继承。公民可以立遗嘱将个人财产赠给国家、集体或者法定继承人以外的人。”

财产权利人对自己的财产享有处分权，订立遗嘱或赠与合同都属于处分财产的行为，应该受到法律保护，如果遗嘱中特别指明只给夫妻一方或赠与合同的受赠人只是夫妻一方，则应该认定该财产属于接受财产方的个人财产。从立法本意看，对婚姻存续期间取得的财产，无论是继承所得还是接受赠与所得，如当事人主张属于个人财产的，应当负有举证责任，不能举证的，应认定为共有财产。

根据《适用婚姻法解释（二)》第22条的规定，当事人结婚前，父母为双方购置房屋出资的，该出资应当认定为对自己子女的个人赠与，但父母明确表示赠与双方的除外。当事人结婚后，父母为双方购置房屋出资的，该出资应当认定为对夫妻双方的赠与，但父母明确表示赠与一方的除外。

第四，一方专用的生活用品，主要指个人专用的衣物、日常生活用具等。此类财产的构成主要有两个要素，一是专用，排除了日常生活中可以共用的一些物品，如家用电器、家具等；二是生活用品，强调为日常生活所需，不包括因职业、爱好需要而购置的物品，也不包括一方因从事生产而专门使用的物品。将一方专用的生活用品规定为个人所有，主要是考虑到此类物品价值不高且不容易估算，在用途上又具有专属性，界定为个人所有符合生活实际，一般不会发生争议。

第五，其他应当归一方的财产。“其他应当归一方的财产”是指依照其他有关法律规定而归属于特定行为人本人享有所有权的财产。夫妻一方因其对社会的某种特殊贡献而获得的奖励、奖牌、奖杯、带有明显纪念意义的奖品，均记载着优胜者的荣誉，其财产所有权应归获得该荣誉的夫妻一方个人特有。但是，该荣誉获得者因其特殊贡献所获得的奖金或其他物质奖励，如果发生在婚姻关系存续期间，当事人之间又没有约定实行分别财产制的，应依法认定为夫妻共同财产。

如上所述，夫妻个人财产是夫妻一方婚前个人享有所有权的财产和在婚姻关系存续期间取得的并依法应当归大妻一方所有的财产。正确理解夫妻个人财产制度需要注意：

第一，夫妻特有财产是指夫妻一方婚前个人享有所有权的财产和在婚姻关系存续期间取得的但依法应当归夫妻一方所有的财产。

第二，夫妻个人特有财产的规定说明，家庭财产包括夫妻共同财产和夫妻个人财产，对于依法属于夫妻个人财产的，不因婚姻而改变隶属，表明《婚姻法》对夫妻法定财产制规定的完整性，这更有利于保护夫妻间合法的财产关系，增强了夫妻离婚时财产分割的明晰性。

第三，婚前个人财产在家庭共同生活中毁损、消耗、灭失的，离婚时，一方不能要求用夫妻共同财产来补偿或抵偿。夫妻就确定某项财产的归属产生纠纷时，一方应负举证责任，不能提供证据，法院又无法查实的，该项财产按共同财产对待。

第四，夫妻可以通过自愿协商的方式，约定夫妻个人财产的全部或部分属于共同财产。

2. 约定财产制度

所谓约定夫妻财产制是指婚姻当事人通过协议方式，对他们婚前、婚后财产的归属、占有、使用、管理、收益和处分等权利加以约定的一种法律制度。

我国婚姻家庭立法在规定夫妻法定财产制的同时，允许双方通过约定来改变法定夫妻财产制的效力。《婚姻法》第 19 条规定："夫妻可以约定婚姻关系存续期间所得的财产以及婚前财产归各自所有、共同所有或部分各自所有、部分共同所有。约定应当采用书面形式。没有约定或约定不明确的，适用本法第十七条、第十八条的规定。夫妻对婚姻关系存续期间所得的财产以及婚前财产的约定，对双方具有约束力。夫妻对婚姻关系存续期间所得的财产约定归各自所有的，夫或妻一方对外所负的债务，第三人知道该约定的，以夫或妻一方所有的财产清偿。"

该条规定主要包括以下方面的含义：

(1) 夫妻财产约定的条件。约定的主体是夫妻双方；约定必须自愿、合法；约定的内容包括夫妻婚前与婚姻关系存续期间的财产；约定的时间可以是婚前也可以是婚后，约定订立后可以变更废止。结合《民法通则》的规定，在约定夫妻财产时，应当符合如下具体的约定条件：①当事人具有完全民事行为能力；②当事人意思表示真实；③不违反法律或社会公共利益；④夫妻财产约定必须采用书面形式。

(2) 夫妻财产约定的效力。依照《婚姻法》第 19 条的规定，约定财产制与法定财产制两者可以同时并用，但前者的效力高于后者，即有约定从约定，无约定或约定无效的从法定。该条第 2 款规定："夫妻对婚姻关系存续期间所得的财产以及婚前财产的约定，对双方具有约束力。"约定一经生效，夫妻双方即应按约定的内容享有权力承担义务。婚姻终止进行财产分割时，有约定的，按约定处理；约定不符合法定条件部分无效的，有效部分适用于约定，全部无效的，适用法定共同财产制。为了维护交易安全和第三人的利益，该条第 3 款规定："夫妻对婚姻关系存续期间财产约定归各自所有的，夫或妻一方对外所负的债务，第三人知道该约定，以夫或妻一方的财产清偿。"夫妻财产约定是特定主体间的法律行为，其效力不当然及于第三人，只有在第三人明知的情况下，才对第三人具有抗辩力。换言之，实行分别财产制的夫妻，对外举债时，债权人不知道其财产约定状况的，无论是否以夫妻个人名义举债，对所欠之债均应以夫妻共同财产清偿。但第三人明知该对夫妻适用分别财产制，且以夫妻一方名义举债，则债务人仅为举债的一方，只能要求以该方的财产清偿。《适用婚姻法解释（一)》第18条规定："《婚姻法》第19条所称'第三人知道该约定的'，夫妻一方对此负有举证责任。"

【案例分析】

案情①

于某（男）与宋某于1995年10月10日登记结婚，双方约定婚姻关系存续期间的财产归各自所有。1998年5月于某自己出资购买了一套三室两厅的住宅，价值43万元。1999年2月宋某辞去公职，自筹10万元从事经营活动。后因扩大经营规模，宋某于2000年12月20日以个人名义向朋友湛某借款20万元，双方约定借期为6个月，但未向湛某说明夫妻财产约定情况。2001年6月19日债务履行期届满，湛某向宋某提出还款请求，宋某因经营不善已无力清偿债务。2002年2月16日，湛某以宋某和于某为共同被告向法院提起诉讼，请求二被告偿还在婚姻关系存续期间所欠的债务，于某则以夫妻财产约定协议对抗湛某的起诉。人民法院经过审理认为，夫妻双方对夫妻财产的约定虽有效，但该效力仅存在于夫妻之间，因为第三人不知道该约定，因此该约定对第三人不产生效力，夫妻一方对第三人所负的债务，应由夫妻双方以婚姻关系存续期间所得的财产偿还。于是，法院判决于某与宋某对湛某的债务共同承担偿还责任。

解析

在本案中，法院判决于某与宋某对湛某的债务共同承担偿还责任的判决是正确的。根据《婚姻法》及有关规定，夫妻财产约定对第三人的效力应当具备以下条件：①财产范围限于婚姻关系存续期间所得的财产；②约定的财产权

① 范李瑛. 婚姻家庭继承法案例教程. 北京：北京大学出版社，2004. 34~35

利归属为各自所有；③债务的性质为共同债务或个人债务；④第三人知道该约定，即在第三人与夫或妻一方产生债务关系时，第三人知道其夫妻财产已经约定归各自所有的，以其一方的财产清偿；第三人不知道该约定的，该约定对第三人不生效，夫妻一方对第三人所负的债务，按照在夫妻共同财产制下的清偿原则进行偿还。

本案中，于某与宋某对夫妻共同财产的约定符合法律关于夫妻财产约定的条件和方式，对夫妻双方有约束力，夫妻双方可以按照约定享有财产所有权，承担财产义务。但因为该约定的事实湛某不知道，不符合对第三人产生效力的条件，因此于某对宋某所欠湛某的债务，仍有偿还的义务。当然于某在偿还债务后，有权在其承担的债务范围内，根据债务的性质和夫妻财产的约定协议，向宋某追偿。

【思考与练习】

名词解释

婚姻效力　夫妻别体主义　夫妻日常家事代理权　夫妻财产制

选择题

1. 王某与赵某于 2000 年 5 月结婚。2001 年 7 月，王某出版了一本小说，获得 20 万元的收入。2002 年 1 月，王某继承了其母亲的一处房产。2002 年 2 月，赵某在一次车祸中重伤，获得 6 万元赔偿金。在赵某受伤后，有许多亲朋好友来探望，共收礼 1 万多元。对此，下列表述正确的是（　）。

A. 王某出版小说所得的收入归夫妻共有

B. 王某继承的房产归夫妻共有

C. 赵某获得的 6 万元赔偿金归赵某个人所有

D. 赵某接受的礼品归赵某个人所有

2. 甲的朋友写信告诉甲将送给他一架钢琴，甲没有作任何表示，甲的朋友随后也没有送钢琴给甲。甲和乙结婚后，甲的朋友专门购买了钢琴，并托人带过来给他，但未作任何说明。关于这架钢琴的所有权，说法正确的是（　）。

A. 属于甲的婚前个人财产　　B. 属于甲、乙的夫妻共同财产

C. 由法院判定其归属　　D. 属于婚前取得，但归甲、乙共同所有

3. 甲某日获得舞蹈比赛冠军，其叔乙异常高兴，表示要赠与其侄女 10 万元，甲欣然表示接受。但因故并未实际给付。不久甲与丙结婚。婚后甲接到其

叔乙赠与的 10 万元。关于该项钱款的确定正确的是（　）。

A. 属于甲的个人财产　　B. 属于婚前取得，但归甲和丙共有

C. 由法院确定其归属　　D. 属于甲与丙夫妻共同财产

4. 甲于 1990 年与乙结婚，1991 年以个人名义向其弟借款 10 万元购买商品房一套，夫妻共同居住。2003 年，甲与乙离婚。甲向其弟所借的钱，离婚时处理正确的是（　）。

A. 由甲偿还　　B. 由乙偿还

C. 以夫妻共同财产偿还　　D. 主要由甲偿还

问答题

1. 夫妻关系的本质特征是什么？

2. 我国现行的夫妻人身关系内容有哪些？

3. 夫妻扶养权有哪些特点？

4. 夫妻共同财产的范围有哪些？

5. 我国法律对夫妻一方的财产是如何规定的？

案例分析题

王某与周某结婚时签订书面协议，约定婚后所得财产归各自所有。周某婚后即辞去工作在家奉养公婆，照顾小孩。王某长期在外地工作，后与李某同居，周某得知后向法院起诉要求离婚。周某的下列哪些请求可以得到法院的支持？为什么？

(1) 由于自己为家庭生活付出较多义务，请求王某给予补偿。

(2) 由于自己专门为家庭生活操持，未参加工作，请求法院判决确认双方约定婚后所得归各自所有的协议不公平，归于无效。

(3) 由于离婚后生活困难，请求王某给予适当帮助。

(4) 由于王某与他人同居导致双方离婚，请求王某给予损害赔偿。

第六章　亲子关系

【导学】

本章从亲子关系的概念与种类入手，较为详尽地探讨了婚生子女、非婚生子女、继子女、养子女以及人工生育子女等各种类型的父母子女关系，界定了相关概念和法律规定，并对我国现行法律规定的父母子女间的权利义务关系作了较为全面的阐述。本章重点：婚生子女、非婚生子女、继子女、养子女以及人工生育子女等不同类型的父母子女关系。本章难点：婚生子女的推定与否认、非婚生子女的准正与认领、继子女以及人工生育子女的类型等。

一、亲子关系概述

（一）亲子关系与亲子法

亲子关系即父母子女关系，在法律上是指父母与子女之间的权利、义务关系。所谓"亲"即指父母，"子"就是子女。父母和子女是血缘最近的直系血亲，父母子女关系是家庭关系的重要组成部分。

亲子法也就是父母子女关系法。它是界定父母子女法律地位并调整相互间权利义务关系的法律规范，是亲属法的重要组成部分。

（二）亲子法的历史沿革

纵观历史，亲子法的发展有从"家族本位"向"亲本位"，再向"子女本位"演变的趋势。[①]亲子法形成于近代社会，早期的亲子关系完全从属于家族制度，亲子关系受家族法支配，养育子女完全是为了家族利益，子女的意志和

① 王丽萍. 从"亲本位"向"子女本位"演变的亲子法. 金陵法律评论（春季卷），2006

利益往往会被漠视。这一时期的亲子法可称为“家本位亲子法”、“亲本位亲子法”。随着社会的发展和演变，亲子关系从“亲本位”转化为“子本位”，很多国家都将保护未成年子女的利益作为亲子法的根本目的。到了现代，亲权已从单纯的父权发展为父母平等的共同亲权，并且由单纯的权利演变为权利义务的统一体，开始注重对子女的保护和教养，出现了“子本位亲子法”的趋势。①

中国古代奉行宗法家族主义，亲子关系以家族为本位，强调“父为子纲”、孝道为本的父权思想，子女必须绝对服从父母、家长的支配。建国以后，封建宗法等级制度被废除，父母子女在家庭中的法律地位趋于平等。1950 年颁布的第一部《婚姻法》设专章规定“父母子女间的关系”，以近 1/6 的篇幅规定了以保护子女合法权益为原则的、父母子女间平等的、互相扶养的权利义务关系。1980 年的《婚姻法》又以 7 条，占全法 1/5 的篇幅重申了上述规定，并增设了关于子女的姓氏，父母对子女管教、保护的权利义务，子女对父母的赡养及父母子女间相互继承遗产等内容。2001 年的《婚姻法》修正案规定父母子女间法律地位平等，增加了子女应尊重父母的婚姻权利、子女对父母的赡养义务不因父母的婚姻关系变化而终止等内容。加上《收养法》、《老年人权益保障法》、《未成年人保护法》中有关父母子女关系的相关内容，我国亲子法制度正在逐渐完善。

（三）亲子关系的种类

作为最近的直系血亲，父母子女关系的称谓及种类在古今中外的习俗和法律规定中均有非常大的差异。基于纳妾、宗祧制度以及恩义名分等原因，我国古代社会的父母子女称谓繁多、关系复杂，而且不同称谓间有着亲疏远近之别，法律地位有高低贵贱之分。在父母方面，包括生父母、法律拟制的父母和恩义名分上的父母。礼俗法典上就有“三父八母”之说，其中的“三父”是指同居继父、不同居继父、从继母嫁继父。“八母”则包括嫡母、继母、养母、慈母、嫁母、出母、庶母、乳母。在子女方面，有嫡子、庶子、婢生子、奸生子、嗣子、养子。子女的地位由其生母的地位来决定。

当今世界上很多国家的法律一般都将亲子关系分成自然血亲的父母子女关系和拟制血亲的父母子女关系两大类。

自然血亲的父母子女关系是具有自然形成的血缘联系的父母子女关系，它

① 参见史尚宽. 亲属法论. 台北：台湾荣泰印书馆股份有限公司，1980. 476～477. 陈棋炎. 民法亲属新论. 台北：台湾三民书局，1987. 247～248. 刘清波. 民法概论（下册）. 台北：台湾五南图书出版公司，1984. 108～109

是基于子女出生的法律事实而产生的。根据父母是否具有婚姻关系，分为婚生的父母子女关系与非婚生的父母子女关系。自然血亲的父母子女关系以血缘为纽带，因出生而产生，因一方死亡而消除，不能人为地解除，其法律上的权利义务只能因子女被收养而消灭。

拟制血亲的父母子女关系则是根据法律的拟制而产生的准父母子女关系。它是基于收养或再婚的法律行为和事实抚养关系而形成的，由法律认可而人为设定的父母子女关系，包括养父母与养子女和形成抚养关系的继父母与继子女。拟制血亲的父母子女与自然血亲的父母子女在法律上有相同的权利义务。拟制血亲的父母子女关系，依法设立，也可因收养的解除或继父母与生父母离婚及相互扶养关系的变化依法解除。这是拟制血亲的父母子女关系与自然血亲的父母子女关系的根本区别。

父母子女关系具体如图 6–1 所示。

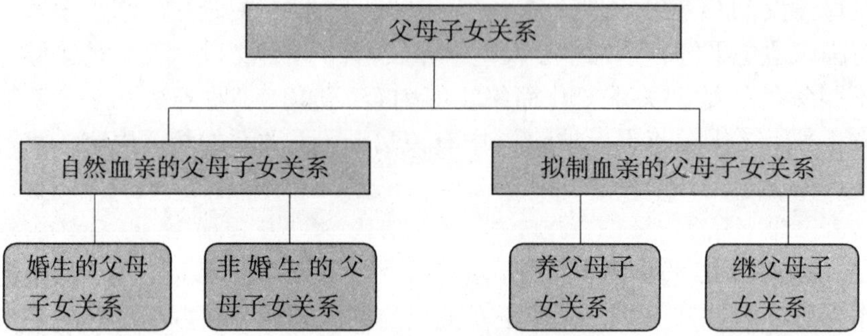

图 6–1　父母子女关系

二、婚生子女

（一）婚生子女概述

婚生子女是指在婚姻关系存续期间受胎或出生的子女。这是一个与非婚生子女相对应的概念。自古以来很多国家的法律都将子女分为婚生子女和私生子女。在早期，区分两者的目的主要是为了避免传宗接代时血缘上的混乱和继承家庭财产时确认继承人的需要。近代以来，很多国家立法的目的更趋向于保障婚姻当事人的合法权益以及未成年人的利益。

（二）婚生子女的推定

婚生子女的推定是指将妻在婚姻关系存续期间受胎或所生子女推定为夫的

婚生子女的法律制度。婚生子女的推定制度是对子女婚生性和合法性的一种法律认定制度。

1. 婚生子女推定的要件

一般而言，推定子女的婚生性和合法性必须具备以下三个要件：

(1) 该子女须为有合法婚姻关系的父母所生，这是婚生子女与非婚生子女的根本区别。

(2) 该子女的血缘来自具有合法夫妻关系的男女双方。

(3) 该子女出生于合法的婚姻关系存续期间或婚姻关系消灭后的法定期限内。

2. 婚生子女推定的立法例

根据受胎期以及出生时间的不同，世界各国亲子法规范中关于推定婚生子女的方法和标准主要有以下三种类型：

(1) 将于婚姻关系存续期间受胎的子女推定为婚生子女。如《日本民法典》第772条规定："妻于婚姻关系中怀胎的子女……推定为夫的子女。"这种推定方法将婚前受胎婚后出生的子女排除在婚生子女之外，使婚生子女范围过窄，不利于保护未成年子女的利益。

(2) 将于婚姻关系存续期间受胎或出生的子女均推定为婚生子女。英国普通法就采取此种立法例，按照这一标准，凡在婚姻关系存续期间出生的子女，不管是在婚姻关系存续期间受胎还是在婚前受胎均可推定为婚生子女。而如果在婚姻关系存续期间受胎，则不管子女出生前婚姻关系是否已经解除，子女亦可被推定为婚生。

(3) 将于婚姻关系存续期间或婚姻关系解除后一段时间内出生的子女推定为婚生子女。如《法国民法典》规定："子女系在婚姻关系存续期间受胎者，夫即为父。受胎期为子女出生前的300天至180天，其间的121天为受胎期。""结婚满180天以上出生的子女，为婚生子女。在婚姻解除后的300天内出生的子女也得为婚生子女。"

（三）婚生子女的否认

婚生子女的否认简称否认权，是指当事人依法享有的否认子女为自己亲生的诉讼请求权。这是一种限制婚生子女推定的法律制度。由于婚生子女的推定仅仅是一种法律上的推定，而并没有从事实上解决子女的婚生性问题，因此很多国家的法律都在规定婚生子女推定制度的同时也规定了婚生子女的否认制度，其目的主要是为了保障当事人与子女的合法权益，维护婚姻的尊严与神圣，防止应承担抚养义务的生父逃脱责任，实现法律的客观与公正。

1. 否认的原因

否认婚生子女的原因就是指否认婚生子女所能依据的事实，凡能够提供证据足以推翻子女为婚生即可。否认的基本原因是证明妻在受胎期间未与其夫同居，或者证明妻受胎与其夫无关，如在妻受胎期间，夫在外地生活工作、生病住院、监内服刑、服兵役等，以及夫有生理缺陷等原因不能生育或者经亲子鉴定证明父子（女）无血缘关系。在上述两种否认的原因中，除丈夫有生理缺陷不能人道的情况外，在妻受胎期内，丈夫与妻如有一次同居的事实，其否认权即告丧失。

2. 否认权人

否认权人就是法定的享有否认子女婚生性的诉讼请求权人。各国的立法例主要有如下三种规定：

（1）仅丈夫有否认权，如法国、日本。《日本民法典》第 774 条规定："夫可以否认子女为婚生。"

（2）丈夫和子女都享有否认权，如瑞士、德国。前联邦德国民法典第 1594、1596 条规定："夫得在两年内否认子女为婚生。""子女得否认自己为婚生。"

（3）丈夫、妻子、子女和检察官均享有否认权，如前苏联、保加利亚。

3. 否认权之诉的时效和效力

在否认权之诉的时效上，各国规定长短不一。有的国家规定为 90 天，如比利时、秘鲁；有的国家规定为 1 年，如日本、俄罗斯；有的国家规定为 2 年，如德国。时效期间一般都从知悉子女出生之日起开始，也有国家规定，自丈夫知悉第三人在妻受胎期间与其同居的事实之后算起。一般在时效期间届满、子女死亡、父母认可子女为婚生子女时消灭。

否认权之诉在未经法院判决前，任何人都不得主张子女为非婚生。相反，经法院判决确定否认之诉为胜诉时，子女即丧失婚生资格，成为非婚生子女。

（四）我国立法现状

《婚姻法》已经使用了婚生子女的概念，但却没有明确规定婚生子女的推定和否认制度。在司法实践中，凡是在婚姻关系存续期间出生的子女，如无反证，均推定为婚生子女。丈夫如否认子女为婚生子女，可向人民法院提起确认之诉，由丈夫负举证责任，证明自己在妻子受胎期内，没有与其发生过性行为。必要时，人民法院可以委托专门的鉴定部门进行亲子鉴定。如果否认之诉成立，丈夫的抚养义务即行终止。

三、非婚生子女

（一）非婚生子女的概念

非婚生子女也就是我国民间所谓的私生子。它是婚生子女的对称，即指没有婚姻关系的男女所生之子女。一般而言未婚男女所生子女，已婚男女与第三人发生性行为所生子女，无效婚姻当事人所生子女，经过丈夫否认为婚生子女的人以及妇女被强奸后所生之子女，均属于非婚生子女。在我国古代所谓的“婢生子”和“奸生子”也是非婚生子女。

非婚生子女主要有以下两种类型：

(1) 准婚生子女，即经生父认领、抚育或经强制认领，或者其生父与生母结婚，从而与生父之间具有法律上的亲子关系的“非婚生子女”。

(2) 事实上的非婚生子女，即未经生父任意认领、抚育，也未经强制认领而且其生父与生母又未结婚，从而与生父之间不存在法律上亲子关系的“非婚生子女”。

（二）非婚生子女的法律地位

从生育的自然属性上讲，非婚生子女与婚生子女没有任何区别。但是，正如前面所述，子女的婚生性问题关系着家族的传宗接代和财产继承，在古代这是一个对家族乃至整个社会都至关重要的问题。因此传统习俗对婚姻关系以外的性行为和生育行为都较为排斥，非婚生子女在历史上曾长期遭受歧视，其地位也是远远低于婚生子女的，人身权利和财产权利都无法得到应有的保障。例如，我国《大清现行刑律》中就明确规定，“婢生子”和“奸生子”不得继承宗祧，继承财产也要减半。英国普通法最初称非婚生子女为“无亲之子”，非婚生子女与其生父、生母不发生法律上的亲子关系。1804年的《法国民法典》也规定，非婚生子女不得主张婚生子女的权利；非婚生子女不得成为继承人；即使经过合法认领的非婚生子女，如果与婚生子女同时继承，其应继份额仅为婚生子女的1/3。

这种情况一直延续到1919年。由于受人道主义、人权思想以及血统观念的影响，这一年颁布的德国魏玛宪法对亲子关系作出了一些新的规定，修改了19年前颁布的《德国民法典》中关于非婚生子女地位的相关条款。该法第121条明确指出非婚生子女与婚生子女享有同等权利。此后世界各国也陆续通过立法来改善非婚生子女的法律地位，纷纷建立了非婚生子女的准正和认领制度，使非婚生子女婚生化。例如，1926年英国颁布了准正法；1923年《法国民法典》也对有关非婚生子女的原规定作了重要修改，非婚生子女的法律地位较以前有所提高。

尽管非婚生子女至今仍在某些地区受到一定的歧视，诸如日本等国家的法律仍将非婚生子女与婚生子女区别待遇。①但是“二战”以来，非婚生子女的法律地位已有普遍提高。特别是近十年来，许多国家和地区通过对婚姻家庭法的修改，在父母抚育权、出身、姓氏、监护、继承权、生活费请求权等方面彻底消除了非婚生子女与婚生子女的差别。甚至有少数国家在法律上取消了“非婚生子女”这一概念，凡子女不再区分“婚生”与“非婚生”。

基于同样的原因，1949 年以后的相关中国法律均原则性地规定非婚生子女享有与婚生子女同等的权利。例如，《婚姻法》第 25 条规定：“非婚生子女享有与婚生子女同等的权利，任何人不得加以危害和歧视。不直接抚养非婚生子女的生父或生母，应负担子女的生活费和教育费，直至子女能独立生活为止。”《继承法》第 10 条规定，非婚生子女与婚生子女有相同的继承权。同样，非婚生子女与婚生子女有同等的姓氏权，可以随其生母的姓，也可以随其生父的姓。这些规定意味着，在我国非婚生子女与婚生子女具有同等的法律地位。无论在抚养教育、管教保护、赡养扶助等方面，还是在继承权、姓氏权方面，婚生子女享有什么权利，非婚生子女也应享有同等的权利。

《婚姻法》对于非婚生子女的准正和认领制度未作规定。司法实践中，生父母在子女出生后补办结婚登记的，该子女视同婚生子女；非婚生子女与生父母的关系得不到确认时，生母或非婚生子女或有关单位可以提起生父确认之诉，由原告提供证据加以证明。必要时，法院可以委托专门的血液鉴定部门进行亲子鉴定。社会生活实践中，生父可以将非婚生子女领回自行抚养。但多数学者认为，由于我国没有建立非婚生子女的认领制度，非婚生子女的利益难以得到切实的保障。

（三）非婚生子女准正

非婚生子女的准正是指非婚生子女因生父母结婚或法院宣告而取得婚生子女的资格。这一为现代世界大多数国家所采用的制度始于罗马法，该制度通过对非婚生子女与生父之间关系的确认，使非婚生子女婚生化，其目的是在尊重正式婚姻的同时加强对非婚生子女利益的法律保护。

1. 准正的形式

非婚生子女的准正大致包括因结婚而准正和因法院宣告而准正两种形式。

---

① 现行《日本民法典》规定，非婚生子女继承时应继份为婚生子女应继份的 1/2。

(1) 因生父母结婚而准正。这一形式又可分为两种情况。有的国家仅以生父母结婚为准正的要件，而不另设其他条件，如德国、比利时。而有的国家则强调双重要件，即除生父母结婚外，还必须由生父履行认领手续，只结婚而未办理认领的，不发生非婚生子女的准正，如日本、法国。

(2) 因法院宣告而准正。生父母订立婚约后，因一方死亡或存在婚姻障碍而致使婚姻不能准正时，法院依生父母一方或子女本人的请求而宣告该子女为婚生，如德国。

2. 准正的效力

非婚生子女的准正使非婚生子女取得婚生子女的法律资格，但其效力发生的时间各国有着不同的规定。有的国家规定从生父母结婚或法院宣告为婚生之日起算起。有的国家则规定准正具有溯及力，其效力可以追溯到子女出生之日。

（四）非婚生子女认领

非婚生子女认领是指非婚生子女的生父按照一定的法律程序承认非婚生子女为自己的子女并承担相应义务的法律行为。与准正一样，这一制度也是通过对非婚生子女与生父之间关系的确认，使非婚生子女婚生化。它通常适用于非婚生子女无法准正的情形。

1. 认领的特征

(1) 属于单方法律行为。一般而言认领有生父承认非婚生子女为自己子女的单独意思表示即可，不需要取得生母、非婚生子女法定代理人（监护人）或非婚生子女的同意。也有个别国家要求认领须得非婚生子女生母的同意，如《德国民法典》、《日本民法典》中的规定；有的国家还规定，认领成年子女须经子女本人同意，如《德国民法典》中就有此规定。

(2) 属于形成权。认领的权利经单方面意思表示便可形成，一般不严格受消灭时效和起诉期间的限制，而且不论子女的年龄大小，均可以行使认领权。

(3) 认领人和被认领人之间的关系，以生物学上的父子血缘联系为前提。

2. 认领的要件

(1) 认领人一般是非婚生子女的生父本人，其他人无权认领。生母与非婚生子女因分娩的客观事实，一般无须经过认领就已发生自然的亲子关系，但母子关系未能确认的，也可适用认领。[①]同时，生父或生母在认领时应具有完全

① 未与非婚生子女共同生活的生母可以自愿认领非婚生子女，认领时只需出示子女的出生证明或医院的出生记录即可。在生母遗弃婴儿的情况下，也可强制生母认领，即生父也可作为强制认领的请求权人。见陈明. 亲子法基本问题研究. 载梁慧星. 民商法论丛（第6卷）. 北京：法律出版社，1997. 1～74

民事行为能力，无民事行为能力或限制民事行为能力的人的认领，不发生认领的法律效力。

(2) 被认领人必须是非婚生子女。对于婚生子女，也不存在生父认领问题。

(3) 认领人与被认领人之间存在事实上的血缘关系。不存在生物学上的父子血缘关系的，不得因认领而确认为父子关系或母子关系。

3. 认领的形式

非婚生子女的认领可分为自愿认领和强制认领两种形式：

(1) 自愿认领又称作任意认领，是指生父自愿承认该非婚生子女为自己的子女，并自愿承担抚养义务的法律行为。自愿认领的方法可分为生父明示的意思表示和默示的抚养事实两种。外国法通常要求明示的意思表示，采取要式法律行为：①向户籍部门申报认领或用遗嘱方式认领，如日本、秘鲁；②认领除载入出生证书外，还须取得公证证明，如法国；③向身份官员声明，如瑞士；④由生父申请，经监护法院宣告认领，如前联邦德国。默示的抚养事实就是指非婚生子女经生父抚育，且生父有以该子女为自己子女的意思表示。”①

(2) 强制认领也称作生父的寻找或生父的搜索，是指当非婚生子女的生父不自动认领时，有关当事人可以诉请法院予以强制认领的制度。强制认领以父子关系的存在为前提，适用于生父逃避认领责任，而非婚生子女本人或生母要求认领的情形。强制认领的主要原因是未婚女子所生的子女，经生母指认的生父不承认孩子是他所生，或者是已婚妇女与第三人通奸所生子女，女方指认第三人为孩子生父而遭否认。强制认领属于确认生父之诉，依据大多数国家法律的规定，诉之原告是非婚生子女或生母，被告是生父。

4. 认领的效力及否认

不论是自愿认领还是强制认领，认领行为一经合法有效地成立，非婚生子女就取得婚生子女的身份和资格，享有婚生子女的权利义务。非婚生子女的认领具有溯及力，从非婚生子女出生之日起发生父母子女间的身份上、财产上的权利义务关系。

认领的否认主要是针对生父的自愿认领而言的。因为自愿认领无须经生母、非婚生子女法定代理人（监护人）或非婚生子女的同意。为了防止冒认他人子女等不当行为的发生，有些国家和地区的法律中规定有认领否认制度。非婚生子女及其生母、非婚生子女的法定代理人（监护人），有权针对生父的认领提起否认之诉。否认的根据是该男性违反了血缘关系的事实。我国台湾地区

① 参见我国台湾地区《民法·亲属编》。

的民法中就有此规定。

四、继子女、养子女、人工生育子女

（一）继父母与继子女

1. 继父母子女关系概述

由于生父母一方死亡或生父母离婚，生父或生母带子女再行与他人结婚而形成继父母与继子女关系。子女将生父母的再婚配偶称为继父母，夫或妻称其再婚配偶的子女为继子女。

继父母与继子女之间存在着姻亲关系，但当继父母与继子女之间有抚养行为的存在或继父母将继子女收养为子女时，他们即是法律拟制的直系血亲。具体情形有以下几种：

(1) 名分型，继父母与继子女之间没有形成抚养关系。即生父（母）与继母（父）再婚时，继子女已成年并独立生活，或者继子女未成年但未与继父母共同生活，此类继父母子女关系为纯粹的直系姻亲关系。

(2) 共同生活型，继父母与继子女之间形成抚养关系。即生父（母）与继母（父）再婚时，继子女尚未成年，他们随生父母一方与继母或继父共同生活时，继母或继父对其承担了部分或全部生活教育费，或者成年继子女在事实上对继父母长期进行赡养扶助。此类继子女与生父母、继父母之间形成双重权利义务关系。

(3) 收养型，继父母收养继子女。即继父或继母经继子女生父母同意，已正式收养该子女为其养子女。同时，该子女与共同生活的生母（父）一方仍为直系血亲关系，而与不在一起共同生活的生父（母）一方的权利义务随之消灭。

2. 继父母子女关系的法律规定

《婚姻法》第 27 条规定：“继父母与继子女间，不得虐待或歧视。继父或继母和受其抚养教育的继子女间的权利和义务，适用本法对父母子女关系的有关规定。”可见，无论继父母与继子女间是否形成抚养关系，都不得虐待或歧视。未形成抚养关系的继父母与继子女之间仍是姻亲关系，但不发生法律意义上的父母子女关系；形成抚养关系的继父母与继子女之间，则适用父母子女关系的法律规定。

对于认定“形成抚养关系”的标准，《婚姻法》未作明文规定。根据司法实践，主要有：

(1) 继父或继母承担了继子女的全部或大部分的抚养费和教育费，可以认定继父或继母尽了抚养义务，彼此形成抚养关系的继父母继子女关系。

(2) 继子女的抚养费和教育费主要由生父母负担，但继父或继母与继子女长期共同生活，并对继子女给予生活上的照顾、学习上的指导和品行上的教育等，也认定形成事实抚养关系，形成抚养关系的继父母继子女关系。

形成抚养关系的继父母与继子女是法律拟制的直系血亲，继父或继母应抚育和管教继子女，受继父或继母抚养成人的继子女应赡养扶助继父或继母。在继父或继母死亡后，继子女不仅可以依法继承继父或继母的遗产，而且当生父母死亡时，仍有权继承生父母的遗产。继父或继母也同样有权继承生子女和继子女的遗产。也就是说，即使继子女与继父或继母形成了抚养关系，其跟生父或生母之间也仍然存在着父母子女之间的权利义务关系。同样，即使继父或继母与继子女形成了抚养关系，其跟亲生子女之间也仍然存在着父母子女之间的权利义务关系。因此，继子女继父母在抚养、赡养、继承等各方面上，均存在双重的权利义务关系。

在继子女的姓氏问题上，继子女可以保留自己原来的姓，即其父或母再婚前使用的姓，也可以随继父或继母的姓。如果继子女已有辨别能力的话，应当尊重其本人的意见。如果继子女小时候改随继父或继母的姓，其成年后有权利改回其原来的姓。

3. 继父母子女关系的解除

没有与继父或继母形成抚养关系的继子女，在生母与继父或生父与继母离婚时，原则上该姻亲关系因离婚而解除，在生父或生母死亡时，其与继父或继母之间的姻亲关系是否解除，尊重当事人的意愿和习惯。

关于形成抚养关系的继父母子女之间的权利、义务能否解除的问题，《婚姻法》未作明文规定。审判实践中，在再婚关系存续期间，对尚未成年的继子女与继父母的关系，原则上不能解除。在再婚关系终止时，继父母继子女之间的抚养关系也不当然终止。

最高人民法院（1987）民他字第44号《关于继父母与继子女形成权利义务关系能否解除的批复》规定：“继父母与继子女已形成的权利义务关系不能自然终止，一方起诉要求解除这种权利义务关系的，人民法院应视具体情况作出是否准予解除的判决或调解。”根据这一司法解释，已形成抚养关系的继父母子女关系不因生母或生父的死亡而自然地终止，在继子女未成年时，与继子女共同生活的继父或继母仍应继续抚养继子女。继子女的生父或生母，不能不经继母或继父的同意，将该子女领回抚养。继子女的生母或生父死亡后继子女归谁抚养、继父母与继子女之间的权利义务关系是否解除等问题首先应当由双方协商，如继子女已满10周岁，还应尊重该子女的意见。协商不成，人民法院应当根据子女的权益判决。

此外，最高人民法院《关于人民法院审理离婚案件处理子女抚养问题的若干具体意见》（以下简称《子女抚养意见》）第13条规定："生父与继母或生母与继父离婚时，对曾受其抚养教育的继子女，继父或继母不同意继续抚养的，仍应由生父母抚养。"可见，对于已形成抚养关系的继父母子女，在生父与继母或生母与继父离婚时，若继子女仍是未成年或不能独立生活的，只要继母或继父不同意继续抚养继子女的，则应由生父母领回来尽抚养义务，继父母子女间所形成的法律拟制的父母子女关系就此解除。

根据最高人民法院1986年《关于继母与生父离婚后仍有权要求已与其形成抚养关系的继子女履行赡养义务》的批复精神，受继父母抚育成人并已独立生活的继子女，应当承担赡养继父母的义务，双方关系原则上不能终止。但是，如果双方关系恶化，经当事人的请求，人民法院可以解除他们之间的权利义务关系。在解除继父母子女关系时，继父或继母有权要求继子女补偿在共同生活期间或在抚养期间所支出的抚育费。在继父或继母年老、缺乏劳动能力又没有生活来源时，受继父或继母抚养成人的继子女应负担继父母的晚年生活费用。

（二）养父母与养子女

收养制度是亲属制度的重要组成部分，也是生育制度的必要补充。收养使非直系血亲的收养人与被收养人之间建立起拟制血亲关系。与自然血亲不同，拟制血亲可以依法产生，也可以依法解除。养父母是指收养他人子女为自己子女的人，养子女是指被收养的子女。收养关系一经确立，养子女便取得与亲生子女同等的法律地位，而养子女与生父母之间的权利义务关系即刻解除。因此，养子女可以继承养父母的遗产，但不能继承其生父母的遗产。如果收养关系解除，养父母与养子女之间的拟制血亲关系终止，原养子女就不能继承原养父母的遗产。

养子女与婚生子女、非婚生子女、有抚养关系的继子女的法律地位相同，均享有父母子女间的权利，并承担相应的义务。但与之相比也有不同的地方：

(1) 法律关系的形成不同。婚生子女、非婚生子女均基于出生的事实与父母自然形成亲子关系；有抚养关系的继子女，是由生父（母）与继母（父）再婚，并由继父或继母自愿承担对继子女的抚养教育责任而形成的亲子关系。两者均无须经过特定的法律程序。养子女则不同，必须符合法定的条件和程序才能形成。

(2) 法律关系的解除不同。父母与婚生子女、非婚生子女为自然血亲的亲子关系。这种血亲关系因出生而产生，因一方死亡而消除。亲子关系消除的原因是唯一的。有抚养关系的继父母子女关系，除生父（母）死亡或与继母（父）离婚外，也不得随意解除。而养父母与养子女之间的关系可以依法解除。

(三) 人工生育子女

1. 人工生育子女概述

人工生育子女是指利用人工生育技术受胎而出生的子女。人工生育技术是根据生物遗传工程理论采用人工方法取出精子或卵子，再经人工将精子或受精卵注入妇女子宫，使其受孕的一种新的生育技术，完全不同于人类传统的自然生育过程。该技术主要适用于夫妻双方不能自然生育，而需借助医学科技手段，以人工方法生育子女的情况。人工生育子女的出现打破了传统的通过男女自然两性结合而产生后代的生育方式，给父母子女关系带来了新的变化，传统的父母子女关系的分类，已不能涵盖人工生育的亲子关系。

2. 人工生育子女的种类

现代医学科技条件下的人工生育子女有体内和体外、同源和异源之分。

(1) 体内和体外。根据受精过程是否在子宫内进行可以将人工授精分为体内人工授精和体外人工授精。体内人工授精是指以人工方法将精子注入女性体内而授精，简称人工授精。体外人工授精是指用人工方法使精子与卵子在培养皿中授精，再将受精卵分裂的胚胎植入子宫内着床、发育而分娩，即通常所说的“试管婴儿”。

(2) 同源和异源。根据供精和供卵是否都来源于夫和妻可以将人工授精分为同源人工授精（AIH）和异源人工授精（AID）。同源人工授精即将夫妻双方的精子和卵子细胞，用人工方法授精生育子女，夫妻与所生子女间具有天然血缘联系，与自然血亲的父母子女关系完全等同。异源人工授精主要是指用丈夫以外的第三人提供的精子（供精）与妻子的卵子，或用丈夫的精子与妻子以外的第三人提供的卵子（供卵），或同时使用供精和供卵实施人工授精，由妻子怀孕分娩。通过异源人工授精所生子女与夫妻一方或双方没有任何的血缘关系，他们间的亲子关系须依法确认。

(3) 代孕母亲。代孕母亲是指借助医学科技手段将丈夫的精子注入子宫提供者的子宫内授精，或将人工授精培育成功的受精卵或胚胎移植入子宫提供者的子宫内怀孕，待生育后由妻子以亲生母亲的身份抚养。由代孕母亲所生子女可能存在多个父母。

3. 人工生育子女的法律地位

《婚姻法》并未明文规定人工生育子女的法律地位。司法实践中，处理这类问题的主要依据是最高人民法院（1991）民他字第 12 号函即《关于夫妻关系存续期间以人工授精所生子女的法律地位的复函》的规定。该司法解释指出："在夫妻关系存续期间，双方一致同意进行人工授精，所生子女视为夫妻双方的婚生子女，父母子女之间的权利义务关系适用《婚姻法》的有关规定。"可见，在夫妻关系存续期间，只要是夫妻双方协商一致进行人工授精的，则不论所生子女是否与父母具有血缘关系，均被视为夫妻双方的婚生子女，适用父母子女关系的有关规定。

由于同源人工授精的精子和卵子均来自夫妻双方，所生子女与夫妻双方有血统关系，视为夫妻双方的婚生子女。而异源人工授精的精子或卵子有一方或双方都来自于夫妻之外的第三人，所生子女的法律地位就较为复杂。该类子女既不像婚生子女是因婚姻、血缘关系而产生，又不像继子女是姻亲关系的产物，也不像养子女是因收养关系而形成，更不像非婚生子女是非法行为的结果，这种子女兼有血缘、婚姻和抚养等多重性，其产生有合法性，因此，应给予其独立的法律地位。一般认为采用异源人工授精时，夫妻双方的一致同意非常重要。只要实施异源人工授精为夫妻双方协议的结果，则不问精子或卵子的提供渠道是来自于夫妻双方或第三人，该子女为夫妻的婚生子女，夫妻任何一方不得就此行使否认权。但夫妻一方隐瞒对方实施异源人工授精，则该子女是非婚生子女，未实施人工授精的一方有权行使否认权。

由于代孕母亲所生子女的身份及法律地位非常复杂，而且人工生育子女身份的确定也与传统民法的亲子关系相抵触，我国卫生部颁布的《人类辅助生殖技术管理办法》明令禁止任何形式的代孕技术。

五、父母子女间的权利与义务

我国亲子法的立法目的是同时保护父母和子女的合法权益，使父母子女双方形成平等互助、养老育幼的关系。《婚姻法》第 21 条至第 30 条就对父母子女关系作了明确的规定：父母对子女有抚养教育的义务，对未成年子女有保护和教育的权利和义务；子女对父母有赡养扶助的义务，应当尊重父母的婚姻权利；父母子女间有相互继承遗产的权利。父母子女间的权利和义务，适用于父母与婚生子女之间、父母与非婚生子女之间、养父母与养子女之间及继父母与形成抚养教育关系的继子女之间。

(一) 父母对子女有抚养教育的义务

《婚姻法》第21条规定:“父母对子女有抚养教育的义务。”“父母不履行抚养义务时,未成年的或不能独立生活的子女,有要求父母付给抚养费的权利。”可见,抚养子女既是父母应尽的义务,也是子女应享的权利。

1. 父母对子女的抚养义务

抚养是指父母从物质上、经济上对子女的养育,包括承担子女的生活费、医疗费、教育费和其他必要的费用,同时负责照料子女的日常生活。这是父母对子女所负义务的主要内容,也是子女健康成长的客观需要和物质保障。

父母对子女的抚养期限是从子女出生时起到子女独立生活时止。因此对于婴儿,无论其男女,父母都有抚养的义务,而不能采取溺婴、弃婴等手段来逃避责任。《婚姻法》第21条第4款规定:“禁止溺婴、弃婴和其他残害婴儿的行为。”《未成年人保护法》第8条也规定:“不得虐待、遗弃未成年子女;不得歧视女性未成年子女或者有残疾的未成年子女;禁止溺婴和弃婴。”溺婴是一种特殊的故意杀人行为,应当按照《刑法》第232条的规定予以制裁。其他残害婴儿的行为,如果情节严重的,也构成犯罪,要承担相应的刑事责任。

一般情况下,父母对未成年子女的抚养是无条件的,除依法将子女送养他人外,任何情况下该义务都不能免除。即使离婚,父母也仍须承担其对未成年子女的抚养义务。父母对成年子女的抚养义务则是有条件的,只有当成年子女丧失劳动能力、尚在校就读以及因特殊情况而不能独立生活时,父母才有抚养的义务。也就是说,子女成年且独立生活后,父母就不再承担法律上的抚养义务,但对不能独立生活的成年子女,仍应承担必要的抚养费。根据《适用婚姻法解释(一)》第20条的规定,“不能独立生活的子女”是指尚在校接受高中及其以下学历教育,或者丧失或未完全丧失劳动能力等非主观原因而无法维持正常生活的成年子女。当然,对于已经独立生活的成年子女,父母自愿给予经济和生活上的帮助,法律不作干预。

父母若不履行抚养义务,未成年或不能独立生活的子女有向父母追索抚养费的权利。其追索的要求可经父母所在单位或有关部门调解,也可直接向人民法院提起追索抚养费的诉讼。人民法院审理此类案件时应首先进行调解,调解不成依法判决。在调解书和判决书中,要确定抚养费的数额、给付的期限和方法,必要时,人民法院可以以裁定的方式责令义务人先行给付,以保障被抚养人的正常生活。如义务人拒不执行裁定,人民法院可依法予以强制执行。对拒不履行抚养义务,恶意遗弃未成年子女,情节恶劣,构成犯罪的,应依法追究其刑事责任。

2. 父母对子女的教育义务

教育是指父母在思想、品德、学业等方面对子女的关怀和培养。教育子女既是家庭的一项重要职能，又是法律赋予的一项权利和义务，更是一份社会责任。父母应当在家庭生活中配合社会帮助子女树立正确的人生观，培养良好的品德，使其身心健康地成长。父母应鼓励和帮助子女学习科学文化知识，熟练掌握劳动技能，使其成为对社会有用的人才。此外，父母还应当为子女提供受教育的条件和机会，使适龄的未成年人按照国家法律规定接受义务教育。《中华人民共和国义务教育法》（以下简称《义务教育法》）明确规定："国家、社会、学校和家庭依法保障适龄儿童、少年接受义务教育的权利。""父母或者其他监护人必须使适龄的子女或者被监护人按时入学，接受规定年限的义务教育。""除因疾病或者特殊情况，经当地人民政府批准以外，适龄儿童、少年不入学接受义务教育的，由当地人民政府对他的父母或者其他监护人批评教育，并采取有效措施责令其送子女或者被监护人入学。"

（二）父母对未成年子女有保护和教育的权利和义务

《婚姻法》第23条规定："父母有保护和教育未成年子女的权利和义务。在未成年子女对国家、集体或他人造成损害时，父母有承担民事责任的义务。"这一规定是对1980年《婚姻法》作出的重要修正，突出强调了父母对子女拥有的亲权和监护权。1980年《婚姻法》第17条规定："父母有管教和保护未成年子女的权利和义务。在未成年子女对国家、集体或他人造成损失时，父母有赔偿经济损失的义务。"修正后的《婚姻法》，将"管教和保护"改为"保护和教育"，并将"保护"置前，更加强调父母在"保护"方面的义务；将"管教"改为"教育"，避免了"管教"一词可能引起的歧义，排斥了一切暴力强制手段，既和总则中的"禁止家庭暴力"相对应，又体现了对未成年子女人格和权利的尊重，反映了家庭成员地位平等的法律精神。同时，将'赔偿经济损失的义务"改为"承担民事责任的义务"，使得父母的责任更加完整。

1. 保护和教育的含义

作为法定代理人和监护人，对未成年子女的保护和教育既是父母的权利，又是父母的义务。所谓保护是指父母防范和排除来自自然界或社会的对未成年子女人身或财产权益的非法侵害，使未成年子女的身心处于安全状态。根据《民法通则》和《婚姻法》的有关规定，父母对子女的保护主要表现为：父母应当保护未成年子女的身心健康；管理未成年人的财产，除为了保障未成年子女的利益外，不得擅自处分未成年子女的财产；代理未成年人进行民事活动；为未成年子女提供住所；当未成年子女的人身或财产权益遭受他人侵害时，父母有权以法定代理人的身份提起诉讼，请求停止侵害、排除妨碍、赔偿损失等权利。教育在这里更加侧重于道德教育、法治教育和纪律教育。这两者是相辅相成、不可分割的。它要求父母既要保护未成年子女的安全和健康，又要防止未成年子女损害国家、社会、集体和他人的利益。

2. 承担民事责任的义务

当未成年子女对国家、集体或他人造成损害时，父母应当依法承担间接的民事责任。这不仅是为了保护受害人的合法权益，而且也能增强父母教育、监护未成年子女的责任感，减少不必要损害的发生。应当指出的是，父母承担的责任以民事责任为限，刑事责任应由未成年子女自己承担。父母承担的“民事责任”包括财产责任和非财产责任，当未成年子女给国家、集体或他人造成财产损失时，父母应当赔偿经济损失；当未成年子女的行为虽然致人损害，但没有造成经济损失的，父母也应承担停止侵害、排除妨碍、赔礼道歉等民事责任。依据《民法通则》第 133 条的规定，未成年人造成他人损害的，由其父母承担民事责任。父母尽了监护责任的，可以适当减轻其民事责任。如果未成年子女拥有自己的财产，其行为造成他人损害时，应先从其本人财产中支付赔偿费用，不足部分再由其父母负责赔偿。最高人民法院《关于贯彻执行〈中华人民共和国民法通则〉若干问题的意见》（以下简称《民法通则若干问题的意见》）中规定：“夫妻离婚后，未成年子女侵害他人权益的，同该子女共同生活的一方共同承担民事责任。”“侵权行为发生时行为人不满 18 周岁，在诉讼时已满 18 周岁，并有经济能力的，应承担民事责任；行为人没有经济能力的，应当由原监护人承担民事责任。”子女成年后，即为完全民事行为能力人，应独立承担民事责任；但由于上学等原因，尚无经济来源，没有独立承担民事责任能力的，父母仍负有一定的赔偿责任。

（三）子女对父母有赡养扶助的义务

父母与子女间的权利义务是相互的。父母抚养教育子女，对社会和家庭尽到了责任。当父母年老体衰时，子女也应尽赡养扶助父母的义务。《婚姻法》第 21 条不仅规定了父母对子女的抚养教育义务，也规定了子女对父母的赡养扶助的义务：“子女不履行赡养义务时，无劳动能力的或生活困难的父母，有要求子女付给赡养费的权利。”

赡养是指子女在物质上、经济上为父母提供必要的生活费用和条件，扶助指子女给予父母精神上的安慰和生活上的照料。子女对父母履行赡养扶助义务，是对家庭和社会应尽的责任。子女对父母的赡养不以父母是否曾对子女尽抚养义务为条件，在父母因种种原因未尽抚养子女义务时，也不影响其要求子女赡养的权利。子女对父母的赡养没有期限，且不得附加任何条件，即使父母有过错，甚至违法犯罪受过刑事制裁。但对子女犯有故意杀人罪（未遂）、故意伤害罪、虐待罪、遗弃罪或者父亲奸污女儿罪行的，允许子女成年后不赡养父母。若父母仅有虐待、遗弃子女行为，尚未构成犯罪或犯有其他罪行的，子女仍应尽赡养义务。另外，也不得以放弃继承权或者其他理由，拒绝履行赡养义务。赡养的方式既可以是与父母共同生活直接履行赡养义务，也可采用提供生活费用的方式承担经济责任。赡养扶助的义务主体，一般是指有独立生活能力的成年子女。不论性别、婚否，和父母同居还是分居生活，成年子女都有赡养扶助父母的法定义务。无劳动能力的或生活困难的父母，有要求子女付给赡养费的权利。义务人有能力赡养而拒绝赡养，情节严重，构成遗弃罪的，应当依法承担刑事责任。

《老年人权益保障法》第二章规定了子女赡养扶助义务的具体内容：

(1) 赡养人应当履行对老年人经济上供养、生活上照料和精神上抚慰的义务，照顾老人的特殊需要。

(2) 赡养人对患病老年人应当提供医疗费和护理。

(3) 赡养人应当妥善安排老年人的住房，不得强迫老年人迁居条件低劣的房屋。老年人自有的或者承租的住房，子女或者其他亲属不得擅自改变产权关系或者租赁关系。老年人自有的住房，赡养人有维修的义务。

(4) 赡养人有义务耕种老年人承包的土地，照顾老年人的林木和牲畜，收益归老年人所有。

(5) 赡养人不得以放弃继承权或者其他理由，拒绝履行赡养义务。赡养人不履行赡养义务，老年人有要求赡养人付给赡养费的权利。

当子女有条件履行赡养扶助的义务而不履行时，无劳动能力的或生活困难的父母有要求子女付给赡养费的权利。因追索赡养费而发生纠纷的，可由有关部门进行调解，也可直接向人民法院起诉要求子女履行赡养义务。法院在具体确定赡养费数额时，既要考虑父母的实际需要，又要考虑子女的经济能力，对于拒不执行法院有关赡养费判决的，应依法强制执行并可责令其先行给付。对于虐待、遗弃父母，情节恶劣，构成犯罪的，应依《刑法》惩处。

（四）父母子女间相互继承遗产的权利

《婚姻法》第24条规定："父母和子女有相互继承遗产的权利。"而《继承法》规定，子女、父母都是第一顺序的继承人。父母子女间的继承权是基于特定身份而产生的。这里享有继承权的父母，包括生父母、养父母和有抚养关系的继父母；子女包括婚生子女、非婚生子女、养子女和有抚养关系的继子女。需要注意的是：①生父母与子女之间是自然血亲关系，生父母对子女的继承权不受婚姻关系的影响，即使离婚，不直接抚养子女的生父或生母，也有权继承其子女的遗产；②非婚生子女有权继承生父母的遗产；③养子女有权继承养父母的遗产，但无权继承生父母的遗产；④形成了抚养关系的继父母和继子女之间享有相互继承遗产的权利，继父母继承了继子女遗产的，仍可以继承生子女的遗产；继子女继承了继父母遗产的，仍可以继承生父母的遗产。

父母和子女都是独立的继承权的主体，被继承人死亡时尚未出生的胎儿，应依法保留其继承的份额。胎儿出生时是死体的，保留的份额由被继承人的法定继承人继承；出生后死亡的，其已经继承的财产由死亡婴儿的法定继承人继承。子女先于父母死亡的、其晚辈直系血亲依法享有代位继承权。丧偶儿媳对公婆、丧偶女婿对岳父母尽了主要赡养义务的，作为第一顺序继承人。

以上父母子女间的权利义务，适用于父母与婚生子女之间、父母与非婚生子女之间、养父母与养子女之间及继父母与形成抚养教育关系的继子女之间。

【案例分析】

案情

夏某（女）与方某（男）于 1997 年结婚，婚后多年不孕，经查，确认方某无生育能力。2004 年下半年至 2005 年初，夫妻二人通过医院为夏某实施人工授精手术 3 次。2006 年 1 月夏某生下一子。之后，方某发现孩子没有一点长得像自己，便很少尽抚养义务。2007 年 4 月以后，方某更是以单位工作忙为由，拒不回家，也不给夏某和孩子生活费。夏某每月只有 700 元的收入，难以维持母子俩的生活，她多次找方某协商，希望方某能回家与之共同抚养孩子，但方某均以孩子与自己没有血缘关系，自己没有抚养义务为由，拒不回家，拒绝履行抚养义务，并对夏某说："再要抚养费，找他亲爸去。"2007 年底，夏某以儿子的名义向人民法院起诉，索要抚养费。

请分析本案中父母是否应承担人工生育子女的抚养费？说明理由。

解析

父母应当承担人工生育子女的抚养费。其理由如下：

最高人民法院在1991年答复河北省高级人民法院的《关于夫妻关系存续期间以人工授精所生子女的法律地位的复函》中作了以下规定："在夫妻关系存续期间，双方一致同意进行人工授精，所生子女应视为夫妻双方的婚生子女，父母子女之间权利义务关系适用《婚姻法》的有关规定。"

【思考与练习】

名词解释

亲子关系　婚生子女　继子女　人工生育子女　代孕母亲

选择题

1. 养子女与养父母的兄弟姐妹发生（　）

A. 自然直系血亲关系　　B. 自然旁系血亲关系

C. 直系血亲关系　　D. 拟制旁系血亲关系

2. 未形成抚养关系的继父母与继子女之间属于（　）

A. 自然直系血亲关系　　B. 拟制直系血亲关系

C. 拟制直系姻亲关系　　D. 拟制旁系血亲关系

3. 张某的生父及与张某形成了抚养教育关系的继父相继死亡，张某（　）

A. 只能继承继父的遗产

B. 只能继承生父的遗产

C. 既能继承继父的遗产，又能继承生父的遗产

D. 不能继承继父和生父的遗产

4. 子女对父母的赡养是（　）

A. 无期限的　　B. 有期限的

C. 有条件的　　D. 可以免除的

问答题

1. 简述亲子关系的概念和种类。
2. 简述婚生子女的推定和否认。
3. 简述非婚生子女的准正和认领。
4. 简述继父母子女关系的发生、变更和消灭。
5. 简述父母子女间的权利与义务。

案例分析题

李丽与吴浩天结婚后，由于吴浩天因事故丧失了生育能力并在婚前隐瞒了真实情况，双方没有生育子女。李丽便找到张新生协商生育子女。商定后，李丽与张新生先后生育了吴月、吴星两个女孩。对于上述情况，吴浩天是知情的，且吴月与吴星与李丽、吴浩天夫妇一起共同生活。1994 年 8 月，吴浩天起诉要求与李丽离婚，并以两个女儿不是其所生和经济困难为由，拒绝抚养。吴月和吴星为了抚养问题，由母亲李丽作为法定代理人，向当地基层人民法院起诉，要求生父张新生尽抚养义务。被告在答辩书中承认自己是两原告的生父，但是对抚养问题则认为不关自己的事，应该由两原告的生母李丽解决。

问：对该案应当如何处理?

（本案例摘自黄晓陶. 离婚后的抚养赡养. 北京：中国法制出版社，2001. 117 ~ 118）

第七章　收养制度

【导学】

本章介绍有关收养的法律制度，要求学生了解收养的概念、特征和类型。本章重点：收养关系成立的实质条件和形式条件、收养关系的法律效力、收养关系的解除及其后果。本章难点：特殊收养的情形与解除收养的法律后果。

一、收养制度概述

（一）收养的概念和特征

收养是指自然人依照法律规定的条件和程序，领养他人子女为自己的子女，从而使原无父母子女关系的当事人之间产生法律拟制的父母子女权利义务关系的民事法律行为。在亲属法学中，除收养制度的含义外，往往从以下两个角度理解收养的含义：

第一，收养是一种民事法律行为，即收养是依照法定的条件和程序领养他人子女为自己的子女，使原本没有父母子女关系的当事人之间产生法律拟制的父母子女关系的法律行为。

第二，收养产生某种特定的权利义务关系，收养行为的事实导致产生拟制血亲的亲子关系。

收养具有下列法律特征：

第一，收养是身份法上的行为。收养是当事人之间设立或变更亲属身份和民事权利义务关系的行为，收养行为涉及三方当事人，即领养他人子女的人为收养人（养父母）、被他人收养的人为被收养人（养子女）、将子女或儿童送给他人领养的人或机构为送养人。收养是当事人按照法定条件和程序，在没有自然血亲关系的收养人与被收养人之间产生类似自然血亲间的权利义务关系的行为，它导致亲属身份关系以及基于亲属身份所产生的民事权利义务的变更和转移。

第二，收养是可以解除的民事行为。收养作为成立法律拟制血亲关系的行为，可依法予以解除。与因出生而产生的自然血亲关系的区别在于，收养所建立的收养人与被收养人之间的父母子女关系是法律拟制的血亲关系，既可依法律行为而产生，也可依法律行为而人为地解除。

第三，收养是要式法律行为。由于收养对当事人身份关系及相应的权利义务关系产生了重大的影响，同时也关系到家庭和社会的利益。因此，收养一般需履行登记、公证或公告等一系列法律规定的程序。根据《收养法》第 15 条的规定，收养应当向县级以上人民政府民政部门登记，收养关系自登记之日起成立。欠缺法律规定的形式要件将导致收养关系不能合法成立。

第四，收养只能发生在非直系血亲关系的自然人之间。收养的目的在于设立父母子女关系，因而只能发生在非直系血亲的人之间。直系血亲之间的收养和被收养会造成亲属身份发生重叠，甚至发生排斥和冲突，因此，为法律所禁止。

寄养是指父母因工作、生活等客观条件限制而无法直接履行抚养子女的义务时，将子女委托他人代为抚养的一种方式。收养与寄养的区别在于：收养是设立或变更身份关系的行为，只有依据法定的形式条件和实质条件建立的收养关系才发生预期的法律效力，并产生相应的权利义务关系。寄养则是父母抚养方式的变化，法律对此不作规定，寄养并不导致当事人之间产生法律上的权利义务关系。《收养法》第 17 条规定："孤儿或者生父母无力抚养的子女，可以由生父母的亲属、朋友抚养。抚养人与被抚养人的关系不适用收养关系。"

（二）收养的类型

收养可以根据不同的标准，分为不同的种类。

1. 共同收养和单独收养

以收养人的人数为标准，将收养分为共同收养和单独收养。共同收养是指夫妻双方收养子女的行为。《收养法》第 10 条规定，有配偶者收养子女，须夫妻共同收养。单独收养是指收养人为一人的收养，主要是指无配偶的收养。

2. 完全收养和不完全收养

完全收养和不完全收养是以被收养人与生父母之间的权利义务关系是否终止为标准。完全收养是指收养关系成立后，被收养人解除与其生父母之间的权利义务关系，养父母养子女间发生等同于父母与婚生子女的关系。《收养法》

第 23 条规定，养父母与生父母及其他近亲属间的权利义务关系，因收养关系的成立而消除。不完全收养是指被收养人在与收养人建立父母子女关系之后，与其生父母之间仍然保持父母子女关系。我国现行法律没有设立不完全收养制度。

（三）新中国收养制度的发展

新中国成立后，随着社会政治制度和经济制度的巨大变革，收养制度随之发生变化。1950 年《婚姻法》第 13 条规定："父母对于子女有抚养教育的义务；子女对于父母有赡养扶助的义务；双方均不得虐待或遗弃。养父母与养子女相互间的关系，适用前项规定。"这是该法对于收养问题的原则性规定。对于收养的条件、程序、效力及其收养的解除等问题，该法均没有规定。1980 年《婚姻法》第 20 条规定："国家保护合法的收养关系。养父母和养子女间的权利和义务，适用本法对父母子女关系的有关规定。养子女和生父母间的权利和义务，因收养关系的成立而消除。"1980 年《婚姻法》进一步明确了收养关系成立的法律后果，但对于收养成立的条件、程序、效力和解除等法律问题仍没有详细规定。1991 年 12 月 29 日，第七届全国人民代表大会常务委员会第 23 次会议通过了《收养法》，该法自 1992 年 4 月 1 日起施行。该法共分为六章，计 33 条。

《收养法》的实施，对于规范收养行为产生了重大作用。但是，随着社会的发展，《收养法》的不足在实践中开始暴露出来，主要表现在：

（1）收养条件过于严格，致使具有抚养条件又愿意收养孤儿、弃婴者无法合法收养，导致社会福利机构长期负担沉重，不利于孤儿、弃婴的健康成长。

（2）办理收养手续不统一。根据《收养法》的规定，书面收养协议、收养登记、收养公证均可成立收养，多种程序造成适用中的诸多漏洞。为了合理地确定收养条件，完善收养程序，进一步保护合法的收养关系，1998 年 11 月 4 日，第九届全国人民代表大会常务委员会第五次会议作出了《关于修改〈中华人民共和国收养法〉的决定》，对 1991 年《收养法》作出了修改，该决定从 1999 年 4 月 1 日起施行。《收养法》已成为收养关系的基本法律规范。

2001 年 4 月 28 日颁布实行的《婚姻法》保留了收养的原则规定，该法第 26 条规定："国家保护合法的收养关系。养父母和养子女的权利和义务，适用本法对父母子女关系的有关规定。养子女和生父母的权利和义务，因收养关系的成立而消除。"《婚姻法》的这一规定进一步明确了法律保护合法的收养关系，同时，对于依法建立收养关系的养父母与养子女之间的权利和义务明确适用于父母子女关系。《婚姻法》未就收养问题作实质内容的变动，但考虑到《婚姻法》其他内容特别是父母子女关系规定的修改，对养父母子女关系的规定也有某种程度的完善。

（四）收养法的基本原则

收养法的基本原则是收养法的本质特征的集中表现，是收养关系当事人成立收养关系的准则，也是人民法院处理收养纠纷案件，正确适用《收养法》，提高办案质量应当遵循的准则。收养法的基本原则有以下四项：

1. 有利于被收养的未成年人的抚养、成长原则

《收养法》第 2 条规定："收养应当有利于被收养的未成年人的抚养、成长，遵循平等自愿的原则，并不得违背社会公德。"根据《收养法》第 4 条的规定，被收养人主要限于孤儿、查找不到生父母的弃婴和生父母有特殊困难而无力抚养的未成年人。实行收养制度的首要目的就在于保障未成年人的健康成长，通过建立合法有效的收养制度，使被收养的未成年人在和睦幸福的家庭中健康成长。

2. 平等自愿原则

平等自愿是建立民事法律关系的一项重要原则，即当事人在民事活动中地位平等，自由表示其真实意思。收养是设立亲属身份关系的行为，当事人必须在平等的法律地位上通过协商而达到一致的意思表示来建立收养关系，一方不得强迫另一方。《收养法》规定，收养应经过收养人和送养人的双方自愿，若被收养人年满 10 周岁以上，必须征得被收养人的同意。同时，收养人与送养人可以协议一致解除收养关系，如果被收养人年满 10 周岁以上，还应征得被收养人的同意。

3. 不得违背社会公德的原则

收养是变更亲属身份关系的法律行为，不仅涉及收养关系当事人之间的个人利益，而且影响到社会公共利益，因此，收养行为应遵循社会公德原则。《收养法》第 9 条规定："无配偶的男性收养女性的，收养人与被收养人的年龄相差 40 周岁以上。"此外，法律还规定，收养人虐待、遗弃、侵害未成年养子女合法权益的，送养人有权要求解除收养关系；当养子女成年后虐待、遗弃养父母而解除收养关系的，养父母也有权要求养子女补偿收养期间支出的生活费和教育费。

4. 不违背计划生育原则

计划生育是我国的基本国策，也是《婚姻法》的基本原则。由于收养涉及家庭人口增减问题，应遵循计划生育原则。《收养法》严格限制了收养各方面的条件：只有无子女和年满 30 周岁的人才可以收养，一般只能收养 1 名

子女，送养人不得以送养子女为由违反计划生育规定再生育子女。

二、收养关系的成立

依据《收养法》的规定，收养关系合法成立，应当具备下述两个方面的条件：一是收养关系当事人应当具备法律规定的条件，这是收养关系成立的实质要件；二是应当依法律规定履行一定的程序，这是收养关系成立的形式要件。

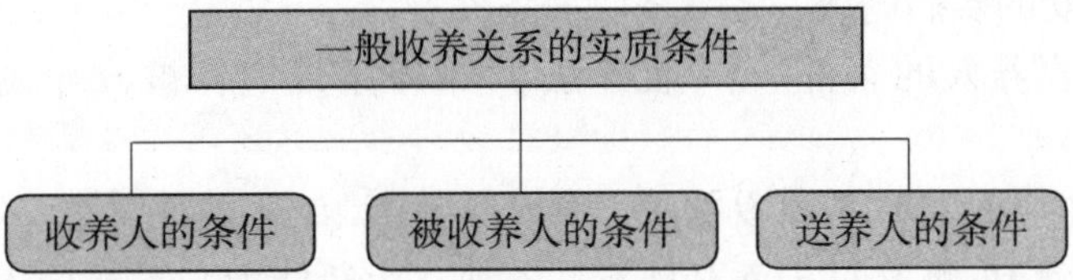

图 7-1　一般收养关系的实质条件

（一）收养成立的实质条件（如图 7-1 所示）

收养的实质条件是指依法成立收养关系的各方当事人应当具备的条件。《收养法》就一般收养与特殊收养分别对收养人、被收养人、送养人作了一定条件的明确规定。

1. 一般收养关系的实质条件

(1) 收养人的条件。收养人应当同时具备下列条件：

第一，无子女。《收养法》这样规定的立法本意是根据我国计划生育的政策，夫妻双方一般只能生育一个小孩。“无子女”的规定是为了防止当事人借收养规避法律。《收养法》将计划生育原则列为其基本原则之一，要求收养人必须无子女。这里的“子女”是指婚生子女、非婚生子女、养子女和与继父母形成事实抚养关系的继子女。“无子女”具体包括以下三种情况：①作为收养人的夫妻一方或双方无生育能力而没有子女；②夫妻双方不愿生育子女而无子女；③夫妻所生育的子女已死亡而导致没有子女。收养人若是单身或丧偶，也应当是无子女者。

但《收养法》第 8 条作出了例外的规定：“收养孤儿或者残疾儿童或者社会福利机构抚养的查找不到生父母的弃婴和儿童，可以不受收养无子女和收养一名的限制。”

第二，具有抚养教育被收养人的能力。要求收养人在经济条件、道德品质、身体素质上也应符合具有抚养教育被收养人的条件。道德品质恶劣、好逸恶劳、自身不能维持生活的人，不能作为收养人。

第三，年满30岁。《收养法》规定了收养人的年龄应为年满30周岁。夫妻共同收养子女的，夫妻双方均应年满30周岁。这是基于稳定收养关系和便于收养人抚养被收养人的考虑。收养人与被收养人之间必须存在一定的年龄差距，这便于收养人达到抚育被收养人的目的。同时，当收养人达到一定年龄时，其也具备了足够的经济来源和精力，有利于抚育被收养人。

第四，未患有医学上认为不应当收养子女的疾病。收养人患有精神疾病或其他的严重疾病，直接影响被收养子女的健康成长，因此，患有医学上认为不应当收养子女的疾病的人，不具备收养条件。

(2) 被收养人的条件。《收养法》第4条规定，被收养人应具备以下条件：

第一，应是不满14周岁的未成年人。法律确定了被收养人年龄的上限。这是因为不满14周岁的儿童本身不具备独立生活能力，需要他人的抚育，也容易与收养人建立亲密的父母子女感情，所以，被收养人必须是未满14周岁的未成年人。

第二，不能得到生父母的抚养。包括三种类型：丧失父母的孤儿、查找不到生父母的弃婴和儿童、生父母有特殊困难无力抚养的子女。被收养人不能得到生父母的抚养，才需要他人收养。这里所称的孤儿是指其父母死亡或人民法院宣告其父母死亡的不满14周岁的未成年人。作为被收养人的弃婴和儿童是指依法经公安机关查找后确认查找不到生父母的被遗弃的婴儿和儿童。因疾病或其他原因而造成经济上、身体上、精神上无力抚养子女的生父母，其子女也可以成为被收养人。

(3) 送养人的条件。送养人有三类，包括生父母、监护人和社会福利机构，其条件各不相同。

第一，生父母作为送养人时，送养人应具备以下条件：①有特殊困难无力抚养子女。抚养未成年子女是父母应尽的法定义务，但是，生父母因疾病、残障、经济困难或其中一方死亡等原因无法履行抚养义务的，为了让这些子女健康成长，可以以“特殊困难无力抚养子女”为由送养子女。②生父母送养子女的，须双方共同送养。即使是父母已离婚的子女或非婚生子女，也必须由生父母双方协商同意后共同送养。但是，生父母一方被法院宣告失踪或死亡的，可以单方送养。③生父母一方死亡的，生存一方要求送养未成年子女时，死亡一方的父母（即是未成年子女的祖父母或外祖父母）有优先抚养的权利。

第二，生父母以外的监护人送养孤儿时，存在着以下两种可能：①送养人应送养孤儿的，应征得有抚养义务的人的同意。②未成年人的父母均不具备完全民事行为能力的，该未成年人的监护人不得将其送养，但父母对该未成年人有严重危害可能的除外。

第三，社会福利机构作为送养人。社会福利机构是指民政部门设立的专门收容、抚养父母已经死亡的、其他亲属无力抚养的孤儿以及查找不到生父母的弃婴、儿童的社会组织。《收养法》没有明确规定社会福利机构作为送养人时的资格条件。根据有关法律规定，社会福利机构作为送养人时，应具备相应的证明材料和办理收养登记手续。

2. 特殊收养关系的实质条件

特殊收养是相对于一般收养而言，是针对几类特殊身份的当事人的收养关系所作的变通规定，是一般收养的有益补充。

(1) 收养三代以内的同辈旁系血亲的子女。《收养法》第 7 条规定，亲属间收养三代以内同辈旁系血亲的子女，可以不受下列限制：①生父母有特殊困难无力抚养的子女；②无配偶的男性收养女性，收养人与被收养人的年龄相差 40 周岁以上；③被收养人不满 14 周岁。

但是，收养人仍然要求无子女，同时应当具备抚养教育被收养人的能力。但华侨收养三代以内同辈旁系血亲的子女，可以不受收养人无子女的限制。

(2) 收养孤儿、残疾儿童或者查找不到生父母的弃婴和儿童。《收养法》第 8 条规定，收养孤儿、残疾儿童或者社会福利机构抚养的查找不到生父母的弃婴和儿童，可以不受收养人无子女和收养 1 名的限制。除了解除上述两项限制之外，对收养的其他实质条件仍然要求。

(3) 继父母收养继子女。《收养法》第 14 条规定："继父或继母经继子女的生父母同意，可以收养继子女……"继父或继母收养继子女时，应征得生父母双方同意，并符合一般收养关系所应具备的其他条件，但可以不受下列限制：①作为送养人的生父母有特殊困难无力抚养子女；②收养人无子女，有抚养教育被收养人的能力，未患有医学上认为不应当收养子女的疾病，年满 30 周岁；③被收养人不满 14 周岁；④收养 1 名子女。

(二) 收养成立的形式条件

收养当事人必须履行法定的程序，才能建立有效的收养关系。根据《收养法》的规定，收养的程序是以依法进行收养登记为法定程序，在当事人自愿或要求的情况下，以收养协议和收养公证为补充。

1. 收养登记程序

《收养法》第 15 条规定："收养应当向县以上人民政府民政部门登记。

收养关系自登记之日起成立。”进行收养登记是收养关系有效成立的必经程序。《中国公民收养子女登记办法》对收养登记程序作了具体规定。

(1) 办理收养登记的机关。办理收养登记的机关是县级人民政府。按照被收养人的情况不同，又分为：①收养社会福利机构抚养的查找不到生父母的弃婴、儿童和孤儿的，在社会福利机构所在地的收养登记机关办理登记。②收养非社会福利机构抚养的查找不到生父母的弃婴和儿童的，在弃婴和儿童发现地的收养登记机关办理登记。③收养生父母有特殊困难无力抚养的子女或者由监护人监护的孤儿的，在被收养人生父母或者监护人常住户口所在地（组织作为监护人的，在该组织所在地）的收养登记机关办理登记。④收养三代以内同辈旁系血亲的子女，以及继父或继母收养继子女的，在被收养人生父或者生母常住户口所在地的收养登记机关办理登记。

(2) 办理收养登记的程序。收养登记的程序分为三个步骤：申请、审查和登记。

①申请。在办理收养登记手续时，应由收养当事人亲自到收养登记机关办理成立收养关系的登记手续。夫妻共同收养子女的，应当共同到收养登记机关办理登记手续，若一方因故不能亲自前往的，应当书面委托另一方办理登记手续，委托书应当经过村民委员会或者居民委员会证明或者经过公证。申请收养登记时，收养人应当向收养登记机构提交收养申请书和有关的证明文件。

②审查。收养登记机关接受当事人提出的收养申请后，应当依法对收养申请进行严格审查。审查的内容包括：收养申请人、被收养人、送养人是否符合法律规定的有关条件，收养目的是否正当，收养当事人的意思表示是否真实等。

③登记。经过审查后，收养登记机关对符合收养法规定条件的，为当事人办理收养登记，发给收养登记证，收养关系自登记之日起成立；对不符合收养法规定条件的，不予登记，并对当事人说明理由。

2. 收养协议

《收养法》第 15 条第 3 款规定：“收养关系当事人愿意订立收养协议的，可以订立收养协议。”根据上述法规，收养当事人自愿订立的，可以签订收养协议。收养协议由收养人和送养人在意思表示真实的情况下签订，被收养人在 10 周岁以上的，其本人也必须在收养协议上表示同意。是否订立收养协议并不影响收养关系经过登记而产生的法律效力。

收养当事人各方或一方要求对所签订的收养协议进行公证的，应由公证机关依法作出公证证明。公证并不是必经程序，唯有在当事人自愿要求公证的情况下，才加以公证。是否公证，并不影响收养关系的有效成立。

(三) 涉外收养的条件和程序

涉外收养包括中国人收养外国人和外国人收养中国人。《收养法》规定了外国人收养中国人的情况。该法第 21 条规定:“外国人依照本法可以在中华人民共和国收养子女。外国人在中华人民共和国收养子女,应当经其所在国主管机关依照该国法律审查同意。收养人应当提供由其所在国有权机构出具的有关收养人的年龄、婚姻、职业、财产、健康、有无受过刑事处罚等状况的证明材料,该证明材料应当经过其所在国外交机关或者外交机关授权的机构认证,并经中华人民共和国驻该国使领馆认证。该收养人应当与送养人订立书面协议,亲自向省级人民政府民政部门登记。”1999 年 5 月 25 日国务院批准颁布《外国人在中华人民共和国收养子女登记办法》,该办法对于外国人在中国收养子女的条件、程序作了详细规定,具体规定见有关章节。

(四) 《收养法》施行前已形成的收养关系

由于种种原因,某些收养人没有经过法定程序即领养了他人子女。司法实践根据不同的情况区别处理。根据最高人民法院《关于贯彻执行民事政策法律若干问题的意见》第 28 条的规定:“亲友、群众公认,或有关组织证明明确以养父母与养子女关系长期共同生活的,虽未办理合法手续,也应按收养关系对待。”可见,在 1992 年 4 月 1 日《收养法》施行以前,我国承认事实收养关系。《收养法》施行后,根据法不溯及既往的原则,对此前已形成的事实收养,继续予以保护。但在《收养法》施行后新形成的收养关系,凡未依法履行收养成立程序的,法律不予承认。

1. 事实收养关系

事实收养关系是指符合收养实质条件而未办理收养手续,即以养父母与养子女关系长期共同生活,亲友、群众也公认的收养关系。事实收养必须具备一定的条件:①当事人符合收养的实质条件。收养人、被收养人、送养人均符合收养关系有效成立的实质条件。②当事人长期共同生活,并实际履行了父母子女之间的权利义务。当事人长期共同生活,彼此产生法律所确定的父母子女间的权利义务关系。③亲友、群众也公认当事人之间产生父母子女关系。当事人的周围群众和亲友基于他们之间的关系,认为是父母子女关系,这是确认事实收养的一个重要因素。④当事人之间没有办理合法的收养手续。

2. 已办理了收养公证或户籍登记的收养关系

由于《收养法》施行前,我国内地没有收养方面的专门法律,没有规定收养关系成立应履行何种手续。为了维护收养关系当事人的利益,对于在收养成立时已办理了收养公证或户籍登记的收养关系，应承认其合法有效。

三、收养关系的法律效力

（一）收养关系的法律效力

《收养法》第23条规定："自收养关系成立之日起，养父母与养子女间的权利义务关系，适用法律关于父母子女关系的规定；养子女与养父母的近亲属间的权利义务关系，适用法律关于子女与父母的近亲属关系的规定。养子女与生父母及其近亲属间的权利义务关系，因收养关系的成立而消除。"

1. 养父母与养子女间产生法律拟制的父母子女之间的权利义务关系

收养关系依法成立后，养父母与养子女之间产生法律拟制的直系血亲关系，他们的权利义务等同于自然血亲的父母子女关系，主要表现在：

(1) 《收养法》第24条规定："养子女可以随养父或者养母的姓，经当事人协商一致，也可以保留原姓。"收养关系成立后，养父母与养子女关系确立，身份关系已发生一定的变化。养子女可以随养父的姓，可以随养母的姓。收养人与被收养人或送养人协商一致，也可以保留养子女自己原来的姓氏。

(2) 养父母对养子女有抚养、管教和保护的义务。养父母对于养子女的抚养义务应履行到养子女独立生活为止，未成年或不能独立生活的养子女在养父母不履行抚养义务时，有权通过诉讼方式要求养父母给付抚养费。养父母应以国家法律和社会公德标准来管教和约束未成年的养子女，同时保护他们的人身和财产安全，让养子女健康成长。

(3) 养子女对养父母有赡养扶助义务。成年且有负担能力的养子女对缺乏劳动能力又没有生活来源的养父母应尽赡养义务。当养子女不履行赡养扶助义务时，养父母有权诉请养子女给付赡养费和履行扶助义务。

(4) 养父母与养子女互为第一顺序法定继承人，相互有继承遗产的权利。养子女或者养父母遗嘱处分其遗产时，不得取消缺乏劳动能力又无生活来源的养父母或养子女的继承权。

2. 养子女与养父母的近亲属间产生法律拟制的近亲属关系

收养关系成立后，养子女不仅与养父母形成法律拟制的直系血亲关系，而且与养父母的近亲属之间也产生法律拟制的近亲属间的权利义务关系。他们之间的权利义务适用法律关于子女与父母的近亲属关系，即相互间在一定条件下形成抚养、赡养和继承遗产的权利和义务。

3. 收养的消解效力

收养关系合法成立后，养子女与生父母之间法律上的权利义务关系消除，彼此不再发生父母子女间的权利义务关系。被收养人与其生父母相互间不再承担抚养、赡养等义务，也不再享有继承等权利。被收养人与其他的自然血亲的近亲属间的权利义务关系也同时解除。但由于自然血亲关系无法人为地消灭，因此，《婚姻法》有关直系血亲和三代以内旁系血亲禁止相互结婚的规定仍然适用。

（二）收养行为的无效

收养行为的无效是指收养行为因欠缺法定的条件或程序，不能产生当事人所追求的收养的效果。《收养法》第 25 条规定："违反《中华人民共和国民法通则》第 55 条和本法规定的收养行为无效。"可见，判断收养行为是否有效，是以《民法通则》第 55 条关于民事法律行为成立的要件和《收养法》有关收养关系有效成立的要件为依据的。

1. 收养行为无效的原因

根据《收养法》第 25 条的规定，导致收养行为无效的原因主要有：

(1) 收养人、送养人不具备完全民事行为能力。由于无民事行为能力人和限制民事行为能力人不能辨认或不能完全辨认行为的法律后果，收养行为是关系到收养当事人重要的身份权利的变更，所以，收养人、送养人不具备完全民事行为能力的，依法不得进行收养行为。

(2) 收养当事人意思表示不真实。一方以胁迫、欺诈、乘人之危、重大误解而形成的收养行为无效。

(3) 收养行为的内容和性质违反法律和社会公共利益。收养行为违反《收养法》和其他法律、法规的规定，违背社会公德和社会公共秩序等，如收养当事人收养目的不正当，通过收养规避计划生育政策的收养行为无效。

(4) 违反《收养法》基本原则、实质要件、形式要件的收养行为无效。违反《收养法》的基本原则，就从根本上违背了收养的宗旨，因此，这些收养行为不能产生预期的法律效力；收养行为一旦违反这些实质要件，就不能产生法律效力；收养行为必须经过民政部门的登记才能产生法律效力。因此，即使已达到《收养法》所规定的实质条件，但没有办理收养登记的收养行为仍然是不能依法成立和生效的。

2. 收养行为无效的法律后果

根据《收养法》第 25 条的规定，收养行为无论是被人民法院确认无效还是由收养登记机关撤销收养登记，均发生溯及力，从该收养行为开始之日起就无效。收养人与被收养人的父母子女关系溯及既往地消灭，被收养人与生父母的父母子女关系溯及既往地恢复。

四、收养关系的解除及后果

收养关系终止的条件有两个：一是主体自然终止，因当事人一方的死亡而导致收养关系的解除；二是人为终止，即通过法律手段人为地解除。《收养法》对收养关系解除的实质和程序要件均有明确规定。

（一）协议解除收养

协议解除是指收养人和被收养人协商一致，双方同意解除收养关系。收养关系是法律拟制的父母子女关系，可依法设立，也可依法解除。根据《收养法》的规定，收养解除有两种方式：一是依收养当事人的协议而解除，二是依收养当事人一方的要求而解除。

1. 协议解除收养关系的条件

《收养法》第26条规定："收养人在被收养人成年以前，不得解除收养关系，但收养人、送养人双方协议解除的除外，养子女年满10周岁以上的，应当征得本人同意。"协议解除收养关系的条件有：

(1) 收养当事人一致同意解除收养关系。一旦收养成立，收养人不能单方解除收养协议。协议解除无论是由哪一方当事人首先提出，均应由收养关系当事人一致同意后才能解除。一致同意包括以下内容：①必须是收养人同意；②如果被收养人尚未成年，则必须征得送养人同意，送养人是生父母的，也应由作为生父母的夫妻共同同意；③被收养人年满10周岁以上的，还必须征得被收养人的同意。

(2) 收养当事人对收养存续期间所形成的家庭共有财产已进行合理分割的，不存在财产争议。

(3) 对收养当事人在收养期间形成的生活费和教育费有合理安排，或对缺乏劳动能力又没有生活来源的养父母的生活费有合理的安排。

(4) 行为能力方面的要求。协议解除收养关系也是一种民事法律行为，因此，也应符合民事法律行为的要件，要求协议解除收养关系的当事人具备完全民事行为能力，意思表示真实，解除收养的目的、内容和方式不违反《收养法》和其他法律、法规的规定。

2. 协议解除收养关系的程序

《收养法》第28条规定："当事人协议解除收养关系的，应当到民政部门办理解除收养关系的登记。"办理收养解除登记是协议解除收养的必经程序。《中国公民收养子女登记办法》第9条还规定："收养关系当事人协议解除收养关系的，应当持居民户口本、居民身份证、收养登记证和解除收养关系的书面协议，共同到被收养人常住户口所在地的收养登记机关办理解除收养关系登记。"

收养登记机关在收到解除收养关系登记申请书及有关材料后，根据《收养法》等有关法律、法规的规定进行审查。对于符合《收养法》规定的，为当事人办理解除收养关系登记，收回收养登记证，发给解除收养关系证明。

（二）一方要求解除收养关系

1. 一方要求解除收养关系的条件

（1）收养人不履行抚养义务，侵害未成年的被收养人的合法权益。《收养法》第26条第2款规定："收养人不履行抚养义务，有虐待、遗弃等侵害未成年养子女合法权益行为的，送养人有权要求解除养父母与养子女间的收养关系。送养人、收养人不能达成解除收养关系协议的，可以向人民法院起诉。"收养的根本宗旨之一就在于使未成年的被收养人能够健康成长，若收养人不依法履行抚养教育被收养人的义务，侵害被收养人的合法权益，允许送养人请求解除收养关系。

（2）养父母与成年养子女关系恶化，无法共同生活。《收养法》第27条规定："养父母与成年养子女关系恶化，无法共同生活的，可以协议解除收养关系。不能达成协议的，可以向人民法院起诉。"由于养父母与成年养子女关系恶化，无法共同生活，丧失收养继续存在的意义。因此，在难以调解和好的情况下，任何一方均有权要求解除收养关系。

2. 一方解除收养关系的程序

收养关系的一方或双方当事人要求解除收养关系，经过协商无法达成协议的，可以向人民法院起诉请求解除收养关系。人民法院在审理此类案件时，应查明当事人请求解除收养关系的真实原因、养父母与养子女的实际生活情况，从尊重养父母与养子女的实际关系出发，查明解除收养关系的事实和理由，并做好双方当事人的调解工作，无法达成调解协议时，法院依法作出准予或不准予解除收养关系的判决。收养自办理解除登记之日或判决书生效之日起解除。

（三）解除收养关系的法律后果

根据《收养法》的规定，解除收养关系的法律后果有：

1. 养子女与养父母及其他近亲属间的权利义务关系消除

解除收养关系的直接后果是终止养父母与养子女之间拟制的直系血亲关系，《收养法》第29条规定，收养关系解除后，养子女与养父母及其他近亲属的权利义务关系即行消除。可见，收养关系依法解除后，养子女与养父母之间不再存在父母子女关系，同时产生的间接影响是，养子女与养父母的其他近亲属之间也不再存在法律所规定的权利义务关系。

2. 未成年子女与生父母及其他近亲属的权利义务关系自行恢复

《收养法》第29条规定，未成年的子女与其生父母的权利义务关系自行恢复。该规定的立法目的是保证未成年的子女在收养关系解除后能够健康成长，避免收养关系解除后，未成年的子女既没有养父母的抚育，又没有生父母的抚育。

3. 成年养子女与生父母及近亲属的权利义务关系经协商后恢复

依据《收养法》第29条规定，成年养子女与养父母解除收养关系后，与生父母及近亲属之间的权利义务关系是否恢复，双方应进行协商。若协商达成一致意见，双方的权利义务关系恢复。

4. 对养父母给付生活费义务和经济补偿

《收养法》第30条第1款规定："收养关系解除后，经养父母抚养的成年养子女，对缺乏劳动能力又缺乏生活来源的养父母，应当给付生活费。因养子女成年后虐待、遗弃养父母而解除收养关系的，养父母可以要求养子女补偿收养期间支出的生活费和教育费。"由于事实抚养关系的存在，养子女应对缺乏劳动能力又没有生活来源的养父母尽赡养扶助义务。所应给付的生活费的数额，则应根据养子女的负担能力和养父母的需要，并以达到当地一般群众生活水平为准。

根据《收养法》的规定，生父母要求解除收养关系的，应适当补偿养父母在收养期间所支出的生活费和教育费。但是，若养父母虐待、遗弃养子女，生父母不得不提出解除收养关系的，由于养父母自身存在过错，养父母就无权要求生父母补偿在收养期间对养子女所支出的生活费和教育费。

【案例分析】

案情

刘彩霞，女，1992年7月8日生，现住黑龙江省哈尔滨市某区。

刘青霞，女，1998年6月23日生，住址同上。

刘彩霞和刘青霞是亲姐妹，她们的母亲孙文华于2003年8月13日因病去世，她们的父亲在2002年11月7日的一场交通事故中死亡。刘彩霞姐妹俩在父母去世后，暂时和70多岁的爷爷奶奶在黑龙江生活。除了爷爷奶奶外，刘彩霞的外公孙某已经80多岁，和刘彩霞的姨妈孙丽华在新疆生活。由于爷爷奶奶年纪大，没有能力照顾刘彩霞姐妹俩，家住北京的刘彩霞的舅舅孙强提出将刘彩霞过继过来抚养。孙强已经有一个19岁的儿子。刘彩霞的爷爷奶奶也同意将刘彩霞过继给孙强抚养。

请问：本案例中，孙强是否具备收养刘彩霞的条件，应从哪几个方面考虑？

解析

孙强收养刘彩霞的问题应该考虑收养人、被收养人和送养人三方的条件。

从收养人的条件来看，孙强作为刘彩霞的亲舅舅，收养的是三代以内同辈旁系血亲——亲妹妹的子女，根据《收养法》第7条第1款规定，收养三代以内同辈旁系血亲的子女，可以不受该法第3条第3项、第5条第3项、第9条和被收养人不满14周岁的限制。因此，该收养应当视为特殊收养，不受“无子女”条件的限制。

从被收养人的条件来看，根据《收养法》第11条规定，收养年满10周岁以上未成年人的，应当征得被收养人的同意。本案中被收养人年满10周岁，因此，应征得被收养人的同意。

从送养人的条件来看，《收养法》第13条规定，监护人送养未成年孤儿的，须征得有抚养义务的人同意。孙强收养刘彩霞，在刘彩霞的监护人即刘彩霞的爷爷奶奶同意送养的情况下，还必须征得刘彩霞的外祖父同意。

符合上述条件，孙强对刘彩霞的收养才是合法的。

【思考与练习】

名词解释

收养　寄养　收养人　被收养人　送养人　事实收养关系

选择题

1. 甲幼年时为张某收养，甲结婚后与张某夫妇不和，张某夫妇解除了与甲的收养关系。张某夫妇膝下无子，年老体衰，生活困难。张某夫妇要求甲承担

赡养义务，遭甲拒绝，为此引起纠纷，以下表述正确的是（ ）

A. 甲不承担赡养义务，因为解除收养关系是张某夫妇提出的

B. 甲不承担赡养义务，因为甲与张某夫妇的收养关系已经解除

C. 甲应承担赡养义务，因为张某夫妇生活困难

D. 甲应承担赡养义务，因为负有道义义务

2. 1992 年李某收养了王某（2 岁），一直共同生活。1995 年李某因病去世，1996 年王某的生父母亦相继去世。下列有关此案的表述正确的是（ ）

A. 1995 年李某因病去世，王某与其生父母的权利义务关系自行恢复

B. 1995 年李某因病去世，王某与其生父母的权利义务关系不能自行恢复

C. 王某有权继承其生父母的遗产

D. 王某无权继承其生父母的遗产

问答题

1. 简述收养的概念和特征。

2.《收养法》规定的一般收养和特殊收养的条件有哪些？

3. 试述收养成立的程序。

4. 什么是事实收养？如何认定和对待事实收养？

5. 试述解除收养的条件和程序。

案例分析题

2006 年 1 月 26 日晚，16 岁的阿明驾驶一辆两轮摩托车搭载两个小孩在大埔县茶阳镇某村村道上行驶。由于车速过快，摩托车高速撞向了正在散步的行人张华，50 岁的张华当场死亡。警方查明，阿明无证驾套牌车且超载，应负事故的主要责任。

据调查，死者张华没有配偶、子女，3 岁时父亲死亡，母亲刘某改嫁，经刘某同意张华跟随叔父张军生活。张军把他当儿子抚养直到他独立生活。张华还作为张军的同一家庭成员进行了户籍登记，当地村委会也出具证明证实张华与张军长期共同生活的事实。

在本案当中，张军与张华的收养关系能否确认？刘某能够主张有关张华死亡赔偿的权利吗？

第八章　祖孙关系和兄弟姐妹关系

【导学】

本章主要学习祖孙之间的权利义务和兄弟姐妹之间的权利义务。本章重点：特定条件下的祖孙之间、兄弟姐妹之间的权利和义务。本章难点：准确理解祖孙之间、兄弟姐妹之间权利义务产生的法律依据。

一、祖孙关系

（一）祖孙关系概述

祖孙关系是指祖父母、外祖父母与孙子女、外孙子女之间的关系。祖孙关系是隔代直系血亲关系，仅次于父母子女关系，祖孙关系是亲属关系的重要组成部分。本章所称的祖孙关系主要包括祖父母、外祖父母与孙子女、外孙子女之间的抚养、赡养义务关系。对此，《婚姻法》和《继承法》都作了相应的规定。

一般情况下，子女由父母抚养，父母由子女赡养，祖孙之间不发生权利义务关系。但是，在特定条件下，他们之间产生抚养、赡养义务关系。

世界各国对祖孙之间的权利义务关系均有规定，但规定的具体内容不尽一致。有些国家不仅将祖孙列为扶养之列，而且还规定了具体的扶养顺序。如瑞士、日本、前苏联等国都规定了祖孙间的法律关系。一般情况下，以未成年的孙子女、外孙子女作为权利人，祖父母、外祖父母作为义务人或以成年的孙子女、外孙子女为义务人，祖父母、外祖父母为权利人。但是祖孙之间的扶养不是无条件的，许多国家规定了享受权利方一般是未成年人或者是丧失劳动能力、生活贫困有扶养之需的老年人，而承担义务方须有足够的物质条件。

《婚姻法》第 28 条规定："有负担能力的祖父母、外祖父母，对于父母已经死亡或父母无力抚养的未成年的孙子女、外孙子女，有抚养的义务。有负担能力的孙子女、外孙子女，对于子女已经死亡或子女无力赡养的祖父母、外祖父母，有赡养的义务。”同时，《继承法》第10条也明确规定，祖父母、外祖父母为第二顺序继承人。

（二）祖孙之间的权利和义务

1. 祖父母、外祖父母对孙子女、外孙子女的抚养义务

根据《婚姻法》的规定，祖孙之间互负抚养、赡养义务是有条件的，与父母子女之间无条件负有抚养、赡养义务是不同的。

祖父母、外祖父母抚养孙子女、外孙子女的条件：

⑴ 祖父母、外祖父母有负担能力。有负担能力是指以自己的劳动收入和其他收入满足需要扶养的配偶、未成年的亲生子女、未成年的养子女、有扶养关系的继子女、不能独立生活的成年子女（包括自然血亲的子女、养子女、有扶养关系的继子女）、需要赡养的父母等人的合理生活、教育、医疗等需要后仍有剩余的祖父母和外祖父母的经济能力。

如果祖父母或外祖父母中数人均有负担能力，则应根据他们的经济情况共同分担。祖父母、外祖父母除了有负担能力外，还须有监护能力，能够亲自履行监护义务，只有这样，才能保证孙子女、外孙子女的健康成长。

⑵ 孙子女、外孙子女的父母已经死亡或父母无力抚养。这里的死亡包括自然死亡和宣告死亡。《民法通则》规定，孙子女、外孙子女的父母死亡后，有负担能力的祖父母、外祖父母可以担任孙子女、外孙子女的监护人，由他们承担抚养教育孙子女、外孙子女的义务。

另外，依据《收养法》的规定，收养人应该有抚养教育被收养人的能力，因此在对父母无力抚养的解释方面不应该包括养父母无力抚养养子女的情况，但是在养父母收养成立时有抚养教育被收养人的能力，而在以后的生活过程中因某种原因全部或部分丧失抚养教育能力的情况下，仍适用此条件。

⑶ 孙子女、外孙子女未成年。未成年是指未满18周岁。孙子女、外孙子女未满18周岁，没有收入来源，不能独立生活，有负担能力的祖父母、外祖父母才对他们有抚养和教育的义务。依照《民法通则》的规定，已满16周岁不满18周岁，以自己的劳动收入为主要生活来源的，视为完全民事行为能力人；对于视为完全民事行为能力人，尽管其未满18周岁，祖父母、外祖父母对其也没有抚养义务。

以上三个条件必须同时具备，才产生祖父母、外祖父母对孙子女、外孙子女的抚养义务。祖父母、外祖父母对孙子女、外孙子女的抚养义务，不以共同生活为必要条件。所以，祖父母、外祖父母对孙子女、外孙子女的抚养义务是

平等的。如果他们都有负担能力，孙子女、外孙子女出现了法律规定的需要他们抚养的情况，则应视他们为同一顺序义务人。为了避免互相推诿或互相争夺的现象，确保未成年的孙子女、外孙子女的健康成长，祖父母、外祖父母应合理分担抚养责任。

2. 孙子女、外孙子女对祖父母、外祖父母的赡养义务

《婚姻法》规定，有负担能力的孙子女、外孙子女，对于子女已经死亡或子女无力赡养的祖父母、外祖父母，有赡养的义务。这种赡养义务，也是在一定条件下发生的。

(1) 孙子女、外孙子女有负担能力。有负担能力是指孙子女、外孙子女同时具备赡养祖父母、外祖父母的经济条件和监护能力。经济条件即以自己的合法收入减去满足自己及其子女的合理需求的开支后仍有剩余，该剩余尚能维持祖父母、外祖父母的基本生活需求。有监护能力则要求孙子女、外孙子女的身体状况符合亲自履行监护义务的条件，如果孙子女、外孙子女中数人均有负担能力，则应根据他们的具体情况共同负担。

(2) 祖父母、外祖父母的子女已经死亡或子女无力赡养。无力赡养是指赡养义务人不能以自己的收入全部或部分满足相对人合理的生活、教育、医疗等需要。此处所称的赡养仅指孙子女、外孙子女根据自己的剩余财产情况为祖父母、外祖父母给付全部或部分生活费、医疗费等金钱或生活物品。

(3) 祖父母、外祖父母是需要赡养的人。对此，学者们有不同的认识。从《婚姻法》的立法精神来看，只有祖父母、外祖父母是需要赡养的人时，孙子女、外孙子女才有可能承担赡养义务。

孙子女、外孙子女对祖父母、外祖父母赡养义务的产生，要求必须同时具备以上三个条件。孙子女、外孙子女对祖父母、外祖父母的赡养义务也是平等的，也不以共同生活为必要条件。

从以上法律规定的条件来看，祖孙间的抚养、赡养是处在抚养、赡养义务的第二位，具有对父母子女抚养、赡养义务的补位性质。当祖孙间抚养、赡养义务依法产生后，抚养、赡养义务人应自觉履行。否则，受抚养人或赡养权利人有权要求相对人履行义务，人民法院依权利人的请求，也可强制义务人履行义务。

3. 祖孙之间的遗产继承权

祖孙之间的遗产继承权是指祖孙之间有相互继承遗产的权利。《继承法》第10条规定，祖父母、外祖父母是第二顺序法定继承人。当没有第一顺序法定继承人或第一顺序继承人丧失继承权或者放弃继承权时，祖父母、外祖父母可以继承孙子女、外孙子女的遗产。

孙子女、外孙子女虽然不是祖父母、外祖父母的法定继承人，但是，当孙子女、外孙子女在其父母先于祖父母、外祖父母死亡时，他们可以作为代位继承人，继承祖父母、外祖父母的遗产。

（三）祖孙之间履行义务的方式和途径

1. 祖孙之间履行义务的方式可灵活选择

关于抚养或赡养的方式，《婚姻法》没有作专门规定，只规定对不履行抚养或赡养义务的人，权利人有要求其履行义务的权利。一般来说，抚养或赡养的方式主要有以下两种：一是通过共同生活的方式进行实际抚养或赡养，即被抚养人或被赡养人与抚养义务人或赡养义务人共同居住在一起，由后者直接抚养或赡养；二是通过给付抚养费或赡养费、探视、扶助等方式来履行抚养义务或赡养义务。

2. 祖孙之间履行义务的途径

祖孙之间履行义务的途径主要是协商。抚养义务人或赡养义务人在履行抚养义务或赡养义务时，应当同被抚养人或被赡养人就履行义务的程序、履行义务的具体方式等进行协商，达成抚养协议或赡养协议，协商一致达成的协议对双方当事人均具有约束力。如果当事人之间达不成协议，则可以请求人民法院通过判决来确定权利和义务。抚养或赡养协议达成后或者人民法院的判决生效后，当事人的经济负担能力和生活状况往往会出现一些新的变化，此时，如果仍然要求当事人按照原有的协议或者判决来履行，可能会使义务人的利益受到损害，因此，当事人可以通过一定的途径来变更抚养权或赡养权。

二、兄弟姐妹关系

（一）兄弟姐妹关系概述

兄弟姐妹关系是指兄弟姐妹之间在特定条件下依法形成的扶养关系和财产继承关系。

兄弟姐妹包括同父同母兄弟姐妹、同父异母或者同母异父兄弟姐妹、养兄弟姐妹、有事实扶养关系的继兄弟姐妹。兄弟姐妹是血缘最近的直系血亲，一般情况下没有法定的扶养义务。但在特殊情况下，他们也会产生法律上的扶养义务关系。《婚姻法》第 29 条规定："有负担能力的兄、姐，对于父母已经死亡或父母无力抚养的未成年的弟、妹，有扶养的义务。由兄、姐扶养长大的有负担能力的弟、妹，对于缺乏劳动能力又缺乏生活来源的兄、姐，有扶养的义务。”根据上述规定，兄弟姐妹之间的扶养义务是有条件的。

（二）兄弟姐妹之间的权利和义务

兄弟姐妹之间的权利和义务主要体现在扶养权和继承权方面。从世界各国的立法看，多数国家未规定兄弟姐妹间具有法律上的权利和义务。但也有一些国家如日本、瑞士等国规定了兄弟姐妹间互负扶养义务。无论是全血缘或半血缘兄弟姐妹、婚生或非婚生兄弟姐妹、养兄弟姐妹或形成扶养关系的继兄弟姐妹间均有互相扶养之义务。

根据《婚姻法》第29条的规定，有负担能力的兄、姐，对于父母已经死亡或父母无力抚养的未成年的弟、妹，有扶养的义务。由此可见，这种扶养义务是有条件的。

1. 兄、姐对弟、妹的扶养义务

(1) 兄、姐有负担能力。此处的负担能力既包括经济能力，也包括监护能力，只有同时具备相应的经济条件和监护能力，才能真正尽到扶养义务。如果兄、姐中数人均有负担能力，则应根据他们的经济情况共同负担。

(2) 父母已经死亡或父母无力抚养。父母是未成年人的第一抚养义务人，兄、姐则是对父母子女间抚养义务的补充。只有在父母均已死亡或双方均失去劳动能力时，有负担能力的兄、姐才有扶养未成年弟、妹的义务。

(3) 弟、妹未成年。弟、妹未成年是指弟、妹未满18周岁。弟、妹包括亲弟、妹（包括同父母的弟、妹，同父异母或同母异父的弟、妹），养弟、妹，有扶养关系的继弟、妹。弟、妹尚未成年，缺乏生存能力，必须依靠成年亲属的扶助才能生存。在这种情况下，作为与未成年人最密切的亲属的兄、姐，应当承担对未成年弟、妹的扶养、教育义务。如某一未成年人既有有负担能力的祖父母、外祖父母，又有有负担能力的兄、姐，他们应该处于同等的地位，由他们根据自己的经济情况共同负担。

2. 弟、妹对兄、姐的扶养义务

(1) 弟、妹由兄、姐扶养长大。弟、妹由兄、姐扶养长大即表明在弟、妹未成年时，父母已经死亡或父母无抚养能力，兄、姐对弟、妹的成长尽了扶养义务。如果弟、妹是由父母或其他人抚养成人的，则兄、姐无权要求弟、妹对其承担扶养义务，这样的规定也符合权利义务一致的原则。只有兄、姐对弟、妹曾经尽过扶养教育的职责，兄、姐才能享受被弟、妹扶养的权利。

(2) 弟、妹有负担能力。即弟、妹有相应的经济实力，指弟、妹除了能维持自己家庭的正常生活需要之外，还略有节余，尚有一定的能力帮助兄、姐。

(3) 兄、姐缺乏劳动能力又缺乏生活来源。缺乏劳动能力既包括劳动能力的明显不足或衰退，也包括丧失劳动能力。缺乏生活来源既包括维持生存所必需的生活费用和用品的不足，也包括丧失生活来源。如果兄、姐虽缺乏劳动能力但并不缺少经济来源，如受到他人经济上的捐助或自己有可供生活的积蓄的，则不产生弟、妹的扶养义务。同时，如果兄、姐虽缺少生活来源，但有劳动能力，兄、姐可通过自己的劳动换取生活来源；在此情况下，弟、妹亦无扶养兄、姐的义务。需要说明的是，《婚姻法》确立的这一条件与1984年最高人民法院的司法解释所规定的条件有所差异。该司法解释规定的是兄、姐“丧失劳动能力、孤独无依”，《婚姻法》规定的是“缺乏劳动能力又缺乏生活来源”。首先，“缺乏劳动能力”比“丧失劳动能力”的范围要宽，这使兄、姐更容易获得被扶养的机会。其次，“缺乏生活来源”比“孤独无依”的涵盖面更宽。如兄、姐的配偶尚在，很难说是“孤独无依”，而“缺乏生活来源”是指兄、姐的配偶尚在但缺少生活来源，此时也能得到弟、妹的扶养。

兄弟姐妹之间的扶养义务是在父母法定抚养义务基础之上产生的，这种义务是补充性的义务，应以自己的生活条件没有严重恶化为条件。如果因此而严重影响弟妹履行抚养（或赡养）第一顺序法定继承人的义务的，则与《婚姻法》的立法精神不符，此时，义务人可通过协商方式停止扶养。

(4) 兄、姐没有第一顺序扶养义务人或第一顺序扶养义务人没有扶养能力。如兄、姐没有配偶、子女，或兄、姐的配偶、子女已经死亡或配偶、子女没有扶养能力。如果兄、姐的配偶尚在或有子女且有扶养能力，应由这些第一顺序的义务人承担扶养义务或赡养义务。

3. 兄弟姐妹之间的遗产继承权

根据《继承法》第10条的规定，兄弟姐妹为第二顺序法定继承人。在没有第一顺序继承人或第一顺序继承人丧失、放弃继承权时，兄弟姐妹之间可以相互继承遗产。同时，《继承法》第14条还规定，在第一顺序继承人存在的情况下，兄弟姐妹如属于依靠被继承人扶养的缺乏劳动能力又没有生活来源的人，或者对被继承人扶养较多的人，仍可酌情分得一定份额的遗产。

【案例分析】

案情[①]

王某有一儿一女，儿子王长河，孙子王威；女儿王长风外嫁他乡，有女马林。王威现年 30 岁，任某私企老板，年收入 10 万元以上；马林现年 26 岁，务农。2000 年 5 月 20 日，王长河因病去世。王某因年老无劳动能力又无生活来源，便向王威提出了赡养要求。王威则认为，王某的赡养义务应由其女儿王长风履行，拒接了王某的赡养要求。人民法院经审理认为王长风作为出嫁女，有赡养父母的义务，同时也有赡养王某的能力，应当承担对王某的赡养责任。王威作为第二顺序赡养义务人，在王某第一顺序赡养义务人王长风存在且有赡养能力的情况下，不应当承担对王某的赡养义务。遂判决驳回了王某要求王威支付赡养费的诉讼请求。

解析

本案中，王威对王某没有赡养的义务，人民法院驳回王某诉讼请求的判决是正确的。根据《婚姻法》的有关规定，孙子女、外孙子女对祖父母、外祖父母承担赡养义务的条件是：①孙子女、外孙子女须有赡养能力。如果孙子女、外孙子女没有成年或者已经成年但其收入尚不足以维持本人的正常生活，就不能要求其承担相应的法律责任。②被赡养人确有困难需要被赡养。祖孙之间赡养关系的形成必须建立在一方确实有困难的基础上，如果被赡养人有一定的经济收入或经济来源，完全能负担自身的生活所需，就不能要求孙子女、外孙子女来承担其赡养义务。③被赡养人的子女已经死亡或无赡养能力。对被赡养人的赡养义务，首先应由其成年子女来履行。子女在成年后死亡或者丧失赡养能力，无法赡养其父母时，孙子女、外孙子女的赡养义务才产生，其对祖父母、外祖父母的赡养义务是第二位的。

本案中，王某有一女儿，其女儿又具有赡养能力，对其的赡养义务应由其女儿履行，而不应由王威履行。只有在其女儿王长风死亡或丧失赡养能力的情况下，孙子王威才负有对王某的赡养义务。

---

① 范李瑛. 婚姻家庭继承法案例教程. 北京：北京大学出版社，2004. 95～96

【思考与练习】

选择题

弟、妹对兄、姐承担扶养义务，应当具备的条件是（ ）

A. 弟、妹有负担能力

B. 弟、妹由兄、姐扶养长大

C. 兄、姐丧失劳动能力

D. 兄、姐无其他生活来源

问答题

1. 我国法律对祖父母、外祖父母对孙子女、外孙子女的抚养义务是如何规定的?

2. 试述兄、姐对弟、妹的扶养义务的条件。

案例分析题

何某与何妻均在南方某海运公司工作，双方有一个儿子何生。1991 年，在一次海难中，何妻丧生，何某虽然幸存，但也因身体多病而提前退休。当时双方共有存款 5 万元，同时单位发给抚恤金 1 万元。除儿子外，何某还有一位 60 岁的退休母亲费某。而何妻是孤儿，没有任何亲属。面对只有 12 岁的孙子何生，费某承担起抚养孙子的义务。后来何某去世，费某强忍着眼泪对何生说："你爸妈的遗产全部归你，我一分也不要。"当时费某将自己应得的 2 万元以何生的名义存进银行。此后费某省吃俭用，将孙子带大成人，并帮助孙子成家立业。但长年的劳累加之失去儿子、儿媳，费某终于病倒了，老人的生活也越来越拮据。为了不影响孙子的幸福，在条件许可的情况下，费某向孙子何生提出将其存在何生名下的 2 万元作为自己的生活费。但在孙媳妇的挑拨下，何生认为，自己在法律上只有赡养父母的义务而没有赡养祖母的责任。

面对这样的孙子，费某向法院起诉，要求何某归还自己放弃的遗产，并依法承担对自己的赡养义务。

问：本案该如何处理?

第九章 离婚制度

【导学】

夫妻以终生共同生活为目的缔结婚姻关系，但婚姻的双方当事人终究是两个独立的个体，若因一方死亡或婚姻关系已经无可挽回，应当设置相应程序上和实体上的权利义务，以便为当事人提供法律上的救济。本章以离婚制度为研究对象，探讨离婚的形成条件、程序、离婚时的救济模式以及离婚的后果，以便对婚姻行为进行引导、确认、调控和规范。本章重点：登记离婚的程序和条件、离婚的法律后果。本章难点：被撤销死亡宣告后婚姻的情形、离婚时的经济补偿、经济帮助和损害赔偿。

一、婚姻终止概述

（一）婚姻终止的概念和原因

婚姻终止是指婚姻关系因发生一定的法律事实而归于消灭。产生婚姻终止的法律事实一般包括两种情形：一是配偶一方死亡（包括宣告死亡）；二是夫妻双方离婚。

1. 因配偶死亡而终止的婚姻

配偶死亡分两种情形：一是配偶一方自然死亡；二是配偶一方宣告死亡。婚姻关系是一种特殊的人身关系，以配偶一方的生命存在为前提，配偶死亡必然引起婚姻关系终止的后果，死亡方式不同，婚姻终止的后果也迥异。

(1) 婚姻因配偶自然死亡而终止。配偶一方自然死亡，主体之一消灭，无共同生活的可能，夫妻之间的权利义务无法实现，婚姻关系自然终止。依照《民法通则》第 9 条规定，自然人的权利能力始于出生，终于死亡。死者不再具有民事权利能力，显然就不再具备包括婚姻关系在内的民事法律关系的主体资格，婚姻关系随一方死亡而消灭。

(2) 婚姻因配偶宣告死亡而终止。宣告死亡也会产生婚姻终止的法律后果。宣告死亡是指由人民法院经利害关系人的申请，依审判程序宣告下落不明达一定期限的公民死亡的法律制度。人民法院宣告死亡之日即婚姻终止之时。被宣告死亡人是法律推定死亡，是否实际死亡并不确定。如果发现被宣告死亡的人仍然在世，则应当撤销死亡宣告。《民事诉讼法》第169条明确规定："被宣告失踪、宣告死亡的公民重新出现，经本人或者利害关系人申请，人民法院应当作出新判决，撤销原判决。"因此，撤销死亡宣告对婚姻关系产生的影响主要表现为以下两个方面：

首先，被撤销死亡宣告的人与其配偶之间的婚姻关系是否恢复。《民法通则若干问题的意见》第37条规定："被宣告死亡的人与配偶的婚姻关系，自死亡宣告之日起消灭。死亡宣告被人民法院撤销，如果其配偶尚未再婚的，夫妻关系从撤销死亡宣告之日起自行恢复；如果其配偶再婚后又离婚或者再婚后配偶又死亡的，则不得认定夫妻关系自行恢复。"根据上述规定，被撤销死亡宣告的人与其配偶之间的婚姻关系又可以分为以下三种情形（如表9–1）：

表9–1　被撤销死亡宣告的人与其配偶间的婚姻关系

具体情形	法律后果
生存的配偶一方尚未再婚的	婚姻关系自行恢复
在死亡宣告后生存的配偶一方已经合法再婚的	夫妻关系不会自行恢复
在死亡宣告后生存的配偶一方再婚后又离婚或者再婚后配偶又死亡的	夫妻关系不会自行恢复

第一，死亡宣告撤销后，生存的配偶一方尚未再婚的，夫妻关系自撤销死亡宣告之日起自行恢复。死亡宣告撤销裁定对婚姻关系有溯及力，一旦死亡宣告裁定作出，其效力溯及死亡宣告之日，原配偶双方不必另行办理复婚登记，婚姻关系自行恢复。

第二，死亡宣告撤销后，生存一方已经合法再婚的，原婚姻关系确定消灭，不会自行恢复。

第三，死亡宣告撤销后，生存一方再婚后又离婚或者再婚后配偶又死亡的，原婚姻关系确定消灭，原夫妻关系不会自行恢复。

其次，被撤销死亡宣告的人在死亡宣告后与他人结婚是否构成重婚。重婚是指有配偶而与他人结婚。我国法律规定死亡宣告导致婚姻关系当然消灭，因此，一旦宣告死亡，被宣告死亡的人与其配偶的婚姻关系自宣告死亡之日起消灭，则被宣告死亡一方在死亡宣告期间，未经离婚但婚姻关系已经消灭，因此，其与他人结婚，显然无从构成重婚。

2. 因离婚而终止的婚姻

（1）离婚的概念。离婚又称婚姻的解除，是指夫妻一方或者双方依照法律规定解除婚姻关系的法律行为。它有下列基本特征：

第一，离婚的主体只能是夫妻双方本人。具有合法夫妻身份的男女双方方可作出离婚请求。离婚是对夫妻双方当事人身份的变更，应当体现夫妻双方本人的意志。因此，离婚的请求只能由本人提出，他人不得代理。无论是双方协商登记离婚或诉讼离婚，双方都必须亲自到场表达请求离婚的意思表示，不可以特别授权他人代为办理离婚手续。

第二，离婚必须在双方生存期间方可进行。夫妻一方死亡（包括宣告死亡），婚姻关系自然终止，无须依离婚程序解除婚姻关系。

第三，离婚必须符合法律规定的条件，履行法律规定的程序。婚姻关系一旦有效成立，当事人不能随意解除。法律一方面保障离婚的自由，另一方面不能听任当事人随意解除，不经法定程序的离婚无效。

第四，离婚的前提是存在合法的婚姻关系。离婚行为的对象是合法有效的婚姻，凡是不符合结婚要件成立的违法婚姻，存在着实质或者程序上的违法的情况，如以欺骗等手段取得结婚证的，只能宣告该婚姻关系无效或撤销，不能按离婚办理。

第五，离婚将产生一系列人身上、财产上的法律后果。离婚将导致夫妻人身关系的解除，还将引起夫妻财产关系的消灭，从而产生夫妻共同财产的分割、婚姻期间所负债务的清偿、经济帮助、离婚损害赔偿等。离婚甚至对第三人的人身关系和财产关系产生影响，如未成年子女的抚养、探望，姻亲关系的变化等。

（2）离婚的分类。从不同角度可以对离婚作如下分类：

第一，单意离婚与合意离婚。这是以双方当事人对离婚的态度作出的一种分类。单意离婚是一方要求的离婚，另一方不同意离婚。合意离婚是指双方自愿离婚。合意离婚一般可以通过行政离婚的途径解决，但单意离婚只能通过诉讼途径解决。

第二，行政离婚与诉讼离婚。依据离婚的法定程序可以将离婚分为行政离婚和诉讼离婚。行政离婚又称登记离婚，是指符合法定条件的合意离婚，当事人向主管行政机关申请离婚登记，经批准而解除婚姻关系。诉讼离婚即是婚姻当事人向人民法院提起离婚诉讼，经法院依诉讼程序调解离婚或判决准予离婚。

第三，协议离婚与判决离婚。这是从解除离婚关系的方式所作的分类。协议离婚是指基于夫妻双方自愿离婚，或经行政登记程序，或经诉讼程序调解达成离婚协议而实现的离婚。判决离婚是指当事人提起离婚诉讼，经法官调解无效时，由人民法院以判决的形式准予离婚。

（二）离婚制度的历史沿革

离婚作为一种法律制度，是一个历史的范畴，它与社会形态的变迁相适应，既受到社会物质生产条件及生产关系的制约，同时又受到文化、政治、法律、宗教、道德、习俗等诸多因素的影响，因此，离婚制度在不同的民族、区域、历史时期都会表现出不同的性质和特点。

1. 中国离婚制度的变迁

我国从奴隶社会至封建社会经历了数千年，在古代宗法家庭主义制度下，离婚制度以维护夫权、父权、族权为中心的家长制为宗旨，形成了男性专权离婚、女性限制与剥夺离婚权的离婚制度。“夫有出妻之礼，妻无弃夫之条”，离婚成为丈夫或者夫家的专权，丈夫可以休妻，夫家可以弃妇，但妻子往往只能从一而终，没有选择离婚的权利。因此，中国古代将离婚方式称为“休妻”、“去妻”、“弃妻”、“黜妻”、“休弃”等。根据离婚的理由，可以分为以下七种方式：

(1) 七出。“七出”又称“七弃”，是指礼法规定的丈夫“出妻”、夫家“出妇”的七条理由。《唐律疏义》记载：“七出者，依令：一无子，二淫佚，三不事舅姑，四口舌，五盗窃，六妒忌，七恶疾。”“无子，为其绝世也”，妻子的生育功能是其最大的价值，延续夫家香火是作为妻子的最大的责任，妻不生子视为不孝，如果不能生子，应当休弃。“淫，为其乱族也。”封建伦理当中夫家的血统非常重要，妻子如与他人通奸，乱夫家的血统，这绝对是对封建伦理最严重的挑战，是绝对不能容忍的，“淫”成为休弃的充分理由。“不事舅姑”是指儿媳不孝敬公婆，公婆可命儿子休妻。“口舌”是指违背女子“三从四德”中“妇言”的要求，如果妻子多嘴多舌、搬弄是非、挑拨离间，影响了夫家亲属关系的和睦，妨碍夫家宗族关系，理应被休。“盗窃，为其反义也。”“盗窃”是指妻子未经家长许可擅自动用家庭财产，将财物付与娘家亲属或外人。在古代，妻子对夫家财产没有处分权，擅自处分夫家财产，夫可将其休弃。“妒”是指嫉妒，妻妾必须相安和谐，维护家庭的和睦关系，如有忌妒之心，则破坏家庭和谐，将成为被夫所休弃的理由。“恶疾”即妻子如果染上麻风等恶疾，影响夫妻正常生活，又影响下一代的血统质量，则应休弃。

“七出”成为唐律及以后封建法律明确规定的离婚制度的内容。妇女一旦触犯“七出”的任何一条，将成为男子休妻的合法依据，丈夫可写成休书，邀请男女双方近亲、近邻和见证人一同署名，即可休妻。

“七出”是以男子为本位，设定可以休妻的理由。古代同时以“三不去”对“七出”作出限制，即“经持舅姑之丧不去”、“有所受无所归不去”、“娶时贱后贵不去”。《大清现行刑律》规定：“凡妻无应出之条及于无义绝之状而出之者处八等罚。虽犯七出，有三不去而出之者减二等，追还完聚。”整个封建离婚制度是以男子宗族本位为核心，“七出”之条规定了丈夫或夫家在婚姻关系的地位，维护男子和夫家在婚姻家庭关系当中的主导地位。

(2) 和离。和离即合意离婚，就是指夫妻通过协议的方式离婚。《唐律》规定：“若夫妻不相安谐而和离者，不坐。”明清将其改为“两愿离”，但由于当时历史、道德、文化的限制，妇女的弱势经济地位和从一而终的道德观，使和离不可能成为妻子主动选择离婚的方式。离与不离主动权仍然在夫家或丈夫手中。

(3) 义绝。义绝是我国古代所特有的一种强制离婚制度。如夫妻之间、夫妻一方与他方的特定亲属、双方特定亲属间发生令夫妻情断义绝的事件，经官司处断之后，便可认为义绝，强迫离婚。汉代，班昭在《女诫》中就说：“夫为夫妇者义以和亲……恩义俱废，夫妇离矣。”唐律疏议及宋刑统解释的义绝情形有五种：①夫殴妻之祖父母、父母及杀妻外祖父母、伯叔父母、兄弟、姑、姊妹；②夫妻祖父母、父母、外祖父母、伯叔父母、儿弟、姑、姊妹自相杀；③妻殴夫之祖父母、父母，杀伤夫外祖父母、伯叔父母、兄弟、妯、姊妹；④妻与夫之缌麻以上亲、夫与妻母奸；⑤妻欲害夫者。虽会赦，皆为义绝。

如果夫妻义绝，但不依断离婚者，要受到处罚。《唐律》规定：“诸犯义绝者离之，违者徒一年。”《大清现行刑律》规定：“若犯义绝应离而不离者，亦处八等罚。”

义绝与出妻不同，出妻是于礼于律可出，但未必出；义绝是于礼于律可出而且必出。义绝是封建统治阶级根据封建道德伦理对婚姻关系的直接干预。

2. 国民党时期的离婚制度

国民党政府于 1930 年 12 月 26 日颁布《民法典·亲属编》，规定两种离婚方式，即两愿离婚与判决离婚。

(1) 两愿离婚。《民法典·亲属编》第 1049 条规定：“夫妻两愿离婚者，得自行离婚，但未成年人应得法定代理人之同意。”两愿离婚的形式要件在第 1050 条规定为：“两愿离婚应以书面为之，有二人以上证人之签名。”

(2) 判决离婚。该法对判决离婚的法定理由采取列举主义，列举了判决离婚的“十大理由”：重婚、通奸、虐待、恶意遗弃、杀害他方、不治之恶疾、重大不治之精神疾病、生死不明逾 3 年、被处 3 年以上徒刑、死刑或者不名誉犯罪被处徒刑。后来增加了重大事由难以维持婚姻，双方或无责一方可以请求离婚。

3. 新中国离婚制度的发展

1950 年《婚姻法》作为新中国第一部重要法律，吸收了革命时期的婚姻法经验，根据新中国成立初期的社会情况和婚姻家庭状况，对离婚问题作了明确、具体的规定。

（1）确定婚姻自由、男女平等为基本原则，确定夫妻双方平等的离婚自由权。

（2）确认登记离婚和诉讼离婚的双轨制。

（3）抛弃以过错原则为实质内容的列举主义立法模式，对离婚理由不作具体说明，只概括规定“男女双方自愿离婚的，准予离婚”。男女一方坚决要求离婚的，经人民政府和司法机关调解无效时，准予离婚。

（4）注意保护妇女的合法权益，规定女方怀孕期内和分娩后一年内，男方不得提出离婚，男方要求离婚，须于女方分娩一年后，始得提出。同时，强化了离婚时男方在财产方面的责任，减轻女方的负担。

（5）保护未成年子女的合法权益，对离婚后子女的抚养问题作了强制性的明确规定，将夫妻双方离婚自由的权利与其应承担的法律义务统一起来。

十一届三中全会后，我国社会思想、文化、经济走向变革、发展的新时期，对婚姻法的指导思想也有所改变。随着经济、文化等因素的影响，立法机关对《婚姻法》进行了两次大的修改。1980 年立法机关对 1950 年《婚姻法》进行了修正。确立了“夫妻感情确已破裂，调解无效”准予离婚的概括性原则，确立了抽象的破裂离婚主义，并对离婚后果方面作了完善。2000 年 4 月 28 日，立法机关又根据社会发展的需要，主要针对离婚条件、程序和法律后果进行了部分修正。随着我国经济的飞速发展，社会的各种制度、思想和道德理念也发生了巨大的变化，离婚制度面临更多新问题、新要求的挑战。

（三）我国现行《婚姻法》的指导思想

根据 2001 年我国修正后的《婚姻法》及其他涉及离婚问题的法律、法规和司法解释，可以概括《婚姻法》的指导思想为保障离婚自由、反对轻率离婚。

保障离婚自由是婚姻关系的本质和内在的客观要求。在社会主义社会，婚姻一方面是男女双方基于一定客观条件精神感情产生的结果，但由于精神感情建立在物质条件不断发展变化的基础上，必然也处于发展、变化的动态之中，因此，随着夫妻感情的变化，可能导致夫妻关系恶化，使婚姻走向死亡，丧失其社会价值和意义。因此，离婚自由与结婚自由一样，同属于婚姻自由不可缺少的组成部分。保障离婚自由，进而充分保障婚姻自由，对改善婚姻家庭关系，维护社会稳定，推动社会文明和进步有着十分重要的意义。

婚姻关系的状况，既对当事人产生影响，又对子女、家庭以至社会都会有深远的影响。所以，在保障离婚自由的同时，必须强调反对轻率离婚。轻率离婚是指婚姻关系的当事人以轻率的态度对待婚姻，在夫妻感情尚未破裂的情况下，滥用离婚自由权利，随意要求解除婚姻关系。马克思在《论离婚法草案》中指出："婚姻不能听从已婚者的任性，相反地，已婚者的任性应该服从婚姻的本质。""离婚仅仅是对下面这一事实的确定：某一婚姻已经死亡，它的存在仅仅是一种外表和骗局。不用说，既不是立法者的任性，也不是私人的任性，而每次都只是事物的本质来决定婚姻是否已经死亡。"

保障离婚自由是许可夫妻感情确已破裂、且不可恢复的婚姻关系解除，是对死亡婚姻采取的迫不得已的措施。对感情尚未破裂的婚姻关系或者可以恢复的婚姻关系，婚姻当事人应该认真对待，婚姻登记机关、人民法院也要慎重对待，否则就背弃了保障离婚自由的本意。

二、登记离婚

（一）登记离婚概述

登记离婚亦称双方自愿离婚，指夫妻双方自愿离婚，并就离婚的法律后果达成协议，经过有关部门认可即可解除婚姻关系。在我国，又习惯称之为协议离婚、两愿离婚、合意离婚，也有称之为行政离婚。一般登记离婚指的是经过行政登记程序离婚，经过法院调解而协议离婚的不属于登记离婚，因此，本节使用登记离婚一词，以区别于经过法院程序而形成的调解离婚的情形。

在我国，双方自愿离婚的可依法登记离婚。主管部门对双方的离婚申请依法审查后，符合法律规定的应准予登记。《婚姻法》第31条规定："男女双方自愿离婚的，准予离婚。双方须到婚姻登记机关申请离婚。婚姻登记机关查明双方确实是自愿并对子女和财产问题已有适当处理时，发给离婚证。"协议离婚以双方当事人自愿并达成协议为前提，体现了当事人婚姻意思自治的现代法治精神。这种离婚方式手续简便，节省时间和费用，有利于保护彼此的隐私，避免感情受到进一步的伤害，易于形成更有利于双方的离婚协议，有利于离婚协议的自愿履行。所以，这种离婚方式已越来越多地为离婚者所采纳。但是，这一离婚方式过于方便和自由，也容易造成轻率离婚。离婚程序的方便使更多当事人更容易滥用离婚自由的权利，导致易结易离。而且离婚协议内容任由当事人决定，导致恶意一方配偶利用离婚协议来索取财物或推卸责任。正因为此，欧美国家大多不承认登记离婚，要求离婚必须经过诉讼程序。一些承认登记离婚的国家对登记离婚的条件也进行了必要的限制，以杜绝其弊。《婚姻法》既然承认登记离婚，就应当对登记离婚有所限制，防止轻率离婚。

（二）登记离婚的条件

登记离婚应当具备以下条件：

1. 男女双方须是办理结婚登记有合法配偶身份的夫妻

离婚行为具有人身属性，只能由具有夫妻身份的当事人本人进行，任何人都不能代替一方或双方去登记离婚。依照《婚姻登记条例》第 12 条第 3 款规定，办理离婚登记的当事人，结婚登记不是在中国内地办理的，婚姻登记管理机关不予受理。对于事实婚姻和同居关系，离婚登记机关不予受理登记离婚申请。

2. 当事人双方是自愿离婚

当事人双方自愿离婚是登记离婚的首要条件，自愿离婚包括以下两层意思：

（1）双方当事人为有完全民事行为能力的人。离婚是重要的民事法律行为，具备完全民事行为能力的双方当事人，方能作出有效的离婚意思表示。因而依照《婚姻登记条例》第 12 条第 2 款规定，属于无民事行为能力人或者限制民事行为能力人的，婚姻登记管理机关不予受理。对于夫妻一方为无民事行为能力人或限制行为能力人的离婚，应依诉讼程序，并由其法定代理人代理诉讼。

（2）双方当事人是自愿离婚，达成离婚合意。双方不仅要作出愿意离婚的意思表示，而且其意思表示必须是真实的，一方不得欺骗或胁迫另一方。

3. 双方必须对子女抚养和财产问题达成协议

离婚不仅使夫妻双方婚姻关系解除，还涉及子女问题（如子女抚养权、子女生活费和教育费的负担、不直接抚养子女方探望权的行使）、财产问题（如财产的分割、债务的清偿、对离婚后生活困难方的经济帮助、离婚损害赔偿）等问题。因此，离婚协议不仅要有离婚的合意，而且还要有离婚后果方面的协议，协议的内容应当有利于保护妇女和子女的合法权益。如果当事人仅有离婚的合意，对离婚的后果有争议，则必须通过诉讼途径解决离婚问题。

（三）登记离婚的程序

离婚登记必须到婚姻登记管理机关办理登记手续，取得离婚证才能解除婚姻关系。根据《婚姻登记条例》的规定，离婚登记在程序上必须经过申请、审查、登记三个步骤。

1. 申请

《婚姻登记条例》第10条规定："内地居民自愿离婚的，男女双方应当共同到一方当事人常住户口婚姻登记管理机关申请离婚登记。"该条例第11条规定："申请时，应持下列证件和证明：本人户口证明、身份证；离婚协议书；结婚证。"离婚协议书应写明双方当事人的离婚意思表示、子女抚养、夫妻一方生活困难的经济帮助、财产及债务处理等协议事项。

2. 审查

婚姻登记管理机关对当事人的离婚申请，根据《婚姻法》及《婚姻登记条例》的规定进行严格的审查。审查内容包括以下两个方面。首先，审查当事人感情是否确已破裂。婚姻登记机关依据既保障离婚自由又反对轻率离婚的原则，对当事人进行引导调解和说服教育，尽可能地挽救可以挽回的婚姻。其次，对感情确已破裂、坚决要求离婚的当事人，审查以下几项内容：①当事人持有的证明、证件是否齐全、真实；②是否符合登记离婚的法定条件；③离婚协议书的内容有无虚假、欺骗情况；④对于子女抚养教育、财产处理是否合法。婚姻登记管理机关经过审查，对符合登记离婚条件的当事人当场予以登记。

3. 登记

婚姻登记机关经过审查，发现申请离婚登记的当事人有下列情形之一的，不应受理：①一方要求离婚的；②双方要求离婚，但是对子女抚养、夫妻一方生活困难的经济帮助、财产及债务处理等事项未达成协议的；③一方或者双方当事人为限制民事行为能力或者无民事行为能力的；④未办理过结婚登记的。

对符合《婚姻法》和《婚姻登记条例》的离婚条件的，准予离婚。《婚姻登记条例》第13条规定："当事人确属自愿离婚，并已对子女抚养、财产、债务等问题达成一致处理意见的，应当当场予以登记，注销结婚证，发给离婚证。"离婚证是证明婚姻关系已经解除的具有法律效力的证件，由民政部统一制定，省、自治区、直辖市人民政府统一印制，由县、省辖市或不设区的市人民政府加盖印章。当事人从取得离婚证起，夫妻关系解除。

三、诉讼离婚

（一）诉讼离婚的概念及特征

诉讼离婚是指婚姻当事人对离婚或离婚后子女抚养或财产清算等问题不能

达成一致意见，由一方当事人向人民法院起诉，经人民法院调解，判决离婚的一种制度。依照《婚姻法》第32条规定，男女一方要求离婚的，可由有关部门进行调解或直接向人民法院提出离婚诉讼。人民法院审理离婚案件，应当进行调解；如感情确已破裂，调解无效，应准予离婚。

诉讼离婚的特征是：

(1) 诉讼离婚由一方当事人提出。这种情况一般由一方当事人提出离婚，而且必须由婚姻当事人本人提起，非婚姻当事人不得提出。

(2) 诉讼离婚是存在争议的离婚。诉讼离婚是针对离婚过程中存在的争议而提出的离婚。具体表现为：首先是离婚双方对离婚本身存在着争议，一方要求离婚，另一个不同意离婚的情况；其次是双方均同意离婚但对离婚后果不能达成一致意见，包括子女问题和财产问题；再次是双方对离婚本身或离婚的后果没有异议，但双方的婚姻本身不符合登记离婚的情况，无法进行登记离婚。对上述三种情况，离婚只能通过诉讼方式解决。

(3) 诉讼离婚只有人民法院才能受理。人民法院审理离婚案件，一般在正式审理之前应当先进行调解，如果调解不成则可依审判职权对争议问题进行实体上判决。

(二) 诉讼外调解

诉讼外调解是指对夫妻一方要求离婚的，在自主自愿的基础上，先经当事人所在单位、群众团体、居民委员会或村民委员会、婚姻登记机关等有关部门主持就维持或解除婚姻关系及其连带法律问题达成协议的纠纷解决方式。

诉讼外调解不是当事人离婚的必经程序，不具有法律强制性，婚姻当事人可以自主选择是否先经过诉讼外调解程序，可以自主选择主持调解的机关，诉讼外调解不影响婚姻当事人直接向人民法院提出离婚诉讼。我国民间自古就有调解处理民事纠纷的习惯，由于熟悉的长者或单位对当事人比较了解，调解有助于妥善解决婚姻矛盾，增进夫妻感情，改善夫妻关系，或者对夫妻离婚协议进行中立协调，使纠纷不经过诉讼程序得到合理的解决。

诉讼外调解的结果一般有三种可能：①双方和好，维持婚姻；②经过调解，达成离婚协议，当事人向婚姻登记管理机关办理离婚登记手续；③调解无效，双方未能就离婚及相关问题达成协议，要求离婚的一方向人民法院提起离婚诉讼。

（三）离婚的诉讼程序

1. 诉讼与管辖

离婚诉讼案件管辖的一般原则是“原告就被告”，即原则上应由被告住所地人民法院管辖。被告住所地和经常居住地不一致的，由经常居住地人民法院管辖。依照《民事诉讼法》第23条规定，下列民事诉讼由原告住所地人民法院管辖：①对不在中华人民共和国领域内居住的人提起的有关身份关系的诉讼；②对下落不明或宣告失踪人提起的有关身份关系的诉讼；③对被劳动教养的人提起的诉讼；④对被监禁的人提起的诉讼。

此外，根据《最高人民法院关于适用〈中华人民共和国民事诉讼法〉若干问题的意见》第11条至第16条规定，又分为以下9种情况：

（1）夫妻一方离开住所地超过1年，另一方起诉离婚的案件，由原告住所地人民法院管辖。

（2）夫妻双方离开住所地超过1年，一方起诉离婚的案件，由被告经常居住地人民法院管辖。

（3）没有经常居住地的，由原告起诉时居住地的人民法院管辖。

（4）非军人对军人提出的离婚诉讼，如果军人一方为非文职军人，由原告住所地人民法院管辖。

（5）离婚诉讼双方当事人都是军人的，由被告住所地或者被告所在的团级以上单位驻地的人民法院管辖。

（6）在国内结婚并定居国外的华侨，如定居国法院以离婚诉讼须由婚姻缔结地法院管辖为由不予受理，当事人向人民法院提出离婚诉讼的，由婚姻缔结地或一方在国内的最后居住地人民法院管辖。

（7）在国外结婚并定居国外的华侨，如定居国法院以离婚诉讼须由户籍所属国法院管辖为由不予受理，当事人向人民法院提出离婚诉讼的，由一方原住所地或在国内的最后居住地人民法院管辖。

（8）中国公民一方居住在国外，一方居住在国内，不论哪一方向人民法院提起离婚诉讼，国内住所地的人民法院都有权管辖，如国外一方在居住地人民法院起诉，国内一方向人民法院起诉的，受诉人民法院有权管辖。

（9）中国公民双方在国外但未定居，一方向人民法院起诉离婚的，应由原告或者被告原住所地的人民法院管辖。

2. 诉讼中的调解

《婚姻法》第32条第2款规定：“人民法院审理离婚案件，应当进行调解；如感情确已破裂，调解无效，应准予离婚。”调解是人民法院审理离婚案件的必经程序，由于其发生在诉讼过程中，所以也叫诉讼内调解。诉讼过程中进行调解，一般有三种结果：

(1) 调解后双方当事人和好，原告撤诉，诉讼终结。

(2) 双方当事人达成离婚协议，人民法院按协议制作离婚调解书，调解书送达后，即发生法律效力，婚姻关系自此解除。

(3) 调解无效，应立即进入下一诉讼程序。

离婚诉讼中的调解是人民法院行使国家审判权的一种方式，与审判结合进行。自法院受理案件始至判决之时止，法院均可以主动进行调解，甚至可以提出调解方案，促成当事人双方形成调解协议。调解程序不仅可以防止轻率离婚，而且有利于调解协议的执行，减少法院的执行工作量，减少恢复社会正常秩序的成本。人民法院调解应坚持自愿、合法的原则，必须理清事实，分清双方的责任，进行说服教育工作，促进当事人互谅互让，促成和好或达成离婚协议。

3. 审理与判决

人民法院审理离婚案件的审理过程有三大特点：

首先，有完全民事行为能力的当事人应当本人出庭，确因特殊情况无法出庭的，必须向人民法院提交书面意见；对于无民事行为能力人或限制民事行为能力人的离婚案件，一定要有法定代理人或指定代理人代为参加诉讼。如果法定代理人不愿出庭，人民法院应当说服动员他们出庭，法定代理人仍不出庭的，可征询其意见，在查清事实的基础上，依法判决。

其次，法庭审理可公开进行，也可不公开进行。由于离婚案件不同程度地涉及当事人的隐私，如当事人申请不公开审理的，可以不公开审理，但判决必须公开。

最后，离婚案件一方当事人在诉讼过程中死亡的，双方当事人的关系即自然消灭，离婚诉讼已没有实际意义，人民法院应当终结诉讼。对于调解无效的离婚案件，人民法院应根据事实和法律，作出是否离婚的判决，一旦判决离婚，则须对财产分割、子女抚养等问题一并处理。

（四）离婚诉权的限制（如图 9–1 所示）

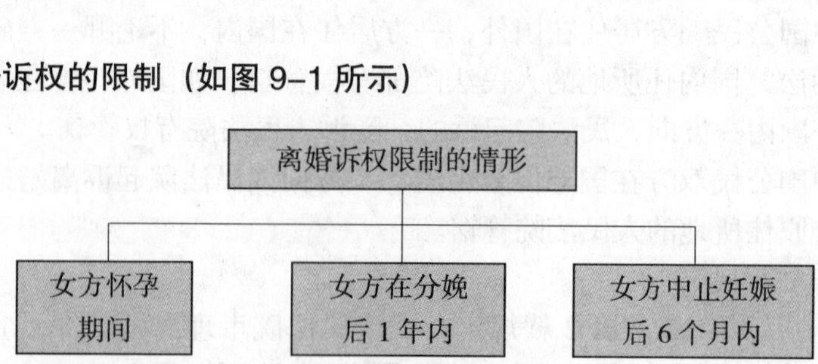

图 9–1　离婚诉权的限制

1. 对男方离婚请求权的特别限制

《婚姻法》第 34 条规定："女方在怀孕期间、分娩后一年内或中止妊娠后六个月内，男方不得提出离婚。女方提出离婚的，或人民法院认为确有必要受理男方离婚请求的，不在此限。"本条适用范围包括三种情况：

(1) 女方怀孕期间。

(2) 女方在分娩后 1 年内。

(3) 女方中止妊娠后 6 个月内，中止妊娠包括自然流产和人工流产。

本条规定的立法本意主要是为了保护妇女和子女的合法权益，在一定期间内对男方离婚请求权的一种限制。如果允许男方在上述期间提出离婚，势必给女方在精神上带来沉重的打击，不但不利于女方的身心健康，也不利于胎儿、婴儿的成长发育。本条限制的是男方的诉权，并不涉及实体权利，如果男方不知或不顾女方处于上述期间的情况，提出离婚诉求的，人民法院并不对实体问题进行处理，而是直接驳回起诉。

该限制有两个特点：

第一，该条并不限制女方的诉权。女方在此期间提出离婚的，不受此限制。因为女方在此期间提出离婚，说明本人对离婚已有思想准备，表明她认为离婚才更利于保护自己和子女的利益，如不及时受理，可能对女方、婴儿都不利，所以不应加以限制。

第二，人民法院认为"确有必要"应当理解为，一是双方确实存在不能继续共同生活的重大情由，二是女方怀孕确系因与他人通奸所致，女方也不否认，夫妻感情确已破裂。"确有必要"与否由法官依据案件的具体情况综合考虑。

2. 对不准离婚和调解和好的离婚限制

对于离婚案件凡判决不准离婚或调解和好的，没有新情况、新理由，原告在 6 个月内不得重新起诉离婚，被告则不受上述期间的限制。依照《民事诉讼法》第 111 条第 7 款规定，判决不准离婚和调解和好的离婚案件，没有新情况、新理由，原告在 6 个月内又起诉的，不予受理。该规定首先是为了防止"缠讼"现象发生，防止当事人的离婚请求今天被驳回明天又起诉；其次也是给当事人冷静的机会，使他们有时间慎重思考自己的感情状况，评判自己的婚姻，以挽救感情尚未真正破裂的婚姻。上述规定有两个特点：首先，其前提是没有新情况、新理由，如果出现新情况、新理由，婚姻状况本质发生了变化，也应当受理原告诉讼请求；其次，该规定仅针对原离婚诉讼的原告，不针对被告，被告可以在判决之后随即起诉。

3. 现役军人的配偶要求离婚的特别限制规定

《婚姻法》第 33 条规定："现役军人的配偶要求离婚，须得军人同意，但军人一方有重大过错的除外。”这是《婚姻法》对现役军人的配偶的离婚权利的限制，体现了对军人婚姻给予的特殊保护。对于该条主要应从以下三个方面进行理解：首先，何谓现役军人？现役军人的范围是指中国人民解放军具有军籍的干部和战士、人民武装警察部队具有警籍的干部和战士，既包括武职人员，也包括文职人员。但退伍、复员、转业、离退休的军人不属于现役军人。其次，该条限制现役军人的配偶为非军人。本条只适用于非军人一方向现役军人提出离婚诉讼情形，即原告是非军人，被告是现役军人。第三，何谓军人“重大过错”？“重大过错”包括以下三种情形：

(1) 重婚或与他人同居的。

(2) 实施家庭暴力或虐待、遗弃家庭成员的。

(3) 有赌博、吸毒等恶习屡教不改的。

该规定在程序上限制了现役军人配偶的诉权。对现役军人的婚姻，评判标准就不仅仅是破裂主义，在军人一方不同意离婚的情况下，仅在现役军人违反法定婚姻义务的情况下，法院方可判决离婚。

(五) 判决离婚的法定标准

1. 《婚姻法》准予离婚的法定情形

《婚姻法》第 32 条规定：“……如感情确已破裂，调解无效，应准予离婚”。2001 年《婚姻法》明确将“夫妻感情确已破裂，调解无效”作为准予离婚的法定标准。该规定包括两个方面，一是夫妻感情确已破裂，二是经调解无效。两者是不可分割的有机统一整体。

《婚姻法》规定离婚的法定标准有以下的特点：首先，从离婚标准的实质内容分析，奉行完全破裂的原则，也就是说，如果夫妻感情确已破裂，调解无效应准予离婚，如果夫妻感情没有破裂或者没有完全破裂，即使调解无效，也不准予离婚。其次，该破裂原则是积极破裂原则。根据离婚权利自由的原则，在离婚当中有过错的一方也有权利主张离婚。离婚是对死亡婚姻的矫正和救济，不能以准许或不准许作为惩罚婚姻当中过错方的方式。《适用婚姻法解释(一)》中规定，人民法院审理离婚案件，对符合《婚姻法》第 32 条第 2 款规定“准予离婚”的情形的，不应当因当事人有过错而判决不准离婚。最后，该破裂原则有彻底的无因性，判决夫妻感情是否破裂不探寻夫妻感情破裂的原因，只根据当事人主观判断是否感情确已破裂来作为评判是否离婚的标准。

2. 《婚姻法》规定离婚的具体认定依据

《婚姻法》既有抽象概括的离婚立法模式，又规定了具体列举的规范。依照《婚姻法》第 32 条规定，有下列情形之一，调解无效的，应准予离婚：

(1) 重婚或有配偶者与他人同居的。

(2) 实施家庭暴力或虐待、遗弃家庭成员的。

(3) 有赌博、吸毒等恶习屡教不改的。

(4) 因感情不和分居满二年的。

(5) 其他导致夫妻感情破裂的情形。一方被宣告失踪，另一方提出离婚诉讼的，应准予离婚。人民法院审理离婚案件，准予或不准离婚应以夫妻感情是否确已破裂作为区分的界限。

依据《关于人民法院审理离婚案件如何认定夫妻感情确已破裂的若干具体意见》，有下列情形的，可以作为法院判决离婚的依据：

(1) 一方患有法定禁止结婚疾病的，或一方有生理缺陷，或其他原因不能发生性行为，且难以治愈的。

(2) 婚前缺乏了解，草率结婚，婚后未建立起夫妻感情，难以共同生活的。

(3) 婚前隐瞒了精神病，婚后经治不愈，或者婚前知道对方患有精神病而与其结婚，或一方在夫妻共同生活期间患精神病，久治不愈的。

(4) 一方欺骗对方，或者在结婚登记时弄虚作假，骗取"结婚证"的。

(5) 双方办理结婚登记后，未同居生活，无和好可能的。

(6) 包办、买卖婚姻，婚后一方随即提出离婚，或者虽共同生活多年，但确未建立起夫妻感情的。

(7) 因感情不和分居已满 3 年，确无和好可能的，或者经人民法院判决不准离婚后又分居满 1 年，互不履行夫妻义务的。

(8) 一方与他人通奸、非法同居，经教育仍无悔改表现，无过错一方起诉离婚，或者过错方起诉离婚，对方不同意离婚，经批评教育、处分，或在人民法院判决不准离婚后，过错方又起诉离婚，确无和好可能的。

(9) 一方重婚，对方提出离婚的。

(10) 一方好逸恶劳，有赌博等恶习，不履行家庭义务，屡教不改，夫妻难以共同生活的。

(11) 一方被依法判处长期徒刑，或其违法、犯罪行为严重伤害夫妻感情的。

(12) 受对方的虐待、遗弃，或者受对方亲属虐待，或虐待对方亲属，经教育不改，另一方不谅解的。

(13) 一方下落不明满二年，对方起诉离婚，经公告查找确无下落的。

(14) 因其他原因导致夫妻感情确已破裂的。

判断夫妻感情是否确已破裂，应当从婚姻基础、婚后感情、离婚原因、夫妻关系的现状和有无和好的可能等方面综合分析。根据《婚姻法》和有关的司法解释，如果属于《婚姻法》第 32 条规定的四种情况，法院应当判决离婚。如果属于《关于人民法院审理离婚案件如何认定夫妻感情确已破裂的若干具体意见》规定的情况，法官可以根据分析，自由心证，判断夫妻感情是否确已破裂，如一方坚决要求离婚，经调解无效，可依法判决准予离婚。

四、离婚的法律后果

离婚的法律后果即离婚的效力，指离婚导致结婚产生的权利义务消灭，从而引起离婚双方的身份关系、财产关系、子女抚养关系的一系列权利义务的变化。

根据《婚姻法》的规定，离婚效力产生于登记离婚或者诉讼离婚之后，具体时间以离婚登记生效之日或者法院准予离婚判决书生效之日或者调解离婚调解书生效之日为准，离婚的效力不溯及既往。

（一）离婚在身份法上的效力

1. 夫妻身份终止

自离婚之日始，婚姻关系终止，双方不再互为配偶，基于夫妻身份关系而发生的姻亲关系、权利义务关系终止。

2. 夫妻同居义务终止

我国《婚姻法》虽然没有对夫妻同居义务作明文规定，但同居义务是夫妻关系内涵之一。当婚姻关系因离婚终止时，双方当事人共同生活的基础已不复存在，同居义务也就自然终止。

3. 夫妻间扶养义务终止

《婚姻法》第 20 条规定：“夫妻有互相扶养的义务。一方不履行扶养义务时，需要扶养的一方，有要求对方付给扶养费的权利。”按照上述规定，夫妻在婚后有互相扶养的义务。一旦离婚，夫妻关系消灭，夫妻间的相互扶养义务也就自然终止。

4. 夫妻间继承权消灭

根据《婚姻法》第 24 条的规定，夫妻有相互继承遗产的权利。夫妻与父母和子女同属于第一顺序继承人，彼此有相互继承遗产的权利。一旦夫妻关系消灭，继承权利在离婚效力产生之日起自然消灭。

5. 双方当事人均享有再婚的权利

《婚姻法》实行一夫一妻原则，已婚者不得再行结婚。离婚是婚姻关系的合法解除，当事人在离婚之后的婚姻状态变成离异，再次成为没有配偶的人，双方因此享有再婚的权利。

(二) 离婚在财产法上的效力

1. 夫妻共同财产的分割

男女由于缔结夫妻关系而在生活中形成了财产关系。离婚导致夫妻关系终止，因而需要对财产关系进行处理。由于离婚时夫妻财产关系问题涉及社会的方方面面，影响深远，除《婚姻法》本身对它进行规定外，最高人民法院出台了多部解释对其作进一步阐释，其中包括《离婚案件财产分割意见》、《适用婚姻法解释（一)》、《适用婚姻法解释（二)》等。

(1) 明确共同财产的范围。在进行夫妻共同财产分割之前，首先必须确定夫妻共同财产的范围，将其与夫妻个人财产、家庭财产、其他家庭成员财产区分。

第一，夫妻共同财产的确定。根据《婚姻法》第17条、第18条、第19条之规定，夫妻在婚姻关系存续期间所得的财产，除约定财产和个人财产外，其他的在婚姻关系存续期间所得的下列财产，归夫妻共同所有，具体包括：①工资、奖金；②生产、经营的收益；③知识产权的收益；④继承或赠与所得的财产，但该法第18条第3款规定的除外；⑤其他应当归共同所有的财产。

第二，夫妻个人财产的确定。除夫妻以约定形式确定的个人财产外，根据《婚姻法》第18条及有关司法解释的规定，夫妻一方的婚前财产和婚后所得的特有财产为夫妻一方的个人财产。

第三，家庭财产的区分。家庭财产是指家庭成员各自所有财产及个体家庭成员或部分家庭成员共同所有财产的总和。家庭财产的外延、范围要比夫妻共同所有的财产广泛得多，它既包括夫妻个人所有的财产、夫妻双方共同所有的财产，也包括夫妻以外其他家庭成员个人所有的财产以及全体家庭成员共同所有的财产。如家庭未成年子女通过继承、获赠、人身赔偿金等方式所得的财产，可以视为家庭共有财产，但不属于夫妻共同财产；或者以整个家庭为单位所得的收益，应视为家庭共有财产，也不属于夫妻共同财产。夫妻离婚需要先进行析产，将夫妻共同财产从家庭财产当中分离出来，单独作为离婚时处分的对象，进行共同财产分割。

(2) 共同财产分割的原则与方法。《婚姻法》规定，离婚时，夫妻的共同财产由双方协议处理；协议不成时，由人民法院根据财产的具体情况，按照照顾子女和女方权益的原则判决。夫妻共同财产分割，只要不损害国家、集体和他人的利益，双方当事人可以根据意思自治原则自由协商。如当事人协商不成，为使共同财产能够合情合理地分配，法律和司法解释确定的分割原则是：

男女平等；保护女方、未成年子女权益；照顾无过错方；有利生产，方便生活。

第一，男女平等原则。男女平等是《婚姻法》的基本原则，也体现在夫妻共同财产分配上。在夫妻关系存续期间表现为双方均有对共同财产的使用、处分权利，在离婚时双方有平等分割共同财产的权利。只要属于夫妻共同财产，不论性别差异，不论收入高低，不论财产是由哪一方占有，不论财产是由哪一方创造，双方都有平等分割共同财产的权利。特别要注意对农村女方平等权利的保护。农村妇女在离婚后对田地、宅基地、自留地等家庭土地承包经营、使用中的权利，不能因为女方离婚就剥夺、限制其应有的权利。

第二，保护妇女、子女权益原则。男女平等原则并不意味着男女平均分配。从性别的角度来看，女性平均获得社会资源的能力总是比男性差。为了确保女性不因为经济问题而影响离婚自由权利的行使，同时防止女性由于离婚分割共同财产而导致生活水平明显下降，给女性、未成年子女，甚至给社会带来负担，在分割共同财产时需照顾女方，并要保护未成年子女的合法权益。

第三，照顾无过错方原则。离婚是以感情破裂为原则，不问感情破裂的责任归咎何方。但对于因一方的过错而引起的离婚，在分割共同财产时要照顾无过错方。所谓过错是指一方有通奸、姘居、重婚、实施家庭暴力、虐待和遗弃等违反婚姻义务和有悖于社会善良风俗的行为。

第四，有利于当事人的生产、生活原则。分割共同财产时需要考虑是否有利于生产和生活，尽量维护财产的使用价值和经济价值，如对一方工作、职业需要的工具、参考书，应分割给需要的一方；有特殊价值的财产，分割时应考虑其对一方的特殊价值意义；对共同经营、承包的项目，应分割给有经营经验和经营能力的一方。对生活必需品分割时要考虑当事人、子女的实际需要。

离婚时，双方对共同财产的处理协商不成的，由人民法院本着前述原则，运用实物分割、价金分割、价格补偿等方法分割。具体如下：

第一，实物分割即双方各自取得应得的份额，要在不影响财产的功效、价值、用途的前提下进行分割。

第二，价金分割即将共有物变卖，双方分割取得的价金。主要用于共同物不能实物分割或者分割后降低其价值与用途时。

第三，价格补偿，即共有物归一方所有，对另一方应得的部分补偿相当价金。

《离婚案件财产分割意见》第 13 条规定："对不宜分割使用的夫妻共有的房屋，应根据双方住房情况和照顾抚养子女或无过错方等原则分给一方所有。分得房屋的一方对另一方应给予相当于该房屋一半价值的补偿。"这一条体现了价格补偿的原则。

(3) 特殊财产的分割方法。《适用婚姻法解释（二)》第10条至第18条规定了一些特殊财产的分割方法，其中包括住房补贴、住房公积金、养老保险金、破产安置补偿费、知识产权的收益、军人的伤亡保险金、军人的伤残补助金、军人的医药生活补助费、军人的复员费、军人的自主择业费、股票、债券、投资基金份额等有价证券、公司股东权益、合伙企业股东权益、私营企业股东权益等特殊财产的分配。具体如下：

第一，《适用婚姻法解释（二)》第11条规定：“婚姻关系存续期间，下列财产属于婚姻法第十七条规定的其他应当归共同所有的财产：（一）一方以个人财产投资取得的收益；（二）男女双方实际取得或者应当取得的住房补贴、住房公积金；（三）男女双方实际取得或者应当取得的养老保险金、破产安置补偿费。”该条规定将个人财产投资的收益、已取得或应取得的住房补贴、住房公积金、养老保险金、破产安置补偿费都视为夫妻共同财产。随着我国经济的发展，收入不再是工资奖金的组合，上述收入已经成为收入的重要组成成分，该司法解释是对新时代收入的组成成分的进一步阐述。

第二，《适用婚姻法解释（二)》第12条规定，《婚姻法》第17条第3款规定的知识产权的收益是指婚姻关系存续期间，实际取得或者已经明确可以取得的财产性收益。知识产权的收益一直是比较有争议的问题，由于知识产权收益时间具有长期性和不确定性，因此，司法解释明确将其定位在实际取得或者明确可以取得这个范围内。

第三，《适用婚姻法解释（二)》第13条规定，伤亡保险金、伤残补助金、医药生活补助费属于个人财产。该解释同时规定，人民法院审理离婚案件，涉及分割发放到军人名下的复员费、自主择业费等一次性费用的，以夫妻婚姻关系存续年限乘以年平均值，所得数额为夫妻共同财产。前款所称年平均值是指将发放到军人名下的上述费用总额按具体年限均分得出的数额。其具体年限为人均寿命70岁与军人入伍时实际年龄的差额。司法解释规定与军人人身有关的伤亡、伤残所产生的补偿性收益归军人各人所有。军人服役所产生的复员费、自主择业费由于是军人付出的劳动所得，将其视为军人退役后终生保障。分割此类财产时，应以军人配偶与军人共同生活的时间乘以平均数（平均数为军人每年平均的保障费用）为夫妻共同财产。

第四，《适用婚姻法解释（二)》针对夫妻在各种类型企业的投资作出了规定。股票、股权等形式的投资成为社会普通的资金存在形式，司法解释为上述现象作出了规定。具体分为：

其一，对股份公司的股票而言，由于该财产性质不具有人身特征，可以自由转让和分割。《适用婚姻法解释（二)》第15条规定，夫妻双方分割共同财产中的股票、债券、投资基金份额等有价证券以及未上市股份有限公司股份时，协商不成或者按市价分配有困难的，人民法院可以根据数量按比例分配。

其二，对有限公司的出资，《适用婚姻法解释（二）》第16条规定，人民法院审理离婚案件，涉及分割夫妻共同财产中以一方名义在有限责任公司的出资额，另一方不是该公司股东的，按以下情形分别处理：（一）夫妻双方协商一致将出资额部分或者全部转让给该股东的配偶，过半数股东同意、其他股东明确表示放弃优先购买权的，该股东的配偶可以成为该公司股东；（二）夫妻双方就出资额转让份额和转让价格等事项协商一致后，过半数股东不同意转让，但愿意以同等价格购买该出资额的，人民法院可以对转让出资所得财产进行分割。过半数股东不同意转让，也不愿意以同等价格购买该出资额的，视为其同意转让，该股东的配偶可以成为该公司股东。用于证明前款规定的过半数股东同意的证据，可以是股东会决议，也可以是当事人通过其他合法途径取得的股东的书面声明材料。

其三，对合伙企业的股份来说，《适用婚姻法解释（二）》第17条规定，人民法院审理离婚案件，涉及分割夫妻共同财产中以一方名义在合伙企业中的出资，另一方不是该企业合伙人的，当夫妻双方协商一致，将其合伙企业中的财产份额全部或者部分转让给对方时，按以下情形分别处理：①其他合伙人一致同意的，该配偶依法取得合伙人地位；②其他合伙人不同意转让，在同等条件下行使优先受让权的，可以对转让所得的财产进行分割；③其他合伙人不同意转让，也不行使优先受让权，但同意该合伙人退伙或者退还部分财产份额的，可以对退还的财产进行分割；④其他合伙人既不同意转让，也不行使优先受让权，又不同意该合伙人退伙或者退还部分财产份额的，视为全体合伙人同意转让，该配偶依法取得合伙人地位。

其四，对独资企业，《适用婚姻法解释（二）》第18条规定，夫妻以一方名义投资设立独资企业的，人民法院分割夫妻在该独资企业中的共同财产时，应当按照以下情形分别处理：①一方主张经营该企业的，对企业资产进行评估后，由取得企业一方给予另一方相应的补偿；②双方均主张经营该企业的，在双方竞价基础上，由取得企业的一方给予另一方相应的补偿；③双方均不愿意经营该企业的，按照《个人独资企业法》等有关规定办理。

2. 离婚时的债务清偿

离婚时债务的清偿包括共同债务的清偿和个人债务的清偿，《婚姻法》对此均有明确的规定。

（1）共同债务的清偿。离婚时原为夫妻共同生活所负的债务，应当共同偿还。共同财产不足清偿的，或财产归各自所有的，由双方协议清偿；协议不成时，由人民法院判决。夫妻在分配夫妻共有财产之前，应当先清偿夫妻共同债务。夫妻的共同债务，应由夫妻共同偿还。如果夫妻共同财产尚不足以清偿债务的，应当先将共同财产清偿之后，对剩余债务协议清偿；协议不成，由法院判决。夫妻如果在离婚时，仅对夫妻共同财产进行分配，并没有妥善处置夫妻共同债务，即使已经进行共同财产分割，双方也不能免除清偿债务的责任。

当事人的离婚协议或者人民法院的判决书、裁定书、调解书已经对夫妻财产分割问题作出处理的，债权人仍有权就夫妻共同债务向男女双方主张权利。一方就共同债务承担连带清偿责任后，基于离婚协议或者人民法院的法律文书向另一方主张追偿的，人民法院应当支持。

在实践当中出现一些共同债务的实际情况，《适用婚姻法解释（二）》与《离婚案件财产分割意见》均有一些具体的规定。

第一，债权人就一方婚前所负个人债务向债务人的配偶主张权利的，人民法院不予支持，但债权人能够证明所负债务用于婚后家庭共同生活的除外。离婚一方婚前所借的债务不属于夫妻共同债务，但如果离婚一方所借的债务是用于婚后家庭共同生活的，则视为夫妻共同债务，需要以共同财产进行清偿。

第二，债权人就婚姻关系存续期间夫妻一方以个人名义所负债务主张权利的，应当按夫妻共同债务处理，但夫妻一方能够证明债权人与债务人明确约定为个人债务，或者能够证明属于《婚姻法》第 19 条第 3 款规定情形的除外。夫妻在婚姻关系存续期间借的债务一般情况都视为夫妻共同债务，但如果借款人与债权人明确约定为个人债务，或债权人明知夫妻之间是实行分别财产制，则该债务就不视为共同债务。

第三，夫妻为共同生活或为履行抚养、赡养义务等所负债务，应认定为夫妻共同债务，离婚时应当以夫妻共同财产清偿。夫妻个人债务不包括为共同生活所借的债务，也不包括为抚养和赡养所借贷的债务，此三类债务均须作为夫妻共同债务共同承担。

（2）个人债务的清偿。与共同债务相对应，个人债务即为个人所负的债务，是与共同生活无关的债务。《离婚案件财产分割意见》第 17 条规定了不能认定为夫妻共同债务的情况。下列债务不能认定为夫妻共同债务，应由一方以个人财产清偿：

第一，夫妻双方约定由个人负担的债务，但以逃避债务为目的的除外。

第二，一方未经对方同意，擅自资助与其没有抚养义务的亲朋所负的债务。

第三，一方未经对方同意，独自筹资从事经营活动，其收入确未用于共同生活所负的债务。

第四，其他应由个人承担的债务。

主张无偿债义务一方，有举证义务，必须举证证明债权人知道债务人与其之间的约定，或者未经其同意进行借债。

3. 离婚时的经济补偿

夫妻书面约定婚姻关系存续期间所得的财产归各自所有，一方因抚育子女、照料老人、协助另一方工作等付出较多义务的，离婚时有权向另一方请求补偿，另一方应当予以补偿。离婚时的经济补偿适用前提条件是当事人之间采用分别财产制。对夫妻采用婚后所得共同制的，可以在分割夫妻共同财产中，通过照顾付出较多义务一方体现抚育子女、照料老人、协助另一方工作的价值，并无适用经济补偿的必要。离婚时的经济补偿区别于离婚损害赔偿之处在于，离婚时的经济补偿所补偿的对象一方付出较多的家庭义务，离婚损害赔偿赔偿的对象是法定过错行为一方。

享有主张经济补偿的一方为付出家庭义务较多的一方，负有补偿义务的一方是对家庭义务付出较少的一方。至于补偿的数额与方式，由双方协议。如果义务方不予补偿，或者双方对补偿的方式、补偿的数额等问题发生争议，可经诉讼程序由人民法院判决。

4. 离婚时的经济帮助

离婚时，如一方生活困难，另一方应从其住房等个人财产中给予适当帮助，具体办法由双方协议。协议不成时，由人民法院判决。这里所称“一方生活困难”是指依靠个人财产和离婚时分得的财产无法维持当地基本生活水平。一方离婚后没有住处的，属于生活困难。离婚时，一方以个人财产中的住房对生活困难者进行帮助的形式，可以是房屋的居住权或者房屋的所有权。

5. 离婚时的损害赔偿

有下列情形之一，导致离婚的，无过错方有权请求损害赔偿：①重婚的；②有配偶者与他人同居的；③实施家庭暴力的；④虐待、遗弃家庭成员的。《适用婚姻法解释（一）》第28条规定，《婚姻法》第46条规定的“损害赔偿”，包括物质损害赔偿和精神损害赔偿。涉及精神损害赔偿的，适用最高人民法院《关于确定民事侵权精神损害赔偿责任若干问题的解释》（以下简称《民事侵权精神损害赔偿解释》）的有关规定。《适用婚姻法解释（一）》第29条规定，承担婚姻法第46条规定的损害赔偿责任的主体，为离婚诉讼当事人中无过错方的配偶。人民法院判决不准离婚的案件，对于当事人基于《婚姻法》第46条提出的损害赔偿请求，不予支持。在婚姻关系存续期间，当事人不起诉离婚而单独依据该条规定提起损害赔偿请求的，人民法院不予受理。

6. 侵犯夫妻共有财产

对在离婚时有侵犯夫妻共有财产行为的，法律规定了救济途径和惩罚办法。《婚姻法》第 47 条规定，离婚时，一方隐藏、转移、变卖、毁损夫妻共同财产，或伪造债务企图侵占另一方财产的，分割夫妻共同财产时，对隐藏、转移、变卖、毁损夫妻共同财产或伪造债务的一方，可以少分或不分。离婚后，另一方发现有上述行为的，可以向人民法院提起诉讼，请求再次分割夫妻共同财产。人民法院对前款规定的妨害民事诉讼的行为，依照民事诉讼法的规定予以制裁。

（三）离婚在亲子法上的效力

1. 离婚不消除父母子女关系

《婚姻法》第 36 条规定，父母与子女间的关系，不因父母离婚而消除。离婚后，子女无论由父或母直接抚养，仍是父母双方的子女。父母子女关系区别于婚姻关系之处在于，婚姻关系是当事人双方自愿选择的结果，可以根据意思自治而消灭，但父母子女关系是伴随子女出生的法律事实而发生的，这种自然的血亲关系不能人为地解除，也不能随离婚事实而解除。上述规定不仅适用血亲父母离婚后的父母子女关系，同样适用养父母离婚后的养父母子女关系。养父母离婚不解除养父母与养子女之间的权利义务关系，除非离婚时离婚双方与养子女之生父母达成协议，解除收养关系，或变更收养关系。

继父、继母与生母、生父离婚后的继父母子女关系情况较特殊，依具体情况分别适用。首先，继父母与继子女双方没有建立抚养教育关系的，继父母子女间的姻亲关系随生父、生母与继母、继父离婚而消灭；其次，双方已经形成抚养教育关系，在生父、生母与继母、继父离婚时，继子女还没有成年，继母、继父停止抚养继子女的，继父母子女关系自然消灭；再次，生父、生母与继父母、继父离婚时，继子女已经成年，继父母子女关系的身份关系和权利义务关系不因离婚而自然解除，只在继父母或继子女一方或双方依法达成解除继父母子女关系的条件下方可解除。但由继父母养大成人的继子女，在继父母丧失劳动能力、生活困难的情况下，继父母的晚年生活费仍应由其继续承担。

2. 离婚后子女抚养问题

（1）直接抚养权确定。离婚后，父母对于子女仍有抚养和教育的权利和义务。夫妻双方离婚虽然没有改变父母子女的关系，但改变了子女的生活方式。子女从原来一般跟随双方一起生活变成跟随其中一方生活，从而产生了以下的三种可能：第一种，离婚双方均主张对子女的抚养权；第二种，离婚双方均放弃对子女的抚养权；第三种，一方放弃权利一方主张权利。第一种可能会产生积极冲突，第二种可能会出现消极冲突。法律对此作出了下列规定：

第一，两周岁以下的子女。对两周岁以下的子女基本原则都是随母方生活，但在母方患病、不尽抚养义务导致不宜与子女一起生活时可以由父方抚养，或者由双方协议决定。

《婚姻法》第36条第3款规定，离婚后，哺乳期内的子女，以随哺乳的母亲抚养为原则。哺乳期后的子女，如双方因抚养问题发生争执不能达成协议时，由人民法院根据子女的权益和双方的具体情况判决。《子女抚养意见》第1条规定，两周岁以下的子女，一般随母方生活。母方有下列情形之一的，可随父方生活：①患有久治不愈的传染性疾病或其他严重疾病，子女不宜与其共同生活的；②有抚养条件不尽抚养义务，而父方要求子女随其生活的；③因其他原因，子女确实无法随母方生活的。

《子女抚养意见》第2条规定，父母双方协议两周岁以下子女随父方生活，并对子女健康成长无不利影响的，可予准许。

第二，两周岁以上10周岁以下的未成年子女。《子女抚养意见》第3条规定，对两周岁以上未成年的子女，父方和母方均要求随其生活，一方有下列情形之一的，可予优先考虑：①已做绝育手术或因其他原因丧失生育能力的；②子女随其生活时间较长，改变生活环境对子女健康成长明显不利的；③无其他子女，而另一方有其他子女的；④子女随其生活，对子女成长有利，而另一方患有久治不愈的传染性疾病或其他严重疾病，或者有其他不利于子女身心健康的情形，不宜与子女共同生活的。

《子女抚养意见》第4条规定，父方与母方抚养子女的条件基本相同，双方均要求子女与其共同生活，但子女单独随祖父母或外祖父母共同生活多年，且祖父母或外祖父母要求并且有能力帮助子女照顾孙子女或外孙子女的，可作为子女随父或母生活的优先条件予以考虑。

两周岁以上10周岁以下的未成年子女，如果双方均主张子女的抚养权，主要从以下两个方面考虑：其一，从父母角度考虑，有一方已做绝育手术或因其他原因丧失生育能力的，或无其他子女，而另一方有其他子女，可优先获得抚养权；其二，从子女角度考虑，子女随一方生活时间较长的，改变环境重新适应有困难，或有一方有不利于子女成长的情形，按照有利于子女成长的方向考虑。

第三，10周岁以上的未成年子女。《子女抚养意见》第5条规定，父母双方对10周岁以上的未成年子女随父或随母生活发生争执的，应考虑该子女的意见。10周岁以上的未成年人属于限制民事行为能力人，有一定的判断能力，在父母离婚时，应该考虑未成年子女的意见。

第四，继子女与养子女的问题。《子女抚养意见》第13条规定，生父与继母或生母与继父离婚时，对曾受其抚养教育的继子女，继父或继母不同意继续抚养的，仍应由生父母抚养。继父或继母在离婚的时候，有权拒绝继续抚养继子或继女，抚养义务由生父母承担。

《子女抚养意见》第14条规定，《收养法》施行前，夫或妻一方收养的子女，对方未表示反对，并与该子女形成事实收养关系的，离婚后，应由双方负担子女的抚育费；夫或妻一方收养的子女，一方始终反对的，离婚后，应由收养方抚养该子女。关于收养的子女，如果一方离婚前后一直坚持反对收养，在离婚后，由主张收养一方承担。

(2) 离婚后子女抚养费的负担与变更。离婚后，一方抚养的子女，另一方应负担必要的生活费和教育费的一部分或全部，负担费用的多少和期限的长短，由双方协议；协议不成时，由人民法院判决。当抚养费父母协商不成时，抚养费的具体数额《婚姻法》没有具体规定，法院可根据子女的实际需要、父母双方的负担能力和当地的实际生活水平确定。

第一，抚养费数额的确定。一般来讲，有固定收入的，抚育费一般可按其月总收入的20%～30%的比例给付。负担两个以上子女抚育费的，比例可适当提高，但一般不得超过月总收入的50%。无固定收入的，抚育费的数额可依据当年总收入或同行业平均收入，参照上述比例确定。有特殊情况的，可适当提高或降低上述比例。

第二，抚育费给付方式。一般来讲，抚养费应定期给付，有条件的可一次性给付。具体支付方式可以根据实际情况按月、季、年或协商约定其他定期方式。对一方无经济收入或者下落不明的，可用其财物折抵子女抚育费。

第三，给付期限。抚育费的给付期限，一般至子女18周岁为止。16周岁以上不满18周岁，以其劳动收入为主要生活来源，并能维持当地一般生活水平的，父母可以停止给付抚育费，由其独立生活。尚未独立生活的成年子女有下列情形之一，父母又有给付能力的，仍应负担必要的抚育费：①丧失劳动能力或虽未完全丧失劳动能力，但其收入不足以维持生活的；②尚在校就读的；③确实无独立生活能力和条件的。

第四，抚养费的变化。《婚姻法》第37条第2款规定，关于子女生活费和教育费的协议或判决，不妨碍子女在必要时向父母任何一方提出超过协议或判决原定数额的合理要求。离婚后，对子女抚育费的数额，在父母或子女情况发生变化时，父母双方及子女都可以要求依法予以变更。抚养费变更的方式有两种：其一，要求增加抚养费，如法院原支持抚育费数额不足以维持当地实际生活水平的，未成年子女患病、上学，实际需要已超过原定数额的。其二，要求减少抚养费的，负有给付义务的一方在下列条件下可以请求减免抚育费：丧失劳动能力，失去经济来源，确实无法按照原来的协议或者判决确定的抚养费数额给付；有给付义务的一方因犯罪被收监改造，无力支付抚养费；直接抚养一方再婚，其再婚配偶愿意负担抚养费的一部分或者全部。

(3) 离婚后子女的探望权问题。《婚姻法》第38条规定，离婚后，不直接抚养子女的父或母，有探望子女的权利，另一方有协助的义务。行使探望权利的方式、时间由当事人协议；协议不成时，由人民法院判决。对父或母行使探望权出现的纠纷，法律规定了救济途径。当事人就探望权问题单独提起诉讼的，人民法院应予受理。当父或母探望子女，不利于子女身心健康的，一方起诉时，人民法院可以依法中止探望的权利；中止的事由消失后，应当恢复探望的权利。

【案例分析】

案情

甲于1990年9月20岁时参军，1998年与原籍姑娘乙结婚，2001年8月复员回原籍。甲、乙婚前恋爱时间不长，结婚草率，加之乙所在的企业又告破产，心情不好，双方经常争吵。甲于2004年5月提出与乙离婚，乙同意离婚，但双方对以下问题不能达成协议：

(1) 乙于2002年企业破产时得到破产安置补偿费5万元，乙认为这是自己的个人财产，而甲认为这是夫妻共同财产。

(2) 甲于复员时得到复员费20万元，甲认为这是自己的个人财产，而乙认为应作为夫妻共同财产。

(3) 甲、乙双方婚后居住的房屋是乙婚前承租，婚后甲、乙用共同积累购买的，产权证登记在乙名下，乙认为这是她的个人财产，甲认为这是夫妻共同财产。

(4) 2002年，甲将夫妻共同积蓄2万元以个人名义与几个朋友合伙开了一家饭馆，乙不是合伙人，她要求在离婚后做合伙人。甲同意并答应将2万元的一半份额即1万元转让给乙，但遭到其他合伙人的一致反对；他们也不愿行使优先受让权，仅同意退还部分出资1万元给甲。

(5) 1998年甲、乙登记结婚后，乙曾向朋友老刘借款1.5万元用于装修婚后住房，乙认为这是夫妻共同债务，而甲则认为这是乙的个人债务，应由乙个人负责偿还。

针对上述各点争议，法院应当如何认定和处理？请分别提出意见并简述理由。

解析

(1) 乙于2002年企业破产时得到的破产安置补偿费5万元，属于夫妻共同财产。

(2) 甲于复员时得到的复员费20万元，部分应作为夫妻共同财产，具体计算方法为，（2004－1998）×200 000/(70－20）＝24 000元，属于共同财产。

(3) 甲、乙双方婚后居住的房屋是乙婚前承租，婚后甲、乙用共同积累购买的，产权证虽登记在乙名下，但仍属于夫妻共同财产。

(4) 2002年，甲将夫妻共同积蓄2万元以个人名义与几个朋友合伙开了一家饭馆，乙应该接受其中一半即1万元，放弃成为饭馆股东的权利。

(5) 1998年甲、乙登记结婚后，乙曾向朋友老刘借款1.5万元用于装修婚后住房，这属于夫妻共同债务。

【思考与练习】

名词解释

婚姻终止　“七出”　协议离婚　诉讼离婚

选择题

1. 甲被宣告死亡。1年后甲的妻子乙确知甲仍然在世，遂向法院申请撤销对甲的死亡宣告。依我国法律，该死亡宣告撤销后，甲与乙原有的婚姻关系应该（　）

A. 自行恢复　B. 不得自行恢复

C. 经乙同意后恢复　D. 经甲同意后恢复

2. 甲被宣告死亡后，其妻乙改嫁于丙。1年后乙确知甲仍然在世，遂向法院申请撤销对甲的死亡宣告。依我国法律，该死亡宣告撤销后，甲与乙原有的婚姻关系应该（　）

A. 自行恢复　B. 不得自行恢复

C. 经乙同意后恢复　D. 经甲同意后恢复

3. 甲被宣告死亡后，其妻乙改嫁于丙，其后丙死亡。1年后乙确知甲仍然

在世，遂向法院申请撤销对甲的死亡宣告。依我国法律，该死亡宣告撤销后，甲与乙原有的婚姻关系应该（ ）

A. 自行恢复　　B. 不得自行恢复

C. 经乙同意后恢复　　D. 经甲同意后恢复

4. 凡判决不准离婚和调解和好的离婚案件，没有新情况、新理由，原告不得重新起诉的期限是（ ）

A. 3 个月　　B. 6 个月　　C. 9 个月　　D. 12 个月

5. 根据《婚姻法》及相关司法解释的规定，以重婚为由申请宣告婚姻无效的请求权人包括（ ）

A. 公安机关　　B. 婚姻当事人

C. 婚姻当事人的近亲属　　D. 基层组织

问答题

1. 什么是婚姻终止？什么是离婚？
2. 登记离婚有哪些条件和程序？
3. 离婚与婚姻无效、被撤销有何区别？
4. 如何理解判决离婚的标准？
5. 离婚对当事人产生哪些法律后果？
6. 如何处理离婚时的财产分割问题？

案例分析题

原告于某与被告王某系同村邻居，1996 年确立恋爱关系，1997 年 12 月 25 日在和集乡政府领取结婚证并于同年年底举行婚礼，婚后生一子。2003 年 7 月王某的父亲故意投毒毒死于某的父亲。迫于家庭和社会舆论的压力，于某于 2003 年 10 月向法院提出离婚，王某以夫妻感情尚未破裂为由不同意离婚，于某承认夫妻感情很好，但坚决要求离婚。

问：法院能否判决于某与王某离婚？理由何在？

第十章　救助措施与法律责任

【导学】

在婚姻家庭关系中，为预防和制裁对家庭成员的不法侵害，我国婚姻家庭法规定了多种救助措施和相应的法律责任机制。本章介绍婚姻家庭中的救助措施与法律责任制度，要求学生了解和掌握当家庭成员在实现自己权利过程中受到侵害时，可以依法采取的回复权利的手段和方法以及不法侵害人所应当承担的不利后果。本章重点：救助措施的概念和种类，救助的具体措施，妨害婚姻家庭行为所应当承担的民事、行政责任与刑事责任等。本章难点：区分妨害婚姻家庭行为所应当承担不同类型的法律责任。

一、救助措施与法律责任概述

我国 2001 年修正后的《婚姻法》对婚姻家庭关系中的救助措施及法律责任作了专章规定。在“救助措施与法律责任”一章里，对实施家庭暴力或虐待家庭成员的行为、遗弃家庭成员的行为以及重婚等导致离婚的过错行为，都明确规定了受害人寻求救济的权利和渠道，同时也规定了不法行为人所应当承担的民事、行政乃至刑事责任。另外，《婚姻法》第 49 条规定：“其他法律对有关婚姻家庭的违法行为和法律责任另有规定的，依照其规定。”这样，对公民在婚姻家庭领域的权益保护就形成了一个相互衔接的法律体系。

（一）救助措施的概念和种类

1. 救助措施的概念

救助措施是指当家庭成员在实现自己权利的过程中遇到障碍或受到侵害时，权利主体依法采取的各种旨在保护或恢复权利的救济手段和方法。救助措施的特征有：

(1) 救助措施是一种权利保护措施。救助措施的实施目的在于保护和恢复权利人受侵害的权利，因而具有排除妨碍和恢复原状的特点，而不同于以惩罚和补偿等为目的的其他法律责任。

(2) 采取救助措施的前提是有对权利侵害的事实发生。

(3) 采取救助措施必须依法进行。权利人能够采取何种救助措施，以及具体的救助方式都必须依法律规定进行，而不能随意以采取救助措施的名义来自行对抗侵权人，否则可能会造成权利的滥用。

2. 救助措施的种类

救助措施的实施主体可以是权利人本人，也可以是经法律授权的有关机关和社会组织。依救助主体的不同，救助措施可以分为私力救济和公力救济。私力救济是指权利人的权利受到侵害时，依法采取各种手段来保护其合法权益；公力救济是指由国家机关或社会对权利受到侵害的主体予以保护和帮助，依其主体不同又可以分为社会救助、司法救助和行政救助，具体见表 10–1。具体而言，救助措施可以分为：

表 10–1 救助措施

救助措施	救助主体	救助措施的主要种类
自我救助	权利人本人	紧急避险、正当防卫
社会救助	当事人所在单位、社会团体、群众性自治组织	劝阻、制止、调解
行政救助	公安机关	制止家庭暴力、行政处罚、刑事侦查
司法救助	公安机关、人民检察院和人民法院	侦查、检察和审判

(1) 自我救助。自我救助也称私力救济，是权利人在权利受到侵害或权利的行使遇到妨碍时，自己采取的制止侵害和排除妨碍的各种合法手段，主要有紧急避险、正当防卫等。基于自我救助的及时性和灵活性，这是权利人遇到紧急情况时常用的自我保护措施。

(2) 社会救助。社会救助是指应当事人的请求，当事人所在单位、社会团体及群众性自治组织等依法对婚姻家庭生活中的违法行为加以劝阻、制止、调解，从而保护受侵害的家庭成员，教育有违法行为的当事人，进而合理解决有关纠纷，以维护社会主义家庭秩序的活动。当事人所在单位是指受害人和加害人双方当事人各自的所在单位。它们对本单位的职工、成员的切身利益负有关心、保护的责任以及具有对其教育管理的职能属性，因此，法律赋予其在受害人请求下实施救助措施的职责。这里的群众性自治组织是指居民委员会和村民委员会，它们担负着调解民事纠纷、协助维持社会治安的重要任务。对于辖区内发生的家庭暴力、虐待和遗弃家庭成员的行为，依法负有劝阻、调解的职责。

(3) 行政救助。行政救助是指发生婚姻家庭违法行为时，有关国家行政机关依法采取的救助行动和救助措施。这里的有关国家行政机关主要指的是公安机关。根据《婚姻法》第43条、第45条的规定，对于正在实施的家庭暴力，公安机关应当予以制止；实施家庭暴力或虐待家庭成员，受害人提出请求的，公安机关应当依照治安管理处罚的法律规定予以行政处罚；对重婚的，对实施家庭暴力或虐待、遗弃家庭成员构成犯罪的，依法追究刑事责任，受害人可以依照刑事诉讼法的有关规定，向人民法院自诉，公安机关应当依法侦查，人民检察院应当依法提起公诉。即当发生婚姻家庭违法行为而使受害人的人身安全面临威胁时，公安机关应当予以制止或应受害人请求给予行政处罚；而当受害人的自诉因证据不足不能实现权利救济时，公安机关应受害人请求或人民法院的司法建议而立案侦查。

(4) 司法救助。司法救助是指国家司法机关对婚姻家庭关系中当事人的合法权益给予保护所采取的强制措施。具体是指公安机关、人民检察院和人民法院通过侦查、检察和审判活动，依法对婚姻家庭生活领域的违法犯罪行为进行刑事制裁或者追究民事法律责任，从而维护公民的合法权益，保证社会主义婚姻家庭关系的稳定和健康发展而采取的救助措施。由于国家机关的救助措施具有国家强制性的特点，其权利保护力度较大而往往成为公民最后的救济手段。

(二) 救助的具体措施

有关国家机关与社会组织对于违反婚姻家庭法行为的受害者，应当依法给予援救、帮助，其救助具体措施包括：

1. 劝阻、调解

依《婚姻法》的规定，对于侵害家庭成员人身权利的家庭暴力和虐待、遗弃家庭成员行为，居民委员会、村民委员会、受害人和加害人所在单位等基层组织应当依法劝阻、调解。劝阻是指有关基层组织和单位劝说加害人立即停止侵害其他家庭成员权利的行为，在劝说无效时可以采取适当措施阻止行为人的不法侵害行为以解救受害人。调解是指有关基层组织和单位在双方当事人自愿合法的基础上，构建一个能够使双方沟通对话，缓和矛盾，对家庭生活达成一致意见的环境。

对情节比较轻微，后果尚不严重，不足以追究其法律责任的侵权行为，可以由基层群众性自治组织和当事人所在单位来劝阻侵害行为的发生，缓和家庭成员间的矛盾。由于他们往往与当事人关系较为密切，对双方情况比较了解，其劝阻和调解行为也就具有针对性，可以在矛盾激化以前引导并帮助加害人和受害人进行协商，化解矛盾，消除纠纷。同时，由于受害人向有关基层组织或单位请求救助的程序比较简单，一般通过口头或电话形式就可以得到救助，因此比较有利于当事人迅速、及时地保障自己的合法权益。

2. 制止

制止是指公安机关强迫正在实施的婚姻家庭违法犯罪行为人停止其行为而采取的相应措施。对于正在实施的家庭暴力，仅采取劝阻措施是不够的，必须由公安机关采取强制措施介入到婚姻家庭纠纷当中去。关于公安机关的制止行为是只能依请求还是可以主动采取，学者们有不同理解。《婚姻法》第 43 条第 2 款规定："对正在实施的家庭暴力，受害人有权提出请求，居民委员会、村民委员会应当予以劝阻；公安机关应当予以制止。"有学者认为，"受害人有权提出请求"这一条件既适用于居民委员会、村民委员会的劝阻行为，也适用于公安机关的制止行为，即公安机关的干预必须以受害人的申请为前提。① 也有学者认为，本款在"公安机关"前使用了分号，因此，"受害人有权提出请求"仅适用于居民委员会、村民委员会的劝阻行为，公安机关则不需要这一前提就可以主动实施对家庭暴力的制止行为。② 笔者认为，无论是从法律条款的文字表述和标点适用上看，还是从对家庭成员人身权利保护的立法精神以及公安机关的自身职责来看，公安机关都应当对正在实施的家庭暴力实施主动干预。否则，如果因为家庭暴力受害人不能及时报案提出请求而丧失受到公安机关主动介入保护的权利，不但对受害人是很不利的，也削弱了公安机关依法保障公民合法人身权利的职能体现，损害了公安机关管理治安秩序的威信。

公安机关无论通过何种途径发现正在实施的家庭暴力行为，都不能以"家务事"为借口置之不理，而应当采取措施制止家庭暴力行为。制止的方式根据实际需要的不同可以采取各种法律所允许的强制措施，包括将加害人带离现场，收缴施暴工具等等。

3. 给付

给付主要是指对遗弃家庭成员的行为人，受害人可向人民法院诉请支付抚养费、扶养费和赡养费的行为。我国婚姻法规定，夫妻父母子女之间有相互扶养的义务，祖孙间、兄弟姐妹间在一定条件下也有相互扶养的义务，这些规定

① 王丽萍. 婚姻家庭继承法学. 北京：北京大学出版社，2004. 493；房绍坤，范李瑛，张洪波. 婚姻家庭与继承法. 北京：中国人民大学出版社，2007. 220

② 陶毅. 婚姻家庭法. 北京：高等教育出版社，2006. 277

都是强行性规范，义务人不履行义务的，应当依法强制其履行。遗弃家庭成员的行为，会给受扶养人造成生活上的困难，甚至危及生命健康。因此对受遗弃的家庭成员，应当给予必要的救助。除了依靠有关单位的调解之外，还可以向人民法院提起诉讼。在诉讼中，当事人可以就有关费用的数额、给付方法和期限通过法院调解达成协议，由法院制作民事调解书；调解不成则由法院依法判决。如出于受害人生活上的迫切需要，法院可以根据当事人的申请，裁定先予执行，并依法作出由加害人支付抚养费、扶养费和赡养费的判决。

（三）法律责任概述

1. 法律责任的概念

法律责任的广义概念是指任何组织和个人都有遵守法律的义务，自觉维护法律的尊严；狭义的法律责任是指人们对违法行为所应承担的带有强制性的法律上的后果。对于违反婚姻家庭法的行为，应根据其性质、情节和后果的不同，依法追究其相应的行政责任、民事责任和刑事责任。

2. 法律责任的特征

(1) 法律责任以违反法律义务为前提。法律责任是人们实施违法行为所带来的法律的不利评价。法律是通过规定人们的权利义务来规范行为的，其中法律义务是人们必须履行的，不得违反，因此，违反法律义务是认定承担法律责任的基础。

(2) 法律责任具有强制性。违反道德等其他社会规范也应当承担相应的社会责任，但只有违反法律才需要承担具有国家强制力的法律责任，而其他社会责任并不具有强制力。例如违反道德受到的是社会舆论和自我良心的谴责，而法律责任则表现为国家追究不法行为人所应承担的不利后果，并且有具体的制裁手段施加于违法者。

在婚姻家庭关系中，有关行为人违反《婚姻法》的行为也应当承担相应的法律后果。《婚姻法》第 43 条规定："实施家庭暴力或虐待家庭成员，受害人提出请求的，公安机关应当依照治安管理处罚的法律规定予以行政处罚。"第 45 条规定："对重婚的，对实施家庭暴力或虐待、遗弃家庭成员构成犯罪的，依法追究刑事责任。"第 46 条规定："有法律规定情形而导致离婚的，无过错方有权请求损害赔偿。"根据具体的违法情形，可以单独追究行为人的民事责任、行政责任、刑事责任，也可以合并追究多种责任。

二、妨害婚姻家庭的民事责任

（一）民事责任

民事责任是指民事主体违反民事义务而承担的民事法律后果。民事责任的特征有：

1. 民事责任具有补偿性

民事责任以加害人恢复受害人的权利和补偿受害人的损害为主要目的，故不同于惩罚性的刑事责任，其责任范围与违法行为所造成的损害范围相适应。

2. 民事责任以民事主体违反民事义务，侵害他人的民事权利为前提

在民事法律关系中，一方当事人违反合同或不履行法律规定的其他民事义务，就要承担不利后果，故义务的存在是承担民事责任的前提。

3. 民事责任具有强制性和一定任意性

民事责任属于公力救济的范畴，必须由法院通过国家公权力进行强制性的确定，并最终通过国家强制力才能实现，体现了法律对违法行为的否定性评价。但是这种法律的否定评价即违法者承担的不利后果通常由受害人决定是否对加害人实行制裁，而责任确定后当事人也可以达成和解协议处分其权利，也体现了一定程度的任意性。

根据民事责任是否具有财产性内容，民事责任可以分为财产责任和非财产责任。财产责任是指民事违法行为人承担财产上的不利后果，使受害人得到财产上补偿的民事责任，如赔偿损失、返还财产、恢复原状等。非财产责任是指为防止或消除损害后果，使受损害的非财产权利得到恢复的民事责任，如消除影响、赔礼道歉等。

（二）妨害婚姻家庭的民事责任

行为人实施了违反《婚姻法》或侵害婚姻家庭的行为，并给当事人造成损失的，行为人依法应当承担相应的民事责任。具体包括：

1. 离婚损害赔偿责任

婚姻关系的过错方在离婚时应当依法承担赔偿责任，《婚姻法》第46条规定："有下列情形之一，导致离婚的，无过错方有权请求损害赔偿：（一）重婚的；（二）有配偶者与他人同居的；（三）实施家庭暴力的；（四）虐待、遗弃家庭成员的。"该条确定了我国离婚损害赔偿制度，即因夫妻一方的过错行为导致离婚的，无过错另一方在离婚时有权请求过错方给予损害赔偿。具体而言，承担离婚损害赔偿责任的适用条件是：

(1) 离婚是由于婚姻法规定的事由导致的。婚姻法规定的一方过错的法定事由与离婚行为存在必然的因果联系，只有存在法定的四种过错行为且导致了离婚的发生，才可能产生离婚损害赔偿责任。

(2) 离婚损害赔偿责任的承担者是实施法定过错行为的过错方。无过错一方为离婚损害赔偿的请求权人。这里的“无过错”仅指不具有《婚姻法》第46条规定的过错，具有其他过错行为不影响其成为离婚损害赔偿的请求权人。

(3) 无过错方蒙受损失的事实，包括物质上的损失和精神上的损害。在婚姻家庭生活中，一方因另一方的过错行为受到物质上或精神上的损害，在离婚时可以主张过错方予以赔偿。涉及精神损害赔偿的，适用《民事侵权精神损害赔偿解释》的有关规定。这样才能对受害人的合法权益给予充分保护。

人民法院在受理离婚案件时，应当将《婚姻法》第46条所列过错情形下当事人的权利义务告知当事人；依法享有赔偿请求权的无过错方是否行使该项权利由其本人自行决定。无过错方作为原告向人民法院提起离婚损害赔偿请求的，必须在离婚诉讼中同时提出。无过错方作为被告不同意离婚，也不提起离婚损害赔偿请求的，可以在判决离婚后一年内就此单独提起诉讼。无过错方作为被告在一审时未提起损害赔偿请求，二审期间提出的，人民法院应当进行调解，调解不成的，告知当事人在离婚后一年内另行起诉。人民法院判决不准离婚的案件，对于当事人基于婚姻法第46条提出的损害赔偿请求，不予支持。在婚姻关系存续期间，当事人不起诉离婚而单独依据该条规定提起损害赔偿请求的，人民法院不予受理。

2. 不履行扶养、抚养、赡养义务的民事责任

《婚姻法》第44条第2款规定：“对遗弃家庭成员，受害人提出请求的，人民法院应当依法作出支付扶养费、抚养费、赡养费的判决。”对遗弃家庭成员的，受害人有权向法院提起诉讼，要求负有扶养、抚养、赡养义务而不履行的违法行为人给付扶养费、抚养费、赡养费。人民法院在必要时，根据受害人的申请，应裁定先予执行以保障受害人的正常生活。

3. 离婚时妨害夫妻共同财产分割的民事责任

《婚姻法》第47规定：“离婚时，一方隐藏、转移、变卖、毁损夫妻共同财产，或伪造债务企图侵占另一方财产的，分割夫妻共同财产时，对隐藏、转移、变卖、毁损夫妻共同财产或伪造债务的一方，可以少分或不分。离婚后，另一方发现有上述行为的，可以向人民法院提起诉讼，请求再次分割夫妻共同财产。”夫妻共同财产为夫妻双方共同所有，任何一方都不得侵犯另一方的财产权利。在离婚时，如果一方为多得夫妻共同财产，或不让另一方得到夫妻共同财产而产生上述违法行为，就应当承担相应的民事责任，即不分或少分

财产。离婚后，一方才发现另一方有侵占夫妻共同财产行为的，即使离婚判决已经生效，被侵占财产的一方仍可另行起诉请求再次分割。请求再次分割夫妻共同财产的诉讼时效为两年，自当事人发现之次日起计算。

根据《民事诉讼法》的规定，对于人民法院作出的已经生效的具有执行内容的法律文书，负有义务的当事人应主动履行。在义务人拒不履行的情况下，法院应当根据当事人的请求强制义务人履行。《婚姻法》第 48 条对妨害婚姻家庭的民事责任的执行进一步细化："对拒不执行有关扶养费、抚养费、赡养费、财产分割、遗产继承、探望子女等判决或裁定的，由人民法院依法强制执行。有关个人和单位应负协助执行的责任。"

三、妨害婚姻家庭的行政责任

（一）妨害婚姻家庭的行政责任概念

行政责任主要有三种理解：一是行政机关依法追究行政相对人的违法责任；二是行政机关依法承担的法律责任；三是兼顾前两者，既包括行政机关依法追究行政相对人的违法责任，也包括行政机关自身依法承担的法律责任。妨害婚姻家庭的行政责任，主要是指行为人违反《婚姻法》和其他相关法律，情节较轻尚未构成犯罪的，根据我国行政法规的规定，依法应当承担的以行政处罚为主的行政责任。

（二）依法承担行政责任的违法行为

婚姻家庭关系中的当事人具有以下违法行为的，国家行政机关可以依法追究当事人的行政责任：

1. 实施家庭暴力或虐待家庭成员的

《婚姻法》第 43 条第 3 款规定："实施家庭暴力或虐待家庭成员，受害人提出请求的，公安机关应当依照治安管理处罚的法律规定予以行政处罚。"《中华人民共和国治安管理处罚法》第 43 条规定："殴打他人的，或者故意伤害他人身体的，处 5 日以上 10 日以下拘留，并处 200 元以上 500 元以下罚款；情节较轻的，处 5 日以下拘留或者 500 元以下罚款。有殴打、伤害残疾人、孕妇、不满 14 周岁的人或者 60 周岁以上的人的，处 10 日以上 15 日以下拘留，并处 500 元以上 1 000 元以下罚款。"

2. 遗弃婴儿、假借收养实为出卖亲生子女尚未构成犯罪的行为

遗弃婴儿是指对婴儿负有抚养义务而拒绝抚养的行为；假借收养实为出卖

亲生子女是指生父母以送养为名，以赢利为目的出卖亲生子女的行为。《收养法》第31条第2款规定："遗弃婴儿的，由公安部门处以罚款。"《收养法》第31条第3款规定："出卖亲生子女的，由公安部门没收非法所得，并处以罚款。"这里的行政责任是以行为情节轻微尚不构成犯罪为前提的。

3. 违反义务教育法规定的行为

根据《中华人民共和国义务教育法》（以下简称《义务教育法》）的规定，凡年满6周岁的儿童，不分性别、民族、种族，应当入学接受规定年限的义务教育。条件不具备的地区，可以推迟到7周岁。违反此规定的，市、市辖区人民政府指定的机构或乡级人民政府，应当对违法行为人进行教育；经教育仍拒不送子女或被监护人就学的，可视具体情况，采取必要措施使其子女或被监护人就学。

4. 违反计划生育的行为

对于违反计划生育的行为人，应当根据《人口和计划生育法》和《婚姻法》等相关法律规定给予行政处罚。对于国家干部，所在单位也应给予行政处分。

5. 婚姻家庭中其他依法承担行政责任的违法行为

对于违反婚姻家庭法的一些较为严重的行为，国家行政机关依法具有追究行为人行政责任的职权，如对于受胁迫结婚的，婚姻登记机关可依受胁迫方的请求撤销该婚姻；对于弄虚作假、骗取婚姻登记的，婚姻登记管理机关应当撤销婚姻登记，并对当事人处以200元以下罚款等。

（三）妨害婚姻家庭的行政责任的承担方式

国家行政机关对于妨害婚姻家庭者的违法行为，依法追究行为人的行政责任，其承担方式主要有：

1. 警告

这是违法者承担的行政责任中最为轻微的一种方式，是由行政机关依法对违法者提出的一种谴责性的警示。

2. 罚款

这是行政机关对违法者的一种经济制裁，是行政机关责令违法者交纳一定数额金钱的责任形式。在婚姻家庭生活领域，罚款是适用范围较为广泛的一种行政责任的承担方式。

3. 行政拘留

这是行政责任中一种较为严厉的责任形式。行政拘留是公安机关实施的对违法者实行短期内剥夺人身自由的行政责任形式。该种责任形式只能由公安机关实施，期限为1日以上，15日以下。

4. 行政处分

国家行政机关对行政工作人员违反婚姻家庭法的有关规定的违法行为，也可以给予一定的行政处分。这是一种对特定主体实施的行政责任形式。

四、妨害婚姻家庭的刑事责任

（一）妨害婚姻家庭的刑事责任概述

刑事责任是指行为人违反了刑事法律，实施违法犯罪行为而应承担的，以国家名义强制其接受的刑事上的法律后果。刑事责任是犯罪分子所承担的，国家对其行为给予的最严厉、带有刑事处罚性质的否定性评价。妨害婚姻家庭的刑事责任是指在婚姻家庭领域，行为人实施侵害婚姻家庭的行为构成犯罪的，依法应当承担的刑事上的法律后果。依法处罚婚姻家庭犯罪行为，既是对犯罪行为人的一种处罚，防止其再次犯罪以达到特殊预防的目的，同时也可以通过这种制裁，向社会不特定对象指明国家以暴力手段惩罚婚姻家庭犯罪的态度，从而达到一般预防的效果。

（二）妨害婚姻家庭的犯罪行为及其刑事责任

一般而言，违反婚姻家庭法律规范应当承担民事责任，但是为了更为有力地维护婚姻家庭秩序，通过行政法和刑法的规范来调整特定情形下的婚姻家庭关系，也成为各国立法的惯用手段。特别是刑法作为我国调整社会行为的最后一道也是最为严厉的一道屏障，在我国婚姻家庭领域也发挥着应有的重要作用。我国刑法规定的在婚姻家庭领域的犯罪行为及其刑事责任包括：

1. 因家庭暴力导致的犯罪行为

按照《婚姻法》相关司法解释，家庭暴力是指行为人以殴打、捆绑、残害、强行限制人身自由或者其他手段，给其家庭成员的身体、精神等方面造成一定伤害后果的行为。实施家庭暴力本身只是违法行为，并不是刑法明文规定的罪名，但这种违法行为可能构成《刑法》中的以下犯罪：

⑴ 故意杀人罪。实施家庭暴力，故意剥夺家庭成员生命的，就构成在婚姻家庭领域的故意杀人罪。依照《刑法》第232条规定，犯故意杀人罪的，处死刑、无期徒刑或10年以上有期徒刑；情节较轻的，处3年以上10年以下有期徒刑。

⑵ 故意伤害罪。实施家庭暴力，故意损害他人身体健康的，构成故意伤

害罪。这里的受害人应为犯罪行为人的家庭成员，依照《刑法》第 234 条规定，犯故意伤害罪，处 3 年以下有期徒刑、拘役或者管制；致人重伤、造成残疾或致人死亡的，可以判处 10 年以上有期徒刑、无期徒刑或者死刑。

(3) 暴力干涉婚姻自由罪。实施家庭暴力，干涉家庭成员婚姻自由的，构成暴力干涉婚姻自由罪，依照《刑法》第 257 条规定，处 2 年以下有期徒刑或者拘役；致使被害人死亡的，处 2 年以上 7 年以下有期徒刑。

(4) 虐待罪。持续性、经常性的家庭暴力，构成虐待。《刑法》第 260 条规定，虐待家庭成员情节恶劣的，处 2 年以下有期徒刑、拘役或者管制；致使被害人重伤、死亡的，处 2 年以上 7 年以下有期徒刑。

2. 重婚罪

《刑法》第 258 条规定，有配偶而重婚的，或者明知他人有配偶而与之结婚的，处 2 年以下有期徒刑或者拘役。刑法上的重婚罪的主体，不仅包括有配偶的人，也包括没有配偶但是与有配偶者结婚的人。不论是法律上的重婚，还是事实上的重婚，都构成本罪。

3. 破坏军婚罪

破坏军婚是指明知对方是现役军人的配偶而与之结婚或同居的行为。这里的现役军人是指正在中国人民解放军或人民武装警察部队服役的军官、警官、文职干部、士兵以及有军籍的学员。《刑法》第 259 条规定，明知是现役军人的配偶而与之同居或者结婚的，处 3 年以下有期徒刑或者拘役。利用职权、从属关系，以胁迫手段奸淫现役军人的妻子，依照《刑法》第 236 条的规定以强奸罪处罚。

4. 遗弃罪

遗弃是指对年老、年幼、患病或者其他没有独立生活能力的家庭成员，负有法定扶养、抚养和赡养义务而拒不履行的行为。这主要表现为应当作为而不作为，从而侵害到有关家庭成员的基本生存权利，如情节恶劣、造成严重后果的，可以构成遗弃罪。《刑法》第 261 条规定，对于年老、年幼、患病或者其他没有独立生活能力的人，负有扶养义务而拒绝扶养，情节恶劣的，处 5 年以下有期徒刑、拘役或者管制。

5. 拒不执行判决、裁定罪

《刑法》第 313 条规定，对人民法院的判决、裁定有能力执行而拒不执行，情节严重的，可以构成拒不执行判决、裁定罪，处 3 年以下有期徒刑、拘役或者罚金。具体到婚姻家庭领域，对拒不执行有关抚养费、赡养费、财产分割、遗产继承、探望子女等判决或裁定的行为，情节恶劣的，可以追究当事人的刑事责任。

【案例分析】

案情

臧某与傅某于1993年经人介绍认识，建立恋爱关系并于同年登记结婚。1994年傅某生下一女，取名臧小芳。臧某脾气暴躁，经常对傅某拳脚相加，傅某不堪忍受，于1998年同臧某离婚。离婚后，臧小芳同母亲一同居住。2002年4月到7月，傅某出外打工，将臧小芳交由其父臧某看管。在此期间，臧某对其女臧小芳百般虐待，常拳脚相加，不许其睡觉，且臧某经常酗酒，在醉后打骂臧小芳。7月中旬，臧小芳患病，臧某不闻不问，迟迟不予治疗，致使病情加重。傅某于7月底赶回将其送往医院。经检查，臧小芳身上多处骨折和脓肿，且严重营养不良。傅某以臧小芳名义向法院起诉，要求追究臧某虐待女儿的法律责任。臧某辩称臧小芳已随母亲生活，不属于其家庭成员，因此不构成虐待。请问：臧某对离婚后随另一方生活的子是否构成虐待？本案中臧某应当承担哪些法律责任？（本案例改编自陶毅. 婚姻家庭与继承法学案例教程. 北京：知识产权出版社，2003. 218～220）

解析

本案中臧小芳在父母离婚后随母亲生活，但她与臧某之间的父女亲属关系仍然存在，臧某对其具有抚养义务。故臧某对其实施的违法行为可以构成虐待。本案中，臧某的虐待行为导致臧小芳的多处伤病，构成虐待罪，可由其母傅某代为提起自诉，追究臧某的刑事责任。此外，臧某对因其虐待行为发生的医疗费用依法应予以赔偿，承担相应的民事责任。

【思考与练习】

名词解释

救助措施　自我救助　社会救助　行政救助　司法救助　法律责任

多项选择题

在离婚案件中，无过错方作为被告不同意离婚，也不提起离婚损害赔偿请求的，可以在判决离婚后一年内就此单独提起诉讼。无过错方作为被告在一审时未提起损害赔偿请求，二审期间提出的，人民法院应当处理的方式为（ ）

A. 就损害赔偿问题进行调解

B. 调解不成的，告知当事人在离婚后一年内另行起诉

C. 发回一审法院重新审理

D. 不予支持

问答题

1. 简述婚姻家庭社会救助的概念和社会救助的种类及其内容。

2. 我国法律规定的婚姻家庭救助的具体措施有哪些？

3. 实施妨害婚姻家庭的行为人应当承担哪些法律责任？

4. 行为人承担离婚损害赔偿责任的条件是什么？

5. 处理离婚时的财产侵权行为的法律规定有哪些？

6. 对哪些妨害婚姻家庭的违法行为可以依法追究行为人的行政责任和刑事责任？

填空题

1. 救助措施具有______和______的特点，而不同于以惩罚和补偿等为目的的其他法律责任。

2. 对于侵害家庭成员人身权利的家庭暴力和虐待、遗弃家庭成员的行为，居民委员会、村民委员会、受害人和加害人所在单位等基层组织应当依法______、______。

3. 离婚后，一方才发现另一方有侵占夫妻共同财产行为的，被侵占财产的一方可以另行起诉请求再次分割共同财产；请求再次分割夫妻共同财产的诉讼时效为______，自______起计算。

案例分析题

唐某（男）为某厂工人，1999 年与江某结婚，并于次年生下一女。由于唐某重男轻女思想严重，夫妻关系逐渐恶化。2001 年唐某结识本市一无业女青年郑某，两人开始非法同居，在妻子江某得知后依然如故。2003 年，郑某产下一子，唐某停止支付女儿的抚养费。江某与女儿生活窘迫，向唐某索要抚养费时多次遭到唐某的殴打与恐吓，江某忍无可忍，向当地人民法院提起离婚诉讼，并要求唐某予以赔偿。

问：

⑴ 江某在离婚时可以主张哪些请求？如果江某以唐某与郑某非法同居并经常殴打自己，对自己身心造成极大伤害为由提起精神损害赔偿，法院能否支持？

⑵ 唐某依法应当承担哪些法律责任？

（本案例改编自陶毅. 婚姻家庭与继承法学案例教程. 北京：知识产权出版社，2003. 208～209）

第十一章 继承制度与继承法

【导学】

本章介绍了继承制度的发展及演变，继承权的含义、内容、实质，我国继承法的基本原则等内容。本章重点：继承的种类、内容。本章难点：继承的性质、继承法及其基本原则。

一、继承的一般原理

（一）继承的概念和特点

继承是一个多义的概念，《辞海》中解释为：“①谓承接遗业。韩愈《平淮西碑》：‘圣子神孙，继继承承，千千万万年，警戒不怠。’今亦指继承前人未竟之事业；②将死者生前的权利、义务承接下来的法律行为。”继承从政治学和社会学上来说是对前人事业的承接和延续。

近代以来继承逐渐被限定为财产继承。在民法学上继承有广义和狭义之分：广义上来说，继承是指对死者生前权利义务的承受，不限于财产权利；狭义的继承是指对死者生前的财产权利义务的承受，又称为财产继承。古代法上的继承就是广义而言的，而现代民法的继承一般是狭义上的概念。

现代民法上的继承特指财产继承，是指将自然人死亡后遗留的个人合法财产依照死者所立遗嘱的指定或根据法律的规定转归有权取得该项财产的人所有的法律制度。其中，遗留个人财产的人（死者）称为被继承人，自然人死亡后遗留的个人合法财产称为遗产，依照死者生前所立遗嘱的指定或者根据法律规定而取得财产的人称为继承人。

继承具有以下含义：

1. 继承是因自然人死亡而发生的法律现象

在现代法上，继承只能从被继承人死亡时开始计算。因为自然人的死亡是其丧失民事主体资格的前提，否则公民的财产是不能随意被剥夺的。需要指出的是，只有因自然人死亡导致的财产的转移才有可能是继承，否则就不是继承，如兄弟分家时的财产分割虽也发生财产转移但不属于继承。

2. 继承是处理死者财产的法律制度

自然人死亡时留有遗产是继承发生的必要条件，没有私有财产的社会不存在继承。

3. 继承是继承人概括承接被继承人财产权利义务的制度

继承既是一种民法制度，也是一种民事关系。该项民事法律关系与其他民事法律关系相比，具有以下特征：

(1) 继承权的主体，只能是与被继承人存在特定身份关系的自然人。继承关系的主体是自然人，只有自然人才能以继承人的身份取得被继承人的遗产。但是继承并不能发生在任意的自然人之间，而只能发生在相互有婚姻关系、血缘关系或者因共同生活而形成抚养关系的自然人之间。因此，继承人与被继承人之间必然存在着特定的合法亲属关系。国家、法人、合伙等民事主体都不能成为继承权的主体，而只能成为受遗赠人。

(2) 继承关系的客体是被继承人死亡时遗留的个人合法财产及其他合法的财产权利。作为继承关系客体的遗产，是被继承人生前拥有的在其死亡时遗留下的财产。这里的财产，不仅包括物和金钱，而且包括债权、债务以及法律规定可以继承的其他财产权利，如著作权、商标权、专利权中的财产权利等。确定遗产的内容、种类、范围和实际价值，应以被继承人死亡、继承开始的时间作为标准，而不能以被继承人死亡前或死亡后的某个时间为标准。

(3) 继承关系的后果是引起死者财产所有权的转移。当被继承人死亡后，被继承人的民事权利能力终止，由此丧失了对财产的享有，继承开始发生，继承人因此取得了原来由被继承人享有的财产权。

(4) 继承关系基于一定的条件而发生。继承关系的发生，应当具备以下三个条件：一是被继承人死亡。自然人无论是自然死亡还是被宣告死亡，都会引起继承的法律效果，在继承人与被继承人之间产生继承法律关系，因此，自然人死亡是发生继承法律关系的前提条件。二是被继承人遗留了遗产。如果被继承人未遗留遗产，就不能发生继承关系。三是继承人享有继承权。继承关系发生在被继承人死亡、被继承人遗留遗产的条件下，还要求继承人依法或者根据被继承人的遗嘱享有继承权。

（二）继承的起源

继承是历史的产物，不是人类社会的必然属性，它是随着私有制的产生而产生，随着社会的发展而发展的。

在初民社会，由于人类刚从动物进化而来，生产力极其低下。为了生存，为了同各种恶劣的自然环境作斗争，人类只能共同生产、共同消费，产品没有剩余，没有任何个人财产，因而也就没有继承。

继承萌芽于原始社会氏族时期。在最初的母系氏族公社，生产力有了一定的提高，此时虽住房、生产工具、土地等为氏族公社公有，但个人已可占有一些纯粹为个人使用的物品。这些物品在占有者死亡后，则于氏族成员间分配，但是当时由死者生前个人占有使用的日用品，不仅在数量和使用范围上极其有限，而且个人并不具有所有权。

法律意义上的继承是由氏族社会的继承经历了一个漫长的历史时期后才产生的。一般认为，我国古代私有制是从夏朝开始后建立的。古代罗马时代的《十二铜表法》就明文规定了继承制度，取消了遗产在氏族成员之间分配的做法。依照该法第 5 条规定，只有在男系也没有继承人的情况下，死者的财产才应归氏族成员享有。

（三）继承的本质

关于继承的本质和发生的根据，在以往的民法学上有各种不同的学说，主要包括意思说、家族协同说、死后扶养说、无主财产归属说、共分说等。

继承的意思说认为，继承的根据在于被继承人的意思，继承财产由被继承人转移于继承人。意思说强调被继承人的意思，但过分强调遗嘱自由。

家族协同说认为，继承是由于家族协同生活而发生的，没有一体的协同生活或协同感者不应继承。家庭协同说强调家庭共同生活，但忽略了被继承人的意思否定遗嘱自由。死后扶养说认为，继承的根据在于死者的扶养责任，强调了继承在扶养中的作用，但实际上继承人也不限于受扶养的权利人。

无主财产归属说认为，人的人格因死亡而消灭，人于生存时虽为财产的主体，但死后其财产成为无主财产，谁有继承权依赖于法律的规定。虽然无主财产说体现了继承发生的法律需求，但不能说明其他非财产权利义务为何不发生主体人格消灭后的归属问题。共分说认为，被继承人的财产原本有三个所有权，即本人所有权、亲属所有权和国家所有权，这与遗产的属性不符。

继承的发生是社会原因和自然原因的结合。人的生产包括两种：一方面是生活资料即食物、衣服住房以及相关生产工具的生产；另一方面是人类自身的生产。可以说继承正是基于这两种生产的社会需要而产生的，实质上是一种社会关系的更替。

因此，对继承的理解应涉及多个方面：

(1) 继承是历史的产物，以个人财产的存在为前提。

(2) 继承是因人的死亡而发生的社会财产关系主体的更换。

(3) 继承作为一项法律制度，决定于一定的社会经济基础，同时又对经济起到很大的反作用。在古代社会，经济问题也涉及身份关系，而在近现代社会，继承只是财产继承而不是身份继承。继承制度作为一定社会经济基础的上层建筑，同时又反作用于经济基础。

(4) 继承受一定社会的上层建筑的其他组成部分尤其是婚姻家庭制度和宗教制度的影响。

(四) 继承的分类

从不同的角度，可以对继承作不同的分类。

1. 身份继承和财产继承

这是根据继承的内容对继承进行的划分。身份继承是指继承死者生前的身份，如家长身份、户主身份、世袭爵位的身份等，这是古代社会的普遍现象，在等级社会身份继承最为重要。财产继承是继承人继承死者生前的财产及其他财产权利，当今社会绝大多数国家的继承仅限于财产继承。

2. 法定继承和遗嘱继承

这是根据继承方式对继承进行的划分，也是目前最基本、最主要的划分标准。前者是法律直接规定的遗产继承方式，而后者是根据遗嘱而实行的遗产继承方式。总的来说，这两种遗产继承继承方式自古以来一直存在，不过，在不同时期、不同制度下这两种继承方式的权重有所不同。从适用上来说，遗嘱继承优先于法定继承，所以法定继承又叫无遗嘱继承。

3. 有限继承和无限继承

根据继承人继承被继承人财产权利义务的范围，继承分为有限继承和无限继承。这是依据继承人的范围是否有所限制而对继承进行的划分。

有限继承是指将法定继承人的范围限制在一定的亲属范围内，在此范围内的亲属是法定继承人，该范围以外的亲属则不属于法定继承人，没有法定继承权。目前大多数国家的继承法都将法定继承人限定在一定的亲属范围内，各国立法上的差异只是对亲属的范围限定不同而已。

无限继承是指在法定继承人的范围上法律不作任何限制性的规定，而按照亲属关系的远近确定继承顺序。

4. 概括继承和限定继承

这是根据继承人对被继承人生前债务承担的清偿责任的不同而对继承进行的划分。前者是指继承人完整地、总括地继承被继承人生前的一切，包括生前的全部财产和债务。后者是指继承人对被继承人生前的债务，以其所继承的遗产的实际价值为限承担清偿责任，遗产债务超过所继承的遗产价值的，超出部分继承人并不负有清偿义务，但继承人自愿清偿的除外。

5. 本位继承、代位继承、转继承

这是根据继承人在继承关系中的角色不同对继承所作的分类。本位继承是指继承人基于其自身具有的继承人地位、继承资格、继承顺序和应得的遗产份额所进行的继承。本位继承是一种直接继承。

代位继承是指在被继承人的子女先于被继承人死亡或被宣告死亡时，该子女的直系晚辈亲属可以代替其已故的父亲或母亲继承其祖父母或外祖父母的遗产。代位继承是一种间接继承。

转继承是指继承人在继承开始后实际接受遗产前死亡，该继承人的法定继承人代其实际接受其有权继承的遗产。转继承人就是实际接受遗产的死亡继承人的继承人。转继承实际上是第二次继承。

二、继承法的概念和性质

（一）继承法的概念

继承法是指调整因自然人的死亡而发生的继承关系的法律规范的总称。继承法有形式和实质之分，前者是指冠以“继承法”名称的法律，如《继承法》。实质意义的继承法是指有关继承关系的法律规范的总称，它既包括形式继承法，也包括其他法律、法规中有关继承的规范，还包括有法律效力的关于继承问题的规章、决定、指示等规范性文件以及最高人民法院有关继承的司法解释等。

（二）继承法的性质

1. 继承法是私法

继承法律关系是财产继承关系，因而属于私法，而不属于公法。

2. 继承法为一般法

继承法适用于一切自然人，而不是仅适用于某一部分人，凡是我国公民均适用《继承法》，依照《继承法》的规定享有继承权。

3. 继承法为实体法

继承法规定继承的开始、继承法律关系主体、继承人的权利义务、继承权的客体等有关主体的权利义务实质性问题，所以继承法是实体法。

4. 继承法为强行法

继承法中的绝大多数规范是强制性的，而不是任意性的，当事人不得任意变更。如关于法定继承人的范围和顺序的规定、继承的方式，遗产范围继承权保护的时效力等规定，当事人必须遵守，不得改变，当然继承法中也有任意性的规定，但总的来说，继承法应为强行法。

5. 继承法是财产法

继承法规定的是财产转移的方式、效力和条件，目前继承人继承的只能是遗产，遗产继承当然属于财产法的范畴，继承法规定的仅仅是财产转移关系，而不是规定身份关系，而且虽然继承法和亲属法有关系，但不能简单地认为继承法是亲属法的补充。

（三）继承法的立法例

继承法虽为民法的一个重要组成部分，但各国对继承法的编制体例并不一致，一般可分为特别法主义和法典主义。

1. 特别法主义

采取这种特别法主义立法的国家，将继承法作为民事特别法予以单独立法。采用这种立法体例的国家，主要是实行判例法的国家和一些尚未制定统一民法典的国家，典型的有英国、印度等。

2. 法典主义

采取这种立法体例的国家是将继承法作为民法典的一个组成部分，大多数国家采取这种立法体例。

我国实行法典主义。1985 年我国单独颁布了《继承法》，在尚未制定统一的民法典的背景下，甚至在当时连基本的民事法律尚未通过的情况下，为适应时代的需要而制定的《继承法》无疑为调整继承财产关系确立了规范。从整个民事立法来看，尽管立法上民法的相关内容逐步地由立法机关加以制定，但是最后将实现民法典的编纂。因此和《中华人民共和国合同法》、《中华人民共和国物权法》一样，《继承法》将会作为民法典的一部分而存在。

三、继承法的基本原则

继承法的基本原则是指贯彻于整个继承制度之中的，具有统率、指导作用的基本准则，它是制定、解释、执行和研究我国继承法的基点和依据，是继承法基本价值的集中体现，贯穿于立法、司法的始终。

继承法的基本原则包括以下几项：

（一）保护公民私有继承权原则

《民法通则》第76条规定："公民依法享有财产继承权。"《继承法》第1条明确规定，该法的立法宗旨是"保护公民的私有财产的继承权。"《宪法》第13条规定："国家依照法律规定保护公民的私有财产的继承权。""国家为了公共利益的需要，可以依照法律规定对公民的私有财产实行征收或者征用并给予补偿。"因此，保护公民的私有财产的继承权是继承法的首要原则。

本原则主要表现在以下几个方面：

(1)《继承法》明确规定，凡公民死亡时遗留的个人合法财产，包括生产资料、生活资料、知识产权中可以继承的财产权利以及其他合法的财产权利都属于该公民的遗产，都可以由其继承人依法继承。

(2)《继承法》确立遗嘱继承和法定继承，并且承认遗嘱继承具有优先于法定继承的效力。这是法律赋予财产所有人自由处分其身后财产及其他事务的权利。在没有遗嘱的情况下，推定死者希望将财产遗留给最密切的所有亲属并依此确定继承人的范围和继承顺序。

(3) 公民的私有财产继承权不得被非法剥夺。《继承法》第7条规定了继承人丧失继承权的法定事由。只有在具备丧失继承权的法定事由的情况下，才可依法剥夺其继承权。除此之外，任何单位和个人都不得非法剥夺继承人的继承权。

(4) 公民的继承权受到他人非法侵害时，该公民有权在法律规定的期限内通过诉讼程序请求人民法院予以保护。

（二）继承权男女平等原则

男女平等不仅是宪法和婚姻法的一项重要原则，而且也是继承法的基本原则。对此，《继承法》第9条规定："继承权男女平等。"《婚姻法》第13条规定："夫妻在家庭中的地位平等。"第17条规定："夫妻对共同所有的财产，有平等的处置权。”具体表现如下：

(1) 继承权男女平等。公民继承权的取得和享有与男女性别无关，女子与男子享有平等的继承权，女子无论结婚与否、无论是否再婚，也无论是否有工作、是否有经济收入，都享有与男子平等的继承权。子女对父母的遗产享有平等的继承权，即非婚生子女对父母的遗产享有平等的继承权，养子女与亲生子女对父母的遗产享有平等的继承权。

(2) 在法定继承权中，以亲等为标准确定继承顺序，不因男女性别的不同而有差别。同时，同一顺序法定继承人无论男女，享有平等的继承权。在分配遗产时，同一顺序的男、女继承人继承遗产的份额一般应当均等，不因男女性别的不同而存在差异。

(3) 在代位继承中，男女享有平等的代位继承权。被代位继承人（即先于被继承人死亡的子女）不论其性别是男是女，也不论代位人是男是女，只要具备代位继承条件的，都平等地适用代位继承。

(4) 在遗嘱继承中，男女享有平等的以遗嘱方式处分其财产的权利。立遗嘱人无论是男是女，都有权按照自己的意愿依法通过遗嘱处分自己的合法财产，不受其他任何人的干涉和胁迫。

(5) 除了双方另有约定外，夫妻在合法婚姻关系期间所取得的财产为夫妻共有财产。《继承法》第30条规定：“夫妻一方死亡后另一方再婚的，有权处分所继承的财产，任何人不得干涉。”

(三) 互谅互让、团结和睦原则

《继承法》第15条规定：“继承人应当本着互谅互让、和睦团结的精神，协商处理继承问题。”《继承法》将互谅互让、团结和睦作为其基本原则，是发扬社会主义道德风尚，建设社会主义精神文明的要求，有利于正确处理继承关系，有利于继承纠纷的解决，也有利于促进和巩固社会主义新型家庭关系。互谅互让、团结和睦原则在《继承法》中体现为以下几个方面：

(1) 在分配遗产时，同一顺序的各法定继承人原则上享有平等的继承份额。但是，各继承人经协商一致的，遗产的分配份额也可以不均等，即《继承法》允许各法定继承人经友好协商确定各继承人的遗产分配份额。

(2) 法定继承人在协商确定各继承人的继承份额时，应当综合考虑继承人对被继承人所尽义务、继承人的生产和生活的实际需要、遗产效用的充分发挥以及照顾缺乏劳动能力又无生活来源的人等因素，将这些因素作为协商确定各继承人继承份额的参考因素。

(3) 尽管《继承法》规定继承从被继承人死亡时开始，但对于遗产的分割时间和方法，可以由继承人协商确定。法律旨在赋予继承人通过协商方式确定遗产分割时间和方法的自主权，并不是要求继承人在被继承人死亡后立即分割遗产。

(4) 《继承法》鼓励和提倡继承人首先采用协商的方法确定遗产分割的时间、办法和份额，目的是减少和避免产生矛盾和纠纷。如协商不成的，可以由人民调解委员会调解或者向人民法院提起诉讼。

(四) 养老育幼原则

赡养老人、抚育子女是中华民族的优良传统和美德，是我国家庭的一项重要职能。《继承法》所确立的养老育幼原则主要体现在以下几个方面：

(1) 以继承人与被继承人之间相互扶助的法律义务为根据确定继承人的范围和继承顺序。

(2) 以被继承人是否履行抚养、赡养义务以及履行抚养、赡养义务的多少为根据确定继承人的地位、继承人的遗产分配份额。

(3) 在法定继承中，同一顺序的继承人分配遗产时，对于生活有特殊困难或缺乏劳动能力又没有生活来源的继承人，应当给予适当照顾。

(4) 在遗嘱继承中，遗嘱人设立遗嘱应当为缺乏劳动能力又没有生活来源的继承人保留必要的遗产份额。

(5) 分割遗产时，应当保留胎儿的继承份额。

(6) 对于继承人以外的依靠被继承人抚养的缺乏劳动能力又没有生活来源的人，可以分给适当的遗产。

(7) 公民可以与抚养人或者集体所有制组织签订遗赠抚养协议。根据协议的约定，抚养人或者集体所有制组织负有对该公民生养死葬的义务，享有受遗赠的权利。

(五) 权利和义务相一致原则

权利和义务相一致原则是民法规定的一项重要原则，也是《继承法》的一项基本原则。但是《继承法》上的权利义务相一致并不具有权利义务的相应性，不能以民法上的权利义务相一致的原则来确定被继承人之间的权利义务关系。权利和义务相一致原则，主要体现在以下几个方面：

(1) 《继承法》第 12 条规定，以丧偶儿媳对公婆、丧偶女婿对岳父、岳母是否履行赡养义务为条件确认其能否成为法定继承人。《继承法》赋予丧偶儿媳或女婿以第一顺序法定继承人的资格，使其能以独立的身份取得对公婆或岳父母遗产的继承权。

在分配遗产时，对于有扶养能力和扶养条件的继承人，在被继承人需要扶养的情况下不尽抚养义务的，可以不分或者少分遗产；与被继承人共同生活并对被继承人尽较多赡养义务的继承人，可以多分遗产；法定继承人以外的其他人，对死者生前抚养较多的，可以适当分得遗产。

(2) 继承人继承被继承人遗产的，实行概括继承的办法，应当在所接受的遗产实际价值内偿还被继承人生前所欠的债务和应当缴纳的税款；继承人放弃继承的，可以不负清偿责任。

(3) 遗嘱继承或者遗赠附有义务的继承人或者受遗赠人应当履行义务；没有正当理由而不履行义务的，人民法院可以取消其接受遗产的权利。

(4) 在有遗赠抚养协议时，抚养人按照协议履行抚养义务的，享有受遗赠的权利；抚养人不履行协议，不尽抚养义务的，不能享有受遗赠的权利。

《继承法》除以婚姻关系、血缘关系为依据确定法定继承人的范围外，对继父母与继子女之间、继兄弟姐妹之间原属姻亲关系的当事人，根据他们之间是否有共同生活、相互之间是否存在扶养关系来确定彼此之间是否有继承权。

四、继承法的历史发展

(一) 古代社会的继承制度

在奴隶制社会中，奴隶不是权利主体而是权利客体，仅仅是被支配的对象，是物，因而可以被继承。奴隶不能成为继承的主体，自由民才是继承法律关系的主体。

在封建社会，农民已经有一定的自由和财产，逐渐摆脱了被支配地位，因此，尽管继承主要发生在地主阶级成员之间，但是农民也可以成为权利主体。古代社会的继承制度呈现以下特点：

(1) 身份继承的特点突出。古代社会是身份社会，具有等级性，对资源的占有和分配是以等级为基础的，因此身份也就决定了财富。

在我国古代社会的战国时期，主要通行“兄终弟及”的继承原则，后来逐渐被父子继承所代替，并形成了嫡庶有别的宗法继承制度。在宗法继承制度下，家产仅仅是作为祭祀义务的附属物而存在。最初由嫡长子完全继承所有的财产，而后诸子均有权利继承，只存在份额上的差异而已。但无论如何，在古代社会，身份继承是一直不变的主线。在古罗马时代，确立了遗嘱继承制度，而其创制遗嘱继承的目的也是为了保证家长身份和和家庙祭祀能得以延续。

(2) 通行单一继承、长子继承制，单一继承和共同继承并存。在身份继承上实行单一继承制度，即仅有子女中的一人能继承。同时在财产继承方面，往往诸子有份，因而表现为身份上的单一继承与财产上的共同继承并存。

我国古代就有身份继承和财产继承并存的现象，宗子单独享有身份继承权，他人仅享有财产继承权。及至唐代诸子均分财产的现象已经不少了，唐代《户令·应分条》规定："诸应分田宅者，及财物，兄弟均分。"后来不仅婚生子女得共同继承遗产，非婚生子女也可以继承一定的遗产。《清律》规定："嫡庶子男，分析家财田产，不问妻妾所生，止有子数分。奸生之子，依子量与半分。如别无子立因继之人为嗣，与奸生子均分，无应继之人方许承继全分。"

(3) 否定男女继承权平等。在古代社会，以男子为中心的家族制度决定了男女继承权的不平等。首先，表现为女儿不能与儿子一样继承父亲的产业。我国古代时期，最初不承认女子有继承权，所谓"男承家产，女承衣箱"，女子除得到出嫁前获得的嫁妆之外，不能继承家业，除非仅有女儿。在古代日耳曼法上对动产的继承顺序为子女、父母、兄弟，但女子只能得到男子所继承遗产的一半。所以法谚有云："男子以双手接受，而女子则以一只手接受。"不动产则一般只能由儿子继承，无子交回马尔客公社。其次，妻子继承夫家的财产的权利受到限制。在古代中国，妻子不能继承夫家的财产，丈夫死亡后，财产由儿子继承，妻子受儿子供养；无子孙的寡妇"守志"者，可以占有亡夫留下的遗产，但不得"擅卖田宅"，更不得在改嫁时带走亡夫留下的财产。

(4) 土地是继承权的主要客体。在农业社会中，土地是最重要的财产，遗产制度的构建也以此为基础，土地也就成了继承权的主要客体。

(5) 继承方式以法定继承为主。在古代社会，法定继承主要是身份继承和祭祀继承。虽然古代社会也有遗嘱继承，但仅限于动产。遗嘱继承在古代社会从来没有成为主要的继承方式，即使承认遗嘱继承，也往往需要以"身丧户绝"为条件。

（二）近现代继承制度

古代社会到近代社会的进程，也就是从身份到契约的过程。对于财富的分配方式有很大的不同，虽然各国从古代向现代的转向的过程不同，加上文化等差异，继承制度会有差异，但是主要特点还是一样的。

(1) 取消身份继承，仅实行财产继承。在近现代社会，身份不再是社会资源配置的手段和方法，只有财产才能成为继承的客体，财产继承不再是身份继承的附属物。

(2) 取消了单一继承制，实行共同继承。单一继承制度是以身份继承为前提的，封建社会是等级社会，而资本主义社会是市场经济的平等价值观的表现，体现了自由平等的精神，取消了单一继承制，而实行共同继承制度。

(3) 继承权仍有不平等的现象。依据日本继承法的规定，配偶只有在被继承人无直系卑血亲时才能成为继承人。法国曾经规定对于继承的财产，妻子不经过丈夫书面同意，不得出卖、赠与、抵押等。

(4) 遗嘱继承走向普遍，实行遗嘱自由和特留份相结合。西方各国在近代社会普遍适用遗嘱继承，实行遗嘱继承自由原则，遗嘱继承逐渐成为继承的主要方式，体现了法律对权利人生前处理死后财产的意志的尊重，但各国立法普遍对遗嘱自由予以一定的限制，大陆法系国家规定了特留份制度。所谓特留份制度是立遗嘱人不得以遗嘱剥夺继承人依法定继承应得到的遗产的全部，而必须为部分无生活来源的抚养人和法定继承人保留特定的份额。普通法系原来一般对遗嘱自由不加以限制，后来也有了一定限制，规定了死者的配偶、未成年子女、未婚子女、无劳动能力或不能维持自己生活的子女以及被继承人死亡时并未再婚的前配偶可以提出请求，经过法院的审核后，均可享有此项法定权利。

(三) 中国近现代继承制度的立法

中国近代民法制度源于清末立法。1911 年完成的《大清民律草案》第 5 编即为继承法，共分为六章，共计 110 条。1925 年北洋政府着手制定民法，该法第 5 编将原草案中的继承一章分为宗祧继承、遗产继承、继承人未定及无人继承之继承三章，共 225 条。1930 年南京国民政府通过了民法典，于 1931 年 5 月继承编颁行。南京政府制定的民法继承编分为遗产继承人、遗产之继承效力、遗嘱等内容。该法的特点是：废除了宗祧继承；遗产继承不分男女；承认配偶有相互继承遗产的权利；原则上采用法定继承制度；规定限定继承，继承人对偿还被继承人的债务负有限责任；留有宗法制度的痕迹，非婚生子女经抚育或认领后才能同婚生子女一样享有继承权。

(四) 我国社会主义继承法概述

1. 社会主义继承制度存在的理由

继承是私有制的产物，社会主义是否应当废除继承权呢？法国空想社会主义者圣西门及其信徒把人类的宿疾归结为继承权，提出废除继承权的要求；而后无政府主义者巴枯宁提出了废除继承权作为社会各革命的起点。马克思对此作了深刻的批评。继承并不是私有制的起点而是私有制的结果，继承权的消亡是废除生产资料私有制的必然结果，但废除私有制绝不可能成为这种社会改造的起点。根据马克思主义关于继承权的基本原理，继承制度的存在和发展有赖于社会经济关系，又受社会政治、历史、家庭、宗教等关系的影响。继承权并非是虚构的产物，而是一定物质条件下产生的历史范畴，必然也会在一定的物质条件下消亡。

2. 我国社会主义继承权存在的条件

我国社会主义条件下之所以要存在继承制度，根本原因就在于社会主义仍然存在着继承权存在的社会条件。

(1) 社会主义公有制的建立并未消灭私有制，允许公民拥有私有财产，财产继承是不可以避免的。公民个人私有财产所有权的存在是财产继承不可避免的根本原因。虽然财产权利人死亡，但财产依然存在，在这种情况下需要鼓励人们对财富的积累，需要对继承权加以确认。

(2) 社会主义社会实行按劳分配的制度，这是社会主义社会财产继承不可缺少的决定性因素。劳动上的差别决定了人们物质利益上的不平等。社会主义的最终目标是实现共同富裕，这要通过一部分人先富起来带动后来人富裕起来。因此，通过继承制度的确立鼓励人民对财富的积累，这就要求法律须允许公民的私有财产在其死后可被他人继承。

(3) 社会主义的家庭职能的存在，也是财产继承不可避免的重要原因。目前，我国家庭还担负着繁重的社会职能。从家庭作为一个消费单位来看，家庭成员通过劳动所得的合法收入，属于家庭共有财产，并以家庭为单位组织消费，但是家庭内部的消费的分配原则是按需要进行的，赡养老人、抚育子女、扶助无劳动能力的家庭成员是我国的传统美德，这种责任是不可能推给社会的。为了保证家庭继续履行其职能，确保家庭成员间的扶养、赡养关系的继续，维护家庭关系的稳定，有必要让家庭成员之间能相互继承遗产，这也有利于减轻社会压力。

(4) 社会主义市场经济条件下需要维护交易安全。市场经济是交换经济，债权债务关系是必不可少的，虽然合同一方权利人死亡，但如果随意就宣告合同结束的话，将不利于维护交易安全，也不利于社会资源的节约，对整个社会信用的建立和维护将产生负面的影响。

（五）我国社会主义继承法的沿革

我国的继承制度是在新民主主义革命时期的继承制度的基础上发展起来的。

新民主主义革命时期，在革命根据地、边区、解放区的人民民主政府都曾颁布过有关继承权问题的政策、法规。例如 1943 年 6 月 15 日晋察冀边区委员会公布了《关于女子财产继承权执行问题的决定》。该决定共有6条，主要对女子的财产继承权作了规定，强调女子包括寡妇的权利和义务。新民主主义革命时期制定和施行的这些关于继承的政策和法规，为我国社会主义继承制度的确立奠定了基础。

1949年新中国成立后，对继承制度逐步进行了改革和完善。1950年通过的新中国第一部法律——《婚姻法》，确定了夫妻互相继承财产的制度、父母子女相互继承遗产的权利。1954年《宪法》确认了继承权。其后司法部、最高人民法院等发布了许多有关继承问题的法规文件，如司法部的《关于有关遗嘱、继承问题的综合批复》，1956年全国人大常务委员会办公厅研究室编制的有关继承问题的参考资料等。1963年最高人民法院《关于贯彻执行民事指出几个问题上的司法解释（修正稿）》中对继承问题作了规定，规定了法定继承人的范围和继承的顺序。1979年2月最高人民法院《关于贯彻执行民事政策法律的意见》又在第三部分规定了继承问题。1984年最高人民法院《关于贯彻执行民事政策法律若干问题的意见》第五部分为继承问题，从第33条到第52条分别对继承开始的时间、遗产的范围、继承人的范围和继承顺序、继承权的放弃、代位继承、遗产的分配原则、遗嘱继承、遗产债务的清偿、转继承、继承权的剥夺等问题都作了明确的规定。这些法律规范、政策和意见，在《继承法》施行前，构成了我国继承制度的基本内容，是调整继承关系的基本依据。

我国社会主义继承法的立法编纂是1955年起步的，前后历时30年，继承法的起草工作先后有四次。1954年《宪法》颁布后全国人大常委会就开始组织草拟民法典。当时计划先颁布单行法，而后将各单行法编纂成民法典，1958年第一次立法工作搁浅。第二次于1962年开始，此次将家庭、婚姻、继承编在一起，由于四清运动，1964年再次停止。其后在十年动乱期间，社会主义民主和法制遭到严重破坏，不仅不能进行有关继承的立法，而且使得已初步确立的继承制度也遭到了严重破坏。1978年后我国法制建设进入了一个新时期，1979年11月全国人大常委会法制委员会成立民法起草小组，再次起草民法，在民法草案中将继承法纳入其中的第六编中，1982年又继续组织继承法的第四次起草。1985年正式通过《继承法》。为了更好地贯彻执行该法，最高人民法院于1985年9月11日下发了《最高人民法院关于贯彻执行〈继承法〉若干问题的意见》（以下简称《继承法意见》），对审理继承案件中具体适用《继承法》的一些问题，提出了司法意见。至此，我国社会主义继承制度基本确立。随着社会的发展，我国的社会经济生活发生了很大的变化，《继承法》也有待进一步修正。

【案例分析】

案情

某市退休工人孙里夫妇退休在家，他们有唯一的儿子孙牛。孙牛一家三口于 2003 年冬天不幸煤气中毒全家死亡，孙里变卖孙牛家产共得人民币 12 万元，而孙牛妻子欧阳兰的外祖父何力勤认为自己有继承权，要求继承遗产。双方发生争议，诉至法院。请问谁有继承权？

解析

父母当然属于法定继承人，至于外祖父母是否属于法定继承人，关键要看现行法律的规定，见《继承法》第 10 条。

【思考与练习】

名词解释

财产继承　身份继承　概括继承　有限继承　无限继承

问答题

1. 简述继承的类别。
2. 简述我国继承法的沿革。
3. 我国继承制度的基本原则有哪些？试简述之。

案例分析题

李永是养鱼专业户，从 1998 年开始承包了村里 10 亩鱼塘，承包期为 10 年。2002 年李永在一次车祸中丧身，从此由他儿子李龙（已成年）接管鱼塘。2003 年收获了鱼之后，村里通知李龙，要收回鱼塘转包他人。李强认为当初其父亲和村里所签的承包合同并未到期，在这种情况下，他父亲承包鱼塘的权利当然由他来继承，这种说法对不对？为什么？

第十二章　继承法律关系

【导学】

继承法律关系是梳理继承案件脉络的主要手段和方法，其内容包括继承法律关系及要素、继承权、继承权保护、继承权回复请求权等。通过对本章的学习，使学生具备通过分析案例来确定具体继承法律关系的能力。本章重点：继承法律关系的主体和客体。本章难点：继承法律关系要素、继承权及其保护。

一、继承法律关系概述

（一）继承法律关系的概念和特征

继承法律关系是指由继承法律规范所调整的，因自然人的死亡而发生的与其他人之间在财产继承上的民事权利义务关系。具体地说，是由于财产权利人死亡或被宣告死亡后，在继承人、受遗赠人、继承参加人之间以及他们与集体组织、其他公民之间发生的权利义务关系。继承法律关系包括法定继承法律关系和遗嘱继承法律关系。法定继承法律关系是指因法定继承而发生的法定继承人与他人之间在财产继承上的民事权利义务关系。遗嘱继承关系是指因遗嘱继承而发生的遗嘱继承人与他人之间在财产继承上的民事权利义务关系。遗赠关系是指因遗嘱赠与而发生的遗赠受领人与他人之间在财产上的民事权利义务关系。继承法律关系是一种因自然人死亡而产生的法律关系，是因财产继承而发生的权利义务关系。

继承法律关系有以下几方面的含义：

(1) 继承法律关系是一种法律关系。继承法律关系发生的根据、继承法律关系的主体、继承法律关系的客体以及主体的权利和义务，都是由法律规定的。继承关系经过法律调整形成了继承法律关系，并由国家强制力予以保护。

(2) 继承法律关系是因自然人死亡才发生的法律关系。继承法律关系的发生必须以一定的法律事实为根据。继承法律关系主要包括法定继承法律关系和遗嘱继承法律关系，前者以自然人的死亡作为法律事实，而遗嘱继承法律关系的发生根据并不是一个单一的法律事实，而是法律事实构成，即不仅要有被继承人死亡的事实，而且还需被继承人生前立下合法遗嘱。遗嘱是由立遗嘱人的意志决定的，因而属于行为，并且是一种单方法律行为。但从总的说来，被继承人的死亡是引起继承法律关系发生的基本法律事实。

(3) 继承法律关系是财产继承上的民事权利义务关系。继承法律关系是一种民事权利义务关系，所以继承关系的主体是平等的。继承法律关系是在财产继承上发生的法律关系。在古代社会，由于等级制度的存在，当时的继承既有身份权利的继承也有财产权利的继承，两相比较身份继承在古代社会更为重要。现代继承法已经突破了传统社会的身份继承制度，在现代法律中，民事主体之间不因财产继承而产生的法律关系不属于继承法律关系。如共同共有人一方死亡，应从共有财产中分出其财产份额，共有人的死亡是共同共有关系消灭的原因，但这不涉及到继承问题。

继承法律关系具有以下法律特征：

(1) 继承法律关系是一种财产法律关系。在古代社会，由于等级制度的存在，当时的继承既有人身权利的继承也有财产权利的继承。在现代社会，因为继承人继承的对象只能是被继承人遗留的财产，而不能是被继承人的身份，所以继承法律关系只能是一种具有财产内容的财产法律关系，而不属于人身法律关系。

(2) 继承法律关系是一种综合性的财产法律关系。继承法律关系中的财产既有物，也有债权、知识产权等。

(3) 继承法律关系中自然人享有继承权。在继承法律关系中，权利主体是继承人，而作为义务主体的另一方有可能是继承人也有可能是继承参与人。继承人一般是自然人，但国家和集体组织在特殊情况下也会成为法律关系的主体。

(4) 继承法律关系往往是一种与亲属关系相联系又体现一定财产处分自由的财产法律关系。继承法律关系不同于一般的财产法律关系，继承法律关系的权利主体具有范围上的特定性，并不像其他财产关系的权利主体那样一般没有限制。

（二）继承法律关系的要素

继承法律关系包括继承法律关系主体、客体和内容三个要素。

1. 继承法律关系的主体

继承法律关系的主体是指在继承法律关系中享有权利和负担义务的人，包括权利主体和义务主体。继承主体和继承法律关系主体有很大不同，继承的主体仅仅限于继承人，而继承法律关系的主体则包括继承人、受遗赠人、继承参与人，以及与遗产有关的社会组织和其他自然人。

2. 继承法律关系的客体

继承法律关系的客体是指继承法律关系的权利主体的权利和义务主体的义务共同指向的对象即遗产，遗产的范围包括被继承人遗留的财物也包括债权债务、知识产权及其他财产权利。

3. 继承法律关系的内容

继承法律关系的内容是指继承法律关系的权利主体在遗产继承分割转移过程中，各自所享有的权利和承担的义务。继承人所享有的权利就是继承被继承人遗产。继承法律关系的义务主体所负担的义务就是不得侵害继承人的继承权，包括作为和不作为。前者如遗产管理人的协助义务，后者是他人不得妨害、干涉继承人行使继承权的义务。简单地说，继承法律关系的内容就是遗产继承中的权利和义务。

二、继承法律关系的主体

继承法律关系主体包括继承主体但不限于继承主体，继承的主体仅仅限于继承人，包括法定继承人、遗嘱继承人和受遗赠人。另外遗产管理人、遗嘱见证人、遗嘱执行人，由于他们都分别有管理遗产、为遗嘱作证、执行遗嘱的义务，称为继承参与人。其中继承人、受遗赠人是继承法律关系的基本主体。

（一）继承人的概念

继承人是继承法律关系的权利主体，是指依照《继承法》的规定在法定继承或者遗嘱继承中有权继承被继承人遗产的自然人。

继承人的概念有以下三方面的含义：

(1) 继承人是由《继承法》规定的。自有法律以来，继承人便是一个法律概念。继承人的范围和继承顺序，都是由法律规定的。《继承法》规定的继承人仅限于被继承人的近亲属，具体包括配偶、子女及其晚辈直系血亲、父母、兄弟姐妹、外祖父母、对公婆或者岳父母尽了主要赡养义务的丧偶儿媳或丧偶女婿。这些人都是与被继承人存在婚姻关系、血缘关系和其他家庭关系的。与被继承人之间不存在婚姻关系、血缘关系、其他家庭关系的人，不能为继承人。除此之外，继承人于继承开始时还必须有继承能力，否则也不能为继承人。

(2) 继承人是在法定继承或遗嘱继承中对被继承人的遗产享有继承权的人。享有继承权是继承人的基本特征，在法定继承或者遗嘱继承中不享有继承权，不以继承权而是以其他根据而取得遗产的人，不是继承人。

(3) 继承人是有权承受被继承人遗产的自然人。继承人是有权承受被继承人的遗产，但有权承受被继承人遗产的并不都是继承人。例如，按照《继承法》的规定，对被继承人以外的依靠被继承人扶养的缺乏劳动能力又没有生活来源的人，或者继承人以外的对被继承人扶养较多的人，也可以分得适当的遗产，但他们不是继承权的主体。

（二）继承人的分类

继承人从不同的角度，可以有不同的分类。例如，在我国古代宗法制度下，继承人分为遗产继承人和遗产承受人。遗产继承人是继承宗祧而又继承遗产的继承人；不继承宗祧仅继承遗产的人则为遗产承受人。一般来说，根据继承的方式，继承人分为法定继承人和遗嘱继承人。

1. 法定继承人

法定继承人是指依照法律规定的范围和顺序直接承受被继承人遗产的继承人。法定继承人的继承权直接来自法律的规定，而无需被继承人指定。依《继承法》的规定，法定继承人都是有一定顺序的，继承开始时，法定继承人并不是同时参加继承，而是依法律规定的先后顺序参加继承。美国的法定继承人范围包括配偶、父母、兄弟姐妹及其直系血亲卑亲属、祖父母和外祖父母直系血亲卑亲属。法国民法典规定，法定继承人的范围是被继承人的子女及其血亲卑亲属、直系尊亲属、兄弟姐妹或兄弟姐妹的后裔、六等亲以内的旁系亲属。我国《继承法》将对死者生前尽到主要赡养义务的丧偶儿媳和丧偶女婿列入了法定继承人的范围，将与死者有抚养关系的继父母、继子女、继兄弟姐妹等继亲列入法定继承人的范围，与血亲同等继承遗产。

2. 遗嘱继承人

遗嘱继承人是指按照被继承人所立的合法有效的遗嘱而直接承受遗产的人，也就是遗嘱人在遗嘱中指定的继承人，所以又称为指定继承人。遗嘱继承人的继承权并非源自法律的直接规定，而是来自被继承人依照法律规定所设立的遗嘱。因此，遗嘱继承人是由被继承人的意志决定的。《继承法》赋予了遗嘱人有订立遗嘱的自由，允许自然人用遗嘱的方式处理自己的遗产，可以变更法定继承人继承顺序和应继承的份额，甚至可以取消法定继承人的继承权，将遗产赠与法定继承人以外的其他人。

（三）继承能力

继承能力又称继承权利能力，是指能够享有继承权的法律资格，亦即能取得继承人资格的自然人的继承能力。这需要具备两个条件：一是该继承人属于法定继承人的范围，二是继承人生存着，两者缺一不可。

继承能力是法律赋予的享有继承权的资格，是当事人享有和取得继承权的前提条件。因此，继承能力不同于继承权，任何人不得非法剥夺，当事人自己也不得放弃。

按照《民法通则》的规定，自然人的民事权利能力始于出生，终于死亡；依《继承法》的规定，继承自被继承人死亡时开始，被继承人的遗产自继承开始时当然转移于继承人。因此，只有于被继承人死亡时即继承开始时生存的自然人，才能继承被继承人的遗产。

既然只有在继承开始时生存的人才具有继承能力，在继承开始时尚未出生或者已死亡的人也就没有继承能力。

目前各国的立法为了保护胎儿，赋予了其继承能力，将胎儿视为已出生的婴儿。罗马法有“将胎儿视为既已出生”的法律格言，法国、日本、瑞士等国的民法典均有类似规定。世界许多国家的民法均承认胎儿享有继承权，但又以活体降生为条件。我国继承法采纳了这种立法例。我国学者中对胎儿有无继承能力也有肯定与否定两种观点。现行《民法通则》和《继承法》都没有规定胎儿的继承权利能力，胎儿是不具有权利能力的。《继承法》规定，在遗产分割时应当保留胎儿的应继承份额。这只是法律规定的为保护继承开始时尚未出生的被继承人子女利益的特别措施。

继承开始时已死亡的继承人不具有继承能力，不能实际享有继承权。这里的死亡包括自然死亡和宣告死亡。

如前所述，依《继承法》规定，只有自然人才可成为继承人，法人或其他组织不具有继承能力。

（四）继承人的法律地位

继承人的法律地位是指继承人在遗产继承过程中所享有的权利和负担的义务。

在不同的法律关系中，继承人的权利义务是不同的。概括起来，可以从以下情形对继承人进行考察：

1. 继承人与非继承人之间的关系

继承人与非继承人之间的关系是继承法律关系。在这种关系中，继承人为权利主体，非继承人为义务主体。作为权利主体，继承人享有继承权，继承人可以接受继承，也可以放弃继承；在其权利受到侵害时，继承人也享有继承回复请求权，非继承人不得干涉。

2. 继承人相互之间的关系

继承为数人共同继承同一被继承人的遗产时，则发生共同继承人相互之间的关系。在这种关系中，每一继承人既享有权利，也负有义务。继承人的权利主要有遗产分割的请求权、个人应得份额的处分权；继承人的义务主要是管理和保管遗产。同时，共同继承人对于遗产的债权债务在继承的遗产范围内共同承担责任。

3. 继承人与受遗赠人之间的关系

继承人与受遗赠人之间的关系是一种因遗赠发生的具有债权债务性质的法律关系。在遗嘱中未指定遗赠执行人时，继承人即为遗嘱执行人，在此情形下，遗赠就在继承人和受遗赠人之间发生效力。在这一关系中，受遗赠人有权请求继承人将遗嘱人赠与的遗产移交，继承人有义务按照被继承人的遗嘱将财产交付给受遗赠人。

4. 继承人与被继承人的债权人、债务人之间的关系

继承人与被继承人的债权人之间的关系。在继承人与被继承人的债权人之间的债权债务关系中，当数人共同继承时，共同继承人为连带债务人，有清偿被继承人债务的义务。被继承人的债权人为债权人，有请求继承人偿还被继承人债务的权利，但继承人仅以继承的实际数额为限承担债务。

继承人与被继承人的债务人之间的关系。在继承人与被继承人的债务人之间的债权债务关系中，继承人为债权人有权请求被继承人的债务人清偿债务。被继承人的债务人为债务人，有及时清偿债务的义务。

三、继承法律关系的客体

（一）继承法律关系客体的概念

继承法律关系客体是指继承人的遗产和债务以及某种必须履行的行为。要实现继承权必须有一个具体的标的，这个标的就是遗产和债务以及其他必须履行的行为。

（二）遗产的概念

遗产是死者遗留下来的个人合法财产。

《继承法》中的遗产就是指死者的财产和财产权利，不包括债务，但根据债权债务一致的原则，《继承法》第30条规定："继承人、受遗赠人在接受死者遗产的同时，必须负责清偿死者的债务和所欠国家税款，如果死者在遗嘱中负有其他合法义务，继承人、受遗赠人仍应当负责履行。"虽然《继承法》没有具体规定债务是否属于遗产，但并不影响继承人、受遗赠人负责清偿死者债务的责任。在我国，遗产不限于净得的财产权利，债务同样也是遗产的组成部分。

遗产的法律特征：

(1) 必须以自然人的死亡作为划分遗产的时间标准。自然人死亡前的财产不是遗产。即使是遗嘱继承的方式，被继承人将财产赠与他人，但在遗嘱人死亡之前，该财产属于该自然人，任何人不得侵犯，遗嘱继承人或受遗赠人均不得提出继承或要求遗赠。

(2) 遗产必须以财产和财产权利为标的，不属于死亡自然人的财产或财产权利，也不是遗产。《继承法》第3条已经列举了7种遗产，一般来说人身权是不能作为继承的对象的；自然人某些带有人格性质的财产权，也可以作为遗产，由继承人继承，如著作权中发表、复制和发行作品的权利。

(3) 遗产必须是已故公民个人的财产，如果是国家、集体或第三人的财产，不得作为死者的遗产来处理。宅基地、自留地、自留山是国家或集体组织分配给农户长期使用的，不属于私有财产，所以宅基地、自留地、自留山的使用权不能作为遗产继承。家庭共有、夫妻共同财产也不是遗产。

(4) 遗产必须是能够转移给他人继承的财产。公民个人的财产所有权、一般性的债权、知识产权中的财产权都可以转移的，因此是遗产。

下列财产不能作为遗产处理：

(1) 对公共财产的使用权，不能作为遗产继承。

(2) 属于死者生前专有的与人身不可分离的财产权，不能作为遗产继承。但是该公民已经取得的财产则可以作为遗产遗留给自己的继承人。如死者生前享有领取抚恤金、补助金、残疾金、离休金、养老金、救济金、抚养费等权利，死后不能作为遗产继承。

(3) 国家或集体组织根据工作需要而分配给公民享有的某种特定权利，如公房租赁权。

(4) 基于劳务合同产生的劳务权，是专属于劳务承担人的。

(5) 遗产必须是自然人的合法财产，非法财产不得继承。

(6) 死者的债务及受遗赠人必须完成的行为。被继承人死亡后其遗体需要火化、安葬、办理丧葬事宜，除了从遗产中支付丧葬费用外，还需要完成一系列的行为，付出相应的劳务，此种办理丧葬的行为由继承人负责完成。死者生前与他们订有遗赠抚养协议的，则按协议由受赠人完成。被继承人生前在遗嘱中对继承人、受遗赠人所附的某种以行为为标的的合法义务，受赠人也应当完成。

对遗产范围的界定，有不同的立法例：有的采取排除式，未被排除的权利义务即可为遗产；有的采取列举式，规定何种权利义务可以继承；有的采取列举式和排除式相结合，即列举的为遗产的财产范围，未被列举的的权利义务不能列入遗产的权利义务。《继承法》第 3 条对遗产的概念和范围作了明确的规定，遗产的范围包括：①公民收入；②公民的房屋、储蓄和生活用品；③公民的林木、牲畜和家禽；④公民文物、图书资料；⑤法律允许公民所有的生产资料；⑥公民著作权、专利权中的财产权利；⑦公民的其他合法财产。

我国的遗产范围包括四个方面：一是自然人的财产所有权；二是与财产所有权有关的权利，主要指各类物权，包括抵押权、质押权、留置权；三是债权；四是知识产权中的财产权。

关于遗体是否属于遗产，《继承法》未作规定。死者遗体具有物的属性，毫无疑问，死者的遗体涉及伦理道德的问题，遗体不是财产所有权的标的。

四、继承法律关系的内容

继承法律关系的内容是指继承人、受遗赠人、继承参与人以及一切社会组织和公民个人在遗产转移活动中，各自享有的权利和承担的义务。

继承法律关系中的权利，包括死者遗留下来的财产和财产权利；继承法律关系中的义务，包括死者所欠的债务和应交纳的税款，以及死者生前在遗嘱中所附的义务。

继承法律关系主体间的权利义务具有一致性。债权人实现债权的权利是继承人清偿被继承人所欠债务的义务，遗产管理人取得管理报酬权，遗嘱执行人取得执行遗嘱报酬的权利，就是继承人支付管理报酬费用和支付遗嘱执行费用的义务。

继承人在享有继承遗产权利的同时，就负有清偿被继承人所欠的债务和交纳税款的义务；不履行义务的，法律强制进行清偿。受遗赠人按照遗嘱享有接受遗赠的权利，但如果遗嘱中附有义务的，受遗赠人还应当履行义务，此种义务以不超过遗产的实际价值为限。当然这种权利义务的统一也不是绝对的，如特定物的受遗赠人，一般不承担义务，除非被继承人在遗嘱中附有某种合法的义务，适当分得遗产的人在被继承人死后取得适当的遗产，也不承担义务。

由于继承法律关系主体不同，继承人、受遗赠人、继承参与人所享有的权利和应承担的义务也不同。

五、继承权

（一）继承权的概念和特征

继承权是指自然人依照法律的直接规定或者依照被继承人所立的合法有效的遗嘱而享有的继承被继承人遗产的权利。继承权的特征有：

（1）继承权是自然人享有的权利。继承权的主体，依《继承法》的规定，只能是自然人，而不能是法人、其他社会组织和国家。尽管法人、其他社会组织以及国家也会接受遗产，但即使其接受被继承人的遗产也不是基于继承接受的，亦即不是以继承人的身份承受被继承人的遗产。

（2）继承权是自然人依照法律的直接规定或者合法有效的遗嘱而享有的权利。在法定继承中，享有继承权的继承人是由法律直接规定的。在遗嘱继承中，合法有效遗嘱指定的遗嘱继承人才有继承权。

（3）继承权是继承人继承遗产的权利，它属于财产性权利。继承权是在法定继承中享有的权利，遗嘱继承权是遗嘱继承人在遗嘱继承中享有的权利。依《继承法》的规定，遗嘱继承人只能是法定继承人范围之内的人，也就是说，被继承人只能指定法定继承人中的一人或数人为遗嘱继承人。因此，法定继承权与遗嘱继承权有着一致性。

继承权是继承人在继承法律关系中享有的权利，它构成继承法律关系内容的重要组成部分。当事人没有继承权，也就构不成继承法律关系。

（二）继承权的丧失

继承权的丧失又称继承权的剥夺，是指出现法定事由时取消继承人的资格。《继承法》第7条中规定了丧失继承权的四种事由：

1. 继承人故意杀害被继承人

继承人故意杀害被继承人是一种严重的犯罪行为，不论其是否受到刑事责任的追究，都丧失继承权。构成故意杀害被继承人的行为，须具备以下条件：

（1）继承人实施的杀害对象是被继承人。

（2）继承人主观上有杀害的故意，至于继承人的杀害故意，包括直接故意和间接故意，均无影响。过失行为和正当防卫不丧失继承权。

2. 继承人为争夺遗产而杀害其他继承人

（1）继承人杀害的对象是其他继承人。继承人杀害其他继承人是指继承人实施剥夺其他继承人生命的犯罪行为。被杀害的对象只能是其他继承人，而不能是继承人以外的其他人。继承人杀害其他继承人既包括法定继承人杀害遗嘱继承人的情形，也包括遗嘱继承人杀害法定继承人的情形；既包括后一顺序的继承人杀害前一顺序的法定继承人，也包括前一顺序的继承人杀害后一顺序的继承人，还包括继承人杀害同一顺序的继承人。这里的被杀害继承人事实上并不一定有继承权，而只要杀人者认为他可能有继承权即可。

（2）继承人杀害的目的是为了争夺遗产，这是构成该行为的主观要件。行为人须有主观上的故意。继承人杀害其他继承人不是为了争夺遗产，而是为了其他目的，出于其他的动机，即使继承人杀害了其他继承人，其继承权也并不因此而丧失。

3. 遗弃被继承人，或者虐待被继承人情节严重

继承人遗弃被继承人是指继承人对没有劳动能力又没有生活来源和没有独立生活能力的被继承人拒不履行扶养义务。因此，构成遗弃行为的条件有二：其一，被遗弃的对象是没有独立生活能力的被继承人，例如，被继承人年老、年幼、有残疾等。其二，继承人有能力尽抚养义务而拒不尽抚养义务。如果继承人本身也是没有独立生活能力的，其并无能力尽抚养义务，则不能履行抚养义务，不能构成遗弃。

虐待被继承人是指继承人在被继承人生前对其以各种手段进行身体上或者精神上的摧残或折磨。《继承法意见》第 10 条第 1 款规定，继承人虐待被继承人情节是否严重，可以从实施虐待行为的时间、手段、后果和社会影响等方面认定。依照《刑法》第 260 条规定，继承人虐待被继承人，情节严重的，会构成虐待罪。只要继承人虐待被继承人情节严重，不论其行为是否构成犯罪，其是否被追究刑事责任，均丧失继承权。如果继承人虐待被继承人虽情节严重，但以后确有悔改表现，并且受虐待的被继承人生前又表示宽恕的，可不确认其丧失继承权。但是如果只有继承人的悔改行为，被继承人生前未表示宽恕，或者虽被继承人生前表示宽恕，但继承人并没有悔改表现，则继承人仍丧失继承权。

4. 伪造、篡改或者销毁遗嘱，情节严重的

遗嘱是被继承人生前作出的于其死亡后发生法律效力的法律行为，是被继

承人生前对自己的财产作出的处分决定，是被继承人按照自己的意愿处置其合法财产的法律形式。

伪造遗嘱是指继承人以被继承人的名义制作假遗嘱。篡改遗嘱是指继承人擅自改变被继承人所立的遗嘱的内容。销毁遗嘱是指继承人将被继承人所立的遗嘱完全破坏、毁灭的行为。

伪造、篡改或者销毁被继承人遗嘱的，违背了被继承人生前的意愿，并且继承人实施这类行为往往是从利己的目的出发，为使自己多得或者独得遗产，会侵害其他继承人的合法权益。按照《继承法意见》第 14 条规定："继承人伪造、篡改或者销毁遗嘱，侵害了缺乏劳动能力又没有生活来源的继承人利益，并造成其生活困难的，应认定其行为情节严重。"

（三）继承权丧失的类别

对于继承权的丧失，学者中有不同的分类。一般可分为当然的终局的丧失、当然的非终局的丧失和兼有被继承人意思表示的丧失。继承权当然的终局的丧失是指有法定的事由的发生，继承权就当然且确定的丧失，嗣后也并不因宽恕而回复；当然的非终局的丧失是指有法定事由的发生，继承权就当然丧失，但得因宽恕而不丧失；兼有被继承人意思表示的丧失是指虽对被继承人有重大的不道德或者违法行为，但继承人的继承权不当然丧失，须有被继承人表示其不得继承时，继承权始丧失。《继承法》并未将被继承人在遗嘱取消法定继承人继承遗产的权利列为继承权的丧失。

1. 继承权的绝对丧失

继承权的绝对丧失是指因发生某种导致某继承人丧失继承权的法定事由时，该继承人的继承权便终局地丧失了。继承权的绝对丧失是不可改变的，不依被继承人或其他人的意志而变化。依《继承法》的规定，因故意杀害被继承人丧失继承权的，因为争夺遗产而杀害其他继承人丧失继承权的，因伪造、篡改或者销毁被继承人的遗嘱情节严重而丧失继承权的，都为继承权的绝对丧失。

2. 继承权的相对丧失

继承权的相对丧失是指虽因发生某种法定事由导致继承人的继承权丧失，但在具备一定条件时继承人的继承权也可最终不丧失，所以又称为继承权的非终局丧失。依《继承法》的规定和司法实践，遗弃被继承人或者虐待被继承人情节严重的，继承人丧失继承权。

（四）继承权丧失的确认

继承权丧失的确认，实质上涉及继承权丧失的方式。关于继承权丧失的方式，在各国立法上基本上有两种：一是继承权的自然丧失。这是指只要发生法律规定的继承人继承权丧失的事由，继承人的继承权就当然丧失，无须被继承人再作出某种意思表示；二是继承权的丧失需要采用一定形式或者需经司法程序确认。

依我国法律的规定，在发生《继承法》第7条规定的丧失继承权的法定事由时，继承人的继承权当然就丧失，而不需再采用何种方式表示。

当事人主张某一继承人对于某特定的被继承人的继承权丧失的，应当向人民法院提起民事诉讼，由人民法院审理，最后作出该继承人的继承权是否丧失的裁决。提起请求确认某继承人继承权丧失的，可以是其他继承人，也可以是继承人以外的其他人或者有关单位。

（五）继承权丧失的效力

继承权丧失的效力是指继承权丧失在时间上和对人的法律效力。

1. 继承权丧失的时间效力

继承权丧失的时间效力是指继承权的丧失于何时发生效力。

继承权的丧失可以是发生继承开始之前，也可以是发生在继承开始以后；继承人丧失的可以是继承的期待权，也可以是继承的既得权。

2. 继承权丧失的对人的效力

（1）继承权的丧失对其他被继承人的效力。继承权的丧失是继承人对于特定被继承人的遗产继承权的丧失，仅对于特定的被继承人发生效力，对其他被继承人并不发生效力。

（2）继承权的丧失对继承人的晚辈直系血亲的效力。《继承法》并未规定继承人丧失继承权时其晚辈直系血亲可否代位继承问题。但《继承法意见》第28条规定："继承人丧失继承权的，其晚辈直系血亲不得代位继承。"由此可见，我国承认继承权的丧失对继承人的晚辈直系血亲发生效力。

（3）继承权的丧失对取得遗产的第三人的效力。丧失继承权的人处分被继承人遗产的，属于对他人财产的无权处分。因此，于此情形下，应适用善意取得原则，保护善意第三人的合法权益。第三人属于善意有偿取得财产的，其他人不能主张第三人返还，而只能向处分遗产的丧失继承权的继承人主张返还不当得利，这是保护交易安全的需要。但若第三人是无偿取得财产的，或者其在取得财产上有恶意，则其他继承人向第三人请求返还时，第三人应当返还。

(六) 继承权的行使和放弃

1. 继承权的行使

继承权的行使是指继承人实现自己的继承权。

有完全民事行为能力的继承人可独立行使继承权。无完全民事行为能力人不能完全独立行使继承权的，可由其法定代理人代为行使。《继承法》第6条规定："无行为能力人的继承权、受遗赠权，由他的法定代理人代为行使。""限制行为能力人的继承权，受遗赠权，由他的法定代理人代为行使，或者征得法定代理人同意后行使。"

2. 继承权的放弃

(1) 继承权放弃的概念。继承权的放弃是指继承人于继承开始后所作出的放弃其继承遗产的权利的意思表示。继承权的放弃，是继承人对自己权利的一种处分。继承权的放弃也只能在遗产分割前实施。于遗产分割后继承人所作出的不接受遗产的意思表示，属于放弃遗产，继承人放弃的不是继承权，而是单独的遗产所有权。

法律允许继承人放弃继承权，是社会进步的表现。在古罗马法的初期，家父权下的当然和必然继承人，绝对不能拒绝继承。至裁判官法时代，才开始予以当然和必然继承人"拒绝继承的特权"。家主以遗嘱解放的奴隶，同时指定其为继承人的必然继承人，是不得拒绝继承的。只有外来继承人（即任意继承人）才有接受和拒绝继承的自由，可以放弃继承权。近代各国的继承法，因为一般仅为财产继承法，而不包括身份的继承，所以，对于任何继承人是否接受和放弃继承权的自由，一般并不限制。

(2) 继承权放弃的方式。关于继承权放弃的方式，各国立法规定不一。各国继承法对继承权放弃的方式的规定，与其对继承人接受继承的方式的规定有关。概括起来，可分为以下两种做法：

第一种做法是，放弃继承必须以明示的方式。继承人不得以默示的方式作出放弃继承的意思表示。

第二种做法是，放弃继承可以用默示的方式。依这种立法规定，继承人接受继承应以明示的方式作出意思表示，继承人未表示继承的，视为放弃继承。

我国在《继承法》施行以前，学者中存在两种不同的主张。有的主张放弃继承须以明示的方式，也有的主张放弃继承得以默示的方式。在司法实务上，有的法院认为："在继承开始后，如果继承人有口头声明或字据明白表示抛弃权利，或者有足以认为是抛弃权利的行为（或不行为），如'一向缄默不争'等，都可以作为认定继承权抛弃的根据。"

《继承法》采用前述第一种主张。《继承法》第25条第1款规定："继承开始后，继承人放弃继承的，应当在遗产处理前，作出放弃继承的意思表示。没有意思表示的，视为接受继承。"

(3) 继承权放弃的效力。继承人放弃继承权的效力溯及自继承开始之时。放弃继承权的继承人，自继承开始就退出继承法律关系。放弃继承权的继承人，不仅不承受被继承人生前的债务，也不得继承被继承人生前的财产权利。放弃继承权的人虽不能取得遗产，但不能随着其放弃继承的意思表示的作出而免除一切责任。放弃继承权的继承人占有遗产的，在遗产未交付给其他继承人以前，对占有的遗产仍有保管的义务和责任。被继承人生前与继承人之间有债权债务关系的，该债权债务也不因继承人放弃继承而消失，而仍为遗产权利义务。

继承人放弃继承权的，不能取得遗产，其直系晚辈血亲也不能代位继承。从放弃继承权的继承人不能继承遗产的后果上看，放弃继承权与丧失继承权的后果一样，但两者在性质上是完全不同的：

第一，放弃继承权所放弃的是主观意义上的继承权，而丧失继承权所丧失的是客观意义上的继承权。只有没有丧失继承权的人才可以放弃继承权，丧失继承权的继承人并无继承权可放弃。

第二，放弃继承权是继承人自愿作出的意思表示，并不需要有何事由；而丧失继承权却是因发生法定事由而当然发生的，当事人不认为其继承权丧失的，法院得以裁决确认其丧失继承权。因此，放弃继承权是继承人对自己权利的一种处分，而丧失继承权则是法律对实施违法行为的继承人的一种民事制裁。

第三，放弃继承权只能在继承开始后遗产分割前实施，在继承开始前绝不能发生继承权的放弃；而继承权丧失的事由可以发生在继承开始以前，而且有的事由（如遗弃被继承人）只会发生在继承开始以前。

六、继承权的保护

继承权的法律保护主要通过两个步骤来实现。首先，通过立法将自然人的财产继承确立为一项民事权利；其次，在自然人的继承权受到侵害时可以寻求法律救济。前者是实体权利的规定，后者为程序性权利，这里仅从后者来谈继承权的法律保护。继承权的法律保护实际上就是继承权回复请求权。

（一）继承权回复请求权的概念

继承权回复请求权是指在继承人的继承权受到侵害时，继承人可以请求人民法院通过诉讼程序予以保护，以恢复继承权利。继承权回复请求权是继承法上规定的继承人要求法院通过诉讼程序保护其继承权的请求权，继承权请求权行使的目的是恢复继承权。具体包括两方面，一是确认继承人资格的请求权；二是对遗产标的的返还请求权。

继承权回复请求权必须具备三个条件：

(1) 必须是不当继承人（相对人）事实上已经占有，否认真正继承人的继承权。

(2) 占有遗产的人必须属于无权占有，即没有占有遗产的理由。如果占有人有占有遗产的理由，则无继承回复请求权。如占有人在被继承人生前借用该物，或承租了该房产，或者受有他物权的设定而占有了该财产。

(3) 必须以否定真正继承人的继承权为要件。继承权回复请求权包括对人的请求权和对继承权标的的请求权。所谓对人的请求权是指继承人对于被请求人有请求确认本人在法律上的继承资格和地位的权利；所谓对继承标的的请求权是指继承人对于被请求人（侵害人）有请求恢复继承标的的权利。

（二）继承权回复请求权的行使

继承权回复请求权是一项财产权利。继承人可以自己亲自行使，也可以由代理人代理行使。要成立继承回复请求权，需要具备以下条件：

(1) 无继承权人已为事实上遗产管理及占有或分配的行为。

(2) 占有人占有的权利。

(3) 占有人否认真正继承人的继承权。在发生侵害继承权的客观事实时，继承人可以向侵害人提出回复的请求，或者向人民调解委员会或有关单位提出请求，也可以直接向有管辖权的人民法院提起诉讼，请求人民法院通过民事审判程序予以解决。

对合法继承人或其法定代理人提出继承权回复的诉讼，人民法院确认原告有合法继承权，并应判决被告返还非法占有的遗产。如果该财产已经被转让，则应责令被告返还不当得利或赔偿损失；若第三人为恶意的，还可以行使追及权，要求第三人返还财产。

在共同继承中，全体继承人对遗产享有共有权，尽管共同共有人原则上须全体一致才能行使对共有财产的管理、处分行为，但对全体共有人利益的保存行为，则不必经全体共有人的意思一致才能行使，当然原告只能要求被告向全体继承人或遗产管理人返还。

（三）继承回复请求权的诉讼时效

继承回复请求权的诉讼时效是指继承人于法定期间不行使其权利即丧失通过审判程序请求人民法院予以支持的权利。

《继承法》规定，继承权纠纷提起诉讼的期限是2年，自继承人知道或应当知道其权利被侵犯之日起计算，但是自继承开始之日起超过20年的，不得再提起诉讼。自继承人知道或应当知道其权利受到侵害之日起2年内，继承人没有行使请求权的，人民法院对其权利不再保护。

关于诉讼时效中止、中断的问题。根据《民法通则若干问题的意见》的规定，在诉讼时效期间，因不可抗拒的事由而致使继承人无法主张继承权利的，人民法院可按照中止诉讼时效处理。继承人在知道自己的权利受到侵犯之日起2年内，其遗产继承纠纷确实在人民调解委员会进行调解期间，可按中止诉讼时效处理。继承人因遗产继承纠纷向人民法院提起诉讼的，诉讼时效即为中断。

在现实生活中，有的继承人可能长期不知道或不应知道继承权被侵犯的事实，其提起诉讼的权利，应当在继承开始之日起20年内行使，此期间不适合诉讼时效中止、中断的规定，其起算点为权利侵害之日，超过这一期间的，当事人不得提起诉讼。

【思考与练习】

名词解释

继承法律关系　继承权　继承权的丧失　继承权回复请求权　遗产

问答题

1. 我国法律对遗产的范围是如何规定的？
2. 法律规定有哪些事由可使继承人丧失继承权？
3. 什么是继承权的丧失？

案例分析题

苗朝、苗星兄弟父母早亡，兄弟两人相依为命。1949年苗朝去了台湾。1956年苗星娶妻杨芬，经医院确定无生育能力。1960年苗星收养一孤儿取名苗龙。1970年杨芬去世，苗星和苗龙相依为命，苗星长期患病但无钱住院。1981年，苗朝从台湾回来省亲，返回台湾前留下10万元留给苗星。1984年苗龙和张雨结婚并于次年生下一子。1992 年苗星病情加重住院治疗，经医生诊断为喉癌晚期。苗龙眼看苗朝留下的 10 万人民币就要被花完，鉴于其养父无药可救，不如让其早死，遂于 1993 年 2 月 3 日，在其养父的药中投入大量的安眠药。事后，苗龙想起养父对他的抚养之情，良心发现，呼叫医生对苗星进行抢救，经抢救，终于脱险。医院将上述情况报告给派出所，苗龙被依法逮捕，但苗星原谅了他的过错。1994 年 5 月 10 日，苗龙在监狱服刑期间死亡。1996 年苗星死亡。苗朝从台湾回大陆奔丧与张雨共同料理后事。经查，苗星留下瓦房 4 间，人民币 4 万元。现苗朝和张雨为分割遗产发生纠纷，苗朝认为苗龙对被继承人苗星有杀害行为，应当剥夺其继承权。张雨认为苗星生前已经原谅了苗龙，苗龙也因自己的罪行受到了惩罚，其对苗星的遗产应当有继承权。苗龙先于苗星死亡，应当由其子代位继承。

问：谁有继承权？为什么？

第十三章　法定继承

【导学】

本章介绍法定继承法律制度，要求学生了解法定继承的概念、适用范围以及法定继承人的范围和顺序、法定继承中的遗产分配问题，同时要求学生掌握法定继承中的两种较为特殊的情况：代位继承和转继承。本章重点：法定继承的概念、特征，法定继承人的范围与继承顺序，代位继承与转继承的概念以及遗产分配原则等。本章难点：代位继承与转继承二者的区别。

一、法定继承概述

（一）法定继承的概念

法定继承是人类最初的遗产继承方式，早在古巴比伦《汉穆拉比法典》中就有法定继承的规定雏形。例如，《汉穆拉比法典》规定父母死亡后，儿子们可以继承同等份额遗产，女儿们只能取得作为嫁妆的那份遗产。近代继承法因提倡意思自治的民法理念，遗嘱继承备受瞩目，但这丝毫不能削弱法定继承在继承法律制度中的固有地位，人们也力求在体现被继承人的意志自由与保护法定继承人的权利之间寻找到有效的协调平衡机制。

在我国古代，一直实行融身份、财产、宗教为一体的法定继承，即宗祧继承，这种继承方式主要是为了维护统治者私有财产的世代相袭。新中国成立后，1985 年颁布的《继承法》正式确立了法定继承为主、遗嘱继承为辅的财产继承制度。

所谓法定继承，是指根据法律直接规定的继承人范围、继承顺序、继承条件、继承份额和遗产分配原则等来继承被继承人遗产的法律制度。法定继承的概念有如下四层含义：

1. 法定继承是一种继承方式

被继承人死亡后，其遗留的财产须转移给他人，法定继承即是按照法律的直接规定将遗产转移给继承人的一项制度，是将死者遗产转移给法定继承人所有的一种继承方式。

2. 法定继承是由法律直接规定的继承人继承遗产的方式

在法定继承中哪些人为继承人，继承人依何种顺序参与继承都是由法律直接规定的，而非被继承人或其他因素所决定。

3. 法定继承是由法律直接规定遗产分配原则的继承方式

在法定继承中，继承人应当如何分配遗产以及分配多少都是由法律直接规定的，被继承人与继承人都不得改变。

4. 法定继承是不直接体现被继承人意志的继承方式

在法定继承中，继承人是根据法律直接规定而非被继承人的意愿加以继承的，因而直接体现了国家意志，而不直接体现被继承人的意志。法定继承对被继承人的意思体现，是通过法律推定的形式间接完成的。

（二）法定继承的特征

法定继承作为我国遗产转移的主要方式，具有以下特征：

1. 法定继承是遗嘱继承的补充

法定继承与遗嘱继承是现代法上的两种并存的继承方式，在我国和其他许多国家，法定继承甚至是一种主要的继承方式。但是从法律效力上来看，法定继承的效力低于遗嘱继承。继承开始后，被继承人立有合法有效的遗嘱的，适用遗嘱继承，只是在被继承人未立遗嘱，或所立遗嘱不符合法律规定，或遗嘱无法执行，或遗嘱未完全处分遗产等情况下才能适用或部分适用法定继承。因此，法定继承具有对遗嘱继承补充的特点。

2. 法定继承是对遗嘱继承的限制

从一定意义上来说，只有遗嘱继承才直接体现着被继承人的意愿，因为死者生前处分财产的意思表示直接表现为遗嘱，而法定继承只能说是法律对被继承人意愿的一种推定。但是这并不是说被继承人可以随心所欲地处分自己的财产，遗嘱继承也不能违反法律的限制性规定。例如许多国家的法律规定了保护法定继承人利益的特留份制度。特留份是被继承人在遗嘱中必须为法定继承人保留的遗产份额，被继承人处分特留份的遗嘱无效。我国没有特留份的规定，但是依现行继承法的规定，遗嘱人必须为缺乏劳动能力又没有生活来源的法定继承人保留必要的遗产份额。尽管遗嘱继承的效力高于法定继承，但从遗嘱处分受到必继份制度限制的角度而言，法定继承是对遗嘱继承的一种限制。

3. 法定继承以一定的身份关系为前提

法定继承的继承人范围、继承顺序、继承份额等，都是法律直接规定而非被继承人指定的。而法律规定法定继承人的依据是特定的亲属身份关系。除极少数国家允许不具备亲属关系的人在满足特定条件时可以成为继承人外，绝大部分国家的法定继承都发生在特定的亲属关系之间。也就是说特定的亲属身份关系是法定继承的前提，法定继承是特定亲属身份关系的财产性法律后果。我国继承法规定的法定继承人范围与婚姻法规定的相互有扶养义务的亲属范围完全一致就体现了这一点。

4. 法定继承的规范具有法定性、强制性

法定继承的继承人范围、继承顺序、继承份额、遗产分配原则等都是法律直接规定的，因而具有法定性的特点。关于法定继承的法律规范都是强制性规范，不得排除其适用，除死者生前可以通过遗嘱方式优先处分其财产外，其他任何人都无权改变法定继承的规范内容。

（三）法定继承的适用范围

法定继承的适用范围是指在何种情形下适用法定继承，即适用法定继承的前提和条件。从各国继承法来看，普遍采用“遗嘱在先原则”，也就是继承开始后，首先适用遗嘱继承，不能适用遗嘱继承方式时才按法定继承方式继承，即遗嘱继承的效力优先于法定继承。我国也不例外。《继承法》第 5 条规定：“继承开始后，按照法定继承办理；有遗嘱的按照遗嘱继承或遗赠办理；有遗赠扶养协议的，按照协议办理。”严格来说，遗嘱扶养协议并非继承方式，而是一种双务契约。协议的契约属性体现了双方当事人的意愿，涉及双方利益，因而其适用效力优先于任何一种继承方式。在被继承人生前未与他人订立遗赠扶养协议，又没有立下遗嘱时，全部遗产按照法定继承处理；被继承人生前虽与他人订立遗赠扶养协议，但该协议无效或不能执行，被继承人虽立有遗嘱但遗嘱全部无效时，全部遗产也按照法定继承处理。

《继承法》第 27 条对法定继承的具体适用情形作了规定，有下列情形之一的，遗产中的有关部分也按照法定继承办理：①遗嘱继承人放弃继承或者受遗赠人放弃受遗赠的；②遗嘱继承人丧失继承权的；③遗嘱继承人、受遗赠人先于遗嘱人死亡的；④遗嘱无效部分所涉及的遗产；⑤遗嘱未处分的遗产。

二、法定继承人的范围和顺序

（一）法定继承人的范围

法定继承人的范围是指适用法定继承方式时，哪些人可以成为死者遗产的继承人，即依法享有继承权的亲属范围。我国继承法是以婚姻关系和血缘关系为基础来确定法定继承人范围的。根据现行《继承法》第 10、11、12 条的规定，法定继承人包括：配偶、子女、父母、兄弟姐妹、祖父母、外祖父母，对公、婆或岳父、岳母尽了主要赡养义务的丧偶儿媳或女婿。此外，被继承人子女的晚辈直系血亲在一定条件下也可成为法定代位继承人。具体见表 13–1。

表 13–1　法定继承人范围

<table>
<tr><td rowspan="14">法定继承人范围</td><td colspan="2">配偶</td></tr>
<tr><td rowspan="4">子女</td><td>婚生子女</td></tr>
<tr><td>非婚生子女</td></tr>
<tr><td>养子女</td></tr>
<tr><td>形成扶养关系的继子女</td></tr>
<tr><td rowspan="3">父母</td><td>生父母</td></tr>
<tr><td>养父母</td></tr>
<tr><td>有扶养关系的继父母</td></tr>
<tr><td rowspan="4">兄弟姐妹</td><td>同父同母的兄弟姐妹</td></tr>
<tr><td>同父异母或同母异父的兄弟姐妹</td></tr>
<tr><td>养兄弟姐妹</td></tr>
<tr><td>有扶养关系的继兄弟姐妹</td></tr>
<tr><td colspan="2">祖父母、外祖父母</td></tr>
<tr><td colspan="2">对公婆或岳父母尽了主要赡养义务的丧偶儿媳或女婿</td></tr>
</table>

1. 配偶

配偶是指合法婚姻关系存续期间，男女双方当事人之间的亲属称谓。法定继承中的配偶是指在死者死亡时与之有合法婚姻关系的人。与被继承人原有婚姻关系，但在被继承人死亡时已经终止婚姻关系的人不为配偶；以非法手段取得结婚证明、其婚姻无效的也不为配偶；与被继承人仅为同居关系的人不为配偶，但依法可认定存在事实婚姻关系的，也可认定为配偶；夫妻一方在离婚诉讼过程中或者在法院已经作出离婚判决但判决未发生效力前死亡的，另一方仍为配偶，为法定继承人。在古代社会，丈夫对妻子的财产有继承权，而妻子对丈夫的财产则无继承权，或仅有限制的继承权，或仅有用益权。而在现代社会，夫妻一方死亡，无论生存一方是丈夫还是妻子，均享有平等的继承权，不能因为性别的不同而在继承权上有歧视或差别对待，这也是男女平等的法律思想在继承法上的体现。

对于没有经过登记而结婚的事实，依照《适用婚姻法解释（一）》第5条的规定，未按《婚姻法》有关规定办理结婚登记而以夫妻名义共同生活的男女，同居期间一方死亡的，如果双方同居关系发生在1994年2月1日民政部《婚姻登记管理条例》公布实施以前，在一方死亡时，男女双方已经符合结婚实质要件的，双方成立事实婚姻，未死亡的一方可以以配偶身份对死亡一方的遗产享有继承权。如果双方同居关系发生在1994年2月1日民政部《婚姻登记管理条例》公布实施以后，男女双方已经符合结婚实质要件的，在一方死亡前双方已经补办结婚登记手续的，则双方为合法夫妻关系，未死亡的一方可以以配偶身份继承死亡一方的遗产；在一方死亡前双方没有补办结婚登记手续的，则不具有合法夫妻关系，未死亡的一方不能以配偶身份继承死亡一方的遗产。但如果双方在一起生活时间较长，形成一定扶养关系的，可以依法允许未死亡一方酌情适当分得遗产。

我国实行一夫一妻制，禁止重婚、纳妾。重婚下的男女当事人不存在婚姻关系，不受婚姻法的承认和保护，因而不能作为法定继承人。但对于1950年婚姻法颁布实施前已形成的一夫多妻或一妻多夫关系的，仍应当确认其婚姻关系的有效性，当事人可以以配偶身份取得法定继承人资格。

2. 子女

子女是被继承人最近的晚辈直系血亲，在任何国家和任何时代都是最基本的继承人。我国婚姻法、继承法均规定，父母子女有相互继承遗产的权利。《继承法》第16条规定："本法所说的子女，包括婚生子女、非婚生子女、养子女和有抚养关系的继子女。"

(1) 婚生子女。婚生子女是指有合法婚姻关系的男女所生的子女。这主要是指夫妻在婚姻关系存续期间受孕并生育的子女，在婚姻关系存续期间受孕但在离婚后或一方死亡后生育的子女仍应认定为婚生子女。婚生子女作为法定继承人不受性别、年龄、婚姻状况等限制。在现实中，由于封建思想的影响，出嫁女儿和作他人"上门女婿"的儿子对父母的继承权受到诸多限制，这是对继承法男女平等享有继承权的违背。

(2) 非婚生子女。非婚生子女是指没有合法婚姻关系的男女所生的子女。尽管非婚生子女的父母两性关系不合法甚或不道德，但非婚生子女是无辜的，不能用剥夺子女继承权的方式来惩罚其父母的行为，其与父母的血缘关系也是客观存在的。《婚姻法》第10条规定，非婚生子女与婚生子女有平等的继承权。非婚生子女不仅有权继承其生母的遗产，也有权继承其生父的遗产，而不论其生父是否认领该非婚生子女。

(3) 养子女。养子女是指因成立合法的收养关系而为收养人所收养的子女。收养关系成立后，养子女与其生父母之间法律上的权利义务解除，收养人与养子女之间形成法律拟制的血亲关系。《婚姻法》第26条规定，养父母和养子女之间的权利和义务，适用本法对父母子女关系的有关规定。收养关系一经成立，养子女取得与亲生子女同等的法律地位，享有与亲生子女同等的继承权，不仅可以继承养父母的遗产，还可以依法继承养父母方面其他亲属的遗产。由于养子女法定继承人资格的单一性，养子女不再享有继承生父母以及生父母一方亲属遗产的权利。但现实生活中，有的子女在被人收养后仍然与生父母保持密切往来，给予生父母较多帮助。为鼓励被收养人赡养扶助老人的行为，《继承法意见》第19条规定，被收养人对养父母尽了赡养义务，同时又对生父母扶养较多的，除可依《继承法》第10条规定继承养父母的遗产外，还可以依《继承法》第14条的规定分得生父母适当的遗产。

对养子女的继承权，还应当注意以下几个问题：

第一，寄养子女。生活中，有的未成年人因父母死亡或家庭生活困难等原因被寄养在亲戚朋友家里。尽管被寄养人与寄养人可能长期共同生活，甚至以父母子女相称，但只要没有依法办理收养手续，双方就不产生养父母子女间的权利义务关系，被寄养人于此时当然不能继承寄养人的遗产，而只能继承生父母的遗产。

第二，养孙子女。收养实践中，有的收养人与被收养人年纪相差悬殊，彼此之间以祖孙相称，实际上他们之间已形成抚养关系，是养父母子女关系。《继承法意见》第22条规定："收养他人为养孙子女，视为养父母与养子女关系，可互为第一顺序继承人。"

第三，"过继子女"。"过继"原本是封建宗法制度下延续家族血缘的方法，在今天的民间习俗中仍时有出现。过继的情形分为生前"过继"和死后"过继"两种。生前"过继"又分为与过继人形成事实扶养关系和与过继人没有形成事实上扶养关系两种情形。其中生前"过继"且又形成事实扶养关系的，如果在1992年4月1日《收养法》公布实施之前"过继"的，属于事实收养，可以适用养父母与养子女之间关系，相互享有继承权；在《收养法》公布实施之后"过继"的，即使有实际上的扶养关系，由于法律不再认可事实收养，不能适用养父母与养子女之间的关系，相互间没有继承遗产的权利，但因有事实上的扶养关系，可以适用《继承法》第14条的规定分得适当遗产。对于被继承人生前没有形成事实上扶养关系的“过继”和死后“过继”来说，实质上“过继子女”与“过继人”之间没有任何法律上的权利义务关系，仅仅是出于传宗接代的封建思想而成立的，当然不享有继承权。

(4) 继子女。继子女是指夫与前妻或妻与前夫所生子女。继父母子女关系是由于其父母一方死亡而另一方再婚或者双方离婚后再婚而形成的亲属关系。继子女能否成为继父母的法定继承人取决于他们之间是否形成扶养关系。当继子女与继父母未形成事实上的扶养关系和共同生活关系时，他们之间仅仅存在直系姻亲关系，相互没有继承权；当继子女与继父母形成事实上的扶养关系，属于法律拟制的直系血亲关系，具有与自然血亲的父母子女相同的权利义务，相互间享有继承权。与养父母和养子女之间拟制血亲关系不同，继子女与生父母之间的权利义务不因其生父母再婚而解除，也就是说，继子女继承了继父母遗产的，不影响其继承生父母的遗产。换言之，继子女在特定情况下，具有“双重继承权”。

3. 父母

父母是被继承人最近的直系血亲尊亲属，各国法律都普遍规定父母为子女遗产的法定继承人。《婚姻法》第24条规定：“父母与子女有相互继承遗产的权利。”《继承法》第10条规定：“本法所说的父母，包括生父母、养父母和有扶养关系的继父母。”

(1) 生父母。生父母与子女有天然的血亲关系，因而不论是对于婚生子女还是非婚生子女，也不论是否对子女尽过抚养义务，生父母都享有子女遗产的继承权，但父母遗弃子女的，丧失继承权。此外，亲生子女被他人收养的，生父母对其遗产没有继承权。收养关系解除后，如果被收养的子女与父母恢复法律上的权利义务关系的，生父母有权继承该子女的遗产；如果被收养的子女与父母没有恢复法律上的权利义务关系的，生父母对该子女的遗产没有继承权。

(2) 养父母。收养关系一旦成立，除非依法解除，养父母对养子女的遗产享有继承权。在养子女生前已经解除收养关系的，不论解除收养关系的原因如何，也不论解除收养关系后的养子女与其生父母是否恢复权利义务关系，收养人不再享有对养子女的继承权。但依《收养法》规定，收养关系解除后，经养父母扶养的成年养子女，对缺乏劳动能力又没有生活来源的养父母，应当给付生活费。

(3) 有扶养关系的继父母。继父母对继子女享有继承权是双方形成事实上的扶养关系为前提的。如果未形成实际扶养关系，则继父母与继子女仅为直系姻亲关系，继父母无权继承继子女的遗产；如果与继子女形成实际扶养关系，继父母不但可以继承其亲生子女的遗产，也可以继承其继子女的遗产，也具有“双重继承权”。

4. 兄弟姐妹

兄弟姐妹是最近的旁系血亲，往往在生活中相互照顾，经济上相互帮助，精神上相互慰藉，同时法律在一定条件下还规定了相互扶养的义务。因此我国继承法、婚姻法都规定了兄弟姐妹相互继承遗产的权利。根据《继承法》第10条的规定，兄弟姐妹包括：

(1) 同父同母的兄弟姐妹。同父母的兄弟姐妹是全血缘关系的兄弟姐妹，相互之间有平等的继承权，在各国法均无例外。

(2) 同父异母或同母异父的兄弟姐妹。同父异母或同母异父的兄弟姐妹是半血缘关系的兄弟姐妹。虽然其血缘关系相对较远，但《继承法》规定半血缘关系的兄弟姐妹与全血缘关系的兄弟姐妹享有平等的相互继承遗产的权利。

(3) 养兄弟姐妹。养兄弟姐妹是基于收养关系的成立，被收养人与收养人其他子女之间的法律拟制旁系血亲关系。养兄弟姐妹之间的权利义务关系等同于亲兄弟姐妹的权利义务关系，相互享有继承遗产的权利。《继承法意见》第23条规定：“养子女与生子女之间，养子女与养子女之间，系养兄弟姐妹，可互为第二顺序继承人。被继承人与其亲兄弟姐妹之间的权利义务关系，因收养关系的成立而消除，不能互为第二顺序继承人。”

(4) 有扶养关系的继兄弟姐妹。继兄弟姐妹是异父异母的兄弟姐妹，相互间并无血缘关系，仅具有旁系姻亲的名分意义，并不当然相互享有继承权。只有形成扶养关系的继兄弟姐妹之间才有相互继承遗产的权利。《继承法意见》第24条规定：“继兄弟姐妹之间的继承权，因继兄弟姐妹之间的扶养关系而发生。没有抚养关系的，不能互为第二顺序继承人。继兄弟姐妹之间相互继承了遗产的，不影响其继承亲兄弟姐妹的遗产。”

5. 祖父母、外祖父母

祖父母是父亲的父母，外祖父母是母亲的父母。祖父母、外祖父母是除父母外最近的直系血亲尊亲属，在实际生活中其与孙子女、外孙子女共同生活的情况比较常见，法律也规定了在一定条件下，祖父母、外祖父母与孙子女、外孙子女之间具有相互抚养和赡养的义务。因此我国继承法把祖父母、外祖父母作为孙子女、外孙子女遗产的法定继承人。继承法上的祖父母、外祖父母包括亲祖父母、亲外祖父母、养祖父母、养外祖父母、有扶养关系的继祖父母和有扶养关系的继外祖父母。

6. 对公婆或岳父母尽了主要赡养义务的丧偶儿媳或女婿

儿媳与公婆，女婿与岳父母是姻亲关系，本来没有法律上的权利和义务关系，但是为了鼓励现实社会中丧偶儿媳或女婿仍然继续对公婆或岳父母尽主要赡养义务的行为，以及遵循权利义务相一致的原则，《继承法》第12条规定："丧偶儿媳对公、婆，丧偶女婿对岳父、岳母，尽了主要赡养义务的，作为第一顺序继承人。"《继承法意见》第30条对何为"主要赡养义务"作了界定："对被继承人生活提供了主要经济来源，或在劳务方面给予了主要扶助的，应当认定尽了主要赡养义务或主要扶养义务。"值得注意的是，丧偶儿媳或女婿对公婆或岳父母的继承权具有单向性，也就是说，公婆或岳父母对丧偶儿媳或女婿并不享有遗产继承权。

（二）法定继承人的顺序

1. 确定法定继承顺序的依据

法定继承人的继承顺序，又称为法定继承人的顺位，是指法律直接规定的各法定继承人继承遗产的先后次序。各国除配偶外，主要是根据继承人与被继承人血缘关系的亲疏远近来决定，此外还受国家风俗习惯等方面的影响。我国继承法中的法定继承顺序的确定主要考虑这几个方面：

(1) 血缘关系的远近。其亲等不同时，亲等近者优先继承，如父母、子女是较祖父母、外祖父母更近的血亲，所以处于第一顺位。

(2) 相互间的抚养关系。在我国，有扶养关系的继父母子女之间，其继承地位与自然血亲相同，互为第一顺序的继承人；有抚养关系的继祖父母对继孙子女，有抚养关系的继兄弟姐妹之间是第二顺序的继承人；对公婆或岳父母尽了主要赡养义务的丧偶儿媳或女婿也列入了第一顺序的继承人。

(3) 相互扶养义务的法定顺序。继承顺序在很大程度上受到相互之间的法定扶养义务的影响。如在我国婚姻法中，配偶、父母、子女是法定的第一顺序的扶养义务人，所以为第一顺序继承人；兄弟姐妹、祖父母、外祖父母是第二顺位的法定扶养人，只有在没有第一顺位扶养义务人或第一顺位扶养义务人没有扶养能力时，才需要第二顺位的扶养义务人尽扶养义务，这也决定了其第二顺序继承人的法律地位。

2. 我国法定继承人的继承顺序

《继承法》第10条规定："遗产按照下列顺序继承：第一顺序：配偶、子女、父母。第二顺序：兄弟姐妹、祖父母、外祖父母。继承开始后，由第一顺序继承人继承，第二顺序继承人不继承。没有第一顺序继承人继承的，由第二顺序继承人继承。"第12条规定："丧偶儿媳对公、婆，丧偶女婿对岳父、岳母，尽了主要赡养义务的，作为第一顺序继承人。"见表13-2。

表 13-2 法定继承人的继承顺序

第一顺序继承人	配偶、子女、父母；对公婆、岳父母尽了主要赡养义务的丧偶儿媳、丧偶女婿
第二顺序继承人	兄弟姐妹、祖父母、外祖父母

由上表可以看出，除配偶作为第一顺序继承人外，血亲按照亲等的远近加以确定，同时存在一定的扶养关系也作为确定继承人范围和顺序的依据。应当注意的是，在《继承法》中，祖父母与外祖父母为第二顺序继承人，而反过来，孙子女与外孙子女则非第二顺序继承人，只能在父母死亡时代位继承祖父母、外祖父母的遗产。认同这一做法的观点认为将孙子女、外孙子女列为第二顺序继承人是没有必要的：首先，从维持生活角度来看，若孙子女、外孙子女未成年，则其父母应依法承担扶养义务；若已成年，则可继承其配偶、子女、父母之遗产，无维持生计之困境。而祖父母、外祖父母大多已无父母，只能从卑亲属中取得遗产，故不列孙子女、外孙子女为第二顺序继承人并未显失公平。其次，若变第一顺序的代位继承权为第二顺序的本位继承权，则不但使孙子女、外孙子女失去特殊情况下以第一顺序继承遗产的资格，也使代位继承制度形同虚设。另一种观点则认为不将孙子女、外孙子女列为第二顺序继承人是不妥的。理由是：首先，当父母死亡时，孙子女、外孙子女虽然可以作为代位继承人参与继承，但在父母丧失继承权时，基于代位继承的代表权性质，孙子女、外孙子女无权继承遗产，这与其负有的法定义务不相符合，对其不公平。其次，当父母丧失继承权时，孙子女、外孙子女即使未成年也无权继承遗产，只有在受祖父母、外祖父母生前抚养较多的情况下，才能酌情分得遗产，不利于未成年人的成长。笔者认为，在代位继承的性质采用代表权说的大背景下，确立孙子女、外孙子女的第二顺序继承人的地位在父母丧失继承权的情况下的确有利于孙子女、外孙子女的利益保护，但是当出现其他第一顺序继承人时，孙子女、外孙子女反而不能按照代位继承分享遗产，便导致了另一个困境。解决的办法有两个，一是确立孙子女、外孙子女的第二顺序继承人的地位的同时，承认代位继承的优先适用，当父母死亡时，孙子女、外孙子女首先以代位继承人的身份参与继承。在父母丧失继承权这一特殊情况下，则以第二顺序继承人的法律地位参与继承。二是延续现行的不列孙子女、外孙子女为第二顺序继承人地位的做法，但是要将代位继承的性质由代表权说改为固有权说，即不论父母是否丧失继承权，孙子女、外孙子女都可以代位继承祖父母、外祖父母的遗产。从权利义务相一致的角度考虑，第二种做法更加符合我国习惯，同时也兼顾到孙子女、外孙子女的利益保护。

3. 继承顺序的效力

第一顺序继承人优先于第二顺序继承人继承遗产。有第一顺序继承人时，由他们对遗产进行继承，第一顺序继承人有一个人时，由其继承全部遗产。无第一顺序继承人或者虽有但丧失继承权、放弃继承的，遗产由第二顺序继承人加以继承。在同一顺序内，各继承人继承权平等，不存在排列前后决定继承先后的问题，继承人继承遗产的份额原则上应当均等。

三、代位继承和转继承

（一）代位继承的概念和性质

1. 代位继承的概念

代位继承制度起源于罗马法的按股继承。罗马市民法规定，先于被继承人死亡或受家父权免除者之子，取得其父的应继份。这种直系血亲卑亲属代位继承的制度，逐渐扩展到旁系血亲间，不仅直系卑亲属可以代位继承，而且兄弟姐妹的子女也享有代位继承权。我国古代法也有代位继承的规定，《唐律疏议》中有“兄弟亡者，子承父份，兄弟俱亡，诸子均分”的规定。在现代各国法上，一般都规定有代位继承制度，但概念和条件有所差异。

《继承法》第 11 条规定：“被继承人的子女先于被继承人死亡的，由被继承人的子女的晚辈直系血亲代位继承。代位继承人一般只能继承他的父亲或者母亲有权继承的份额。”根据这一规定，代位继承是指在被继承人的子女先于被继承人死亡的情况下，该先死子女的晚辈直系血亲代替该先死子女继承其应继份额的法律制度。先于被继承人死亡的子女是被代位人，该先死子女的晚辈直系血亲是代位继承人。代位继承的概念有以下四层含义：

（1）代位继承只适用于法定继承的情形，遗嘱继承中不存在代位继承，遗赠中也不存在代位受遗赠。

（2）代位继承是在被继承人的子女先于被继承人死亡的情形下发生的继承方式。发生代位继承的必要前提是被继承人的子女先于被继承人死亡，如果被继承人死亡时，被继承人的子女生存的，则只能由其自己去继承被继承人的遗产。这里的子女包括亲生子女、养子女和形成事实上扶养关系的继子女。

（3）代位继承人是被继承人子女的晚辈直系血亲。代位继承人包括被代位人的子女，也包括被代位人的其他晚辈直系血亲，如其孙子女、外孙子女，并且不受代数限制。

（4）代位继承人继承的份额是被代位人应当继承的份额，所以代位继承又称间接继承。

2. 代位继承权的性质

关于代位继承权的性质，在法学理论上难以统一，主要有固有权说和代表权说两种主要学说。

固有权说认为，代位继承人参加继承是自己本身固有的权利，代位继承人基于自己的权利继承被继承人的遗产，并不以被代位人必须具有继承权为前提。只要被代位人不能继承，代位继承人就可以代位继承，即使在被代位人放弃继承权或者丧失继承权的情形下，代位继承人仍然可以依自己的权利加以继承。

代表权说认为，代位继承人继承被继承人的遗产不是基于自己固有的权利，而是代表被代位人参加继承，即代位继承人是以被代位人的地位而取得被代位人的应继份额的。按照这一学说，在被代位继承人丧失继承权或者放弃继承权的情形下，不发生代位继承。

《继承法意见》第28条明确规定："继承人丧失继承权的，其晚辈直系血亲不得代位继承。如该代位继承人缺乏劳动能力又没有生活来源，或对被继承人尽赡养义务较多的，可适当分得遗产。"可见，我国继承法在代位继承的性质上采取的是代表权说，代位继承人的继承权是受被代位人的继承权状况影响的。只有在被代位人没有放弃继承权且不存在丧失继承权的法定事由时，才能发生代位继承。对于我国采取代表权说，很多学者提出异议，认为我国应当采用固有权说以符合民法基本原理，同时更好地保护代位继承人的利益。

（二）代位继承的适用条件

适用代位继承应当具备以下条件：

1. 被代位人于继承开始前死亡

各国关于代位继承发生的事由，主要有三种立法例：一是被代位人先于被继承人死亡是代位继承发生的唯一条件，如法国。二是代位继承的发生原因包括被代位人先于被继承人死亡和丧失继承权，如日本。三是无论被代位人先于被继承人死亡，还是被代位人丧失继承权，抑或是放弃继承权都可以引起代位继承，如德国。

我国代位继承采取代表权说，即被代位人死亡是代位继承开始的唯一原因，如果被代位人死亡的时间在继承开始后，因为遗产已经为被代位人取得，所以只能发生转继承而不能发生代位继承。当被继承人与其子女同时死亡时，为保护代位继承人合法利益，通常认为也应当发生代位继承，而不能适用转继承。

2. 被代位人是被继承人的子女

在我国只有先于被继承人死亡者为被继承人的子女时才可能发生代位继承。被继承人的其他继承人，如其长辈直系血亲、旁系血亲和配偶等先于被继承人死亡的，不发生代位继承，而只能按继承法规定的其他方式转移遗产。作为被代位人的“被继承人的子女”包括婚生子女、非婚生子女、养子女和有抚养关系的继子女。

3. 代位继承人是被代位人的晚辈直系血亲

《继承法意见》第25条规定：“被继承人的孙子女、外孙子女、曾孙子女、曾外孙子女都可以代位继承，代位继承人不受辈数的限制。”只要符合法定条件，被继承人的孙子女等晚辈直系血亲都可以成为代位继承人。同时《继承法意见》第26条规定：“被继承人的养子女、已形成扶养关系的继子女的生子女可代位继承；被继承人亲生子女的养子女可代位继承；被继承人养子女的养子女可代位继承；与被继承人形成抚养关系的继子女的养子女也可代位继承。”可见，代位继承人的范围与被代位继承人的范围有所不同。被代位继承人包括生子女、养子女和有扶养关系的继子女，而代位继承人必须是被代位人的亲生子女或者养子女，否认了有扶养关系的继子女的代位继承权。

4. 被代位人与代位继承人均丧失继承权

由于我国代位继承采取代表权说，如果被代位人丧失了继承权，其继承地位也已经丧失，当然不发生代位继承的问题。同样，如果代位继承人对被代位人丧失了继承权，当然也无权代表被代位人去继承被继承人的遗产。

5. 代位继承只适用于法定继承

代位继承作为法定继承的组成部分，无论是代位继承人的范围还是代位继承的遗产分配原则均由法律直接规定，当事人对此无权变更，因而代位继承只能是法定继承。遗嘱继承或遗赠从其自身特点上来看也不可能发生代位继承，因为如果遗嘱继承人或受遗赠人先于被继承人死亡，那么遗嘱人所立遗嘱无效，遗嘱继承人或受遗赠人的子女也就谈不上有代位继承权。

（三）代位继承的应继份额

如果第一顺序的继承人有多人的，而只有其中一人或数人死亡，其代位继承人只能继承被代位人的应继份额。如果代位继承人有多人，也只能共同作为“一人”与其他第一顺序的继承人分遗产。例如，被继承人有一子一女，均于继承开始前死亡，被继承人的配偶、父母也先于被继承人死亡；其子留有子女甲、乙、丙，其女留有子女丁；被继承人的儿媳对其尽了主要赡养义务。这种情形下，遗产原则上应当分为三份，由儿媳继承一份，甲、乙、丙共同继承一份，丁继承一份。《继承法》第11条规定："代位继承人一般只能继承他的父亲或者母亲有权继承的遗产份额。"在特殊情况下，代位继承人也可以多分遗产。《继承法意见》第27条规定："代位继承人缺乏劳动能力又没有生活来源，或者对被继承人尽过主要赡养义务的，分配遗产时，可以多分。"

（四）转继承的概念和性质

1. 转继承的概念

转继承又称作连续继承、再继承，是指继承人在继承开始后、遗产分割前死亡，其有权实际继承的遗产由其继承人承受的法律制度。其中死亡在后且依法有权继承被继承人遗产的人为被转继承人，有权继承被转继承人应继份的人称为转继承人。转继承一经成立，被转继承人应取得的被继承人的遗产份额即成为其自身遗产而由转继承人直接参与被继承人的遗产的分配。《继承法》第52条规定："继承开始后，继承人没有表示放弃继承，并于遗产分割前死亡的，其继承遗产的权利转移给他的合法继承人。"实践中，受遗赠人在继承开始后、遗产分割前死亡，其所应当受赠的遗产份额由其继承人承受。对此，《继承法意见》第53条规定："继承开始后，受遗赠人表示接受遗赠，并于遗产分割前死亡的，其接受遗赠的权利转移给他的继承人。"可见，对转继承应作广义的理解，除了包括法定继承、遗嘱继承外，还包括遗赠的遗产转移方式。

2. 转继承的性质

与代位继承相对，转继承是本位继承。转继承的客体是继承权还是遗产份额在学术上尚有争论。有学者认为转继承的客体是继承权，因为继承权只有在遗产分割后才转化为所有权，因此转继承只能是继承权的转移，不应当将被转继承人的应继份额视为其与配偶的共同财产。也有学者认为转继承的客体是被转继承人应当取得的遗产份额，应当将其应继份额作为与配偶的共同财产。[①]

我们赞同第二种观点，转继承的客体是遗产份额而非继承权。我国继承法采取的是当然继承主义或者说直接继承主义。继承开始后，被继承人原来享有的财产权利义务就由继承人承受，只要继承人没有放弃或者丧失继承权，就视为接受继承，被继承人的遗产就成为继承人的合法财产，这之间并没有时间间隔。这就是说，在被继承人死亡后遗产分割前，继承人应得的遗产份额就已经

① 张玉敏. 继承法律制度研究. 北京：法律出版社，1999. 234～235；王丽萍.婚姻家庭继承法学. 北京：北京大学出版社，2004. 392；房绍坤，范李瑛，张洪波. 婚姻家庭与继承法. 北京：中国人民大学出版社，2007. 302；郭明瑞，房绍坤. 继承法. 北京：法律出版社，2004. 126～128

是继承人的个人财产，而不再是被继承人的财产，更加不会是其他人的财产。被继承人死亡后，如果继承人只有一人，则继承人单独继承全部遗产，成为遗产的单独所有人；如果继承人为数人，则继承人共同继承，共同继承人成为遗产的共有人，而共有人是否实际占有遗产，并不影响财产共有的属性。我国继承法规定，继承开始后，继承人没有放弃继承的就视为接受继承，这就意味着继承人基于其继承权加入财产继承法律关系，成为遗产的所有人。此时，遗产继承权体现为对遗产的应继份额上，而在遗产分割后，继承人的权利就不是体现在应继份额，而是对具体财产的所有权上。因此，在遗产分割前继承人死亡的，不是由死亡的继承人的合法继承人代其参加继承被继承人的遗产，而仅仅是由其继承人直接参与遗产分割。所以实际上转继承是发生第二次继承，转继承人继承的是被转继承人的遗产，而不是被继承人的遗产，故又称作连续继承或者二次继承。《婚姻法》第 17 条、第 18 条规定，夫妻一方在婚姻关系存续期间取得的遗产，除夫妻另有约定外，归夫妻双方共同所有。《继承法》第 26 条也规定："夫妻在婚姻关系存续期间所得的共同所有的财产，除有约定的以外，如果分割遗产，应当先将共同所有的财产的一半分出为配偶所有，其余的为被继承人的遗产。"因此在转继承时，原则上应先将被转继承人应继承的遗产份额中的一半作为配偶的财产，另一半才可由转继承人继承。例如，甲仅有一子乙，乙与丙结婚生有一子丁。甲死亡后其遗产尚未分割时乙死亡。丙和丁应当如何分配甲的遗产？此时，不能因为丙、丁都是乙的第一顺序继承人，而认为乙对甲的应继份应由丙、丁平分。在正确处理本案时，乙对甲财产的应继份应为夫妻共同财产，在确定乙的遗产时首先应当分出归丙的一半，剩余部分由丙、丁继承。

（五）转继承的适用条件

适用转继承应当具备以下条件：

1. 被转继承人于继承开始后、遗产分割前死亡

只有继承人在为实际取得被继承人的遗产前死亡这种特定情形下，才可能发生转继承。如果继承人在继承开始前死亡，发生代位继承；如果继承人在遗产分割后死亡，也不会发生转继承，因为其所得的遗产已经由其实际取得，转化为继承人对特定财产的所有权，在其死亡后，其自己的合法继承人可以直接继承。

2. 被转继承人生前未丧失继承权或者放弃继承权

转继承是被转继承人应继份额的转移，其发生的前提必须是被转继承人接受继承，享有遗产应继份额。如果丧失或者放弃继承权，则被转继承人不能继

承被继承人的遗产，也就当然不能发生转继承。

3. 被转继承人有其合法继承人

被转继承人的合法继承人可以是被转继承人的法定继承人，也可以是被转继承人的遗嘱继承人或受遗赠人。

（六）转继承与代位继承的区别

转继承和代位继承都存在两个死亡的法律事实，被继承人的遗产也都是由继承人的继承人取得，两者存在相似之处，但也存在本质上的区别：

1. 性质不同

转继承是两个直接继承的连续，首先是继承人直接继承被继承人的遗产，其次是由转继承人直接取得被转继承人的遗产，可见转继承是两个独立的继承关系在时间上的连续，这两次继承都属于本位继承。代位继承与本位继承相对，是由代位继承人一次性的、间接继承被继承人的遗产，具有替补的性质。

2. 发生条件不同

转继承的发生条件是继承人在被继承人死亡后，遗产分割前死亡这一事实；而代位继承的发生条件是继承人先于被继承人死亡这一事实。

3. 权利主体不同

转继承中，继承遗产的权利主体即转继承人是被转继承人的所有合法继承人，其范围包括被转继承人的晚辈直系血亲、配偶、父母、兄弟姐妹、祖父母、外祖父母这些法定继承人，也包括遗嘱继承人和受遗赠人。①

4. 适用范围不同

转继承既适用于法定继承，也适用于遗嘱继承、遗赠和遗赠扶养协议等遗产转移方式；而代位继承只适用于法定继承。

四、法定继承的遗产分配

（一）法定继承的遗产分配原则

法定继承的遗产分配原则是指按照法定继承方式继承遗产时，确定各个继承人应继承遗产份额的标准或准则。在法定继承中，如果继承人只有一人，则

① 有学者认为，严格来讲，类似转继承的这种基于受遗赠而发生的情况应称作转遗赠；也有学者把转遗赠视为转继承的一种情况。参见王丽萍. 婚姻家庭继承法学. 北京：北京大学出版社，2004. 392；赖廷谦. 婚姻与继承法学. 成都：四川大学出版社，2004. 177。

由该继承人继承被继承人的全部遗产，不会发生遗产分配问题。但当法定继承人为多人时，就涉及如何确定各继承人应继承的遗产份额的问题。各国对此做法不一。有的国家的法律直接规定各法定继承人的应继份，有的国家规定同一顺序的法定继承人均分遗产。我国属于后者。《继承法》第13条规定："同一顺序继承人继承遗产的份额，一般应当均等。对生活有特殊困难的缺乏劳动能力的继承人，分配遗产时，应当予以照顾。对被继承人尽了主要扶养义务或者与被继承人共同生活的继承人，分配遗产时可以多分。有扶养能力和扶养条件的继承人，不尽扶养义务的，分配遗产时应当不分或少分。继承人协商同意的，也可以不均等。"可见，我国继承法对法定继承的遗产分配采取"一般情况下均等，特殊情况下不均等"的分配原则。

1. 一般应当均等分配遗产

在法律没有例外规定时，一般情况下同一顺序继承人应当按照人数平均分割遗产。例如，被继承人留有8万遗产，其第一顺序继承人有其父母、配偶以及儿子，则在一般情况下其父母、配偶和儿子四人各得2万。"一般情况"是指各继承人的相关基本条件大致相同，如经济条件、劳动能力基本接近，对被继承人所尽扶养义务无明显差距等。均等分配原则符合我国民间习惯，同时也利于具体操作，当然这并不排斥继承人自行协商一致达成的不均等分配的协议。

2. 特殊情况下不均等分配遗产

按照权利义务相一致、保护和照顾弱者以及尊重当事人意志的原则，特殊情况下继承人的继承份额可以不均等。

（1）对生活有特殊困难的缺乏劳动能力的继承人，分配遗产时，应当予以照顾。此类需要照顾的继承人必须同时具备"生活有特殊困难"和"缺乏劳动能力"这两个条件，缺一不可。"生活有特殊困难"是指继承人缺乏经济来源，难以维持一般的生活水平。"缺乏劳动能力"是指继承人因年老体弱、身患疾病、残疾等原因丧失或部分丧失劳动能力，从而无法通过劳动获得收入。有劳动能力但游手好闲导致生活困难的，或者虽缺乏劳动能力但生活没有困难的，都不能要求给予照顾。继承人是否生活有特殊困难和缺乏劳动能力，应当以被继承人死亡、继承开始时的情况加以判断。

（2）对被继承人尽了主要扶养义务或者与被继承人共同生活的继承人，分配遗产时可以多分。尽了主要扶养义务是指对被继承人的生活提供了主要经济来源或者在劳务等方面给予了主要扶助。对尽了主要扶养义务的继承人多分遗产是权利义务相一致原则的充分体现，也鼓励了扶养、扶助亲人的良好社会风尚。对与被继承人共同生活的继承人可以多分，因为他们通常与被继承人在经济上相互扶助，生活上相互照顾，精神上相互抚慰，关系较其他继承人更加密切，理应多分些遗产。法律对这两类继承人规定的是“可以”多分，而非“应当”多分，这意味着他们与生活有特殊困难的缺乏劳动能力的继承人是不同的。在继承人中有需要照顾者时，则对被继承人尽了主要扶养义务或者与被继承人共同生活的继承人可以不多分甚至少分。

(3) 有扶养能力和扶养条件的继承人，不尽扶养义务的，分配遗产时应当不分或少分。这种不均等分配带有惩罚性质。继承人与被继承人之间通常都有扶养的权利义务关系，被继承人生前需要继承人扶养时，继承人虽有扶养能力和条件，却不尽扶养义务，是违背社会公德的，分配时理应不分或少分。如果不尽扶养义务的程度构成了遗弃，那么导致的是继承人继承权的相对丧失，不存在参加遗产分配的问题。适用本条规定应同时具备两个条件：一是被继承人需要扶养。这种需要既包括经济上的帮助，也包括劳务上的扶助。如果被继承人因有固定收入和劳动能力，明确表示不要求继承人扶养的，分配遗产时不应因此影响继承人的继承份额。二是继承人有扶养能力和扶养条件而不尽扶养义务。如果继承人因自身生活困难等客观原因无法履行扶养义务，遗产分配时不应对其不分或少分。

(4) 继承人协商同意不均分。继承人具体情况不一，应本着互谅互让、团结和睦的原则自愿协商决定遗产的继承份额。继承人协商一致同意不均分的，应当尊重当事人的意愿，这也符合民法意思自治的原则。但这里的协商不均分必须是全体继承人一致同意不均分，不能违背个别继承人的意思，实行少数服从多数原则。

(二) 酌情分得遗产

《继承法》第 14 条规定：“对继承人以外的依靠被继承人扶养的缺乏劳动能力又没有生活来源的人，或者继承人以外的对被继承人扶养较多的人，可以分给他们适当的遗产。”可见，在法定继承中，除了依法参加继承的法定继承人以外，某些符合法定条件的其他人也有权取得一定的遗产，这就是非继承人的酌情分得遗产权。这些继承人以外有权分得遗产的人被称为酌情分得遗产人。酌情分得遗产人本身并不享有继承权，法律赋予他们取得被继承人遗产的权利，是出于鼓励赡养老人的传统美德和遵从权利义务相一致原则的考虑。

1. 酌情分得遗产人的种类和条件

根据我国继承法，酌情分得遗产人包括两类：

(1) 继承人以外的依靠被继承人扶养的缺乏劳动能力又没有生活来源的人。

这类人享有酌情分得遗产请求权须具备三个条件：

第一，缺乏劳动能力。缺乏劳动能力包括尚未成年而不具备劳动能力，或者年老体衰、身患疾病或身有残疾而丧失劳动能力。

第二，没有生活来源。被扶养人之所以需要被继承人扶养正是因为其没有生活来源，即没有经济收入而无法维持正常生活。

第三，依靠被继承人生前扶养。这里的扶养并不是基于法定义务或者是约定义务，被继承人是出于高尚的道德观念对受扶养人进行的养育、帮助。

缺乏劳动能力、没有生活来源和依靠被继承人扶养这三个条件的认定应当以遗产分割时为准。如果被继承人生前扶养的人，在被继承人死亡时无劳动能力、无生活来源并依靠被继承人扶养，但在遗产分割时已经有了劳动能力或者取得生活来源，就不再具有酌情分得遗产人的身份。

(2) 继承人以外的对被继承人扶养较多的人。

对被继承人的扶养，包括经济上、劳务上的扶助，也包括精神上的慰藉。而且这种扶养要达到"较多"的程度，例如从提供资助的数量、照料时间的长短、提供劳务的多少来界定。若对被继承人只是给予一次性或临时性的扶养，其物质帮助数额较少，也不能成为酌情分得遗产人。

这里的继承人以外的人是指能够实际参加继承的继承人以外的人，并非指法定继承人以外的人。也就是说继承人以外的人包括在有第一顺序继承人继承的情况下而不能继承遗产的第二顺序继承人，此时，第二顺序的法定继承人在符合酌情分得遗产人条件时，也可以要求分得适当遗产。

2. 酌情分得遗产的份额

《继承法》第14条规定，酌情分得遗产的份额是"适当的遗产"。《继承法意见》第31条进一步说明："依继承法第14条规定可以分给适当遗产的人，分给他们遗产时，按具体情况可多于或少于继承人。"可见酌情分得遗产人分得份额并没有法律的确切比例规定，需要具体情况具体分析对待。这主要可以从酌情分得遗产人与被继承人生前的扶养关系和依赖程度来判断。首先，看依靠被继承人扶养的缺乏劳动能力又没有生活来源的人的具体生活状况以及受被继承人扶养的程度。其次，看对被继承人扶养较多的人对被继承人的扶养程度。最后，还要看被继承人所留遗产的数量。一般情况下，酌情分得遗产人实际分得遗产份额少于继承人，但当酌情分得遗产人完全依靠或主要依靠被继承人扶养，或者酌情分得遗产人对被继承人扶养较多或完全扶养时，其分得遗产的份额，也可以等于甚至多于继承人的平均继承份额。

3. 酌情分得遗产人的诉讼地位

酌情分得遗产权是我国继承法律规定的一项独立权利，为保护酌情分得遗产人的合法权益，《继承法意见》第32条规定："依继承法第14条规定可以分给适当遗产的人，在其依法取得被继承人遗产的权利受到侵犯时，本人有权以独立的诉讼主体的资格向人民法院提起诉讼。但在遗产分割时，明知而未提出请求的，一般不予受理；不知而未提出请求的，在2年以内提出起诉的，应予受理。”可见，酌情分得遗产人享有独立的诉讼权，受到国家强制力的保护，在其酌情分得遗产权受到侵犯时，有权在法定诉讼时效期间内向法院请求保护。2年诉讼时效的起算时间可以比照继承回复请求权的诉讼时效计算，即自知道或者应当知道酌情分得遗产权被侵害之日起算。

【案例分析 1】

案情

张某在1岁时，父母因家境贫寒将其交由朋友王某收养。张某与养父王某一直共同生活。张某成年后，将年老多病的生父母也接到家中悉心照料。2000年，王某、张某的生父母相继去世。请分析本案中张某有权继承谁的遗产？(根据2006年国家司法考试试卷三第22题改编)

解析

根据《收养法》的规定，收养关系成立后，养父母与养子女间的权利义务关系，适用法律关于父母子女关系的规定；而养子女与生父母及其他近亲属间的权利义务关系，因收养关系的成立而消除。本案中，张某已被王某收养，因此张某只能以第一顺序继承人的身份继承王某遗产，无权继承其生父母的遗产。但根据《继承法意见》的规定，被收养人对养父母尽了赡养义务，同时又对生父母扶养较多的，在继承养父母遗产的同时，适当分得生父母的遗产。本案中，张某虽无权继承生父母的遗产，但由于对被继承人有较多扶养行为，可以分给其适当遗产。

【案例分析2】

案情

李某（男）与王某（女）结婚后生有三个儿子，李甲、李乙和李丙。李甲与魏某于1995年结婚，婚后生有一子李龙。李乙与陈某生有一子李虎。2002年，李甲与魏某因感情不和离婚，离婚后李龙由李甲抚养。2003年李甲因病去世，留有遗产18万，一直没有分割。李甲死后，李龙随祖母王某生活。2004年，李某死亡，李某与王某共有财产28万。同年底，李乙亦因交通事故死亡。2005年，李龙回到母亲魏某身边生活。2006年，李龙因索要遗产与王某发生纠纷，由其母魏某作为法定代理人向法院起诉，李虎与李丙也要求分得遗产。请分析本案并给出自己的处理意见。

解析

本案中的遗产处理可以分步骤进行分析：首先，李甲遗产按法定继承处理，其子李龙、其父李某、其母王某各继承6万元；其次，李某的遗产范围包括与妻王某共有财产的一半14万元，加上与王某分别继承儿子李甲遗产之和12万元的一半即6万元，总共20万元，由其法定继承人王某、李乙、李丙和代位继承人李龙各继承5万元；最后，由于李乙在李某死后遗产分割前死亡，其应继承份额先作为夫妻共同财产分给妻子陈某一半，剩余财产由其继承人李虎和陈某按转继承各得1.25万元。

【思考与练习】

名词解释

法定继承　继承顺序　代位继承　转继承　酌情分得遗产权

选择题

王家有三兄弟甲、乙、丙，丙幼年时被送给胡某作养子。丙结婚时，胡某为其盖了新房，后因失火致使该房屋被烧毁。丙的生母就将自己的住房腾出1间，让丙夫妇及胡某居住。不久丙的生母病故。甲与乙要收回房子，丙认为自

己有权继承母亲遗产，拒不搬出。依照法律规定，死者的遗产应由（　）继承

A. 甲和乙　　B. 甲、乙和丙

C. 甲、乙、丙和胡某　　D. 甲、乙、丙或胡某

问答题

1. 如何理解法定继承的含义？
2. 简述法定继承的适用条件。
3. 简述法定继承的范围和继承顺序。试分析这样确定的原因。
4. 简述代位继承与转继承的区别。
5. 法定继承的遗产应当如何分配？

案例分析题

法海和尚自小在西山光化寺出家，土改时还俗改名为赵和山，并与贾某结婚。婚后两人未生育，赵和山同贾某与前夫所生儿子赵某形成了继父子关系。1987 年光化寺恢复后，赵和山与贾某离婚，第二次到光化寺出家，法名法海。1998 年法海在光化寺内因病死亡，遗物包括彩电 1 台、存款 2 万和其他物品若干。赵某得知继父圆寂后，要求继承法海全部遗产，遭到光化寺拒绝。光化寺认为，根据佛教传统习惯和规制，法海的遗物应归寺院所有。赵某起诉到人民法院，要求依法处理。

问：

（1）寺院是否有继承主体的资格？

（2）法海的法定继承人是谁？如法海生前表示将遗物交给寺院，则应当如何处理？

（本案例改编自陶毅. 婚姻家庭与继承法学案例教程. 北京：知识产权出版社，2003. 262 ~ 264）

第十四章 遗嘱继承和遗赠

【导学】

本章介绍我国遗嘱继承法律制度，要求学生了解遗嘱继承的概念、特征和适用条件，遗嘱的概念、特征和设立的形式要件，掌握遗嘱的法律效力，遗嘱的变更、撤销和执行以及遗赠和遗赠扶养协议等问题。本章重点：遗嘱的法律效力，遗嘱的变更、撤销和执行。本章难点：遗嘱的有效、无效与遗嘱不生效三者的区别。

一、遗嘱继承概述

（一）遗嘱继承的概念和特征

遗嘱继承是指按照被继承人生前所立的合法有效的遗嘱来继承遗产的法律制度。在遗嘱继承中，生前立有遗嘱的被继承人称为遗嘱人或立遗嘱人，依照遗嘱指定继承遗产的人称为遗嘱继承人。与法定继承不同，继承人及其继承份额都是由被继承人在遗嘱中指定的而非由法律直接规定的，所以又称作指定继承。遗嘱继承具有以下特征：

1. 遗嘱继承直接体现被继承人的意思

法定继承被认为是法律推定的被继承人的意思，而遗嘱继承则是直接体现被继承人的内心意愿，继承人是谁、分得遗产份额多少等有关继承的事项都由被继承人在遗嘱中指定，可以不受法律规定的继承人、继承顺序和继承份额的影响。真实有效的遗嘱最能反映出被继承人在处分自己财产、安排死后事务的真实愿望。可见确立遗嘱继承方式是对被继承人生前意思的尊重。

2. 遗嘱继承发生的前提是法律构成

发生遗嘱继承的法律事实不是单一的，除了被继承人死亡这一事件外，还需要被继承人生前立有合法有效的遗嘱。只有同时具备这两个条件，才能发生遗嘱继承。可见遗嘱继承法律关系的成立必须有两个法律事实的存在，即其发生前提是法律构成。而法定继承则只需要被继承人死亡就可以发生，其前提是单一的法律事实。从两者的比较来看，遗嘱是遗嘱继承的重要前提，没有被继承人的遗嘱就不可能发生遗嘱继承。

3. 遗嘱继承优先于法定继承

法定继承的历史早于遗嘱继承，但是自罗马法产生遗嘱以来，遗嘱继承就有优先于法定继承适用的效力。被继承人死亡后，留有遗嘱的要按照遗嘱继承处理，被继承人没有遗嘱或遗嘱没有处分的遗产才能按照法定继承处理。可见遗嘱继承实际上排斥了法定继承的适用。如果遗嘱部分无效的，其无效部分按法定继承处理，遗嘱有效部分仍然要适用遗嘱继承。

（二）遗嘱继承人的范围

遗嘱继承人的范围是指那些可以作为遗嘱所指定继承的人。世界各国对遗嘱继承人的范围规定不一，主要有两种做法：一是规定遗嘱继承人可以是法定继承人范围内的人，也可以是法定继承人范围以外的人，甚至可以是法人、国家。如英国、法国对指定继承人没有任何限制，可以扩充至任何人。而《苏俄民法典》第534条规定，每个公民都可以用遗嘱将其财产的全部或部分给予属于或不属于法定继承人范围的一人或数人，以及给予国家或是个别国家组织、合作组织和社会团体。二是规定遗嘱继承人只能是法定继承人范围之内的人。《继承法》第16条第2款规定："公民可以立遗嘱将个人财产指定由法定继承人的一人或者数人继承。"可见我国遗嘱继承人的范围与法定继承人的范围是一致的，即只能是被继承人的配偶、子女、父母、兄弟姐妹、祖父母、外祖父母、对公婆或岳父母尽了主要赡养义务丧偶儿媳或丧偶女婿。在父母先于被继承人死亡的情况下，其孙子女、外孙子女也可以成为遗嘱继承人。

我国遗嘱继承人的范围较英、法等国窄，但这并不是对被继承人生前意志的不尊重，若不愿将遗产留给法定继承人，可以依法以遗赠的形式转移给其他自然人或者国家、法人。

（三）遗嘱继承的适用条件

依我国继承法的规定，在被继承人死亡后，只有具备以下条件，遗产才按照遗嘱继承办理：

1. 没有遗赠扶养协议

遗嘱继承的效力优先于法定继承，但是遗赠扶养协议的效力又优先于遗嘱继承。因为遗嘱是单方民事法律行为，而遗赠扶养协议是双方民事法律行为，其约定的条件关系到双方当事人的利益，应当优先适用。《继承法》第5条规定：“继承开始后，按照法定继承办理；有遗嘱的，按照遗嘱继承或者遗赠办理；有遗赠扶养协议的，按照协议办理。”因此，在被继承人生前与扶养人立有遗赠扶养协议的，即使被继承人就遗赠扶养协议中处分的财产又立有遗嘱，也不能按照遗嘱继承办理，而仍应先执行遗赠扶养协议。当然如果遗赠扶养协议涉及遗产与遗嘱处分遗产没有重合的，可以分别按照遗赠扶养协议和遗嘱处理。

2. 被继承人立有合法有效的遗嘱

被继承人生前所立遗嘱于被继承人死亡时生效，如果被继承人未立遗嘱或者所立遗嘱不符合法律规定的有效条件而归于无效的，或有遗嘱中未处分的财产，则不应适用遗嘱继承，而应当按照法定继承处理。

3. 遗嘱继承人没有丧失或者放弃继承权

遗嘱指定的继承人一旦丧失或者放弃继承权，则不再具有继承资格，不但不能参与遗嘱继承，也不能参与法定继承。遗嘱继承人具有《继承法》第7条所列情形之一的，依法丧失继承权。另外，继承权作为继承人享有的权利，当然可以放弃，《继承法》第25条规定：“继承开始后，继承人放弃继承的，应当在遗产处理前，作出放弃继承的表示。没有表示的，视为接受继承。”因此，遗嘱继承人以明示的方式作出放弃继承权的意思表示的，对其放弃继承的遗产不适用遗嘱继承，而应按照法定继承办理。

（四）遗嘱自由原则及其限制

1. 遗嘱自由原则的法律意义

遗嘱自由与现代国家倡导自由、平等的法律思想相契合，而遗嘱自由原则也成为世界各国继承法的一项重要原则。遗嘱自由的内容包括指定继承人的自由、指定受遗赠人的自由、对财产归属分配的自由、撤销或变更遗嘱的自由、在遗嘱中附义务的自由等等。实行遗嘱自由的重要法律意义在于保障了公民的私有财产权。公民的私有财产权是我国发展市场经济的基础，《宪法》第13条规定：“国家保护公民的合法收入、储蓄、房屋和其他合法财产的所有权。”继承权是公民财产所有权在继承领域的延续，保障公民私有财产权，不仅要保障公民在生存期间有权按照自己意愿占有、使用、收益和处分自己的财产的权利，也要保障公民在生前可以通过遗嘱方式安排自己死后财产的归属和分配的权利。这样，公民在生前可以根据自己和家庭的具体情况对自己的财产作出更合适的安排。要完整、彻底地保障公民私有财产权，必须承认遗嘱自由，以充分体现公民的生前意思在死后得以实现，这也是贯彻意思自治的民法基本原则的应有之意。

2. 遗嘱自由原则的限制

遗嘱自由不是绝对的，它在任何国家都要受到限制，只是因为各国的经济基础、风俗习惯、法律传统等条件的不同，对其加以限制的程度也有所不同。对遗嘱自由进行限制的方式主要有三种：

(1) 特留份制度。特留份是指被继承人在处分自己的财产时，必须为配偶和一定范围的亲属保留法定的遗产份额。特留份制度是大陆法系国家限制遗嘱自由的主要方式，它可以追溯到公元前 40 年的发尔其第法中“遗嘱人遗赠的财产不得超过全部遗产的四分之三”的规定。《德国民法典》规定，遗嘱应当为特留份权人保留应继财产份额的半数，否则特留份权人有权要求补足特留份，特留份权人包括直系卑亲属、配偶和父母。法国的特留份制度略有差异，如特留份的数额按照继承人的数目和亲等远近而不同。

(2) 必留份制度。前苏联和东欧一些国家采用必留份制度对遗嘱自由进行限制。苏联民法规定，对于被继承人的未成年子女或无劳动的子女，以及无劳动能力的配偶、父母和依靠死者生活的人，不论遗嘱的内容如何，都可以继承不少于依法定继承时他们每个各自应继承份额的三分之二。这种对需要扶养的家庭成员所必须保留的遗产份额称为必留份。《继承法》对遗嘱自由的限制主要也是通过必留份制度实现的，如遗嘱应当为缺乏劳动能力又没有生活来源的继承人保留必要的遗产份额；为胎儿保留必要的遗产份额。

我国的必留份制度有以下要求：

第一，必留份的主体是法定继承人。

第二，必留份的主体必须同时缺乏劳动能力且没有生活来源。

第三，遗嘱应当为需要扶养的继承人保留必要的遗产份额。在满足这部分继承人基本生活需要的前提下，必留份可以少于、等于或多于法定继承人的应继份。

第四，在有必留份需要时，遗嘱未作保留的，遗嘱中涉及处分应保留份额遗产的遗产内容无效，其余内容仍然有效。

(3) 特定继承人保障制度。英美法系国家不是一般地规定特留份，而是对特定继承人给予遗产保留。这主要通过鳏夫产和寡妇产制度来限制遗嘱自由。美国一些州规定了宅院特留份和家庭特留份，还有一些州法律规定遗嘱如果要剥夺配偶和某一后裔的继承权，必须在遗嘱中说明理由，否则该配偶或子女仍然可以取得无遗嘱继承的应继份。英美法系国家享有遗产利益的人除了亲属身份外，还要求其有受扶养的需要，这一点类似于必留份制度。

二、遗嘱的设立

（一）遗嘱的概念和特征

遗嘱是自然人生前按照法律的规定处分自己的财产及相关事务并于其死后生效的单方法律行为。遗嘱在继承领域有两种含义：一种是证明遗嘱人意思表示的法律文书或凭证，例如“伪造遗嘱”、“销毁遗嘱”等词义；另一种是遗嘱人处分财产的意思表示。在学理中其含义通常是后者。

遗嘱具有以下法律特征：

1. 遗嘱是单方民事法律行为

遗嘱只需要遗嘱人自己的单方意思表示就可以发生法律效力，不需要他人的同意和认可。单方民事法律行为根据是否以单方意思表示到达相对人为生效条件而分为有相对人的单方民事法律行为和无相对人的单方民事法律行为。遗嘱是无相对人的单方民事法律行为，遗嘱人的意思表示不需要继承人同意，也不需要到达继承人就可以发生法律效力。继承人是否接受指定，或者在何时表示接受，遗嘱都是在被继承人死亡那一刻时生效。正因为遗嘱是无相对人的单方民事法律行为，因此遗嘱人有权在生前的任何时间任意变更和撤销遗嘱。

2. 遗嘱是要式民事法律行为

由于遗嘱在遗嘱人死后生效，且涉及到继承人、受遗赠人等人的利益，为避免发生争议，更好地完成遗嘱人的生前意愿，法律对遗嘱的形式有严格规定。遗嘱人只能按照法律规定的形式设立遗嘱，不具备法定形式要件的遗嘱，不发生法律效力。

3. 遗嘱是遗嘱人死后生效的民事法律行为

遗嘱在遗嘱人生前成立，但在当时并不发生法律效力，只是对其死后遗留的财产作出预先安排，只是在遗嘱人死亡即继承开始时才发生法律效力。因此，只要遗嘱人健在，在任何时间都可以更改、撤销其遗嘱，对于遗嘱继承人来说则不能在继承开始前按遗嘱内容要求分得遗产。遗嘱人一旦死亡，遗嘱即发生法律效力，任何人不得再更改或撤销遗嘱。

4. 遗嘱是遗嘱人亲为的民事法律行为

遗嘱是遗嘱人在生前处分自己身后财产的行为，只能由遗嘱人自己独立自主地作出，而不能由他人代理，代理的遗嘱不具有法律效力。当然不能代理，并不是说不能由他人代书，在遗嘱人不会书写或无能力书写书等情况下，允许由他人代笔。继承法对代书遗嘱有专门规定，只要符合法定代书遗嘱的条件，一样有效。

（二）遗嘱能力

1. 遗嘱能力的概念和分类

遗嘱是一种具有人身性质的法律行为，需要具备相应的行为能力才能设立遗嘱，即遗嘱人须有遗嘱能力。遗嘱能力是指自然人依法享有的以遗嘱形式处分自己财产的行为能力。遗嘱能力属于民事行为能力的范畴。

各国关于遗嘱能力一般都规定具有完全民事行为能力人，都是有遗嘱能力的人；无完全民事行为能力的人都是不具有遗嘱能力的人。具体来说，关于遗嘱能力有两种立法例：

⑴ 遗嘱能力与完全民事行为能力相一致，有完全民事行为能力的人即有遗嘱能力，不具有完全民事行为能力的人也就不具有遗嘱能力。英国、美国采取这种立法例，如英国法上年满 21 周岁的为成年人，具有完全民事行为能力，同时也具有遗嘱能力。

⑵ 遗嘱能力与完全民事行为能力不完全一致，限制民事行为能力人在一定条件下也具有遗嘱能力。如《法国民法典》第 904 条规定，年满 16 周岁的未成年人未解除亲权时，只能以遗嘱处分财产，且可以处分的财产数额限度只是法律允许成年人处分财产的一半。

2. 我国有关遗嘱能力的规定

我国关于遗嘱能力的规定类似于英美国家。《继承法》第 22 条第 1 款规定："无行为能力或者限制行为能力人所立的遗嘱无效。"这从反面规定了在我国无完全民事行为能力的人不具有遗嘱能力，只有具有完全民事行为能力的人才有遗嘱能力。具体包括两种情况：

⑴ 有遗嘱能力人。有遗嘱能力人，即具有设立遗嘱资格的人，必须是完全民事行为能力人。依照《民法通则》的规定，年满 18 周岁的自然人是完全民事行为能力人；16 周岁以上不满 18 周岁，以自己的劳动收入为主要生活来源的，视为完全民事行为能力人。因此，一般情况下，成年人和 16 周岁以上不满 18 周岁，以自己的劳动收入为主要生活来源的未成年人，都是有遗嘱能力人，可以设立遗嘱处分自己的财产。

⑵ 无遗嘱能力人。无遗嘱能力人是无民事行为能力人或限制民事行为能力人。这类人一般不能准确表达或不能完全准确表达自己的意志，而不具备以遗嘱方式处分自己财产的行为能力或资格。依照《民法通则》的规定，10 周岁以上的未成年人和不能完全辨认自己行为的精神病人是限制民事行为能力人；不满 10 周岁的未成年人和不能辨认自己行为的精神病人是无民事行为能力人。无民事行为能力人和限制民事行为能力人的民事行为一般应当由法定代

理人代理，但是遗嘱行为不得代理。

3. 确定遗嘱能力有无的时间

遗嘱的设立和生效之间隔有一段时间，在此期间，遗嘱人的民事行为能力可能发生变化。那么确定遗嘱能力有无是以遗嘱人立遗嘱时为准还是以遗嘱人死亡时为准，就成为必须解决的问题。近代多数国家继承法都规定，遗嘱能力应以立遗嘱时为准，如日本、法国、瑞士等国。《继承法意见》第 41 条规定："遗嘱人立遗嘱时必须有行为能力，无行为能力人所立的遗嘱，即使其本人后来有了行为能力，仍属无效遗嘱。遗嘱人立遗嘱时有行为能力，后来丧失了行为能力，不影响遗嘱的效力。"这里的行为能力实际上指的是遗嘱能力。可见，我国继承法对遗嘱能力有无的确定时间也是立遗嘱时。无遗嘱能力人所立遗嘱是无效遗嘱，所以即使在立遗嘱之后取得了遗嘱能力并对遗嘱行为进行追认或变更，一样不能使原遗嘱具备法律效力。当然如果这种变更构成了一份新的遗嘱，则新遗嘱应当有效。

（三）遗嘱设立的形式要件

所谓遗嘱设立的形式，就是遗嘱人表达自己处分其财产的意思表示的程序或者方式。制定遗嘱只有符合法律规定的方式，才能发生法律效力。为保证遗嘱能够真正反映遗嘱人内心的真实意思，各国继承法都对遗嘱设立的形式有严格的规定。严格的遗嘱形式有利于保证遗嘱的真实性，但是形式要求过于严格又妨碍了遗嘱自由的实现。继承立法必须在两者中找到平衡点，《继承法》第 17 条规定了公证遗嘱、自书遗嘱、代书遗嘱、录音遗嘱和口头遗嘱这五种遗嘱形式，并对不同方式的遗嘱提出了不同的形式上的要求，如图 14–1 所示。

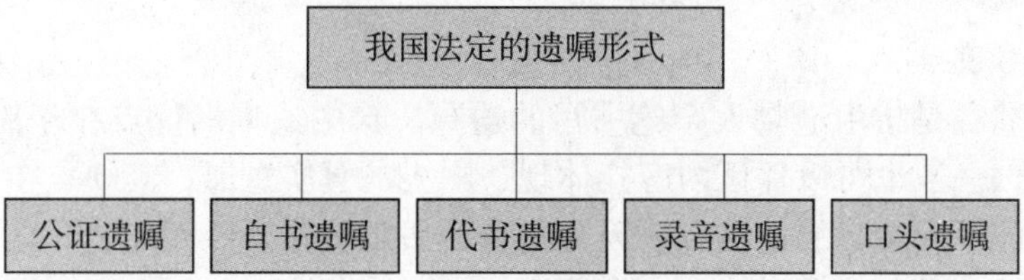

图 14–1　我国法定的遗嘱形式

1. 公证遗嘱

公证遗嘱是指经过公证机关公证的遗嘱。这种遗嘱形式须由遗嘱人亲自申请，由国家公证机关通过法定程序证明其真实性和合法性。公证遗嘱应当符合《中华人民共和国公证法》、《遗嘱公证细则》等相关规定。

（1）公证遗嘱的程序。办理公证遗嘱须经以下程序：

第一，由遗嘱人亲自到有管辖权的公证机构申请办理遗嘱公证。

第二，公证机构作出受理或不予受理的决定。

第三，遗嘱人在公证人员面前亲自书写遗嘱或口授遗嘱。

第四，公证人员对遗嘱相关事项的真实性、合法性予以审查。我国现行法律实行的是实质审查，不仅要审查遗嘱提供的证明材料是否合法有效，而且要审查遗嘱内容的合法有效性；

第五，公证员依法出具《遗嘱公证书》。

(2) 公证遗嘱的几点注意事项。

第一，确认管辖机关。进行遗嘱公证的有管辖权的公证机构是遗嘱行为发生地或者遗嘱人住所地的公证处。如遗嘱人亲自到公证处办理有困难的，可以书面或口头形式请求公证处指派公证人员到其住所或临时处所办理。

第二，须遗嘱人本人亲自办理，不得委托他人代理。

第三，公证期限。公证机构经审查，确认遗嘱真实、有效的，应当自受理公证申请之日起 15 个工作日内向当事人出具公证书。因不可抗力、补充证明材料或者需要核实有关情况的，所需时间不计入 15 日期限内。

第四，遗嘱人在遗嘱设立之后生效之前可以申请撤销、变更公证遗嘱。

(3) 公证遗嘱的效力。公证遗嘱是由国家公证机关证明其合法性、有效性的遗嘱，是程序要求最为严格的遗嘱形式，因而在五种遗嘱形式中证明力最强、证据效力最高。在发生继承纠纷时，公证遗嘱是证明遗嘱人真实内心意思的最有力证据。当公证遗嘱与自书遗嘱、代书遗嘱、录音遗嘱或口头遗嘱的内容发生抵触时，公证遗嘱的效力最高。自书遗嘱、代书遗嘱、录音遗嘱、口头遗嘱都不得变更、撤销公证遗嘱；对公证遗嘱的变更、撤销必须采取公证方式。

2. 自书遗嘱

自书遗嘱是指由遗嘱人亲笔书写的遗嘱。自书遗嘱的优点在于简便易行，便于保密，一般也可以保证内容能体现遗嘱人的真实意愿；其缺点在于容易丢失或被隐匿，而且自书遗嘱可能因为不符合法定形式要件而无效。自书遗嘱是应用最广泛的一种遗嘱形式。《继承法》第 17 条第 2 款规定：“自书遗嘱由遗嘱人亲笔书写，签名，注明年、月、日。”可见自书遗嘱应当具备的形式要件有：

(1) 必须由遗嘱人亲笔书写遗嘱的全部内容，不能由他人代写。

(2) 必须由遗嘱人亲自签名。

(3) 必须注明设立遗嘱的年、月、日。

自书遗嘱是遗嘱人处分遗产的真实意思的书面记载，这就同实践中出现的

“遗书”有相似之处。《继承法意见》第40条规定：“公民在遗书中涉及死后个人财产处分的内容，确为死者真实意思的表示，有本人签名并注明了年、月、日，又无相反证据的，可按自书遗嘱对待。”可见，如果所谓的“遗书”具备了自书遗嘱的法定形式要件，能够反映死者的真实意思的，即使未冠以遗嘱之名也可以视为自书遗嘱。

3. 代书遗嘱

代书遗嘱是指由遗嘱人口述，他人代为书写的遗嘱。当遗嘱人不能书写或亲笔书写有困难的，可以采用这种遗嘱形式。《继承法》第17条第3款规定：“代书遗嘱应当有两个以上见证人在场见证，由其中一人代书，注明年、月、日，并由代书人、其他见证人和遗嘱人签名。”代书遗嘱应当具备以下形式要件：

(1) 必须由遗嘱人口述遗嘱内容，由一名见证人代为书写。代书人只能客观记录遗嘱人所说的内容，不允许其就遗嘱内容提出意见，更不得篡改或销毁。

(2) 必须有两个以上见证人在场见证。遗嘱内容涉及遗嘱继承人的切身利益，为保证代书遗嘱的真实性和不被他人篡改，法律规定必须有两个以上的见证人在场作证，其中一人可以是代书人。只有代书人一人在场代书的代书遗嘱，不具有遗嘱的效力。

(3) 必须由代书人、其他见证人和遗嘱人签名。

(4) 必须注明设立遗嘱的年、月、日。

代书人记录整理完遗嘱内容后，应当向遗嘱人宣读全文或者交由遗嘱人审阅以便遗嘱人核实遗嘱内容。

4. 录音遗嘱

录音遗嘱是指以录音方式录制下来的遗嘱人的口述遗嘱。录音遗嘱是现代科学技术发展的产物，是一种新型的遗嘱形式。录音遗嘱优点在于取证容易，比代书和口头遗嘱更准确，但缺点在于容易被他人剪辑、篡改和伪造。采用录音遗嘱形式的国家并不多，《继承法》第17条第4款规定：“以录音形式设立的遗嘱，应当有两个以上的见证人在场见证。”录音遗嘱应当具备的形式要件有：

(1) 必须由遗嘱人亲自口述遗嘱全部内容，并予以录音。录音遗嘱不能由他人代述或转述，而且遗嘱人口述的内容应当准确、明白，并应当说明遗嘱人姓名和立遗嘱的具体日期。遗嘱人口述的全部内容应当通过录音磁带作为载体记录下来。

(2) 必须有两个以上见证人在现场见证。应当由在场见证人口述自己的姓名、见证的时间、地点以及见证的内容是否真实准确。

(3) 录音磁带应当现场封存。为避免他人在录音上剪辑、拼凑、篡改甚至伪造，应当在录音遗嘱制作完毕后将其封存，并由遗嘱人和见证人共同签名，注明年、月、日。

5. 口头遗嘱

口头遗嘱是指遗嘱人在危急情况下，以口头表述的方式设立的遗嘱。口头遗嘱最为简便易行，可在紧急情况下作为应急手段，因此各国继承法一般都承认口头遗嘱。但是口头遗嘱本身没有物质载体加以记录或证明，容易被篡改和伪造，或者是被遗忘，所以各国都是有条件、有限制地承认口头遗嘱。《继承法》第17条第5款规定："遗嘱人在危急情况下，可以立口头遗嘱。口头遗嘱应当有两个以上见证人在场见证。危急情况解除后，遗嘱人能够用书面或者录音形式立遗嘱的，所立的口头遗嘱无效。"口头遗嘱应当具备的形式要件有：

(1) 必须在危急情况下才能设立口头遗嘱。危急情况一般是指被继承人生命垂危，或因为战争、意外灾祸等而随时有生命危险，因而来不及或无条件以其他方式订立遗嘱的紧急情况。只有此时才能设立口头遗嘱，否则口头遗嘱无效。

(2) 必须有两个以上的见证人在场见证。遗嘱人的口头遗嘱需要见证人转述。为保证遗嘱人的意思能够被真实表现，如果条件许可，见证人应当作出书面记录，注明具体日期并签名。见证人当时来不及记录的，应当在事后补记遗嘱内容，并在记录上共同签名和注明具体日期。

(3) 危急情况解除后，遗嘱人能够用书面或者录音形式立遗嘱的，原口头遗嘱无效。

口头遗嘱是在无其他遗嘱形式可以采用的紧急情况下的应急方式，往往内容比较简单，也不如其他遗嘱形式可靠，所以各国都把口头遗嘱的有效期限制在危急情况解除后的一定时间以内。法国、日本法规定为6个月期限，德国法规定为3个月期限，瑞士法规定为14天。《继承法》没有规定明确的期限，只是规定"危急情况解除后，遗嘱人能够用书面或者录音形式立遗嘱的，所立的口头遗嘱无效"。很多学者都建议应当参照国外立法规定一个合理期限。在现在的司法实践中，遗嘱人是否能以其他方式设立遗嘱，是由人民法院根据具体情况自由裁量的。但是为了避免发生纠纷和司法机关易于操作，还是应当规定遗嘱人于危急情况解除后遗嘱人应当另立遗嘱的法定期间为妥。

(四) 遗嘱见证人

在我国继承法规定的五种遗嘱形式中，代书遗嘱、录音遗嘱和口头遗嘱都需要两个以上见证人在场见证。遗嘱见证人是证明遗嘱真实性的第三人。在继承开始后，证明遗嘱是否为遗嘱人的真实意思主要依靠遗嘱见证人。为保证遗嘱见证人的客观公正，各国法律都对遗嘱见证人的资格予以限制。依《继承法》第18条的规定，下列人员不能作为遗嘱见证人，其所作的遗嘱见证不具有法律效力：

1. 无民事行为能力人、限制民事行为能力人

遗嘱见证人必须具有完全民事行为能力，即具备完全的认识能力和判断能力，能够清楚地认识到其见证行为带来的法律后果。而未成年人和精神病人这样的无民事行为能力、限制民事行为能力人一般对其行为的后果没有准确的认识和判断，难以完成遗嘱见证这样重要的法律行为。遗嘱见证人是否具有完全民事行为能力，应当以遗嘱见证时为准。如果遗嘱见证人在遗嘱人立遗嘱时具有完全民事行为能力，而在其后丧失行为能力，也不应当影响其遗嘱见证的效力。

2. 继承人、受遗赠人

继承人是指所有的法定继承人，包括第一顺序和第二顺序的继承人。受遗赠人是遗嘱人在遗嘱中指定接受遗产赠与的法定继承人以外的人。继承人、受遗赠人与遗嘱有直接的利害关系，由他们作为遗嘱见证人难以保证其证明的客观性、真实性，也容易引起纠纷。

3. 与继承人、受遗赠人有利害关系的人

与继承人、受遗赠人有利害关系的人，包括与继承人、受遗赠人有共同或对立的经济利害关系的人。继承人、受遗赠人能否取得遗产，取得多少遗产会直接影响这类人的自身利益，从而与遗嘱也存在间接的利害关系，难以作出公正客观的证明。《继承法意见》第36条规定："继承人、受遗赠人的债权人、债务人、共同经营的合伙人，也应当视为与继承人、受遗赠人有利害关系，不能作为遗嘱的见证人。"此外，继承人、受遗赠人的近亲属当然也属于这一范围。

此外，遗嘱见证人还应当具备与其见证的遗嘱形式相适应的基本能力。例如，聋人不能见证口头遗嘱、录音遗嘱，盲人不能见证代书遗嘱等。

三、遗嘱的法律效力

（一）遗嘱的法律效力

1. 遗嘱法律效力的含义

遗嘱的法律效力是指遗嘱人设立遗嘱所发生的法律后果，即在当事人之间

所产生的权利义务关系。遗嘱的法律效力与遗嘱的有效、遗嘱的生效是不同的法律概念。遗嘱是单方民事法律行为，只要有遗嘱人单独的意思表示就可以成立。但成立的遗嘱并不一定具有法律效力，即不一定发生遗嘱人所预期的法律后果。遗嘱是否成立主要从形式要件角度来考虑，即看其是否具备法律所规定的程序或方式；而遗嘱是否有效则主要从是实质要件角度来判断，即看其内容是否符合法律规定的条件。具备法定条件，能够发生法律效力的遗嘱为有效遗嘱，但有效的遗嘱只是遗嘱生效的先决条件，不一定能够按照遗嘱人的预期产生法律效力。遗嘱的生效，是从动态角度界定当事人之间的权利义务关系，是指遗嘱法律效力的实际发生，即遗嘱人的意思表示转化为其所追求的现实的法律关系。遗嘱虽然有效，但是遗嘱继承人放弃、丧失继承权或先于被继承人死亡的，遗嘱都不生效。

2. 遗嘱法律效力的发生时间

遗嘱自遗嘱人死亡时发生法律效力，这是自罗马法以来各国继承法的通例。也就是说遗嘱的生效，除了要求以合法有效的遗嘱为前提外，还需要有遗嘱人死亡这一基本的法律事实。而遗嘱人死亡这一事实的发生时间即继承开始的时间原则上就是遗嘱法律效力的发生时间。但对于附条件遗嘱来说，如果遗嘱人死亡时，遗嘱中所附条件尚未成就的，则自条件成就时才发生法律效力；如果遗嘱人表示使其条件成就的效力溯及于条件成就以前的，按其意思表示确定遗嘱发生效力时间，但不得溯及于遗嘱人死亡以前发生效力。也有学者认为，如果遗嘱人死亡时，遗嘱中所附条件尚未成就的，虽然是自条件成就时才发生法律效力，但是其生效的时期仍应溯及于遗嘱人死亡之时。其理由是如果认为自条件成就时生效，那么在遗嘱人死亡之后，条件成就之前时，这段时间里财产的归属就成为疑问。我们认为，要尊重遗嘱人的本意，就应当确认遗嘱生效时间溯及于遗嘱人死亡时，遗嘱处分之遗产自遗嘱人死亡时即归属遗嘱继承人或受遗赠人。

（二）遗嘱的有效要件

依照《继承法》及相关法律规定，遗嘱有效应当具备以下要件（见表14-1）：

表14-1 遗嘱的有效要件

遗嘱的有效要件	遗嘱人在设立遗嘱时须有遗嘱能力
	真实意思表示
	为特定继承人保留必要遗产份额
	处分的是个人合法财产
	采取五种法定遗嘱形式之一

1. 遗嘱人在设立遗嘱时须有遗嘱能力

遗嘱是遗嘱人亲自处分本人财产的法律行为，因此必须具有以遗嘱形式处分自己财产的行为能力即遗嘱能力。遗嘱人是否具有遗嘱能力，应当以遗嘱设立时为准，而不以继承开始时为准。

2. 遗嘱是遗嘱人真实意思的表示

遗嘱是财产所有人在法律允许的范围内，根据自己的意愿处分其死后遗产的方式。因此，遗嘱必须是遗嘱人内心意思的体现，能够反映遗嘱人的真实意思表示。真实意思表示是指遗嘱人在意志自由、能够准确认识到自己的意思表示所产生的法律效果的前提下，内心意思与外部表达相一致的状态。因此，违背遗嘱人内心真实意思的遗嘱无效。《继承法》第22条规定："遗嘱必须表示遗嘱人的真实意思，受胁迫、欺骗所立的遗嘱无效。伪造的遗嘱无效。遗嘱被篡改的，篡改的内容无效。"在遗嘱人作出多个内容相抵触的意思表示时，一般应以最后一份遗嘱中的意思表示为准。如果遗嘱人的生前行为与遗嘱的意思表示相违背的，应当认为其实际行为已经推翻了原来的意思表示，应以其行为为真实意思表示。

3. 遗嘱应当为缺乏劳动能力又没有生活来源的继承人保留必要的遗产份额

遗嘱自由不是无限制的，我国的必留份制度就是为保障特定继承人的基本生活需要而规定的。必留份制度是法律的强行性规定，取消缺乏劳动能力又没有生活来源的继承人的遗产份额的遗嘱是无效的。这也是对遗嘱内容必须合法的具体要求。

4. 遗嘱只能处分遗嘱人个人合法财产

遗嘱处分的财产范围与法定继承中的可继承财产范围一致，都是被继承人的个人合法财产。处分国家、集体或他人所有财产的遗嘱部分无效。对于遗嘱人与他人共有的财产，除法律另有规定或当事人另有约定之外，遗嘱人只能在遗嘱中处分共有财产中其所有的财产份额。

5. 遗嘱的形式符合法律规定的要求

只有依法成立的遗嘱才具有法律效力，因此遗嘱必须符合我国法定的形式要件，即必须采取继承法规定的五种遗嘱形式。《继承法意见》第35条指出："继承法实施前订立的，形式上稍有欠缺的遗嘱，如内容合法，又有充分证据证明确为遗嘱人真实意思表示的，可以认定遗嘱有效。"在继承法实施后，如所设立的遗嘱在形式上有所欠缺，则因不符合遗嘱设立时的形式要件要求而认定无效。

（三）遗嘱的无效

无效遗嘱是指欠缺法律规定的遗嘱有效要件，而不能产生法律效力的遗嘱。当遗嘱的实质要件或形式要件不符合法律的强制性规定，将会导致遗嘱人预期的法律效果不能实现。根据《继承法》的规定，无效遗嘱主要包括：

1. 无民事行为能力人或限制民事行为能力人所立的遗嘱无效

无民事行为能力人或限制民事行为能力人不具有遗嘱能力，没有以遗嘱形式处分自己财产的资格，其所立遗嘱无效。依我国民法规定，限制民事行为能力人从事民事行为时并不当然无效，可以是有效或者效力待定的。但是与一般民事行为不同，遗嘱行为必须是完全民事行为能力人进行方为有效。一方面因为一般民事行为往往要考虑维护相对人的利益，而遗嘱是单方民事法律行为，不需要考虑相对人保护的问题；另一方面遗嘱是重大的民事法律行为，需要行为人对自己行为的后果有准确的认识和判断。

2. 违背遗嘱人真实意思的遗嘱无效

《继承法》第 22 条规定："遗嘱必须表示遗嘱人的真实意思，受胁迫、欺骗所立的遗嘱无效。伪造的遗嘱无效。遗嘱被篡改的，篡改的内容无效。"受胁迫所设立的遗嘱是指遗嘱人受到他人的威胁、胁迫，为避免自己或亲人的财产或生命健康受到侵害而作出的与自己真实意思相悖的遗嘱。受欺骗所设立的遗嘱是指遗嘱人因他人故意的虚假言词、行为的误导而产生错误的认识，从而设立与自己真实意愿不一致的遗嘱。伪造的遗嘱是指以被继承人的名义设立但实质上并非是其意思表示的假遗嘱。被篡改的遗嘱是指内容被被继承人以外的其他人作了部分更改的遗嘱。这些遗嘱实质上都违背了被继承人生前内心的真实意思，应确定为无效。

依民法通则的规定，受胁迫、欺骗所实施的民事行为是无效民事行为；而依合同法规定受胁迫、欺骗所订立的合同，如不损害国家利益就属于可撤销的合同。但遗嘱是在遗嘱人死后才生效的，所以生效后其本人已经不可能再撤销遗嘱了，所以受胁迫、欺骗所立的遗嘱当然是无效的。伪造的遗嘱完全不是出于被继承人的意思表示，所以不论遗嘱是否损害到了被继承人的利益，都应当认定无效。即使他人设立的遗嘱经过了遗嘱人同意，不属于伪造的遗嘱，但是遗嘱强调被继承人的亲为性而不适用代理，仍然是无效的。被篡改的遗嘱往往是其中一部分内容被他人改变，因此不能认为全部无效。被篡改的内容无效，而未被篡改的内容仍然是遗嘱人真实意思的表示，应当认为是有效的。

3. 处分不属于遗嘱人自己财产的部分内容无效

遗嘱是处分遗嘱人自己享有所有权的合法财产的意思表示，当然不能处分属于他人所有或国家、集体所有的财产，否则该部分内容无效，其他部分如符合遗嘱的有效要件，仍为有效。

4. 没有为缺乏劳动能力又没有生活来源的继承人或者胎儿保留必要的遗产份额的，对应保留必要份额部分的处分无效

必留份制度是我国继承法的强制性规定，遗嘱人不能违背或者变通，必须遵守，以保证缺乏劳动能力又没有生活来源的继承人和胎儿在被继承人死亡后，仍然能够维持生活。

（四）遗嘱的不生效

遗嘱的不生效是指遗嘱虽然是合法成立的有效遗嘱，但是由于特定事由而不发生法律效力。一般来说，有效遗嘱在遗嘱人死亡时发生法律效力。但在一些情形下却不依照遗嘱的内容在当事人之间产生权利义务关系，而只能按照法定继承处理。遗嘱的不生效包括以下情形：

(1) 继承人、受遗赠人先于遗嘱人死亡。

(2) 继承人、受遗赠人丧失继承权或受遗赠权。

(3) 继承开始后，遗嘱中处分的标的物已不存在或者不属于遗产。

(4) 附有解除条件的遗嘱，在遗嘱人死亡前条件已经成就。

遗嘱的无效和不生效都是遗嘱不发生法律效力，但遗嘱无效是由于不符合法定生效要件所致，而遗嘱不生效是由于客观情况的出现导致已经合法成立的有效遗嘱不能发生遗嘱人期待的法律后果，二者的前提是不同的。

四、遗嘱的变更、撤销和执行

（一）遗嘱的变更和撤销

1. 遗嘱的变更和撤销的概念

遗嘱是在遗嘱人死亡、继承开始时才发生法律效力的法律行为，因此在遗嘱生效前，遗嘱人有权变更遗嘱内容和撤销遗嘱。《继承法》第 20 条第 1 款规定：“遗嘱人可以撤销、变更自己所立的遗嘱。”遗嘱的变更和撤销是遗嘱自由的体现。遗嘱的变更是指遗嘱人对自己所立遗嘱的内容作部分改变的行为。遗嘱的撤销是指遗嘱人取消其所设立的遗嘱的行为。遗嘱的变更和撤销都是对原立遗嘱的改变，二者只是在遗嘱人对遗嘱内容改变程度上有所不同。变更是遗嘱人部分改变原设立遗嘱的意思，也即是对遗嘱部分内容的撤销；而撤销是遗嘱人改变原设立遗嘱的全部意思，也即是对遗嘱内容的全部变更。

遗嘱人在生前可以随时对自己所立的遗嘱进行修改、变更甚至废除。因为遗嘱反映的是遗嘱人处分遗产的真实意思，而从遗嘱设立到遗嘱生效之间客观情况是不断发生变化的，遗嘱人的意思也可能发生变化。为确保遗嘱人变化后的意思表示能够在遗嘱中得到体现，就应当赋予遗嘱人变更、撤销遗嘱的权利。遗嘱的变更和撤销不受法定期间的限制，只要是在遗嘱人生存期间都可以随时对遗嘱进行变更或撤销。

2. 遗嘱变更和撤销的条件

遗嘱的变更和撤销必须具备一定的条件，才能发生遗嘱变更或撤销的法律效力，包括：

(1) 变更或撤销遗嘱时，遗嘱人须有遗嘱能力。遗嘱的变更和撤销同遗嘱的设立一样，遗嘱人必须具备遗嘱能力。没有遗嘱能力，不能改变遗嘱的内容。遗嘱人在设立遗嘱后丧失遗嘱能力的，在恢复遗嘱能力之前所为的遗嘱的变更或撤销的行为不发生效力，原遗嘱仍然有效。

(2) 遗嘱的变更和撤销须为遗嘱人的真实意思表示。遗嘱人因受胁迫、欺骗所变更或撤销的遗嘱内容无效；伪造的遗嘱的变更或撤销无效，此时原遗嘱仍然有效。

(3) 遗嘱的变更和撤销须由遗嘱人亲自依法定程序和方式进行。遗嘱的变更或撤销应反映遗嘱人的真实意思表示，必须由遗嘱人亲自进行，不得由他人代理，更不能委托他人在其死后代为撤销或变更。

3. 遗嘱的变更和撤销的方式

罗马法中，遗嘱的变更或撤销必须以与前份遗嘱相同的方式为之，现代国家一般只要通过遗嘱方式就可以了。《继承法》第20条规定：“立有数份遗嘱，内容相抵触的，以最后的遗嘱为准。自书、代书、录音、口头遗嘱，不得撤销、变更公证遗嘱。”具体来讲，我国继承法中遗嘱的变更和撤销可以通过明示方式和推定方式这两种方式进行：

(1) 明示方式。明示方式是指遗嘱人以明确的意思表示对原遗嘱进行变更或撤销。最常见的是另立新遗嘱，并在新遗嘱中明确表示变更或撤销原遗嘱。应当注意的是，公证遗嘱只能以公证遗赠的方式变更或撤销；而其他形式的遗嘱可以相互撤销或变更。例如，公民可以用代书遗嘱变更原自书遗嘱、录音遗嘱或口头遗嘱，但是原公证遗嘱只能通过公证机关予以撤销或变更。

(2) 推定方式。推定方式是指遗嘱人虽未以明示方式变更、撤销遗嘱，但是法律根据遗嘱人的行为推定遗嘱人变更、撤销了遗嘱。法律一旦推定遗嘱人变更、撤销了遗嘱，同样产生变更、撤销遗嘱的法律效力。主要包括以下几种情形：

第一，遗嘱人先后立有数份内容相抵触的遗嘱，推定变更、撤销遗嘱。当遗嘱人的数份遗嘱均为合法，且后面遗嘱没有明确表示变更、撤销原来的遗嘱时，则法律推定遗嘱人以最后一份遗嘱撤销或变更前面的遗嘱。如前后遗嘱内容全部抵触，则推定撤销前面遗嘱；如前后遗嘱内容部分抵触，则推定变更前面遗嘱，抵触部分按后面遗嘱办理。如果数份遗嘱中有公证遗嘱的，不论公证遗嘱的设立时间，必须以最后所立的公证遗嘱为准。

第二，遗嘱人生前的行为与遗嘱内容相抵触的，推定变更、撤销遗嘱。遗嘱人在设立遗嘱后的生存期间对自己财产的处分行为，如果与遗嘱的意思表示相反，导致遗嘱处分的财产在继承开始前灭失、部分灭失或所有权转移、部分转移的，遗嘱视为被撤销或部分被撤销。例如遗嘱人将遗嘱处分的财产变卖或赠与他人的情形。

第三，遗嘱人故意销毁遗嘱的，推定撤销原遗嘱。遗嘱人出于自己的意志，毁损、涂销遗嘱的，就应当推定其有撤销遗嘱的意思表示，并产生撤销遗嘱的法律后果。遗嘱人出于过失毁损遗嘱的，不能视为遗嘱人撤销遗嘱，如可恢复则为有效，如无法恢复则遗嘱因欠缺形式要件而无效。第三人销毁遗嘱的，或者遗嘱因意外原因而毁损的，不能推定为遗嘱人撤销遗嘱。

4. 遗嘱的变更和撤销的效力

遗嘱的变更和撤销的效力在于使原遗嘱的内容不发生法律效力。

遗嘱被变更的，应当以变更后的遗嘱内容为遗嘱人的真实意思表示，并按照变更后的遗嘱进行遗产分配。认定遗嘱是否有效也应当以变更后的遗嘱为准。如果原遗嘱内容有效而变更后的遗嘱内容无效，不能按照原遗嘱执行，而应按变更后的遗嘱内容确认遗嘱无效。遗嘱被撤销的，该遗嘱被废止。如果新设立的遗嘱合法有效，按照新遗嘱的内容分配遗产；如果遗嘱撤销后没有设立新遗嘱，则视为被继承人未立遗嘱，遗产按法定继承处理。

（二）遗嘱的执行

1. 遗嘱执行的概念

遗嘱执行是指遗嘱生效后，特定的人或组织为实现遗嘱人在有效遗嘱中的意思表示，按照一定的程序所为的必要行为。在遗嘱内容中，有些事项在遗嘱生效后自然生效而不需执行，如剥夺某继承人的继承权等；有些事项则需要特定人或组织的积极作为来实现，如遗产的分配、债务的清偿等。因而遗嘱执行是实现遗嘱内容，体现遗嘱人意愿，保障相关利害关系人利益的重要步骤。

2. 遗嘱执行人的确定

遗嘱于遗嘱人死亡时生效，因此遗嘱人本人不能亲自实现遗嘱内容，而只能由他人执行。由于遗嘱执行涉及继承人、受遗赠人等众多利害关系人的切身利益，因此遗嘱执行人的选任尤为重要，各国对此都有相关规定。《继承法》第16条第1款规定："公民可以按照本法规定立遗嘱处分个人财产，并可以指定遗嘱执行人。"本条只规定了一种遗嘱执行人的确定办法，根据司法实践，遗嘱执行人可以通过以下途径确定：

(1) 遗嘱人在遗嘱中指定。遗嘱人可以在遗嘱中指定遗嘱执行人，或者委托他人代为指定遗嘱执行人。被指定的遗嘱执行人可以是法定继承人、受遗赠人中的一人或数人，也可以是法定继承人、受遗赠人以外的其他公民或组织。指定遗嘱执行人是单方法律行为，一经指定就具有法律效力。当然被指定为遗嘱执行人的人应当同意就职，其也有权拒绝担任遗嘱执行人，不接受指定的不能成为遗嘱执行人。

(2) 由法定继承人担任。遗嘱人未指定遗嘱执行人，也没有委托他人指定或者指定的遗嘱执行人不能执行遗嘱的，由法定继承人作为当然的遗嘱执行人。法定继承人为一人的，由其任职；法定继承人为多人的，由全体法定继承人为遗嘱执行人，也可以由全体继承人通过协商一致推选其中一人或数人担任遗嘱执行人。

(3) 由遗嘱人生前所在单位或遗嘱人最后居住地的基层组织担任。在没有遗嘱指定继承人，也没有法定继承人或者法定继承人没有能力担任遗嘱执行人的情况下，由遗嘱人生前所在单位或遗嘱人最后居住地的基层组织担任遗嘱执行人。这也是由我国国情所决定的。在我国，公民生前所在单位或住所地的基层组织经常处理与个人人身相关的问题已成为惯例。

此外，确定遗嘱执行人时应当注意必须是完全民事行为能力人；因违反职责丧失遗嘱执行资格或者自动放弃遗嘱执行资格的，不能成为遗嘱执行人。有学者认为破产企业充任遗嘱执行人，可能侵害利害关系人的利益，所以不适宜作遗嘱执行人。

3. 遗嘱执行人的职责

遗嘱执行人具有独立的法律地位，是基于自己作为执行人所固有的权利，在遗嘱指定的范围内去管理遗产，协调各方利益以实现遗嘱人处分其遗产的意愿。遗嘱执行人的职责是指遗嘱执行人的权利义务，是遗嘱执行人法律地位的具体体现。从继承法的立法精神和司法实践来看，遗嘱执行人的职责有（见图14-2）：

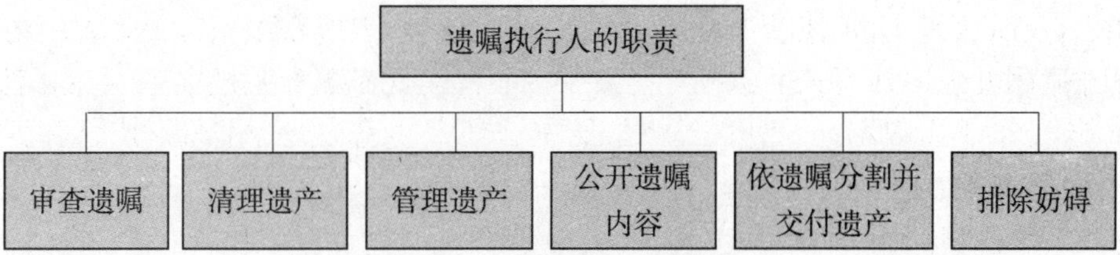

图 14-2　遗嘱执行人的职责

(1) 审查遗嘱是否合法真实。无效遗嘱不能予以执行，因此遗嘱执行人的首要职责是查明遗嘱是否反映遗嘱人的真实意思表示，是否符合法定的形式要件，是否具备遗嘱的有效要件以及是否违反了社会公共利益和社会公德。

(2) 清理遗产。为执行遗嘱，遗嘱执行人必须对遗产情况有清楚的了解，所以必须查清遗产的范围、名称、数量、地点、价值等情况。在必要的情况下还须登记造册，编制遗产清单，以更好地保护继承人和其他利害关系人的利益。

(3) 管理遗产。在遗产分割前，遗嘱执行人应当按遗嘱人的指示管理遗产，无指示时其管理应以执行遗嘱的必要为限。管理遗产的行为可以是事实行为，如当遗产被他人占有时，可请求第三人交付占有物或者在必要时对遗产标的物的修缮等；也可以是民事行为，如收取遗嘱人对他人的债权，偿还遗嘱人生前的债务等。遗嘱执行人管理遗产所需费用，应当从遗产中扣除或由继承人承担。

(4) 召集全体遗嘱继承人和受遗赠人，公开遗嘱内容。遗嘱执行人有权利也有义务召集全体遗嘱继承人和受遗赠人，公示遗嘱内容，并对遗产的情况作出说明。

(5) 依遗嘱内容分割并交付遗产。遗嘱执行人应当按照遗嘱指定的分配方式对遗产进行分割，并交付给遗嘱继承人和受遗赠人。

(6) 排除妨碍。任何人不得妨碍遗嘱执行人履行职责，也不得自行处理遗嘱涉及的财产，否则遗嘱执行人有权请求排除妨碍。当遗嘱执行人执行遗嘱受到他人非法干涉或妨碍时，遗嘱人有权自行排除，必要时可以请求人民法院保护其执行遗嘱的合法权利，责令不法行为人停止侵害。

遗嘱继承人和受遗赠人有权对遗嘱执行人执行遗嘱的行为进行监督，遗嘱执行人不能忠实履行义务或侵占遗产的，有关利害关系人可以请求法院撤销其遗嘱执行人的资格并追究相关责任。

五、遗赠

(一) 遗赠概述

1. 遗赠的概念

遗赠是指公民以遗嘱的方式将其个人财产赠与国家、集体或者法定继承人以外的人，并于其死后发生法律效力的单方民事法律行为。遗赠中，立遗嘱人为遗赠人，被指定接受遗产的人为受遗赠人，遗嘱中指定赠与的财产为遗赠财产或遗赠物。

遗赠与遗嘱继承一样，都是自然人处理其死后财产的法律行为。早在罗马法就有遗赠的规定，至欧洲中世纪，因教会成为主要的受遗赠人，遗赠制度作为遗嘱继承的一种特殊形式十分盛行。在近现代各国继承法都有遗赠制度的规定。《继承法》第16条第3款规定："公民可以立遗嘱将个人财产赠予国家、集体或者法定继承人以外的人。"可见，当公民以遗嘱的方式处分其个人财产时，如果指定承受财产的人在法定继承人范围以内，则为遗嘱继承，如果指定承受财产的人在法定继承人范围以外，则为遗赠。

2. 遗赠的特征

(1) 遗赠是单方民事法律行为。遗赠是遗赠人以遗嘱的方式将财产赠给他人的行为，因此只需遗赠人单方的意思表示就可以成立。因此遗赠人遗赠财产时，不需要征得受遗赠人的同意，无论受遗赠人表示是否接受遗赠，都不影响遗赠的成立。而且遗赠是无相对人的单方民事法律行为，遗赠人作出遗赠的意思表示不需要到达受遗赠人，所以遗赠的成立完全取决于遗赠人的单方意思。在遗赠生效前，遗赠人也可以依自己的意思随时变更或撤销遗赠，其变更、撤销遗赠的意思表示同样无须征得受遗赠人的同意。当然，受遗赠人是否接受遗赠是其个人的自由，任何人不得干涉和妨碍。

(2) 遗赠是无偿民事法律行为。无偿民事法律行为是指一方接受对方利益时不需要支付任何代价的法律行为。遗赠是遗赠人对自己财产的无偿转让，给予相对方的只能是积极财产而不能是消极财产，即只能给予他人财产利益，而不能要求对方为对价给付。这里的财产利益必须是直接的，可以是财产权利的让与，也可以是受赠人债务的免除。

遗赠分为单纯遗赠和附负担的遗赠。附负担的遗赠是遗赠人就赠与附有某种义务或条件的遗赠。但负担本身并不是所受利益的对价，所以附负担的遗赠仍为无偿民事法律行为。

(3) 遗赠是遗赠人死后生效的法律行为。遗赠与遗嘱继承一样，虽然是遗嘱人生前的意思表示，但只有在遗嘱人死后才能发生法律效力。故在遗赠生效前，遗赠人可以随时依法定程序变更或撤销遗赠。

遗赠与死因赠与同样是于遗赠人死亡后生效，但是二者有很大差异。死因赠与是指双方约定以赠与人死亡为停止条件的赠与协议。停止条件又称为延缓条件、生效条件，即条件成就时生效。死因赠与须以赠与人死亡为条件而发生法律效力，但它是双方法律行为，需要双方当事人意思表示一致方能成立。

(4) 受遗赠人是法定继承人以外的人或组织。遗嘱将遗产处分给法定继承人以外的人或组织才是遗赠。如果遗嘱人将遗产指定给予法定继承人范围内的人，无论是第一顺序还是第二顺序的继承人，都不能称作遗赠，而是遗嘱继承。受遗赠人可以是法定继承人以外的自然人，也可以是国家、集体。

(5) 受遗赠人具有不可替代性。遗赠是以特定的受遗赠人为受益主体的，只能由受遗赠人本人亲自接受。一旦遗赠人死亡，且生前未对受遗赠人作出改变的，受遗赠人就已经确定而不可为他人替代，其受遗赠权也不得转让。若受遗赠人先于遗嘱人死亡或者受遗赠人在作出接受遗赠的意思表示之前死亡的，不能发生遗赠的效力。尽管受遗赠人须为受遗赠时生存之人，但大多数学者认为于遗赠人死亡时已受孕的胎儿可以作为受遗赠人。

(二) 遗赠与遗嘱继承、赠与的区别

1. 遗赠与遗嘱继承的区别

遗赠与遗嘱继承都是以遗嘱形式处分遗产的法律行为，也都在遗嘱人死亡时发生法律效力，但是其区别也很明显：

(1) 主体范围不同。受遗赠人是国家、集体或法定继承人以外的任何自然人。遗嘱继承人则只能是法定继承人范围内的人，包括配偶、子女、父母、兄弟姐妹、祖父母、外祖父母，对公、婆或岳父、岳母尽了主要赡养义务的丧偶儿媳或女婿。可见二者在主体范围上是互相排斥的，绝对不会交叉或重合。

(2) 客体不同。受遗赠权的客体只能是遗产中的财产利益，而不能是财产义务，所以受遗赠人只接受纯粹的财产利益，而排除遗产中债务的承担。即使遗赠可以附负担，但负担并不是财产权利的对价，就是说遗赠物只是扣除财产负担后的纯粹财产利益。《继承法》第 34 条规定："执行遗赠不得妨碍遗赠人依法应当缴纳的税款和债务。"也就是说受遗赠人只能接受清偿税款和债务之后剩余的财产。

遗嘱继承权的客体是全部遗产，包括被继承人生前的财产权利，也包括其生前的财产义务。遗嘱继承人对被继承人的财产权利和财产义务是概括承受的，因此遗嘱继承人在继承遗产后，有义务在实际继承遗产的价值范围内清偿

被继承人生前所欠的合法债务与税款，这也是我国继承法有限继承原则的具体体现。

(3) 行使方式不同。受遗赠权的接受，必须在法定期间内以明示方式作出，未明示接受遗赠的视为放弃受遗赠。《继承法》第25条第2款规定："受遗赠人应当在知道受遗赠的两个月内，作出接受或者放弃受遗赠的表示。到期没有表示的，视为放弃受遗赠。"这里规定的"两个月"为受遗赠权存续的除斥期间，到期未作接受的表示，受遗赠权消灭。

遗嘱继承权的接受方式包括明示和默示两种。继承开始后，遗嘱继承人除了可以以书面或口头等方式明确表示接受继承外，还可以以沉默的方式由法律推定其接受继承。遗嘱继承人于继承开始后遗产分割前没有明确表示放弃的，就视为接受继承。

(4) 遗产取得方式不同。受遗赠人通常不占有遗赠物，也不能直接参与遗产的分配，需要从遗嘱执行人或遗产占有人处取得。因此在受遗赠人表示接受遗赠之后，有权请求遗嘱执行人或遗产占有人将遗产交付自己。而遗嘱继承人可以以继承人的身份直接参与遗产的分割。

2. 遗赠与赠与的区别

遗赠与赠与都是将自己的财产无偿转让给他人的行为，二者的主要区别有：

(1) 法律行为的性质不同。遗赠是单方法律行为，只需要有遗赠人单方的意思表示即可成立，无须征得受遗赠人的同意。赠与是双方法律行为，只有在赠与人与受赠与人双方意思表示达成一致时，赠与才成立。当仅有赠与人赠与财产的意思，而受赠与人表示拒绝接受赠与时，赠与不能成立。

(2) 生效的时间不同。遗赠在成立之后并不立即生效，而是在遗赠人死亡后才能发生法律效力，所以在遗赠人死亡前，受遗赠人无权请求交付遗赠物。赠与一般是在赠与人生前成立并生效，只要双方意思表示达成一致赠与就成立生效。根据我国合同法规定，赠与合同成立后，赠与财产权利转移前，赠与人可以撤销赠与合同，但具有社会公益、道德义务性质或经过公证的赠与合同不得撤销。

(3) 方式不同。遗赠必须以遗嘱的方式进行，采用法定的五种遗嘱形式来处分遗赠人死后遗留的个人合法财产；赠与则是以合同的方式处分赠与人财产。

(4) 处分财产的范围不同。遗赠是以遗嘱的方式处分财产，必须遵守我国法律对遗嘱的限制性规定，例如遗赠不得剥夺为缺乏劳动能力又没有生活来源的法定继承人以及胎儿保留的遗产份额，也不得损害遗赠人的债权人的合法权益。在遗赠人生前所欠税款和债务未清偿前，不得将全部遗产遗赠给他人，即遗赠人的财产应当优先偿还遗赠人所欠的税款和债务。赠与所处分的财产法律无特别规定，赠与人可以任意处分自己的财产，当然如果赠与人的赠与行为损害其债权人利益的，债权人可以行使撤销权。

(5) 主体资格要求不同。遗赠的方式决定了遗赠人须具备遗嘱能力，即必须是完全民事行为能力人，故精神病人和未成年人不能为遗赠行为。赠与人只需要具备一般民事行为能力，即使是限制民事行为能力人也可为与其年龄智力或精神健康状况相适应的赠与行为。

（三）遗赠的生效要件

遗赠须具备以下要件才能发生法律效力：

1. 遗赠人须有遗嘱能力

无遗嘱能力的限制民事行为能力人和无民事行为能力人，由于不能准确表达自己处分财产的真实意思，不能成为遗赠人。

2. 受遗赠人须为法定继承人以外且于遗嘱生效时生存之人

根据我国继承法的规定，受遗赠人须是国家、集体或法定继承人以外的任何自然人。若遗嘱人将遗产处分给法定继承人的为遗嘱继承，而非遗赠。受遗赠人先于遗赠人死亡或与遗赠人同时死亡的，遗赠不发生法律效力。因为受遗赠人自死亡时起不具有民事权利主体资格，当然不能成为受遗赠人。但遗赠人死亡时已受孕的胎儿可以成为受遗赠人，必须以活体出生为限，如出生时为死体的，则遗赠自始无效。

3. 受遗赠人未丧失受遗赠权

我国继承法律制度中并无丧失受遗赠权的法定事由的规定。有学者认为，若受遗赠人对遗赠人有不道德或违法行为等就应认定丧失受遗赠人的资格，视其情节轻重而分别为相对和绝对丧失受遗赠权。但通说认为应当比照《继承法》第7条丧失继承权的规定处理。

4. 遗赠人所立遗嘱内容合法

遗赠人处分自己死后财产的遗嘱内容必须符合法律规定，才能受到法律的保护。法律的强制性规定不容许遗赠人改变，例如遗赠人须为缺乏劳动能力又没有生活来源的继承人或者胎儿保留必要的遗产份额，违反必留份法律规定的遗嘱处分内容无效。

5. 遗赠人所立遗嘱形式符合法定要件

遗赠以遗嘱形式作出，必须符合法定的五种遗嘱形式规定。不符合法定形式的，遗赠不能合法成立，当然也不能产生法律效力。遗赠人的遗嘱是否符合法定要件，以遗嘱设立时的法律要求为准。

（四）遗赠的接受和放弃

遗赠的接受必须以明示的方式作出，否则视为放弃受遗赠。在这里单纯的沉默产生拒绝接受遗赠的法律后果，这一点与遗嘱继承正好相反。《继承法》第35条第2款规定："受遗赠人应当在知道受遗赠后两个月内，作出接受或者放弃受遗赠的表示。到期没有表示的，视为放弃受遗赠。"

遗赠自继承开始时发生法律效力，公民的受遗赠权就已经产生。如受遗赠人在知道受遗赠后的两个月法定期间内表示接受遗赠的，则效力溯及于遗赠人死亡时生效。自当时起，受遗赠人就已经取得遗赠物的所有权，并基于其所有权产生请求遗赠执行人或财产占有人的物上请求权。当受遗赠人在继承开始后的两个月内死亡，生前尚未表示接受遗赠时，其继承人在两个月期间内表示接受遗赠的应当有效。尽管《继承法意见》只认可受遗赠人表示接受的受遗赠权可以继承，其53条规定："继承开始后，受遗赠人表示接受遗赠，并于遗产分割前死亡的，其接受遗赠的权利转移给他的继承人。"但是从法理上看，受遗赠权自遗赠生效时产生，且具有物权性质，受遗赠人不仅可以接受或者放弃，也可以被继承。在继承开始后受遗赠人死亡的，在两个月期限内，受遗赠人的继承人继承了受遗赠权，有权利以明示的方法表示接受遗赠。

六、遗赠扶养协议

（一）遗赠扶养协议概述

1. 遗赠扶养协议的概念

遗赠扶养协议是指遗赠人与扶养人所订立的、扶养人承担对遗赠人生养死葬的义务，而遗赠人将自己的财产的一部分或全部于其死后转移给扶养人所有的协议。简言之，遗赠扶养协议是遗赠人与扶养人之间关于遗赠和扶养权利义务关系的协议。

遗赠扶养协议制度是一种我国特有的继承法律制度，它建立在农村"五保户"制度基础之上。新中国成立以来，农村的无劳动能力、生活无依靠者的扶养问题主要是集体经济组织负担，这些组织有时与受扶养人签订协议，约定集体经济组织提供"五保"[①]，受扶养人则在死后将财产遗赠给集体经济组织。

① 对老年人保吃、保住、保穿、保医、保葬；对孤儿保吃、保穿、保医、保教、保住。我国2006年制定的《农村五保供养工作条例》将五保供养对象的供养资金纳入地方人民政府的财政预算，而不再完全由集体经济组织承担。

我国继承法在此基础之上，确定了遗赠扶养协议制度，该法第 31 条规定："公民可以与扶养人签订遗赠扶养协议。按照协议，扶养人承担该公民的生养死葬的义务，享有受遗赠的权利。公民可以与集体所有制组织签订遗赠扶养协议。按照协议，集体所有制组织承担该公民的生养死葬的义务，享有受遗赠的权利。"

2. 遗赠扶养协议的特征

遗赠扶养协议具有以下特征：

(1) 遗赠扶养协议是双方民事法律行为。遗赠扶养协议是一种合同行为，需要遗赠人与扶养人的意思表示达成一致才能成立。遗赠人须有接受扶养和遗赠的意思表示，扶养人则作出接受遗赠和承担扶养义务的意思表示，双方就遗赠和扶养的具体事项也须达成一致。在协议成立后，双方都必须受到遗赠扶养协议的约束，任何一方不得擅自变更或解除协议。

(2) 遗赠扶养协议是诺成性、要式法律行为。遗赠扶养协议自双方关于权利义务的意思表示达成一致时即成立生效。由于双方的权利义务发生时间并不一致，所以为保障双方当事人的权益，避免发生纠纷，遗赠扶养协议一般要求以书面形式订立，为要式法律行为。①

(3) 遗赠扶养协议是双务、有偿法律行为。遗赠扶养协议关系中的双方当事人互相享有权利，承担义务。遗赠人享有接受扶养的权利，同时承担在死后将遗产遗赠给扶养人的义务；而扶养人享有接受遗赠财产的权利，同时也承担负责遗赠人生养死葬的义务。扶养人接受遗赠是以对遗赠人扶养为代价的，而遗赠人受扶养也是以遗赠财产为代价的，因而是有偿的。当然扶养人付出的代价不一定与取得的遗产价值相当，因为遗赠财产一般是固定的，而抚养义务的承担期间无法准确界定。

(4) 遗赠扶养协议是生前行为与死后行为的统一。遗赠扶养协议对双方而言，其实现权利时间并不相同。扶养人从协议的生效之日起履行其扶养义务，在遗赠人死后才享有接受遗产的权利；而遗赠人则自协议的生效之日起至其死亡时止享有被扶养的权利，在其死后才履行遗赠遗产的义务。因此，遗赠扶养协议的权利义务内容可以视为生前行为与死后行为的统一。

(5) 遗赠扶养协议对主体有所限制。遗赠扶养协议的主体是遗赠人和扶养

① 也有学者认为我国《继承法》并未规定遗赠扶养协议必须采取书面形式，司法实践也认可遗赠扶养协议的不要式性。但多数学者认为从遗赠扶养协议的自身特点和重要性来说，应当为要式法律行为。参见房绍坤、范李瑛、张洪波. 婚姻家庭与继承法. 北京：中国人民大学出版社，2007. 354；王丽萍. 婚姻家庭继承法学. 北京：北京大学出版社，2004. 454；赖廷谦. 婚姻与继承法学. 成都：四川大学出版社，2004. 194；吴竹群. 亲属与继承法. 杭州：浙江大学出版社，2003. 321。

人。遗赠人只能是自然人，一般是无人对其承担赡养义务的孤寡老人；扶养人是被扶养人的法定继承人以外的自然人，也可以是有关集体所有制组织。订立遗赠扶养协议的双方当事人均须为完全民事行为能力人。

(6) 遗赠扶养协议具有最优先适用的法律效力。在我国继承法规定的几种遗产转移方式中，遗赠扶养协议具有优先于法定继承、遗嘱继承和遗赠适用的法律效力。遗嘱继承、遗赠基于其体现遗嘱人处分财产的内心意思表示而优先于法定继承，而遗赠扶养协议又优先于遗嘱继承和遗赠。理由在于：遗嘱继承、遗赠都是单方法律行为，而遗赠扶养协议是双方民事法律行为，体现双方当事人的合意；遗嘱继承人、受遗赠人取得遗产是无偿的，而扶养人取得遗产是以扶养人所尽的扶养义务为前提的，是有偿的。《继承法》第5条规定："继承开始后，按照法定继承办理；有遗嘱的，按照遗嘱继承或遗赠办理；有遗赠扶养协议的，按照协议办理。"《继承法意见》第5条进一步规定："被继承人生前与他人订有遗赠扶养协议，同时又立有遗嘱的，继承开始后，如果遗赠扶养协议与遗嘱没有抵触的，遗产分别按协议和遗嘱处理；如果有抵触，按协议处理，与协议抵触的遗嘱全部或部分无效。"

(二) 遗赠扶养协议与遗赠的区别

遗赠扶养协议具有遗赠的一些特征，但是二者的区别也很明显，具体如下：

1. 性质不同

遗赠扶养协议是双方法律行为，其订立、变更、解除都需要双方达成合意；而遗赠是单方法律行为，依遗赠人单方的意思表示即可成立，其变更、撤销也只需遗赠人的单方意思。此外，遗赠扶养协议是双务、有偿的民事法律行为，扶养人扶养的义务与其受遗赠的权利相一致；遗赠是单务、无偿的民事法律行为，受遗赠人只享有接受纯粹财产利益的权利而无需承担相应的义务。

2. 设立方式不同

遗赠扶养协议一般以书面合同的形式订立；遗赠则由遗赠人在生前以法定的五种遗嘱方式设立。

3. 生效时间不同

遗赠扶养协议自成立之日起生效，扶养人只需要依协议约定履行扶养的义务；而遗赠设立后并不立即生效，只有遗嘱人死亡后，遗赠才发生法律效力。

4. 效力不同

遗赠扶养协议的效力优先于遗赠。被继承人死亡时，同时有遗赠扶养协议与遗赠的，在两者相抵触的情况下，应当先按照遗赠扶养协议办理。

（三）遗赠扶养协议的效力

遗赠扶养协议一经订立就发生法律效力。遗赠扶养协议的效力可以分为对内效力和对外效力。

1. 遗赠扶养协议的对内效力

遗赠扶养协议是一种规定双方当事人的权利义务的有偿合同，一经订立对当事人双方都产生法律约束力，除非双方协商一致进行变更或解除，否则任何一方都不得自行变更或撤销，而且双方当事人的权利与义务具有对应性。

扶养人应当按照约定履行扶养义务，对于扶养的标准没有约定的，应当不低于当地的最低生活水平。扶养人的扶养义务应当是持续性的，从协议生效到遗赠人死亡前不得中断或中止。扶养人不履行扶养义务的，遗赠人有权解除协议，扶养人不再享有受遗赠的权利，其支付的扶养费用一般也不予补偿。如果扶养人虽尽生养死葬的义务，但故意杀害遗赠人或实施其他导致遗赠人死亡的行为时，应参照继承权丧失的法律规定剥夺其受遗赠权。

遗赠人在生前依照协议约定被扶养人扶养的，承担在其死后将遗产赠给扶养人的义务。在遗赠人无正当理由不履行义务的，或者因其行为导致协议不能履行的，扶养人有权解除扶养协议，并且有权请求返还扶养人已经支付的供养费用。也就是说，遗赠人在遗赠扶养协议成立后不得随意处分遗赠扶养协议所涉及的遗产，包括毁损或转移遗赠物。

2. 遗赠扶养协议的对外效力

遗赠扶养协议的对外效力，表现为遗赠扶养协议的优先适用效力。在处理被继承人遗产时，如果有遗赠扶养协议且遗赠扶养协议内容与其他遗产转移方式相抵触的，排斥遗赠、遗嘱继承和法定继承，优先以遗赠扶养协议为遗产处理的依据。

【案例分析】

案情

甲死后留有房屋一间和存款若干，法定继承人为其子乙。甲生前立有遗嘱，将其存款赠与侄女丙。乙和丙被告知 3 个月后参与甲的遗产分割，但直到遗产分割时，乙与丙均未作出是否接受遗产的意思表示。请问：甲的遗产应当如何分割？（根据 2004 年国家司法考试试卷三第 18 题改编）

解析

根据《继承法》规定，继承开始后，继承人放弃继承的，应当在遗产处理前作出放弃继承的表示。没有表示的，视为接受继承。受遗赠人应当在知道受遗赠后两个月内，作出接受或者放弃受遗赠的表示，到期没有表示的，视为放弃受遗赠。本案中乙、丙同样的默示产生的法律效果不同，乙视为接受继承，丙视为放弃接受遗赠。则房屋和存款均按法定继承由乙取得。

【思考与练习】

名词解释

遗嘱　遗嘱继承　遗嘱能力　遗赠　遗赠扶养协议

选择题

1. 张某所立的下列遗嘱中，（　）是有效的。

A. 张某临终前对两个子女口述的遗嘱

B. 张某死前两个月亲笔写下的一份遗嘱

C. 张某秘密委托邻居贾某代书的一份遗嘱

D. 张某独自用录音机录下的口头遗嘱

2. 张某在遗嘱中指明将与妻共有的房屋和存款交由长子继承，张某去世后，其长子依遗嘱要求继承房屋和存款，其母和妹不同意，因此（　）。

A. 张的长子可依遗嘱继承财产

B. 遗嘱无效

C. 遗嘱部分无效

D. 张某的遗产应由其妻、子、女共同继承

问答题

1. 简述遗嘱继承的特征及适用条件。

2. 简述我国对遗嘱自由的限制方式。

3.《继承法》规定了哪几种遗嘱形式？其各自的要求是什么？

4. 如何理解遗嘱的法律效力、遗嘱的有效、遗嘱的生效三者之间的关系？

5. 试比较遗赠与遗嘱继承、赠与的异同。

案例分析题

马俊 1991 年去世，其妻张华 1999 年去世，遗有夫妻共有房屋 5 间。马俊遗有伤残补助金 3 万元。张华 1990 年以个人名义在单位集资入股获得收益 1 万元。双方生有一子马明，1995 年病故。马明生前与胡芳婚后生有一子马飞。张华患病生活不能自理，由表侄常生及改嫁儿媳胡芳养老送终。5 间房屋于 2001 年 11 月拆迁，拆迁单位与胡芳签订《危旧房改造货币补偿协议书》，胡芳领取作价补偿款、提前搬家奖励款、搬迁补助费、货币安置奖励费、使用权补偿款共计 25 万元。

问：

(1) 胡芳领取的作价补偿款、提前搬家奖励款、搬迁补助费、货币安置奖励费、使用权补偿款中哪些属于遗产？

(2) 常生能否得到张华的遗产？如能得到，其所得遗产份额的性质是什么？

(3) 本案中有哪几种遗产转移方式？

(4) 对本案中的 5 间房屋、伤残补助金以及集资入股收益应当如何分割？

(根据 2005 年国家司法考试试卷三第 81~84 题改编)

第十五章　遗产的处理

【导学】

遗产的处理是继承中的重要环节和最后步骤，本章包括了遗产范围的确定、继承人范围的确定、遗产分割的效力等。本章重点：遗产范围的确定、遗产的分配顺序、遗产的接受和放弃。本章难点：遗产分割的效力。

一、继承的开始

（一）继承开始的原因

继承的开始是指继承法律关系的发生。任何民事法律关系的产生都必须以一定的民事法律事实为根据，继承法律关系作为一种特殊的民事关系也是如此。

继承开始的原因，是引起继承法律关系发生的法律事由。古代社会的继承制度与现代社会的继承制度有很大的不同，古代社会往往将身份作为继承的客体，因此在确定继承开始的原因也会有所不同。历史上出现过以不治的恶疾、沦为奴隶、俘虏、隐居、和尚出家、国籍丧失、收养终止、户主权丧失、女户主招婿等引起的身份的丧失作为继承开始的原因。欧洲古代法将患有麻风、沦为奴隶等视为继承开始的原因。日本旧法的“家督继承”除户主死亡外，还以隐居、国籍丧失、因婚姻终止或收养关系终止、女户主招婿离婚等作为继承开始的原因。韩国以户主丧失国籍、离婚事实的出现等作为继承开始的原因。

根据《继承法》的规定，被继承人的死亡是引起继承法律关系发生的法律事实。如果没有被继承人死亡的法律事实，则不存在继承开始的原因，也不会出现继承的开始。

（二）继承开始的时间

现代各国普遍将继承仅限于遗产继承，并将继承开始的时间定为被继承人死亡的时间。我国也不例外，《继承法》第2条明文规定："继承从被继承人死亡时开始。""被继承人死亡分为生理死亡和宣告死亡。"《继承法意见》第1条规定："继承从被继承人生理死亡和宣告死亡时开始。"

1. 生理死亡的时间

继承自被继承人死亡时开始。具体的继承开始的时间可按照下列情况确定：

(1) 医院死亡证明书中记载自然人死亡时间的，应以死亡证书为准。

(2) 户籍登记册中记载自然人死亡时间的，应以户籍登记为准。

(3) 死亡证书和户籍登记册的记载不一致的，应当以死亡证书为准。

(4) 继承人对被继承人的死亡时间有异议的，应当以法院查证的时间为准。

确定继承开始的时间，具有非常重要的意义：

(1) 继承开始的时间，是被继承人的遗产所有权开始转移到继承人手中的时间。

(2) 继承开始的时间，就是遗产的分割和放弃继承权应当溯及的时间。

(3) 明确继承开始的时间，对于确定继承遗产的数额及其范围是非常必要的，被继承人遗产数额及其范围是以被继承人死亡之日为止计算的。继承开始的时间，对于决定继承人的范围有重要的作用。

2. 宣告死亡的时间

按照最高人民法院《民法通则若干问题的意见》第36条的解释，被宣告死亡的人，判决宣告之日为其死亡的日期。在一般情况下，宣告死亡应具备的条件有：

(1) 自然人下落不明须达到法定期限。按照《民法通则》的规定，在一般情况下，自然人下落不明满四年，或因意外事故，从事故发生之日起满两年的，即达到了规定的宣告死亡的期限。

关于互有继承权的人在同一事故中死亡时间的确定。《继承法》对互有继承权的数人在同一事故中死亡应如何确定其死亡的先后顺序，没有作出明文规定。但《继承法意见》第2条规定："相互有继承关系的几个人在同一事故中死亡的，如果不能确定死亡的先后顺序，推定没有继承人的人先死亡。死亡人各自都有继承人的，如几个死亡人的辈分不同，推定长辈先死亡。死亡人辈分相同的，推定同时死亡，彼此不发生继承，由他们各自的继承人分别继承。”最高人民法院确定的死亡在先和同时死亡相结合的推定制，体现了两个原则：保护继承人利益和遵循自然法则。

(2) 宣告死亡的申请须由利害关系人提出。申请宣告死亡的利害关系人的范围和顺序是：①配偶；②父母、子女；③兄弟姐妹；④其他有民事权利义务关系的人。

(三) 继承开始的地点

继承开始的地点是继承人参与继承法律关系、行使继承权、接受遗产的场所。在各国继承法中，一般都对继承开始的地点有明确的规定。

《继承法》没有明确规定继承开始的地点，学者们对继承开始地点的认识也不同。有的学者主张，继承开始的地点应为被继承人的生前住所地。也有学者主张，继承开始的地点既是被继承人的生前最后住所地，也是被继承人财产所在地和死亡地。

根据《民法通则》的规定，被继承人的生前最后住所地，就是他的户籍所在地的居住地。如果经常居住地与住所不一致的，经常居住地就是住所地。对主要遗产所在地应当如何确定？如果遗产中有动产和不动产，则应以不动产所在地为主要遗产所在地；如果遗产属于同类动产，则应以财产的多少为标准确定主要遗产所在地；如果不属于同类动产，则应以各处遗产的价值确定主要遗产所在地。

确定适当的继承开始的地点具有重要的现实意义：

(1) 有利于调查被继承人的遗产。

(2) 有利于继承人参加继承、接受遗产。

(3) 有利于分清继承人之间的责任。

(4) 有利于继承人参加诉讼。

(四) 继承开始的通知

《继承法》第 23 条规定：“继承开始后，知道被继承人死亡的继承人应当及时通知其他继承人和遗嘱执行人。继承人中无人知道被继承人死亡或者知道被继承人死亡而不能通知的，则被继承人生前所在单位或者住所地的居民委员会、村民委员会负责通知。”负有通知义务的继承人或单位，如果有意隐瞒继承开始的事实，造成其他继承人损失的，应当承担责任。关于继承开始通知的具体时间和方式，《继承法》没有明文规定。我们认为，负有通知义务的继承人或单位，应当及时发出通知，是否及时应当根据具体情况而定；通知的方式应以将继承开始的事项传达给对方为原则，可采用口头方式，也可采取书面形式，还可以采取公告的形式。

二、遗产的接受和放弃

（一）接受和放弃遗产的意义

遗产的接受和放弃是指继承人在接受继承权后，于遗产处理时接受或放弃遗产的意思表示。《继承法》第25条规定："继承开始后，继承人放弃继承的，应当在遗产处理前，作出放弃继承的表示。没有表示的，视为接受继承。"继承权的接受和放弃与遗产的接受和放弃的区别主要体现在：

(1) 继承权的接受和放弃的客体是继承权，而遗产接受和放弃的客体是遗产。

(2) 继承人放弃继承权意味着继承人放弃了继承人的资格，而继承人放弃遗产意味着放弃对遗产的权利。

(3) 继承人不放弃继承权，就视为接受继承，接受继承权并不是放弃继承权的前提。而遗产的接受是遗产放弃的前提，只有先接受遗产才能放弃遗产。

(4) 继承人放弃继承权的表示应当在继承开始后、遗产处理前作出。而放弃遗产的表示是在遗产处理时作出。

(5) 继承人放弃继承权，应溯及继承开始。而继承人放弃遗产只在其作出放弃的意思表示时发生效力，没有溯及力。

（二）接受和放弃遗产的方式

继承人接受和放弃遗产的方式与继承人接受和放弃继承权的方式基本相同。接受可以采用明示的方式，放弃必须采用明示的方式。继承人放弃遗产的具体形态主要有三种，即继承人表示接受遗产但不参与遗产的分配；表示接受遗产并将应继份额转移给指定的继承人或继承人以外的人；继承人表示接受遗产，并在接受遗产后放弃遗产。

（三）接受和放弃遗产的效力

继承人表示接受遗产，则继承人取得应继承的份额的所有权。继承人表示放弃遗产的，依其放弃的方式不同，产生不同的法律效力：

(1) 继承人表示接受遗产，但不参与分配的，其法律后果是继承人将应继承的份额赠与其他有继承权的全体继承人。

(2) 继承人表示接受遗产，并将应继份额赠与其指定的继承人或继承人以外的人的，其法律后果是继承人将其应继承份额赠与指定的继承人或继承人以外的人。

(3) 继承人表示接受遗产，并在接受遗产后放弃遗产的，其法律后果是该遗产为无主财产，应收归国有。

三、遗产的保管

(一) 遗产保管人的确定

遗产保管人是指在继承开始后财产分割之前负责保存和管理的人。遗产保管人如何确定，各国立法规定不一致，主要有两种确定方法：其一，由全体共同继承人作为遗产保管人；其二，由有关机关指定遗产保管人。

《继承法》第 24 条规定："存有遗产的人，应当妥善保管遗产，任何人不得侵吞或者争抢。"《继承法意见》第 44 条规定："人民法院在审理案件的时候，如果知道有继承人而无法通知的，分割遗产时，要保留其应当继承的遗产，并确定遗产的管理人或保管单位。"

如果被继承人生前自己占有财产，继承开始后，应由谁保管遗产呢？根据《继承法》第 23 条规定的精神，我们认为，应当由知道被继承人死亡的继承人或遗产执行人保管。继承人都知道被继承人死亡的，继承人应当共同保管遗产，也可以协商由继承人中的一人或数人保管遗产。没有遗嘱执行人或者遗嘱执行人知道被继承人死亡但无力保管遗产的，或者没有继承人的，遗产应当由被继承人生前所在的单位，或者住所地或遗产所在地的居民委员会、村民委员会负责保管。

人民法院在审理继承案件时，尚有继承人未到场而无法通知的，在分割遗产时，应当保留其应当继承的遗产，并确定遗产保管人或保管单位。被确定为遗产保管人的，一般是继承人或遗嘱执行人；被确定的保管单位，一般是遗产所在地方的居民委员员或村民委员会。

(二) 遗产保管人的义务

遗产保管人是否应当承担义务，各国立法规定不一。《继承法》虽然没有明确规定遗产保管人是否承担义务，但根据《继承法》第 24 条规定的精神，遗产保管人负有保管遗产的义务。其义务主要有：清理遗产，编制遗产清册，通知继承人（或其他继承人），妥善保管遗产，及时移交遗产。

关于遗产保管人在执行职务时应尽到何种注意义务，《继承法》没有明确规定。对此问题，主要有两种意见：一种观点认为，保管人的注意义务应根据其是否受有报酬而有不同标准。另一种观点认为，保管人的注意义务与一般保管人没有什么区别。

（三）遗产债务与继承费用

遗产债务即被继承人所欠下的债务。遗产债务主要包括以下几类：

⑴ 被继承人依照我国税法的规定应当交纳的税款。

⑵ 被继承人因合同之债欠下的债务。

⑶ 欠税而形成的债务。

⑷ 被继承人因不当得利而承担的返还不当得利的债务。

⑸ 被继承人因无因管理而承担的债务。

⑹ 其他属于被继承人个人的债务，如合伙债务中属于被继承人应当承担的债务、被继承人承担的保证债务等。

在确定遗产债务的范围时，应当注意划清债务与其他相关问题的界限。

⑴ 应当将遗产债务与家庭共同债务区分开来。

⑵ 应当将遗产债务与以被继承人个人名义所欠债务区分开来。

⑶ 应当将遗产债务与继承费用区分开来。

继承费用和遗产债务是性质不同的财产，其区别表现在：

⑴ 发生的时间不同。

⑵ 发生的原因不同。继承费用是为遗产的管理、支配等而支出的必要费用，而遗产债务则是依被继承人生前从事生产、生活而产生。

⑶ 清偿顺序不同。继承费用在性质上属于公共费用，应优先于遗产债务清偿。丧葬费既不能列入遗产债务，也不能列入继承费用。因为，无论从法律上讲，还是从社会道德上讲，继承人都有义务殡葬已故被继承人，为此而支出的费用，应当由该义务人承担。当然，如果被继承人生前所在单位负责被继承人的丧葬费用，则继承人无须承担丧葬费用。

四、遗产债务的清偿原则

继承人表示接受继承就应当清偿遗产债务。但是如果继承人放弃了继承，则对遗产债务没有清偿责任。《继承法》第33条第2款规定：“继承人放弃继承的，对被继承人依法应当交纳的税款和债务可以不负偿还责任。”继承人在清偿债务的时候，应坚持如下原则：

（一）限定继承原则

限定继承是指继承人对被继承人的遗产债务的清偿只以遗产的实际价值为限，超过遗产的实际价值部分，继承人自愿偿还的不在此限。《继承法》第33条第1款规定："继承遗产应当清偿被继承人依法应当交纳的税款和债务。交纳税款和清偿债务以遗产的实际价值为限。超过遗产价值部分，继承人自愿偿还的不在此限。"

（二）保留必要份额原则

《继承法》第19条规定："遗嘱应当对缺乏劳动能力又没有生活来源的继承人保留必要的份额。"在立遗嘱时，为缺乏劳动能力又没有生活来源的继承人保留必要的遗产份额，是贯彻养老育幼的具体体现。对此，《继承法意见》第61条指出，继承人中有缺乏劳动能力又没有生活来源的人，即使遗产不足清偿债务，也应为其保留适当的遗产，然后再按有关规定清偿债务。

（三）清偿债务优先于执行遗赠原则

遗赠是遗嘱人利用遗嘱的方式将其财产在其死后赠与国家、集体或者法定继承人以外的人的行为。为防止遗赠人通过遗赠逃避对其债权人的债权，保护债权人的合法权益，对遗赠行为加以限制是必要的。《继承法》第34条规定："执行遗赠不得妨碍清偿依法应当交纳的税款和债务。"按照这一规定，在遗赠和清偿债务的顺序上，清偿债务优先于执行遗赠。只有在清偿债务之后，还有剩余遗产时，遗赠才能得到执行。如果遗产已不足清偿债务，则遗赠就不能执行。

（四）连带责任原则

继承人共同继承遗产时，各共同继承人对遗产债务应当负何种责任，《继承法》中没有明确规定。但因继承人共同继承的遗产系共同共有，所以，共同继承人对遗产债务应当承担连带责任。也就是说，被继承人的债权人有权向共同继承人全体，或者共同继承人中的一人或数人请求在遗产的实际价值范围内清偿全部遗产债务，任何继承人不得拒绝。同时，在遗产分割后，各共同继承人还要对被继承人的债务承担连带责任。尽管共同继承人对外就遗产债务承担连带责任，但在共同继承人内部，仍有份额之分。所以，当共同继承人全体或共同继承人中的一人或数人清偿了全部遗产债务时，在共同继承人内部，就应当按照各自遗产份额的比例分担遗产债务。

五、遗产债务的清偿办法和清偿时间

《继承法》没有明确规定遗产债务的清偿方法，司法实践一般采取以下两种方法：一是先清偿债务后分割遗产，二是先分割遗产后清偿债务。从这两种方式的实用性、合理性和可操作性来看，以采取先清偿债务后分割遗产的方式为宜。

从国外来看，各国都对遗产债务的清偿时间有所限制，赋予继承人在一定期间内有拒绝清偿债务的权利。如德国是继承开始后的3个月前，而日本民法典限定了公告期。

《继承法》没有遗产债务的清偿时间的规定。根据司法实践的一般做法，继承开始后，继承人或遗产保管人在清点完遗产之后，应当及时通知债权人声明债权，以便于继承人清偿债务。对于已到期债务，继承人应当通知债权人声明债权，以便于继承人清偿债务。对于已到期债务，继承人应当及时清偿；对于未到期债务，继承人经债权人同意可提前清偿，也可以在分割遗产时保留与债权数额相等的遗产数额，或分配给某一继承人负责清偿。对于债权人声明是否有时间的限制，我们认为，在我国法律没有明文规定的情况下，继承人不能限定时间，但如果债权人超过了法律规定的诉讼时效期间而未申请清偿遗产债务，则继承人可以不负清偿责任。

六、遗产的分割

（一）遗产的确定

在现实生活中，被继承人生前基于家庭生活需要或其他经济目的，往往与配偶、家庭成员或其他社会成员发生财产共有关系。被继承的财产在死亡发生时往往和其他人的财产混同，只有区分开来，才能分清法律关系，维护当事人的合法权益。

1. 遗产应从夫妻共同财产中分出来

夫妻共同财产是指夫妻在婚姻关系存续期间共同所得的财产。《继承法》第26条第1款规定："夫妻在婚姻存续期间所得的共同所有的财产，除约定的以外，如果分割遗产应当先将共同共有的财产一半分出为配偶所有，其余的为被继承人的遗产。"可见，在存在夫妻共同财产的情况下，分割遗产时，必须首先分出一半归生存的配偶所有，另一半才能作为遗产继承。

根据《婚姻法》第17条的规定，夫妻在婚姻关系存续期间所得的下列财产，归夫妻共同所有：工资、奖金；生产、经营的收益；知识产权的收益；继承或赠与所得的财产，但该法第18条第3款规定的除外；其他应当归共同所有的财产。对上述财产应当先予分割。

2. 遗产应从家庭共同财产中区分出来

中国家庭很多是三代同堂、四代同堂，有的甚至是五代同堂，家庭内部的血缘使得成员间的关系变得尤为紧密，财产混合也是经常发生的。根据《继承法》第26条第2款的规定："遗产在家庭共同财产之中的，遗产在分割时，应当先分出他人的财产。"家庭共同财产主要包括：家庭成员共同劳动积累的财产；家庭成员共同购置的财产；家庭成员共同继承、受赠的财产等。家庭成员的份额，应当按照家庭成员的贡献大小、出资多少、应继承的份额等因素加以确定。

在确定家庭共同财产时，应当注意不能将家庭成员的个人财产当作家庭共同财产。家庭成员的个人财产主要包括：家庭成员没有投入家庭共同生活的财产；约定家庭成员个人所有的财产；基于家庭成员的赠与而获得的财产；未成年子女继承、受赠、知识产权所获得的财产等，这些财产都属于个人财产。

3. 遗产应同其他共有财产作区分

《民法通则》第32条对合伙共有财产作了规定："合伙经营积累的财产，归合伙人共有。"当其中的合伙人死亡时，应当将被继承人在合伙中的财产份额分出，列为遗产的范围。被继承人在合伙财产的份额，应当按出资比例或者协议约定的比例确定。当然，如果继承人愿意加入合伙，并且其他合伙人亦同意其加入的，则不必对合伙财产进行分割，只需确定继承人作为新合伙人的合伙财产的份额即可。《适用婚姻法解释（一）》第15条规定："被宣告无效或被撤销的婚姻，当事人同居期间所得的财产，按共同共有处理，但有证据证明为当事人一方所有的除外。"

（二）遗产分割的原则

遗产分割是指在共同继承人之间，按照各继承人的应继承份额分配遗产的行为。根据《继承法》，我们对其原则作如下概括：

1. 遗产分割自由原则

遗产分割自由原则是指共同继承人可随时要求分割遗产。就是说，继承人随时行使遗产分割请求权，任何继承人不得拒绝分割。遗产分割权利属于形成权，继承人可以随时行使，不因时效而消灭。《继承法》之所以要坚持遗产分割自由原则，是由遗产共同所有的特殊性所决定的，但法律另有规定或合同另有约定的除外。

2. 保留胎儿继承份额原则

保留胎儿继承份额原则是指在分割遗产时，如果有胎儿的，应当保留胎儿的继承份额。为保护胎儿的利益，许多国家规定，在胎儿出生前不得分割遗产。《继承法》对胎儿的利益亦加以特殊保护，但并不承认尚未出生的胎儿具有继承能力。根据《民法通则》的规定，公民的民事权利能力自出生时开始享有，《继承法》同样也未限制在胎儿出生前的遗产分割。《继承法》第28条规定："遗产分割时，应当保留胎儿的继承份额。胎儿出生是死体的，保留的份额按法定继承办理。"

《继承法意见》第45条指出，应当为胎儿保留的遗产份额，没有保留的，应从继承人所继承的遗产中扣回。应当指出的是，《继承法》虽然没有限制在已有胎儿的情况下继承人分割遗产，但为防止继承人之间串通损害母亲和胎儿的合法权益，特别是在多胞胎的情况下，采用在胎儿出生后分割遗产的方法较为合适。

3. 互谅互让、协商分割原则

互谅互让要求继承人在分割遗产时要相互关心、相互照顾，对法律规定的需要特殊照顾的继承人，如缺乏劳动能力、生活特别困难的继承人，应当适当多分给遗产；协商分割要求继承人在遗产分割时，对遗产的分割时间、分割办法、分割份额等都应当按照继承人之间协商一致的意见处理。在遗产分割时，强调继承人之间互谅互让、协商分割遗产，有利于实现遗产的合理分配。

4. 物尽其用原则

此原则要求在遗产分割时，应当从有利于生产和生活的需要出发，注重发挥遗产的实际效用。《继承法》第29条第1款规定："遗产分割应当有利于生产和生活需要，不损害遗产的效用。"《继承法意见》第58条指出："人民法院在分割遗产中的房屋、生产资料和特定职业所需要的财产时，应依据有利于发挥其使用收益和继承人的实际需要，兼顾各继承人的利益进行处理。"这些规定说明，物尽其用是遗产分割必须遵循的原则。这有利于实现资源的最大效用，实现资源的合理配置。

（三）遗产分割的时间

《继承法》没有明文规定遗产的分割时间。至于遗产的具体分割时间，可以由继承人协商解决；继承人协商不成的，可以通过调解或诉讼解决。如果继承人经过协商，确定一定期限内不分割，或者继承人都不提出分割遗产的要求，那么，这种遗产的共有状况将持续下去。

（四）遗产分割的方式

关于遗产分割的方式，如果遗产中已经指定了分割方式，则应按照遗嘱指定的方式分割遗产；遗嘱没有指定遗产分割方式的，由继承人具体协商遗产的分割方式，协商不成的可以通过调解或诉讼的方式来确定具体的分割方式。

《继承法》第29条第2款规定："不宜分割的遗产可以折价、适当补偿或共有等方法处理。"根据这一规定，遗产分割的方式主要有以下四种方式：

1. 实物分割

在不违反分割原则的情况下，体现经济伦理，可以采用实物分割的方式。当然仅仅适用可分割物，不适用不可分物。

2. 变价分割

如果遗产不宜进行实物分割，或者继承人都不愿意取得该种遗产，则可以将遗产变卖，换取等价金额。

3. 补偿分割

对于不宜实物分割的遗产，如果继承人中有人愿意取得该遗产，则由该继承人取得遗产所有权，然后由取得所有权的继承人按照其他继承人应继承的比例，分别补偿给其他继承人相应的价金。应当指出的是，如果继承人中有多人愿意取得遗产的所有权而达不成协议，则应当根据继承人的实际需要和发挥遗产的效用，确定给某个继承人。

4. 共同继承

在遗产不宜作实物分割或作价补偿时，可由继承人共同继承，各继承人对该财产形成共有关系。

（五）遗产分割的效力

遗产分割的效力是指遗产的分割产生的法律后果，它主要包括溯及力、共同继承人之间的瑕疵担保责任以及连带债务的免除等内容。

1. 遗产分割的溯及力

《继承法》没有明文规定遗产分割的效力，但学者们有不同的看法，其中有转移主义、宣告主义的争论。宣告主义是当今的通说。但为了保护债权人的利益，应当作如下限制：①分割的溯及力仅限于现物分割；②在遗产分割以前，各共同继承人对于全部遗产的应继承份额，原则上不得对物权的效力进行处分；③相互担保责任。我国法律宜采取宣告主义。其主要理由是：有利于简化取得遗产所有权手续，有利于保护善意的继承人。

2. 遗产分割瑕疵担保责任

遗产分割瑕疵担保责任是指共同继承人之间分得的遗产瑕疵的相互担保责任。依照转移主义，遗产分割后的共同继承人应当负担相互担保责任，包括实物的瑕疵担保责任和分得债权的瑕疵担保责任。继承人的瑕疵担保责任与出卖人的瑕疵担保责任相同，但在具体操作上略有不同，即继承人瑕疵担保责任的实现，可以采用重新分割遗产或者请求补偿的方式。

3. 连带责任的免除

《继承法》没有明确规定各共同继承人对遗产债务应当承担何种责任，但因继承人之间对于遗产系共同共有，按照一般法理，共同继承人对遗产债务也应当承担连带责任。

七、五保户遗产和无人继承遗产

（一）五保户遗产的处理

五保户是在我国社会主义制度下，在农村广泛实施的对老、弱、病、残、寡的人实行保吃、保住、保穿、保教、保医、保葬的养老制度。由于五保户生前的生活由集体供给，不存在家庭之间的扶养问题，因此对五保户的遗产处理有其特殊性，应根据不同情况作出不同处理。

(1) 集体组织对五保户实行五保时，双方有遗赠扶养协议，按照协议处理。

(2) 集体组织与五保户之间没有遗赠抚养协议的，死者有法定继承人或者遗嘱继承人要求继承遗产的，按照遗嘱继承或法定继承来处理，但集体组织有权要求扣除五保费用。

（二）无人继承遗产处理

无人继承的遗产是指死亡公民既没有法定继承人也没有遗嘱继承人或者遗赠受领人，其所遗留的财产为无人继承的财产，也称为“绝产”。它主要包括下列情况：

(1) 死者没有继承人和受遗赠人的。

(2) 全体继承人放弃继承或者全体受遗赠人放弃遗赠。

(3) 所有的继承人丧失继承权。

如何处理无人继承的遗产，各国继承立法都有规定，一般采用无人继承的遗产归国家所有的做法。但各国对国家取得遗产的法理依据在认识上存在不同，主要包括继承权主义和先占权主义。前者认为国家是作为无人继承遗产的法定继承人而取得遗产。德国《民法典》1956条规定："被继承人是不属于任何邦（州）的德国人者，由德国国库为法定继承人。"瑞士等国家也采取继承主义。而后者主张国家有优先取得无人继承遗产的权利，法国、英国、美国、奥地利等国采取先占主义。

《继承法》第32条对无人继承遗产的处理作了如下规定："无人继承又无人受遗赠的遗产，归国家所有；死者生前是集体所有制成员的，归所在集体所有制组织所有。"在具体处理无人继承的遗产时，首先以遗产支付必要的丧葬费，清偿死者生前所欠的税款和债务；其次，对继承人以外依靠死者生前扶养的缺乏劳动能力又没有生活来源的人，或者法定继承人范围以外对死者生前扶养较多的人，可以分给他们适当的遗产，其余部分归国家或者集体组织所有。

【案例分析】

案情

王某于1991年2月离家出走，杳无音信，1995年4月，其妻张某（未改嫁）向人民法院申请宣告死亡。1996年10月23日人民法院依法宣告王某死亡，王某房屋三间被张某和其子王中继承。王某离开家后，南下深圳，并于1997年10月8日和李某举办婚礼但未办理婚姻登记，后生一子王刚。1998年因福利彩票中奖20万元，王将该款项投入股票市场进行交易。1999年12月王某死亡，留有遗产60万元。后张某得知此事，到深圳办完丧事，为了遗产问题与李某发生纠纷。

解析

被继承人死亡是继承开始的唯一原因，被继承人的死亡分为自然死亡和宣告死亡。宣告死亡是一种法律推定，失踪人有可能自然生存。当公民宣告死亡的时间和自然死亡的时间不一致的，应当严格按照法律规定确定继承开始的时间，也就是应从自然死亡时来确定继承开始的时间。因此，其妻张某有继承权而李某没有继承权。

【思考与练习】

名词解释

遗赠扶养协议　五保户　共同继承

问答题

1. 继承从什么时候开始？确定继承开始的时间有何重大意义？
2. 在确定遗产范围时应当注意什么？
3. 对被继承人债务的清偿应注意哪些问题？
4. 无人继承的遗产是如何处理的？

案例分析题

许某早年丧妻，于 1994 年 5 月再婚，当时许某与前妻的儿子许学友已经 25 岁了。1997 年 5 月，许学友与王新花结婚，婚后独立分开生活。1999 年 1 月，许学友在工作中因事故死亡，由雇主一次性赔偿 22000 元，未说明项目。除去丧葬费 1000 元，余 21000 元由许某领取，此时王新花已有身孕。王新花和许某达成一致意见，家中房屋、电视机等财产留给胎儿，由许某保管，但对赔偿款及对许某名下的存款和未领工资未作处理。此后王新花领取了其丈夫的存款 1700 元，而许某领取了其儿子名下的工资 880 元。同年 4 月，王生一女取名许燕。现王新花母女与许某夫妇因分割遗产而发生争议，遂向法院提起诉讼。

问：谁有继承权？

第十六章　涉外、涉侨及区际婚姻家庭法律制度

【导学】

本章主要学习民族婚姻家庭法律问题、涉外婚姻家庭关系和涉侨、涉港澳台婚姻家庭法律问题。本章重点：涉外结婚制度、涉外离婚制度和涉侨、涉港澳台婚姻家庭法律制度。本章难点：涉侨、涉港澳台的结婚登记、离婚登记以及涉侨、涉港澳台的收养和继承问题。

一、民族婚姻家庭法律问题

（一）民族婚姻家庭的概念和特征

民族婚姻家庭是指少数民族在民族内、少数民族之间、少数民族与汉族之间的婚姻和各种不同类型的家庭关系，具体包括结婚、离婚、复婚、抚养、监护、收养等。

民族婚姻家庭通常有以下几个明显特征：

(1) 主体双方或一方为少数民族。

(2) 民族婚姻家庭关系的内容具有明显的民族特色。中华民族共有 56 个民族，由于各少数民族的生存环境、传统文化、生活方式、宗教和风俗习惯的不同，从而形成有别于其他民族的婚姻家庭生活内容。

(3) 民族婚姻家庭具有强烈的地方特色。我国少数民族分布在全国各地，具有多杂居、少聚居的特点，主要以边疆地区较为集中，民族婚姻家庭差异性明显，即使在同一民族内的不同支系之间，婚姻家庭生活的内容和形式也不尽相同。

(4) 民族婚姻家庭具有明显的传统习俗特色。

(二) 正确处理民族婚姻家庭纠纷的原则

正确处理民族婚姻家庭纠纷，应当把握好如下原则：

(1) 坚持原则性和灵活性相结合的原则。一方面，要认真宣讲《婚姻法》等法律内容，使社会主义婚姻家庭制度深入人心；另一方面，也要兼顾民族自治地方的特点，对于民族自治地方有变通规定或者补充规定的，应按变通规定或者补充规定执行。

(2) 坚持教育为主的原则。民族自治地方的民族习惯、风俗等对民族同胞影响较大，当风俗或习惯与法律的规定相背时，应多做说服教育工作，向民族同胞耐心宣讲党的路线、方针和政策，宣传《婚姻法》，使他们能遵守法律，依法办事。

(3) 稳妥处理民族婚姻家庭纠纷。对暴力干涉婚姻自由并造成严重后果的，要坚决依法严惩；对于早婚等一般违法行为，应妥善处理，要多做有关当事人及其亲属的工作，使有关当事人能自觉地遵守法律的规定。对故意利用婚姻家庭纠纷影响民族团结的，应批评教育。

(三) 我国处理民族婚姻家庭的法律实践

1. 变通或补充规定的法律依据

鉴于我国各民族文化背景、婚姻习俗等方面的差异性，制定既符合现行婚姻制度，又能充分反映不同民族婚姻家庭特点的法律、法规，已成为维护家庭稳定和社会和谐的重要内容。对此，《宪法》等法律为民族自治地方制定与《婚姻法》有关的变通或补充性规定提供了法律依据。

民族自治地方制定《婚姻法》的变通或补充规定应坚持两个立法原则：一是必须符合《婚姻法》的基本原则；二是必须适合当地民族婚姻家庭的实际情况，以满足调整民族婚姻家庭的需要。

在立法程序上，根据《宪法》、《中华人民共和国地方各级人民代表大会和地方各级人民政府组织法》以及《婚姻法》的规定，民族自治地方需要对《婚姻法》作出变通或补充规定的，应由民族自治地方的人民代表大会或它的常务委员会制定颁布。自治州、自治县制定的变通规定，报省、自治区、直辖市人民代表大会常务委员会批准后生效。自治区制定的变通规定，报全国人民代表大会常务委员会批准后生效。

2. 变通或补充规定的立法实践

自 1980 年《婚姻法》颁布以来，许多民族自治地方先后制定颁布了贯彻执行《婚姻法》的变通或补充规定。新疆、西藏、宁夏、内蒙古等四个自治区，先后制定了一些规定，如西藏自治区施行《婚姻法》的变通条例（2004年）（西藏自治区人大常委会 2004 年 6 月 9 日）、内蒙古自治区人民代表大会常务委员会关于修改《内蒙古自治区执行〈中华人民共和国婚姻法〉的补充规定》的决定（内蒙古自治区人大常委会 2003 年 11 月 30 日）、甘南藏族自治州施行《中华人民共和国婚姻法》结婚年龄变通规定（甘肃省人大常委会 1989 年 10 月 1 日）、新疆维吾尔自治区执行中华人民共和国婚姻法的补充规定（第二次修正）（新疆维吾尔自治区人大常委会 1988 年 10 月 15 日）、云南省人民代表大会常务委员会关于批准耿马、西盟两个自治县执行《婚姻法》结婚年龄所作变通规定的决议（云南省人大常委会 1982 年 4 月 17 日）、宁夏回族自治区执行《中华人民共和国婚姻法》的补充规定（宁夏回族自治区人大 1981 年 6 月 15 日）等。

有关《婚姻法》的变通或补充规定的适用范围，各民族自治地方的规定不尽相同，新疆、西藏、宁夏、内蒙古四个自治区规定只适用于本自治区的少数民族。循化、化隆、孟州、沧源等自治县规定只适用本地少数民族中的一般群众，双方都是国家职工的，仍按《婚姻法》的规定执行。甘孜、阿坝、凉山等自治州规定既适用于本州的少数民族，也适用于与少数民族结婚的汉族。

3. 变通或补充规定的主要内容

（1）关于基本原则方面的补充规定。

第一，关于婚姻自由。各民族自治地方在变通或补充规定中都明确规定实行婚姻自由，并针对本地区的具体情况作了更为具体的补充规定。例如宁夏回族自治区规定："回族同其他民族的男女自愿结婚，任何人不得以任何借口进行干涉。"新疆维吾尔自治区规定："禁止买卖婚姻和借婚姻索取财物。""寡妇有再婚的自由，任何人不得以任何借口进行干涉。"这些具有针对性的补充规定都贯彻了婚姻自由的基本原则。

第二，关于一夫一妻制。由于民族习惯和历史原因，在有的少数民族地区还残存着一夫多妻、一妻多夫的婚姻关系。对此，必须加以改革，应本着实事求是的原则区别处理。如西藏自治区规定："废除一夫多妻、一妻多夫等封建婚姻，对执行本条例之前形成的上述婚姻关系，凡不主动提出解除婚姻关系者，准予维系。"对于该条例实施后形成的重婚，则应依法处理，以维系一夫一妻制原则。四川省的甘孜、阿坝藏族自治州也有类似的规定。

第三，关于计划生育。由于各少数民族地区自然条件、经济和文化发展程度以及人口状况的不同，国家允许民族地区在实行计划生育方面可以作一些灵活性规定。有的民族自治地方原来规定对少数民族不提倡计划生育，后来，鉴于本地区少数民族人口增长较快，已不适应人口与环境、资源和社会相协调的要求，为了少数民族地区经济的发展和人口素质的提高，改为少数民族也要实行计划生育。根据少数民族的不同情况，实行不同的计划生育政策，须由民族自治地区的人民代表大会决定。一般对少数民族的生育政策比汉族要宽，即一对夫妇可以生育两个孩子，有特殊情况的可以生三个孩子。有的民族地区只宣传生命科学知识，做好妇幼保健，不作生育数量要求。

(2) 关于结婚和离婚方面的变通或补充规定。

第一，适当降低法定婚龄。我国许多少数民族都有早恋早婚的习俗，青年男女一般在16周岁至18周岁左右就结婚。《婚姻法》规定的法定婚龄在少数民族地区难以执行。因此，从各地实际情况出发，各少数民族地方的变通或补充规定都把《婚姻法》规定的法定婚龄降低了两岁。即结婚年龄变通为男不得早于20周岁，女不得早于18周岁。少数民族男女自愿晚婚晚育的，应予鼓励。

第二，禁止近亲结婚的变通规定。有些少数民族长期以来盛行只在本民族内通婚，通婚的范围比较狭小，近亲结婚较为普遍，表兄弟姐妹婚更是许多民族的习惯。《婚姻法》规定禁止三代以内旁系血亲结婚，为此，有的民族自治地方作出了某些变通规定。如内蒙古自治区变通为“大力提倡三代以内旁系血亲不结婚”。宁夏回族自治区变通为推迟到1983年1月1日起执行禁止三代以内旁系血亲结婚的规定。

第三，坚持结婚、离婚必须履行法律手续。由于受传统婚俗和宗教的影响，许多少数民族男女结婚、离婚一般都只按传统习惯举行一定世俗仪式或宗教仪式，很少履行法律手续。为了加强指导和监督，保护合法婚姻，防止违反《婚姻法》行为的发生，各民族自治地方都明确规定，结婚、离婚必须履行法律手续，禁止一方用口头或文字通知对方的方式离婚。“禁止以宗教仪式的结婚登记。信奉伊斯兰教的男女结婚，自愿举行宗教仪式的，只能在领取结婚证后进行。”

(3) 其他方面的补充规定。一些少数民族自治地方还结合当地实际，对订婚、非婚生子女等问题作了补充规定。如新疆维吾尔自治区规定：“禁止未达结婚年龄的男女预先订婚。”西藏自治区规定：“非婚生子女生活费和教育费的负担，应按《婚姻法》第19条（此处系指2001年修正前的《婚姻法》第19条）的规定执行。改变全由生母负担的习惯。”四川省甘孜、阿坝、凉山三个自治州也作了类似的规定。这些规定既符合当时当地客观实际，也有利于维护婚姻关系当事人的合法权益，同时也为民族地区正确执行新《婚姻法》的规定创造了条件。

（四）处理民族婚姻家庭纠纷应当注意的几个问题

（1）关于不同民族间的通婚问题。从我国民族婚姻发展史来看，不同民族之间通婚情况有所差异。有的民族之间有通婚的习惯，而有的民族则不同。在有些民族内，或是由于宗教教规的影响不允许本民族与外族通婚，或是因民族间的隔膜而不许本民族与某些民族通婚。我国法律并不限制不同民族通婚。根据《宪法》和《婚姻法》规定的精神，对不同民族间通婚问题，应遵照维护民族团结和尊重少数民族风俗习惯的原则慎重处理。对于民族自治地方的变通或补充规定允许不同民族间通婚的，按补充规定执行。对于补充规定中未规定允许不同民族通婚，而当地的民族习惯或宗教教规不允许与外族通婚的，则应说服要求结婚的男女双方，尊重民族习惯，不要结合，以免引起群众反感和民族纠纷。若经过做工作，双方当事人仍坚持结婚，则应向有关人员宣传《婚姻法》，使他们能依法办事，尊重男女双方婚姻自由的权利，准予他们结婚。

（2）不同民族男女通婚后所生子女或收养子女的民族从属问题。根据《关于中国公民确定民族成分的规定》（1990 年 5 月 1 日），个人的民族成分只能依据父或母的民族成分确定。不同民族的公民结婚所生子女，或收养其他民族的幼儿（经公证部门公证确认的），其民族成分在年满 18 周岁以前由父母或养父母商定，满 18 周岁者由本人确定，年满 20 周岁者不再更改民族成分。不同民族的成年人之间发生的收养关系、婚姻关系，不改变各自的民族成分。

（3）民族婚姻纠纷的处理。对于民族间的婚姻纠纷，应从民族团结的原则出发，既要依照《婚姻法》以及民族自治地方变通或补充规定办事，又要尊重和照顾少数民族的风俗习惯，妥善处理。对故意利用婚姻家庭纠纷，影响民族团结的，应予以批评教育。

二、涉外婚姻家庭关系

（一）涉外婚姻家庭的法律适用

1. 涉外婚姻的概念、特征和法律适用

涉外婚姻是指具有涉外因素的婚姻，包括涉外结婚和涉外复婚。这里的涉外是指主体涉外或地域涉外。其中，主体涉外是指婚姻当事人一方或双方为具有涉外关系的个人，地域涉外是指婚姻事项在本国境外办理。

涉外婚姻有广义和狭义之分。广义的涉外婚姻是指不同国籍的公民或同一国籍的公民在他国结婚、复婚或离婚。广义的涉外婚姻由国际私法调整。狭义的涉外婚姻是指中国公民与外国公民缔结、恢复或解除婚姻。

我国现行法律、法规、条例中所称的涉外婚姻，通常指狭义的涉外婚姻即主体涉外的婚姻。它有两个特征：①婚姻主体一方是中国公民，另一方是外国公民；②婚姻事宜在中国境内办理，即地域不涉外，婚姻当事人结婚、复婚或离婚是在中国境内办理。

新中国成立以来，我国政府一贯重视中国公民与外国人的通婚问题。1950年《婚姻法》颁布后，国家有关部门根据《婚姻法》的基本原则和具体规定，先后颁布了一系列有关涉外婚姻的法令和指示，以保护涉外婚姻当事人的合法权益。十一届三中全会以后，我国实行对外开放政策，中外交往频繁，涉外婚姻不断增加。为了适应新形势的需要，民政部于1983年8月26日颁布了《中国公民同外国人办理婚姻登记的几项规定》，对涉外婚姻的条件和程序作出了具体规定。此后我国又先后颁布了《民法通则》、《民事诉讼法》等法律，均包含有调整涉外婚姻的规范性条款，为处理涉外婚姻提供了法律依据。

2. 涉外婚姻家庭关系的准据法

调整涉外婚姻家庭关系，在适用法律时需要解决两个或两个以上国家的婚姻家庭法（或亲属法）的冲突问题。《婚姻法》对此未作规定。

根据《民法通则》及《民法通则若干问题的意见》的相关规定，确定我国涉外婚姻家庭关系的准据法必须遵循以下原则：

第一，遵循国际条约和惯例原则。我国缔结或者参加的国际条约与我国法律有不同规定的，适用国际条约的规定，但我国声明保留的条款除外。我国法律和我国缔结或者参加的国际条约没有规定的，可以适用国际惯例。适用外国法律或者国际惯例的，不得违背我国的社会公共利益。

第二，中国公民和外国人结婚适用婚姻缔结地法律，即涉外结婚以结婚缔结地法为准据法。

第三，中国公民和外国人离婚适用受理案件的法院所在地法律，即我国法院受理的涉外离婚及离婚而引起的财产分割，适用我国法律。

第四，扶养适用与被扶养人有最密切联系的国家的法律。此处所指的“扶养”，包括《婚姻法》中的抚养、扶养和赡养。何谓“最密切联系的国家”，应根据具体情况确定。一般来说，扶养人与被扶养人的国籍、住所以及供养被扶养人的财产所在地，均可视为与被扶养人有最密切的联系。

第五，监护的设立、变更和终止适用被监护人的本国法律。但是，被监护人在我国境内有住所的，适用我国法律。

需要说明的是，关于涉外婚姻家庭关系的法律适用，我国现行法中的规定还不够完善，还存在若干立法空白，这需要我们在制定民法典时予以加强。

（二）涉外结婚制度

1. 涉外结婚的概念

涉外结婚是指我国公民与外国人在我国境内结婚或复婚的法律行为。根据“结婚适用婚姻缔结地法律”的原则，涉外婚姻的成立应当具备以下条件：①当事人必须符合《婚姻法》规定的结婚条件，包括必备条件和禁止条件；②必须履行结婚登记手续。

2. 涉外结婚的法律适用原则

《民法通则》第147条规定：“中华人民共和国公民和外国人结婚适用婚姻缔结地法律。”由此可见，我国对于不同国籍公民的当事人之间的结婚问题，采用行为地法的原则。不论是结婚的实质要件还是形式要件，均以婚姻缔结地所在国家（地区）的法律作为准据法。具体说来，中国公民同外国人（包括无国籍人）在我国境内结婚的，适用我国法律的规定；在我国境外结婚的，适用当地国家（地区）法律的规定。在后一种情况下，被当地国家（地区）确认有效，我国法律也认其为有效。当然这种承认是以不违背我国法律和社会公共利益为前提条件的，这也适用外国法和国际惯例的基本要求。

3. 涉外结婚的条件

(1) 中国公民和外国人在中国境内结婚。中国公民与外国人要求在中国境内结婚，根据“结婚适用婚姻缔结地法律”的原则适用中国法律，男女双方当事人必须自觉遵守《婚姻法》所确定的结婚自由、一夫一妻和男女平等原则，并依法履行法定程序。同时，对外国人一方的结婚条件，可适当考虑其本国法律中的有关规定，以免该项婚姻被其本国认为无效。

对婚姻主体的限制。根据《中国公民同外国人办理结婚登记的几项规定》第4条之规定，以下两类中国公民不准同外国人结婚：

第一类是某些担任特定公职的人员。其范围是：①现役军人。即是指正在中国人民解放军和人民武装部队中服役，具有军籍的干部和战士。但某些原在部队掌握核心机密和重大机密的复员、转业军人，在他们掌握和熟悉的机密失密前，也不能同外国人结婚。②外交人员。即是指直接从事外交工作的人员，主要指外交部和我国驻外使、领馆的外交官。③公安人员。即是指在编的各级公安机关、国家安全机关的干警。④机要人员和其他掌握重大机密的人员。即是指国家党政机关、科研机构和企业单位从事机要工作，掌握党和国家重大机密和科技尖端机密的人员。法律不准担任特定公职的人员同外国人结婚，是为了维护国家的安全和利益，这也是世界各国立法的通例。

第二类是正在接受劳动教养和服刑的人。这类人由于违法或犯罪，正在接受法律制裁，依法被限制了人身自由，所以不准同外国人结婚。

⑵ 外国人与外国人（包括定居在我国的外国侨民）在中国境内结婚。双方都是临时来华的外国人，或一方是在华工作的外国人，另一方是临时来华的外国人，要求在我国办理结婚登记的，如果符合我国有关的法律规定，双方可到我国婚姻登记管理机关办理结婚登记。为了保证我国婚姻登记的有效性，可以要求当事人提供本国法律有关在外国办理结婚登记的有效条文。

4. 涉外结婚的程序要求

涉外结婚登记。涉外结婚登记是在我国境内成立涉外婚姻唯一合法的形式要件。由于涉外婚姻的特殊性，我国法律对涉外结婚登记的机关和当事人须持的证件等作了特别规定。

办理涉外结婚登记的机关。中国公民同外国人在中国境内自愿结婚的，男女双方当事人必须共同到中国公民一方户口所在地的省、自治区、直辖市人民政府指定的婚姻登记管理机关申请登记。

结婚当事人须持法定的证件。申请结婚登记的中国公民和外国人，须分别持有以下证件：

⑴ 中国公民须持本人的身份证或户籍证明；所在单位出具的本人姓名、性别、出生年月、民族、婚姻状况（未婚、离婚、丧偶）、职业、工作性质、申请与何人结婚的证明。

⑵ 外国人须持本人护照或其他身份、国籍证件；公安机关签发的《外国人居留证》，或外事部门颁发的身份证件，或临时来华的入境、居留证件；经本国外交部（或外交部授权机关）和我国驻该国使、领馆认证的由本国公证机关出具的婚姻状况证明，或该国驻华使、领馆出具的婚姻状况证明。如系定居我国的外国侨民，还须提交本人户口所在地县级人民政府或工作单位的县级以上机关、学校、事业、企业单位出具的本人姓名、性别、出生年月、婚姻状况、职业、申请与何人结婚的证明。

⑶ 申请结婚的男女双方，须提交婚姻登记管理机关指定医院出具的婚姻健康检查证明。

申请、审查和登记。要求结婚的涉外婚姻当事人应持法定证件和男女双方的照片，共同到婚姻登记管理机关提出结婚申请。经婚姻登记管理机关审查，符合《婚姻法》和《中国公民同外国人办理婚姻登记的几项规定》的，准予登记，1 个月内办理登记手续，发给结婚证。当事人取得结婚证，即确立夫妻关系。

（三）涉外离婚制度

1. 涉外离婚的概念

涉外离婚是指中国公民与外国人、外国人与外国人之间在我国境内按照我国法律办理离婚的法律行为。

2. 涉外离婚的法律适用原则

按照《民法通则》第147条“离婚适用受理案件的法院所在地法律”的规定，由我国法院受理的涉外离婚诉讼，适用《婚姻法》和其他有关的政策规定。如该案件由外国法院管辖的，亦应适用外国法院所在地的法律，但不得违反《婚姻法》的基本原则，也不得违背社会公共利益。

涉外离婚以法院地法为准据法，包括离婚的实质要件和形式要件，适用受理离婚案件的法院所在地国家（或地区）的法律。最高人民法院有关司法解释明确规定，我国法院受理的涉外离婚案件，离婚及因离婚而引起的财产分割，适用我国法律；认定其婚姻是否有效，适用婚姻缔结地法律。

3. 涉外离婚的条件和程序

根据我国法律的有关规定，在我国内地的涉外离婚应当具备以下条件：

（1）离婚条件。应适用《婚姻法》及其他有关法律、法规的规定，以夫妻感情确已破裂、调解无效作为准予离婚的法定条件。

（2）离婚程序。对于涉外离婚，如果当事人的结婚登记是在中国境内办理的，可通过离婚登记程序或诉讼离婚程序解除；如果当事人的结婚登记不是在中国内地办理的，则只能通过诉讼程序解除。中国公民同外国人在中国内地按照诉讼程序离婚的，应按《民事诉讼法》的规定向有管辖权的人民法院提出离婚诉讼。依照我国现行法律的规定，涉外离婚应向有管辖权的中级人民法院提出；当事人必须有一方在中国境内，并在中国有户籍，或者有居所并连续居住满一年以上。如果被告在国外定居，符合上述要求的原告可向其户籍所在地或居所地的中级人民法院起诉离婚。如果原告在国外定居，可向符合上述要求的被告户籍所在地或居所地的中级人民法院起诉离婚。夫妻双方现均系外籍华人，或一方是华侨另一方是外籍华人的，要求离婚应由居住国有关机关办理。如当事人原在中国境内或中国驻外使、领馆办理结婚登记，居住国有关部门出于某种原因不受理离婚请求时，原在中国境内登记结婚的，可回国向登记地的中级人民法院提出离婚请求；原在中国驻外使、领馆登记结婚的，可回国向出国前最后户籍所在地或居所地的中级人民法院提出离婚请求。

中国公民同外国人在中国内地自愿离婚，如果双方的结婚登记是在中国内地办理的，并已对子女抚养、财产、债务等问题达成一致处理意见的，中国公民一方持①本人的户口簿、身份证；②本人的结婚证；③双方当事人共同签署的离婚协议书，外国人一方除应当出具前述第②项、第③项规定的证件、证明材料外，还应当出具本人的有效护照或者其他有效国际旅行证件，双方应共同到中国公民常住户口所在地的婚姻登记机关申请离婚登记。婚姻登记机关应当对离婚登记当事人出具的证件、证明材料进行审查并询问相关情况。对当事人确属自愿离婚，并已对子女抚养、财产、债务等问题达成一致处理意见的，应当当场予以登记，发给离婚证。

4. 出国人员的离婚问题

出国人员包括公派和自费留学生、进修人员、访问学者、劳务输出人员、驻外机构工作人员以及在国外未取得永久居留权的其他华人。出国人员的离婚问题包括双方均在国外或一方在国外、一方在国内两类。此时的双方当事人主体虽无涉外因素，但因至少一方不居住在国内，情况比较特殊，因此程序上亦有不同规定。

夫妻双方均为居住在国外的出国人员，如双方自愿离婚，并对财产分割、子女抚养等问题没有任何争议的，可回国共同到原结婚登记机关办理离婚登记；如达不成一致协议，则必须回国向原结婚登记地人民法院提起离婚诉讼。双方如因特殊情况不能回国，可办理授权委托书，委托国内亲友或律师作为代理人代理诉讼，并向人民法院提交书面意见。委托书和意见书均须经驻在国公证机关公证并经我国驻外使、领馆认证，也可由我驻外使、领馆直接公证。

夫妻一方为出国人员，在国外居住期间与其在国内配偶发生离婚纠纷的，如果原告系在国内居住的，可向其住所地或经常居住地人民法院提出离婚诉讼，如果原告系在国外居住的出国人员，可向被告居住地或经常居住地人民法院提出离婚诉讼。居住在国外的一方如因特殊情况不能回国参加诉讼或应诉的，可办理授权委托书，委托国内公民或律师作为代理人进行诉讼活动，但其本人应向法院提出离与不离、财产分割、子女抚养等问题的书面意见。委托书和意见书均须经驻在国公证机关公证并经我国驻外使、领馆认证，也可由我国驻外使、领馆直接公证。

对于一方出国后杳无音信，国内一方要求离婚的，可以向原告住所地或经常居住地的中级人民法院起诉，法院公告送达，公告期满对方不应诉的，法院可缺席判决。

5. 申请承认外国法院离婚判决问题

基于国家主权原则，外国法院作出的离婚判决或离婚调解书，如其本国与我国没有判决相互承认的协定，该离婚判决或离婚调解书在我国并不当然产生效力。2008 年 4 月 1 日施行的《民事诉讼法》第 265 条规定：“外国法院作出的发生法律效力的判决、裁定，需要中华人民共和国人民法院承认和执行的，可以由当事人直接向中华人民共和国有管辖权的中级人民法院申请承认和执行，也可以由外国法院依照该国与中华人民共和国缔结或者参加的国际条约的规定，或者按照互惠原则，请求人民法院承认和执行。”

根据最高人民法院《关于人民法院受理申请承认外国法院离婚判决案件有关问题的规定》、《关于中国公民申请承认外国法院离婚判决程序问题的规定》的要求，申请承认外国离婚判决的，应注意以下问题：

(1) 中国公民向人民法院申请承认外国法院离婚判决，人民法院不应以其未在国内缔结婚姻关系而拒绝受理；中国公民申请承认外国法院在其缺席情况下作出的离婚判决，应向人民法院提交作出该判决的外国法院已合法传唤其出庭的有关证明文件。

(2) 外国公民向人民法院申请承认外国法院离婚判决，如果其离婚的原配偶是中国公民的，人民法院应予受理；如果其离婚的原配偶是外国公民的，人民法院不予受理，但可告知其直接向婚姻登记机关申请再婚登记。

(3) 当事人向人民法院申请承认外国法院离婚调解书效力的，人民法院应予受理，并根据《关于中国公民申请承认外国法院离婚判决程序问题的规定》进行审查，作出承认或不予承认的裁定。

6. 处理涉外离婚案件应当注意的问题

人民法院审理涉外离婚案件时，应根据《婚姻法》及其他有关规定进行判决。对于因离婚而引起的子女扶养费的负担、夫妻共同财产的分割、债务的清偿和一方对他方的经济帮助等问题，也应按《婚姻法》的规定一并处理。

必须注意的是，中国公民同外国人离婚，处理子女抚养费的负担、共同财产的分割和经济帮助等问题，原则上应确定国外一方一次性给付。这主要是由于我国目前与多数国家尚未签订司法协助协议，这些判决不便强制执行，为了保护中国公民及其子女的合法权益，所以应确定国外一方一次性给付。如果国外一方一次性给付确实有实际困难的，可由居住在我国境内有相当财产的中国公民或外国公民担保。到期不履行的，由保证人清偿。

(四) 涉外复婚制度

中国公民与外国公民离婚后，双方自愿恢复婚姻关系的，应按涉外婚姻程序的规定办理。

必须注意，对国外一方长期下落不明，或因其他原因，经中国公民一方要求，曾由我国人民法院依法判决离婚的，现国外一方已有了下落，双方恢复了通讯联系，国外一方至今未收到判决（因公告送达的），中国公民一方至今又未把情况告诉对方而对方要求复婚的，应根据不同情况予以处理。

第一，我国人民法院为维护中国人民一方的正当利益所作出的离婚判决，无论国外一方是否收到判决书，均已发生法律效力。国外一方要求恢复婚姻关系的，如果国内公民一方已经再婚，或虽未再婚但坚持不同意恢复的，人民法院应通知对方不再处理。

第二，如果双方离婚后未再婚而要求复婚的，经人民法院调查确实后，可用裁定将原判决书撤销，准予复婚。但是，鉴于离婚后国外一方婚姻状况不易查明，为了维护我国一夫一妻制的婚姻制度，人民法院在办理时，必须要求国外一方提供经本国公证机关公证，并经我国驻该国使、领馆认证的无配偶证明。

（五）涉外收养制度

《收养法》第21条第1款规定："外国人依照本法可以在中华人民共和国收养子女。"

1. 有关法律适用的规定

外国人在我国收养子女，适用中国法律，同时也兼顾收养人的居住地国法律。

2. 涉外收养的程序

(1)　由外国收养人与送养人签订书面协议。根据《收养法》第21条第2款的规定，以及《外国人在中华人民共和国收养子女登记办法》第9条的规定，外国人在中国收养子女，应当与送养人订立书面协议，并亲自到省级人民政府民政部门登记。

(2)　收养登记的申请。收养关系当事人办理收养登记时，应当填写"外国人来华收养子女登记申请书"并提交收养协议，同时分别提供有关材料。外国人来华收养子女，应当亲自来华办理登记手续。夫妻共同收养的，应当共同来华办理收养手续；一方因故不能来华的，应当书面委托另一方。

(3)　审查与登记。收养关系当事人应当亲自到被收养人户籍所在地的县级以上地方人民政府民政部门办理收养登记。办理收养登记时，收养人和送养人应当分别提交收养协议书和有关证明材料。外国人在华收养子女，应当向登记机关交纳登记费。收养登记机关收到外国人来华收养子女登记申请书和收养人、被收养人及其送养人的有关材料后，应当自次日起7日内进行审查，对符合规定的，为当事人办理收养登记，发给收养登记证书。收养关系自登记之日起成立。收养登记机关应当将登记结果通知中国收养组织。

（六）涉外继承制度

1. 涉外继承的概念

涉外继承即具有涉外因素的继承法律制度。这里所谓的涉外因素是指继承法律关系各因素中，至少有一个因素是与外国有联系的。

2. 涉外继承的特征

(1) 涉外继承关系中至少有一个涉外因素。涉外继承所具有的涉外因素可以是：①主体涉外，即被继承人、继承人或受遗赠人中有外国人或无国籍人；②客体涉外，即遗产在外国；③继承关系中的法律事实（被继承人死亡或其生前立遗嘱的行为）发生在国外。也可能是几个因素同时涉外。

(2) 涉外继承关系主要是通过国际私法的冲突规范间接调整。涉外继承往往涉及两个或两个以上不同国家的法律，在法律适用上必然发生冲突，这就需要决定依据哪国法律继承遗产。

(3) 涉外继承关系一般实行专属管辖。在国际上，一般是以被继承人的国籍、被继承人的住所地或遗产所在地为依据，确定涉外继承案件的管辖。因此，被继承人本国法院、被继承人住所地法院、遗产所在地法院对涉外继承案件都拥有管辖权。在我国，涉外继承适用专属管辖。

3. 我国关于涉外继承的法律适用

涉外继承的法律适用就是涉外继承准据法的确定。对此，各国的规定差别较大。一般来说，对于涉外继承的法律适用，各国通常采用“同一说”和“区别说”两种原则。《民法通则》和《继承法》规定，我国涉外继承采用区别制，即遗产的法定继承，动产适用被继承人死亡时住所地法律，不动产适用不动产所在地法律。《继承法》第36条规定：

(1) 中国公民继承在中华人民共和国境外的遗产或者继承在中华人民共和国境内的外国人的遗产，动产适用被继承人住所地法律，不动产适用不动产所在地法律。

(2) 外国人继承在中华人民共和国境内的遗产或者继承在中华人民共和国境外的中国公民的遗产，动产适用被继承人住所地法律，不动产适用不动产所在地法律。

(3) 中华人民共和国与外国订有条约、协定的，按照条约、协定办理。

从上述规定中可以看出：

(1) 动产继承实行适用被继承人的属人法。我国在处理涉外继承关系时，对动产继承适用被继承人的属人法，包括被继承人住所地法或被继承人生前最后住所地法。

(2) 不动产继承适用物之所在地法。

(3) 国际条约优先原则。我国参加的国际条约、协定，与我国涉外继承准据法有不同规定，适用国际条约、国际协定的规定，这是我国涉外继承法律适用原则的例外，是我国严守“条约必须信守”这一国际法原则的具体体现。

(4) 对于涉外无人继承的遗产，一般适用我国法律。根据《民法通则若干问题的意见》第191条规定：“在我国境内死亡的外国人，遗留在我国境内的财产如果无人继承又无人受遗赠的，依照我国法律处理，两国缔结或者参加的国际条约另有规定的除外。”我国对涉外无人继承遗产的处理，除我国缔结或者参加的国际条约另有规定的以外，动产适用被继承人死亡时的住所地法律，不动产适用物之所在地法律。

三、涉侨、涉港澳台婚姻家庭法律问题

涉及华侨、香港、澳门、台湾同胞的婚姻是指侨居在外国或定居在香港、澳门、台湾的中国同胞同内地公民之间以及华侨之间、港澳台同胞之间，依照我国法律在我国境内缔结或解除的婚姻。这类婚姻关系的主体双方均具有中国国籍，且婚姻事项都在中国境内办理，因而这类关系不具有涉外因素，不属于涉外婚姻家庭关系，应属于区际婚姻家庭法律关系。由于一方或双方当事人的居住地不在大陆，如华侨定居在外国，港澳台同胞定居在与我国内地不同的社会制度和法律制度的特别区域，因此，妥善解决涉侨及区际婚姻家庭法律问题显得尤为重要。

2003年10月1日开始施行的《婚姻登记条例》和《婚姻登记工作暂行规范》，以及2004年3月29日颁布的《民政部关于贯彻执行〈婚姻登记条例〉若干问题的意见》，对涉侨、涉港澳台婚姻关系的登记作了明确、统一的规定，解决了以往规定零乱、管理分散、登记手续烦琐等问题。

(一) 涉侨、涉港澳台的结婚登记

1. 结婚登记的机关

办理涉侨、涉港澳台的婚姻登记（包括结婚登记、离婚登记、复婚登记）机关，是省、自治区、直辖市人民政府民政部门或者由其确定的机关。要求结婚的双方当事人须共同到内地居民一方常住户口所在地的婚姻登记机关办理结婚登记。

2. 当事人须持的证件和证明材料

办理结婚登记的内地居民一方应当出具的证件和证明材料，与双方均为内地居民办理结婚登记应当出具的相同。

办理结婚登记的华侨应当出具下列证件和证明材料：

(1) 本人的有效护照。

(2) 居住国公证机构或者有权机关出具的、经中华人民共和国驻该国使、领馆认证的本人无配偶，以及与对方当事人没有直系血亲或三代以内旁系血亲关系的证明，或者中华人民共和国驻该国使、领馆出具的上述证明。

办理结婚登记的香港居民、澳门居民、台湾居民应当出具下列证件和证明材料：

(1) 本人的有效通行证、身份证。

(2) 经居住地公证机构公证的本人无配偶以及与对方当事人没有直系血亲或三代以内旁系关系的证明。

涉侨、涉港澳台的复婚登记，适用结婚登记程序。

(二) 涉侨、涉港澳台的离婚登记和离婚诉讼

1. 离婚登记

华侨、港澳台居民同内地居民在内地离婚，如离婚出于双方自愿，并对子女抚养和财产问题已有适当处理的，双方可共同到内地居民一方常住户口所在地的婚姻登记机关办理离婚登记。

办理离婚登记的内地居民一方应当出具的证件和证明材料，与双方均为内地居民办理离婚登记应当出具的相同。

办理离婚登记的华侨、香港居民、澳门居民、台湾居民应当出具下列证件和证明材料：

(1) 本人的结婚证。

(2) 双方当事人共同签署的离婚协议书。

(3) 华侨还应当出具本人的有效护照或者其他有效国际旅行证件；香港居民、澳门居民、台湾居民还应当出具本人的有效通行证、身份证。

2. 离婚诉讼

关于涉侨、涉港澳台的婚姻，男女一方要求离婚的，或一方不能到婚姻登记机关申请离婚的，可由有关部门进行调解或者直接向内地居民一方住所地或经常居住地的人民法院提出离婚诉讼。

从台湾回内地定居的中国公民，要求与台湾的配偶离婚，可向回内地定居后的住所地或者经常居住地人民法院提出离婚诉讼。

（三）涉侨、涉港澳台的收养

1. 华侨回国收养子女的条件

(1) 华侨回国收养子女的条件。华侨在国内收养子女较一般公民收养子女要宽松，但华侨在国内收养子女的条件仍应符合《收养法》第7条第2款的规定。

(2) 港澳台同胞回内地收养子女的条件。该收养在法律关系上属于国内公民之间的民事法律行为，适用《收养法》的规定。

2. 华侨、港澳台收养子女的程序

(1) 收养登记机关。华侨、港澳台同胞在内地收养子女的应当到被收养人常住户口所在地的直辖市、设区的市、自治州人民政府部门或者地区（盟）行政主管部门申请办理收养登记。

(2) 收养登记时当事人应持有收养申请书以及有无婚姻、有无子女、职业、财产、健康等相关状况的证件与证明材料。

（四）涉侨、涉港澳台的继承

1. 涉及港澳台地区继承的法律适用原则

涉及港澳台同胞的遗产继承，可以参照涉外继承法律适用的规定，动产适用被继承人住所地法律，不动产适用不动产所在地法律。按照《民事诉讼法》的规定，因继承遗产纠纷提起的诉讼，凡是被继承人死亡时所在地或者主要遗产所在地在我国内地的，均由有管辖权的人民法院实行专属管辖。

2. 涉及台湾的继承问题

按照《继承法》的规定，去台人员和台胞与祖国大陆同胞一样，享有同等的继承权。

为了保护去台人员和台胞的合法权益，在诉讼时效方面，对涉台民事案件作了特别规定。如《民法通则》规定，从权利被侵害之日起超过20年，权利人才向人民法院提起诉讼的，人民法院不予保护。由于涉及许多去台人员和台湾同胞的案件已经超过20年，因此，对去台人员和台湾同胞的诉讼时效期间问题，根据《民法通则》第137条规定，人民法院可以作为特殊情况予以适当延长。

3. 对华侨、归侨和侨眷继承权的保护

华侨是指定居在国外的中国公民。《宪法》第50条规定："中华人民共和国保护华侨的正当权利和利益。"归侨是指回国定居的华侨，侨眷是华侨、归侨在国内的眷属，包括华侨、归侨的配偶、父母、子女及其子女的配偶、兄弟姐妹、祖父母、外祖父母、孙子女、外孙子女，以及同华侨、归侨有长期扶养关系的其他亲属。由于归侨、侨眷往往有居住在境外的亲属，因此可能发生相应的继承关系。2000 年修订的《中华人民共和国归侨侨眷权益保护法》第 16 条规定："归侨、侨眷有权接受境外亲友的遗赠或者赠与。归侨、侨眷继承境外遗产的权益受法律保护。归侨、侨眷有权处分其在境外的财产。"

【案例分析】

案情①

孙某（女）系某大学英语系毕业生，Willson 是该大学法籍教师。两人于 1998 年 2 月自由恋爱，1999 年 1 月 10 日在中国内地登记结婚。2000 年 10 月 3 日，婚生子孙笑出生。由于婚前缺乏充分的了解，加上中西方文化的差异，婚后生活没有了恋爱时的甜蜜与浪漫，代之以无休止的矛盾和纠纷。孙某渐渐厌倦了目前的跨国婚姻生活，遂与 Willson 协商离婚。Willson 同意离婚，并在对孙笑的抚养、财产等问题达成一致处理意见后，签订了离婚协议书。2003 年 12 月 6 日，孙某与 Willson 共同到孙某常住户口所在地的婚姻登记机关申请离婚登记。婚姻登记机关对双方当事人出具的证件、证明材料进行审查并询问了相关情况后，认为双方确属自愿离婚，并对子女抚养、财产、债务等问题达成了一致处理意见，当场予以登记，向孙某和 Willson 发放了离婚证。

解析

本案中，孙某与 Willson 的婚姻为中国公民与外国人之间的涉外婚姻，双方的结婚登记是在中国内地办理的。因两人感情确已破裂，双方自愿离婚，并对子女抚养、财产等问题达成一致处理意见，婚姻登记机关根据《婚姻法》和《婚姻登记条例》的规定对双方当事人的离婚申请予以受理并办理离婚登记的做法是正确的。

① 范李瑛. 婚姻家庭继承法案例教程. 北京：北京大学出版社，2004. 267～270

【思考与练习】

名词解释

民族婚姻家庭　涉外婚姻　涉外结婚　涉外离婚　涉外复婚

问答题

1. 简述涉外离婚的法律适用原则和涉外离婚的条件和程序。
2. 我国对涉外继承的法律适用是如何规制的?
3. 我国法律对涉外结婚的条件是如何设定的?
4. 民族自治地方对《婚姻法》的变通或补充规定主要集中在哪些方面?
5. 简述涉侨、涉港澳台的结婚登记的程序。

案例分析题

姜某为台湾居民，夏某（女）为内地居民，双方于 1998 年 7 月 10 日在美国注册结婚。婚后因为工作关系，在结婚不满一周年时，双方分别回到各自的居住地，开始分居生活。2003 年 11 月 10 日，姜某在香港连续停留 8 个月后来到大陆，请求与夏某解除婚姻关系。夏某同意离婚，双方签订了离婚协议书，并对离婚子女抚养、财产处理事项达成了一致。后双方持协议书和办理离婚登记所需的证件和证明材料，到夏某常住户口所在地的省级婚姻登记机关申请离婚登记。

问：该案应当如何处理?

参考文献

[1] 曹诗权. 婚姻家庭继承法学. 北京：中国法制出版社，2008

[2] 曹诗权.婚姻家庭法. 北京：中国政法大学出版社，2005

[3] 陈苇，宋豫. 中国大陆与港、澳、台继承法比较研究. 北京：群众出版社，2007

[4] 房绍坤，范李瑛，张洪波. 婚姻家庭与继承法. 北京：中国人民大学出版社，2007

[5] 房绍坤等. 亲属与继承法. 北京：科学出版社，2006

[6] 房香荣. 婚姻家庭法律制度新探. 成都：四川人民出版社，2006

[7] 李秀华，王玮. 中国婚姻家庭法概论. 石家庄：河北人民出版社，2005

[8] 蒋新苗. 收养法比较研究. 北京：北京大学出版社，2005

[9] 马忆南. 案例分析应试指导婚姻家庭法. 北京：中国人民大学出版社，2003

[10] 孙彬，姬新江. 婚姻家庭法学. 北京：中国人民公安大学出版社，2004

[11] 唐健飞，唐双飞. 婚姻家庭法常见案例解析. 长沙：湖南人民出版社，2005

[12] 巫昌祯，夏吟兰. 婚姻家庭法学. 北京：中国政法大学出版社，2007

[13] 王洪. 婚姻家庭法. 北京：法律出版社，2003

[14] 王璐瑶. 婚姻家庭继承法法律适用依据与实战资料. 太原：山西教育出版社，2006

[15] 许莉. 婚姻家庭继承法学. 北京：北京大学出版社，2006

[16] 杨大文，龙翼飞，夏吟兰. 婚姻家庭法学. 北京：中国人民大学出版社，2007

[17] 杨立新，朱呈义. 继承法专论. 北京：高等教育出版社，2006

[18] 杨立新. 亲属法专论. 北京：高等教育出版社，2005

[19] 中华全国律师协会民事专业委员会. 婚姻家庭法律师实务. 北京：法律出版社，2007

[20] 曾宪义，巩沙，郝惠珍. 新版以案说法：婚姻家庭法篇. 北京：中国人民大学出版社，2005

[21] 最高人民法院《常用婚姻家庭法律法规》编选组. 常用婚姻家庭法律法规. 北京：人民法院出版社，2003

后　记

本书根据高职高专专业人才的特点及人才培养总目标的要求，以应用能力培养为本位，吸收最新婚姻家庭法立法成果，在总结多年高职高专婚姻家庭法教学改革经验的基础上，结合实际工作的需要，以必需、够用为原则，重点阐述了我国婚姻家庭法体系中与实际工作密切相关的部门法。基于婚姻家庭法教学应用性的要求，本书采取独具特色的编排形式，每章均附有重点难点导学、案例简介及解析等，结构简洁，深入浅出，重点突出，实现了理论与实践、法律与案例的有机结合。为有效提高学生的婚姻家庭法应用能力，本书通过重点概念、相关知识原理的阐述以及案例分析等形式，强化学生理解、应用能力的培养与提升，体现了教学做合一的高等职业教育特色。

本书主要有以下特点：

(1) 内容新。依据国家最新立法成果，精心编写了各章内容，充分吸纳了截至 2008 年 6 月的婚姻家庭法规信息。

(2) 实用性强。本书以实际工作岗位对工作人员婚姻家庭法知识与能力的要求为依据，精心选择法律。同时，将生活中与婚姻家庭密切相关的继承法、收养法等内容编入本书，所用资料、数据较新，使本书内容更具实用性。

(3) 应用性强。以婚姻家庭法应用能力的培养为主线，每章后均附有一定的思考与练习题，以促成学生综合应用能力的形成。

(4) 体例新。本书突出以学生为中心的教育理念，从职业岗位人才规格需求入手，结合高等职业教育人才培养要求，在编写体例上突出了互动性和应用性，对重点知识采用图表方式编制，突出重点、难点，解析透彻，深入浅出，打破了传统婚姻家庭法教材法条罗列的模式，增强了可读性。

本书可作为高职高专政法专业、管理专业和成人教育院校的教材，也可供政法部门、行政管理部门、行政执法部门有关人员学习参考。

全书共十六章，由李华明担任主编，吴午东、丁文生、范泽民担任副主编。

本书由李华明拟定编写大纲。各章的作者依先后顺序为：李华明（前言，第二、五、八、十六章，后记）、丁文生（第一、三、七、九章）、吴午东（第

四、十一、十二、十五章)、范泽民(第六章)、王琳(第十、十三、十四章)。全书脱稿后，召开了审稿会议，经集体讨论和分别修改，最后由主编李华明审阅、定稿。

本书在编写过程中参考了大量的书籍、文献资料，主要参考书目附于书后。在此，谨向有关作者表示衷心的感谢。

由于我们水平有限，不足甚至错误之处在所难免，敬请各位同仁及专家不吝指教。

编 者

2008 年 5 月 1 日